新编农林经济管理专业本科精品教材

农产品供应链与物流管理

周洁红　主编

科学出版社

北　京

内 容 简 介

本教材以农产品为特点，从农产品物流与供应链管理的演变、关系及农产品物流市场分析开始，以农产品供应链管理理念为指导思想，对供应链管理背景下农产品物流核心环节概念、运营内容及前沿问题探讨进行编排。本教材内容上突出了系统性和前沿性的特点，不仅较好地综合了农产品供应链和物流两方面的内容，而且包含了当下较为热点的生鲜电子商务物流和农村电子商务双向物流的知识点。增加了农产品供应链风险管理、农产品绿色供应链、农产品保鲜与养护的章节，并将智能化管理融入农产品运输、配送的物流功能模块，使本教材体现出农产品物流管理持续发展、智能发展的理念。案例选用突出了现实问题与解决方案的良好结合。

本教材适合高等学校农林经济管理、物流管理等相关专业的本科生及研究生，也可供工商企业工作人员及培训人员参考阅读。

图书在版编目（CIP）数据

农产品供应链与物流管理 / 周洁红主编. —北京：科学出版社，2019.12

新编农林经济管理专业本科精品教材

ISBN 978-7-03-063075-9

Ⅰ. ①农… Ⅱ. ①周… Ⅲ. ①农产品－供应链管理－高等学校－教材 ②农产品－物流管理－高等学校－教材 Ⅳ. ①F724.72

中国版本图书馆 CIP 数据核字（2019）第 244581 号

责任编辑：王京苏/ 责任校对：贾娜娜
责任印制：吴兆东/ 封面设计：蓝正设计

科学出版社 出版
北京东黄城根北街 16 号
邮政编码：100717
http://www.sciencep.com
北京富资园科技发展有限公司印刷
科学出版社发行 各地新华书店经销
*
2019 年 12 月第 一 版 开本：787×1092 1/16
2026 年 1 月第九次印刷 印张：17
字数：403 000

定价：52.00 元

（如有印装质量问题，我社负责调换）

新编农林经济管理专业本科精品教材
编审委员会

总　　序

改革开放40多年来，我国农业、农村的发展取得了举世瞩目的成就。农村基本生产生活条件明显改善，农民收入稳步增长，生活质量显著提高，为农业、农村最终实现现代化奠定了坚实的基础。尤其是党的十八大以来，伴随着新型城镇化进程的加快和经济发展步入新常态，我国“三农”发展呈现出了一系列新特点：家庭农场、农民专业合作社、农业企业等新型农业经营主体应运而生，各种“新农人”快速成长；农村集体土地产权制度改革、农村土地制度综合改革等扎实推进，农民财产被有效赋权和保护；绿色农业、农产品加工业、观光农业、休闲农业、体验农业、农家乐、民宿等产业快速发展，农村一、二、三产业融合态势明显；政府购买服务、担保贴息、民办公助、风险补偿、社会捐资等投融资模式在农村多点开花，政府引导、多方参与的“三农”投入新机制渐见雏形。然而，当前农业农村发展还是相对落后，“三农”问题依然是影响我国全面建成小康社会的短板，农业不够强、农民不够富、农村不够美的问题依然存在，加快农村综合改革、推进城乡平衡发展是我国未来一段时间内面临的重大任务。我国农业农村改革发展中面临的新问题、新变化，对我国农林经济管理专业人才培养提出了新要求，也呼唤与之相适应的系列教材建设。

浙江大学农林经济管理专业有着悠久的历史，在多年的教学改革发展中已经形成了自己鲜明的特色。该专业最早起源于1927年国立第三中山大学（浙江大学前身）的“农村社会学系”，1936年更名为“农业经济学系”后开始招收研究生。1981年，经国务院学位委员会批准，获得硕士学位授予权；1990年，获得博士学位授予权；1991年，获批设立博士后工作站。近年来，浙江大学农林经济管理专业的改革发展取得了明显成效。2007年，该专业被列为首批国家级特色专业；2015年，以学习成果导向理念设计的学习质量保证体系（assurance of learning，AOL）正式运行，得到了同行们的广泛认可。“新编农林经济管理专业本科精品教材”系列正是为了更好地适应农林经济管理专业改革发展和新时代人才培养需要而编写的。

“新编农林经济管理专业本科精品教材”涵盖了农林经济管理专业的主要核心课程，在内容上力求既体现中国改革开放40多年来的改革发展成果尤其是农业、农村发展的中国故事、中国道路和中国经验，又能够与国际前沿接轨并形成完整的专业知识体系，努力做到系统性与创新性、理论性与实践性的有机结合。但由于我们水平有限，其中一定还存在诸多需要进一步完善的地方，希望广大同仁和读者不吝指教！

本次教材的编写与出版，得到了浙江大学国家“双一流”学科建设经费的大力支持，科学出版社的编辑付出了卓有成效的努力，在此表示衷心的感谢！

钱文荣

2019年12月

前　　言

从宏观上来讲，我国是一个农业大国，农产品物流在国民经济发展中举足轻重，其涉及整个国民经济的运行效率与运行质量，涉及农业的现代化，涉及农民的根本利益。从当前我国的实际情况来看，农产品物流尚处于相对落后的状况。由于农产品不能做到货畅其流，不能做到很好地加工增值，使农民利益无法达到最大化。因此在我国，离开了农产品物流，就不可能有真正的物流业。为了帮助农产品生产企业、商业企业、物流企业和政府物流相关管理人员，更重要的是为了高校农业经济管理等相关专业的学生全面了解农产品物流的理论知识，培养农产品物流的运作能力，本教材全面系统地介绍了国内外比较成熟的有关农产品物流与供应链管理的理论知识。本教材主要内容和基本结构为：第 1 章和第 2 章主要引入农产品物流和供应链管理的相关概念和理论，并介绍了我国农产品物流和供应链的基本情况和物流智能化发展的趋势。第 3～5 章介绍了农产品物流和供应链管理面对的风险，以及供应链整体（绿色供应链）和供应链组成部分（农产品流通组织）的创新和发展方向。第 6～8 章介绍了农产品流通过程中涉及的基础知识和常用技术，运输与配送管理及冷链物流。第 9 章和第 10 章介绍了新的时代背景下，农产品电子商务物流和农村电子商务物流中的双向物流。最后，还专辟章节，在第 11 章结合现代农产品物流管理实践的需要，编入了许多国内外农产品物流管理的案例，以便学习借鉴。

物流技术的迅速发展为农产品物流和供应链管理提供了新的机会，也带来了新的挑战，尤其是相关技术出现了整体性的进展和进行大范围的推广时，需要我们及时更新补充相关内容；环境和资源等问题以及国家对绿色发展的持续关注对农产品物流和供应链管理提出了更高的要求，也需要我们在新版教材中突出这一方面的理念。同时，由于农产品相对于一般产品具有特殊性，为了增强教材的实用性，要求我们在教材中补充一些基础知识和常用技术；另外，随着互联网和信息技术的发展，“互联网+教育”也成为必然的发展趋势之一，在这样的情况下，作为知识载体的教材也必然要发生相应的变化。为此，本教材在 2017 年由浙江大学出版社出版的《农产品供应链与物流管理》一书的基础上，除坚持教材的基础性、通用性、前沿性和教学指导特色外，主要在以下几方面做了重点修改。

第一，调整了教材内容。随着智能化的现代物流技术越来越多地被运用到农产品物流和供应链中，我国相关产业呈现出新的图景。为了让学生了解这些新的物流技术以及新技术在综合运用过程中的优势和面对的新问题，我们整合原教材中“农产品物流信息技术”相关内容，在第 1 章增设了“农产品物流与供应链智能化趋势”一节。同时，为了更好地突出可持续发展的理念，让学生系统性地了解农产品绿色供应链的技术路径、构建流程和运行方法，我们专门增加了“农产品绿色供应链”这一章节，从而增强了教材内容的前沿性。此外，将原教材“农产品运输与配送管理”中关于农产品储运的基础知识进行完善和补充，并独立为“农产品保鲜与养护”一章，从而增强了教材的实用性与系统性。

第二，补充了新的案例和阅读指导。在本次修订过程中，删除了部分与当前社会经济环境已经不相适应的内容，删除了可以通过文献资料或视频更好地呈现的内容，同时更新了每章的统计数据，修改了部分案例和复习题，使其与现实更紧密结合。

第三，开设了与教材同名的 MOOC（massive open on-line course，大规模开放网络课程）线上课堂，增加了一些多媒体内容。移动互联网大大改变了人们的学习方式，本教材的使用者可以方便地通过 MOOC 这一平台与学习同一课程的其他用户进行交流和讨论。

本教材力争涵盖农产品物流与供应链管理最基本、最核心的内容，但是由于农产品物流与供应链管理属于多学科交叉的综合学科，相关研究成果众多，而且农产品物流与供应链管理无论是研究还是实践，在我国尚处于起步阶段，许多理论和方法还处于继续完善和不断发展之中，这意味着本教材既具有开创性的工作，也肯定存在许多不足之处，书中不妥之处，敬请专家和广大读者予以批评指正。

这一版教材的修订，从 2018 年着手启动，教材结构调整与数据、内容的更新，花费了团队成员大量心血，除了感谢科学出版社的编辑对本教材出版所做的卓有成效的工作外，在这里特别感谢黄好、林淑颖、梁杰和金宇，特别是研究生黄好，为本教材整理了顺丰优选案例，参与了修改第 3 章和第 4 章的内容。

最后，还要感谢读者，没有你们，我们的一切工作都会毫无意义。

周洁红

2019 年 10 月

目　　录

第 1 章

总　　论

重点提示

本章重点掌握物流、农产品物流和供应链等基本概念，理解农产品物流与供应链的关系；了解农产品物流的主要类型，以及当前我国农产品物流的特点和发达国家农产品物流的趋势；系统领会农产品物流管理的目的和优化我国农产品物流运作的方向。

1.1　农产品与物流

1.1.1　农产品及农产食品

1. 农产品及农产食品的概念

农产品是指来源于农业的初级产品，即在农业活动中获得的植物、动物、微生物及其产品。农产品作为农业生产中出产的产品，与工业品相对应，它的范围非常广泛，既包括植物类、畜牧类和渔业类等食用类农产品，又包括干草、香精油、动物皮毛等非食用类农产品。

食品是可供人类食用的物品，由于其原料来自于农产品，通常也称之为农产食品，一般包括天然食品和加工食品。其中，天然食品是指在大自然中生长的、未经加工制作、可供人类食用的农产品，如水果、蔬菜、谷物等；加工食品则是指经过一定的工艺进行加工后生产出来的供人们食用或者饮用的制成品，如大米、小麦粉、果汁饮料等。

我国是食用农产品生产和消费的大国，2017 年，我国主要农产品年人均占有量达 621.9kg（中国统计年鉴，2018）；随着国际贸易的不断深入，农产品成为我国出口创汇的重要来源，2017 年，我国主要食品及主要供食用的活动物出口创汇 4240.34 亿美元（中国统计年鉴，2018）。

2. 农产品市场的特点

1）农产品大部分是人们的生活必需品

农产品大部分是人们的生活必需品，且是一次性消费产品，市场需求弹性小。据统计，2017 年，全国居民人均主要食品消费结构中粮食占 36%，食用油占 3%，肉禽蛋奶占 16%，蔬菜占 28%，干鲜瓜果占 14%，水产品占 3%（中国统计年鉴，2018）。随着生活水平的提高，除粮食以外的其他非主食食品消费比例在逐年增长。

2）农产品关系到人们的健康

农产品关系到人们的健康，卫生要求高，进出口受到不同严格标准的限制，流通时不仅要考虑农产品的质量安全，还要考虑环境的污染问题，绿色物流的意义更加重大。

3）农产品对物流的依赖性大

农产品生产的地域性、季节性与消费的普遍性、全年性之间的矛盾要靠农产品物流来解决，同时农产品的生命周期短，保质保鲜困难，运输储存需专门的低温保存设施。因此农产品销售的时效性强，在一日之内农产品的价格变化也较大。农产品的这种特性决定了市场对农产品物流的依赖程度较大。

4）农产品贸易规模大

农产品贸易规模大，历年成交批量大，国际运输量也大，很多农产品已形成国际集散市场，进行巨额期货交易。随着世界各国经济发展和人均收入的增加，世界农产品贸易特别是农产品贸易的营养结构发生变化，主粮的需求量趋于减少，动物性高蛋白产品和水果的需求量趋于增加。同时，原料性食品向加工食品发展，因为食品加工属劳动密集型产业，产品附加值高，适于远洋运输和扩大国际市场的需要。

1.1.2　农产品物流的概念

1. 对物流的认识

根据《物流术语》（GB/T 18354—2006），物流是物品从供应地向接受地的实体流动过程。根据实际需要，需将运输、仓储、装卸、搬运、包装、流通、加工、配送、信息处理等基本功能实施有机地结合。所以，人们把物流看成是“物”和“流”的有机结合。

美国是物流认识和实践的发源地，1901 年，约翰·F.格鲁维尔在《农产品流通产业委员会报告》中第一次论述了影响农产品配送成本的各因素，揭开了认识物流的序幕。美国物流管理协会的最新定义指出，物流是供应链流程的一部分，它通过有效率和有效力的计划，执行实施和控制商品的储存、流动、服务和相关信息，以满足从原产地到消费地的过程中消费者的需要。1956 年，日本从美国引入物流概念，当时的物流被理解为“在连接生产和消费间对物资履行保管、运输、装卸、包装、加工等功能，以及作为控制这类功能后援的信息功能，它在物资销售中起到了桥梁作用”。

我国引入物流的概念是在 20 世纪 80 年代初，当时的物流已被称为 logistics 而不是最早的 physical distribution（PD）的概念了。logistics 的原意为“后勤”，这是第二次世界大战期间军队在运输弹药和粮食等给养时使用的一个名词，它是维护战争需要的后勤保障系统。把 logistics 用于物资的流通中，物流已不再单纯考虑从生产者到消费者的货物配送问题，而需要考虑供应商到生产者对原材料的采购及生产者本身在成品制造过程中的运输、保管和信息等各个方面。因此，可以将物流定义为：以满足消费者需求为目标，把产品的加工、包装、贮藏、配送、装卸、信息等环节进行一体化综合，使产品安全、便捷、高效地从生产环节进入消费环节。

尽管国内外有各种有关物流的定义，但是对其基本实质的认识是一致的，即物流是指通过不同的经济活动（如计划、控制与实施），对资源从原产地到最终消费者的有关选址、移动和存储业务活动的一个优化过程。

2. 农产品物流的内涵

农产品物流是指为了满足用户需求，实现农产品价值而进行的农产品物质实体及相关信息从生产者到消费者之间的经济活动。农产品物流不同于农业物流，农业物流是指从农业生产资料的采购、农业生产的组织到农产品加工、储运、分销等，在从生产地到消费地、生产者到消费者过程中所形成的物质流动。从这个概念来看，农产品物流是农业物流的重要组成部分，但是随着农产品物流内涵的扩充，有观点指出，现代农产品物流是指从农产品生产的经营、组织到农产品加工、储运、分销等一系列活动的综合体，是从生产地到消费地、生产者到消费者过程中所形成的物质流，是运用现代化的物流管理、物流技术、物流设备对农产品生产、加工、储运、分销等，从供应地到需求地的农产品全寿命周期的组织、控制与管理。根据这种观点，现今农产品物流同农业物流已经没有本质上的区别。

1.1.3 农产品物流的特点

1. 农产品物流量大

广义上的农业不但包括种植业，而且包括林业、畜牧业、副业、渔业等。如今，无论是粮食、经济作物还是畜牧产品和水产品，都可大量转化为商品，商品率很高，它们不仅满足人民生活需要，还向食品工业、轻纺工业、化工工业提供原料。因此，农产品物流的需求量大、物流量大、范围广，要求农产品进行空间范围的合理布局和规划。

2. 农产品物流运作具有相对独立性

农产品自身的生化特性和特殊性决定了它的基础设施、存储条件、运输工具、技术手段等方面具有相对独立的特性。在农产品储运过程中，为使农产品的使用价值得到保证，需采取低温、防潮、烘干、防虫害等一系列技术措施。这并非交通部门和其他部门能做到的，它要求有配套的硬件设施，包括专门设立的仓库、输送设备、专用码头、专用运输工具、装卸设备等。而且，农产品物流中的发、收及中转环节都需要进行严格的质量控制，以确保农产品品质、质量达到规定要求。这是其他许多商品所不具备的。

3. 农产品物流具有分散性

农业生产的异质性决定了农产品特别是鲜活农产品的供应主体数量多、规模小。纵观从生产到消费所经历的各个环节，每一个生产者都会发现，以他们个人的生产量与市场衔接根本无法达到规模经济，横在其间的是巨大的交易成本。显然，相对于工业品物流，农产品特别是鲜活农产品物流具有主体众多、分散、无差异的特性，这决定了农产品运输和装卸比多数工业品要复杂得多，常需要两个以上的储存点和两次以上的装卸工作，单位产品运输的社会劳动消耗大。

4. 农产品物流过程的生产性

农产品的鲜活易腐性是由农业生产过程性质决定的。农业生产是人们利用生物的功能，通过劳动去强化或控制生物生命的过程。植物性产品的生长需要阳光、水、土地、肥力等自然因素的作用，动物性产品需要经过繁殖、饲养、防疫等过程，植物性产品收获及动物性产品处理后，仍然是一种生物状态，即细胞组织，而且都含有一定的水分。进入流通领域以后，农产品还需要进行加工整理，才能进入消费领域。例如，储存在粮库里的粮食，为了控制它的水分含量，需要定期进行烘干，进入消费领域前还需要加工；猪牛羊等牲畜被收购后要进行屠宰；活猪、活鸡、活鱼有的还要经过流通中介组织的喂养；有些新鲜蔬菜在采摘后很鲜嫩，但经过流通组织的运输储存到销售环节时，会变黄变老，甚至出现部分腐烂，有的损耗达30%～50%。

5. 农产品物流的非均衡性

农业生产是以自然再生产为基础的经济再生产过程，自然条件的差异决定了农产品的生产具有明显的地域性。植物性产品受自然条件的影响较大，农业生产者不能在一个年度内均匀地分布生产能力，只能随着自然条件的变化在某一个特定时期内集中生产某一个品种，因而同一种农产品的市场供给具有明显的区域性、季节性和集中性的特点，成熟季节则在产区集中大量上市，而其他季节又供应不足。这就与社会对农产品需求的地域广泛性和时间均衡性产生了矛盾，进而要求农产品物流组织在旺季时组织市场营销，同时进行必要的农产品储备，通过适时吞吐，烫平淡旺季之间的供求波动和价格波动，实现农产品的供求平衡。

6. 农产品物流的风险性

农产品的生产虽然受到土地等自然资源的约束，但农业生产要素之间具有可替代性，技术进步可以克服自然资源短缺的局限性，因而农产品的供给弹性较大。据测算，即使是科技水平不高的发展中国家，农产品价格变动的供应弹性也在0.3～0.9个百分点。在农产品市场价格波动的条件下，农产品的需求变化幅度较小，而供给变化的幅度较大。价格上升，则造成农产品生产过量和市场滞销；价格下降，则造成农产品生产不足和市场供应紧张。过大的经营风险会降低经营者的未来预期，往往会使经营者更多地采取短期的机会主义行为，不利于形成有序的市场竞争格局，从而影响社会经济生活的稳定。因此，农产品物流首先要承担的责任是保持物流的持续有效，充分发挥农产品物流组织的流通先导性作用，以保证农产品供求平衡，并保证农产品商品价值的实现。

1.1.4 农产品物流的分类

农产品物流分类发展的专业性很强，依据生物特性、物流特性、物流的需求、在社会再生产过程中的地位与作用等不同，农产品物流活动可以划分为以下几个不同类型。

1. 根据物流的具体对象分类

按照农产品物流的具体对象不同，其可以分为粮食作物物流、经济作物物流、鲜活食品物流、林产品物流和其他农产品物流五种，以下进行主要介绍。

1）粮食作物物流

粮食是人类赖以生存的主要的物质资源，主要被用作主食，包括人的口粮、牲畜饲料和其他工业用粮，具体有水稻、小麦、玉米、谷子、高粱、大麦、荞麦、大豆、油菜籽、向日葵、芝麻、花生等。粮食作物物流的流量大，搞好粮食作物物流对促进国民经济的健康稳定发展、全面实现小康社会目标具有重要意义。

2）经济作物物流

经济作物除能满足人们食用需求外，还是工业尤其是纺织工业和食品工业的原料，商品率大大高于粮食作物，物流需求大。它具体包括：纺织原料，如棉、麻、丝、毛等；轻工业原料，如糖、烟、茶、可可等。经济作物物流又可依经济作物的品种进行细分。

3）鲜活食品物流

鲜活食品主要包括鲜食的猪牛羊肉、禽、蛋、水产品、蔬菜、水果等，可分为畜牧产品物流、水产品物流和果蔬产品物流。畜牧产品物流可进一步分为肉类、蛋类、奶类产品物流等；而水产品物流可进一步分为淡水水产品物流和海洋水产品物流。一般而言，淡水水产品比较分散，要求灵活性较强的短物流，而海洋水产品因常需要加工，对物流的技术要求高。鲜活食品在储运过程中损失率比较高，对物流技术和装备水平要求也比较高，100%需要冷链。而我国仍以常温和自然物流为主，只有 25%的农产品公路运输达到冷藏水平。有关数据表明，这类食品在物流作业过程中损失率有时高达 30%～35%，即有 1/3 的鲜活食品在物流作业中被消耗掉。

4）林产品物流

林产品是重要的工业原料，营林和竹木采伐对物流需求大，主要体现在林产品的运输、装卸和搬运物流上。

5）其他农产品物流

不能归入上述几类的农产品物流，统称为其他农产品物流。

2. 根据在供应链中的作用分类

按照在供应链中作用的不同，农产品物流可以分为农产品生产物流、农产品销售物流、农产品废弃物物流。

1）农产品生产物流

农产品生产物流是指从农作物耕作、田间管理到农作物收获的整个过程中，由配置、操作和回收各种劳动要素形成的物流。农产品生产物流是生产农产品的农户或农场所特有的，它需要与生产过程同步。

农产品生产物流按照生产环节可以分为三种形式：一是产前物流，包括耕种、养殖物流及相关的信息物流，即耕种、养殖配置生产要素的物流，如农业拖拉机等农业机械设备及生产工具的调配和运作，种子、化肥、地膜等的下种和布施；二是产中物流，主要指培育农作物生长的田间物流管理活动和养殖畜禽、鱼类等的管理活动，包括育苗、移栽、锄耙、除草、除虫、除病、整枝、追肥、浇水等作业所形成的物流；三是产后物流，即为了收获农作物形成的物流，包括农作物收割、回运、脱粒、晾晒、筛选、处理、包装、入库作业或动物捕捞和处理等作业所形成的物流。

农产品生产物流的合理化对生产成本有很大的影响。保持农产品生产的稳定性，才可以保证农产品的顺畅流转，缩短产品的生产周期，减少生产成本，避免由于生产物流不畅而导致的农业生产减产甚至停顿。

2）农产品销售物流

农产品销售物流是指为了实现农产品的保值增值，在农产品流通过程中，农产品生产企业、流通企业出售农产品时，伴随销售和加工活动将农产品所有权转移给客户而引发的一系列物流活动。它包括为了销售农产品而实行的收购、保鲜、运输、检验、储存、装卸，以及为了满足用户需要而实施的包装、配送、各类加工、分销等活动。

在这个环节中，物流活动参与者较多，按照在销售物流的上下游中有无中介主体参与，农产品销售物流可以分为两种形式：①无中介主体参与的“单段二元式”物流；②有中介主体参与的“双段三元式”甚至“多段众元式”物流。

3）农产品废弃物物流

在农产品生产、销售和消费过程中，必然产生大量废弃物、无用物，对它们主要从两方面进行处理。一是将其中有价值的部分加以分拣、加工，使其成为有用的物资重新进入生产和消费领域，以实现资源的再利用，如废纸和其他可回收包装物，这被称为回收或者再生。二是对已丧失再利用价值的废弃物，从环境保护的目的出发，将其送到指定地点堆放焚烧、掩埋或采取特殊处理方法，这被称为废弃。农产品物流中，必然将产生各种排放物，或称废料，采用现代科学技术和生产工艺可以从初始排放物中回收可再生利用的部分，该部分称为再生资源。在排放物处理过程中发生的运输、搬运装卸、加工等物流活动便构成了农产品回收与废弃物物流。

建立农产品生产、流通、消费的循环往复系统即废弃物的回收利用系统，实现资源的再利用，这是现代物流管理的焦点——绿色物流的内容。

3. 根据物流储运条件分类

按照农产品物流的储运条件不同，可以将其分为常温链物流、冷藏链物流、保鲜链物流。

1）常温链物流

常温链物流是指在通常的自然条件下对农产品进行的储存、运输、装卸搬运及流通加工处理，创造了农产品物流过程中的时间价值、空间价值及流通加工价值。大多数非鲜活类农产品不需要特殊条件就可以完成物流过程，如各种粮食作物、经济作物、牲畜等。

2）冷藏链物流

冷藏链物流是指在低温下完成农产品的储存、运输、保管、销售等活动，它是以制冷技术和设备为基本手段最大限度地保持易腐农产品原有品质的物流活动。很多农产品从性质上要求在从田头到餐桌的全过程中，要连续不断地保持适宜温度、湿度等条件，因为降低温度可以抑制农产食品中微生物的繁殖，减弱农产品自身生理活动强度，有效延长易腐农产品的贮藏期，保证储运质量。

3）保鲜链物流

保鲜链物流是指综合运用各种适宜的保鲜方法和手段，使鲜活易腐农产食品在生产、加工、储运和销售的各环节中，最大限度地保持其鲜活特性和品质的系统。谢如鹤和叶德春（1996）认为要实现保鲜链，除了应具有实现冷藏链的所有条件外，还要具有3M条件，即保鲜工具与手段（means）、保鲜方法（methods）和管理措施（management）。

4. 根据提供农产品物流服务的主体分类

根据提供农产品物流服务的主体不同，可以将农产品物流分为第一方物流（first party logistics，1PL）、第二方物流（second party logistics，2PL）、第三方物流（third party logistics，3PL）、第四方物流（fourth party logistics，4PL）和第五方物流（fifth party logistics，5PL）。

1）第一方物流

第一方物流是指农产品卖方、农产品生产者或者供应方组织的物流活动。这些组织的主要业务是生产和供应商品，但为了其自身生产和销售的需要而进行物流网络及设备的投资、经营与管理。供应方或者厂商一般都需要投资配备一些仓库、运输车辆等物流基础设施。卖方为了保证生产正常进行而建设的物流设施是生产物流设施，为了产品的销售而在销售网络中配备的物流设施是销售物流设施。总的来说，第一方物流是农产品生产企业或流通企业自己进行物流的运作，不依靠社会化的物流服务，它实质上是供方物流，是由供应方到其各个用户的物流。

2）第二方物流

第二方物流实际上是农产品需求方物流，或称购进物流，例如，用户去农产品生产地购买并自己运回产品。其原理与农产品第一方物流的原理相同，唯一不同的只是概念。

3）第三方物流

第三方物流是指通过与农产品供应方（第一方）或需求方（第二方）的合作来提供其专业化的物流服务，它不拥有农产品，不参与农产品的买卖，而是为农产品购买者提供以合同为约束、以结盟为基础的系列化、个性化、信息化的物流代理服务。最常见的第三方物流服务包括设计物流系统、电子数据交换（electronic data interchange，EDI）、报表管理、货物集运、选择承运人、货代人、海关代理、信息管理、仓储、咨询、运费支付、运费谈判等。

4）第四方物流

第四方物流是1998年由美国埃森哲公司率先提出的，其专门为第一方、第二方和第三方提供物流规划、咨询、物流信息系统、供应链管理等活动。第四方并不实际承担具体的物流运作活动。

一般情况下，政府为促进地区物流产业发展，牵头搭建第四方物流平台，提供共享及发布信息服务，是供需双方及第三方物流的领导力量。第四方物流平台不是物流的利益方，而是通过所拥有的信息技术、整合能力及其他资源提供一套完整的供应链的解决方案，以此获取一定的利润。它是帮助农产品生产经营企业实现降低成本和有效整合资源，并且依靠优秀的农产品第三方物流供应商、技术供应商、管理咨询及其他增值服务商，为客户提供独特和广泛的供应链的解决方案。

5）第五方物流

关于第五方物流的提法目前还不多，还没能形成完整而系统的认识。有人认为它是从事物流人才培训的一方，也有人认为它是专门为其余四方提供信息支持的一方。

1.2　农产品物流与供应链的关系

1.2.1　部分相关概念的比较

1. 农产品流通与农产品物流

一般认为，流通是以货币为媒介的商品交换行为，是运动着的具有交换价值的物质在流动中寻找通道并得以实现的过程。自从中国引入物流概念开始，许多专家学者都曾对其进行解释，但由于观察事物的角度不一样，人们对物流概念所做的解释也不尽相同。然而有一点认识却是共同的，那就是他们都认为物流是物质资料的实体性流转。换言之，他们把物流看成是“物”和“流”的有机结合。因此，可以认为流通是人类社会物质运动和流动变化的总和，是人类社会经济发展中的客观过程，而物流是这一过程的一种表现形式，这一观点也可以解释农产品流通和物流的关系。

2. 农产品流通渠道、分销通路、供应链

1）农产品流通渠道

农产品流通渠道是指农产品及其所有权等从生产者转移到消费者的移动路线。通常流通渠道是指一系列不同的流通组织。

2）农产品分销通路

分销通路是商品从生产者向消费者转移的活动与过程，因此，商品流通渠道和分销通路没有本质上的差别，只是所属学科和分析问题角度上的差异。

分销是微观企业角度的问题，而流通是宏观社会角度的问题；在管理学中是分销问题，而在经济学中是流通问题；从个体的角度看是分销问题，而从整体的角度看是流通问题。

3）农产品供应链

供应链是比较新的概念，是随着现代物流概念的引入而进入人们的研究视野的。供应链概念的提出最早见于 1982 年，源于对物流管理的研究。到现在为止，供应链的统一定义并没有形成，不同学者从不同角度给出了不同的定义。有的学者认为，供应链是指在生产及流通过程中，为将货物和服务提供给最终消费者，联结上游和下游企业而形成的组织网络，是一种关联企业的顺序组合，可借助渠道关系把产品和服务导向市场。为了反映买方市场条件下，供应链是由客户的需求推动而非由供应商推动的特点，供应链也常被称为需求链（demand chain），又因为在供应链中，产品形态变化的过程是其价值不断增加和服务增值过程，所以其也被称为价值链（value chain）。

农产品供应链的概念正如供应链的概念一样至今没有统一，结合农产品的特征和研究边界，作者赞同冷志杰主编的《农产品供应链管理》一书中的定义，即农产品供应链是由农业生产资料供应商、农产品种植者、养殖者、加工者、物流服务经销商、消费者各个环节构成的组织形式或网络结构。

1.2.2　农产品物流与供应链

1. 农产品物流管理和供应链的关系

狭义的物流定义指的是实体配送的部分，就是如何将产品以最有效率的方式送到消费者的手中。广义而言，物流管理与供应链管理是类似的概念，供应链管理是传统物流管理的延伸，即跨组织一体化的物流管理。一般而言，物流管理与供应链管理的关系代表一连串的演进过程。过去五十年来，物流已经从单纯的作业功能演变成今日主要制造与配销公司的基本策略要素。物流管理到供应链管理的发展可分成以下四个阶段。

第一阶段（1970 年以前）：此阶段为仓储与运输阶段（主要是对下游的实体配送），物流功能包含于其他企业流程中。管理着重于作业绩效。

第二阶段（1970～1980 年）：全面成本管理阶段，企业内部功能集中化。管理着重于作业最佳化，并强调成本与顾客服务。

第三阶段（1980～1990 年）：整合物流管理阶段，将相关的物流功能（如物料管理、采购、生产计划）整合。管理着重于战术性及策略性物流规划。

第四阶段（1990 年至今）：供应链管理阶段，主要根据供应商、制造商、物流商和顾客，发展伙伴关系或虚拟组织，构建成为联盟关系。管理着重整体远景及目标。

从这一演变过程可以看出，供应链管理是由物流管理发展而来的，但是供应链管理已经超出了传统物流管理的范围，成为一种跨企业边界的一体化物流的管理。供应链管理与物流管理的关系可以从以下三个方面来理解。

1）供应链管理是物流运作管理的扩展

供应链管理要求企业从只关注物流活动转到关注优化所有的企业职能，包括需求管理、市场营销、财务和物流等，并将这些活动紧密地集成起来，实现在产品设计、制造、顾客服务、成本管理及增值服务等方面的重大突破。鉴于控制成本非常重要，物流绩效将逐渐根据整个企业的准时制生产（just in time，JIT）和快速反应目标做出评估。这种内部的定位要求高层管理将企业的战略计划和组织结构的关注点放在物流职能上。

2）供应链管理是物流一体化管理的延伸

供应链管理将公司外部的竞争优势机会包含在内，关注外部企业的业务职能，通过重塑他们与代理商、顾客和第三方联盟之间的关系来寻找生产率的提高和竞争空间的扩大。通过信息技术和通信技术的应用将整个供应链连接在一起，企业将视自己和他们的贸易伙伴为一个扩展企业，这成为一种创造市场价值的全新方法。

3）供应链管理是物流管理的新战略

供应链管理在运作方面仍然关注传统的物流运作任务，例如，加速供应链存货的流动、与贸易伙伴一起优化内部职能并且提供一种在整个供应链中持续降低成本以提高生产效率的机制。然而供应链管理的关键要素和真正力量还是体现在它的战略方面。供应链管理通过扩展企业的外部定位和网络能力，使供应链中的各企业建立起一个共同市场，构造出一个变革性渠道联盟以寻找在产品和服务方面的重大突破。通过管理复杂的渠道关系，企业能主导市场方向，产生有关的新业务，探索关键性的新机会。

通过以上讨论可以看到，供应链管理与物流管理、战略管理、营销管理与业务流程重组等有着十分密切的内在联系。供应链管理的产生是很多管理方法相互渗透、相互融合的结果。可以在许多管理学科中找到供应链管理的雏形，它位于物流管理、业务流程重组、战略管理及营销管理等学科发展的交汇点上。但供应链管理绝不是这些管理学内容的简单叠加。

因此，可以这样理解：农产品供应链是物流、信息流、资金流三者的统一，是现代农产品物流管理理论发展的一个高级阶段，是现代科技和信息网络经济发展起来之后的一种全新的现代化管理理念。农产品物流对象是沿着整个供应链的链条流动，因此农产品物流管理很自然地成为供应链管理体系的重要组成部分。另外，农产品物流主要关注组织内部的功能整合，而供应链仅关注组织内部的一体化是不够的，还应强调组织外部的一体化。农产品供应链管理涉及从原材料到农产品交付给最终用户的整个物流增值过程，农产品物流涉及农业生产经营企业之间的价值流过程，是经营者之间的衔接管理活动。总体来说，物流的管理过程和供应链的管理过程难以截然分开。

2. 农产品物流管理在供应链中的地位

英国著名供应链专家马丁·克里斯多夫认为，21 世纪的竞争不是企业和企业之间的竞争，而是供应链和供应链之间的竞争。供应链管理无疑将成为企业的核心竞争力，而其是否有效，从当前的实践看，很大程度取决于采购、运输、仓储、配送等物流作业环节的管理和运作状况，物流管理是供应链管理发挥整体效益的前提和基础。

农产品供应链也是围绕一个核心企业对农产品从生产到消费过程中的各个环节所涉及的物流、资金流、信息流进行整合，将生产商、分销商、批发商和零售商等各方连接成一个具有整体功能的网络。其中，农产品物流也是农产品供应链的重要组成部分。同样，供应链管理下的物流表现出极大的集成化优势，可以设计出专业化的灵活多变的物流网络，建立合理的物流路径和节点，从而全面提高物流的运作效率（相关农产品供应链的知识详见第 2 章）。

1.3 物流对我国农产品经营的影响

1.3.1 物流在农产品经营中的地位和角色

从宏观上来讲，中国是一个农业大国，农产品物流涉及整个国民经济的运行效率与运行质量，尤其是农业的现代化、农民的根本利益。从当前中国的实际情况来看，农产品物流处于十分落后的状况，农产品不能做到货畅其流、加工增值、降低物流过程中的损耗，农民利益受到损害。在中国，离开了农产品物流，就不可能有真正的物流业。

从消费的角度来看，人们的农产品消费观念已经从传统的单一性、烦琐性转向现代的多样性和快捷性，对农产品物流业提出了更高的要求，即必须给顾客提供更好的质量、更大的柔性、更多的选择、更高的价值和更低的服务价格，改变传统的作业模式是农产品物流企业面临的主要挑战。

从农产品的特性角度来看，农产品生产的地域性、季节性与消费的普遍性、全年性之间的矛盾要靠农产品物流来解决，同时农产品属于生命周期短的产品，保质保鲜困难，运输储存需要有专门的低温保存设施。

基于上述背景，大力发展农产品物流对于降低农产品流通成本、提高农产品价值、实现农产品生产和消费的有效对接具有不容忽视的作用，具体表现在以下几方面。

1. 有利于创造农产品价值

1）创造时间价值

农产品从生产到消费的转移过程中存在一定时间差，改变这一时间差而创造的价值称为“时间价值”。它主要可以通过整合农产品从生产到销售之间的各个环节（如运输、储存、装卸搬运、包装、配送等），大大缩短农产品在流通中的时滞，进而缩短时间创造价值；也可以通过系统、科学的方法（如集中储存、分散供给或者将农产品加工转化为其他产品形式，从而更方便地储存）改变、弥补、延长生产者和消费者在供给和需求的时间差以创造时间价值。

2）创造场所价值

农产品生产受地理环境和气候条件影响呈现出明显的区域性特征，而对其消费却呈现出普遍性特征，例如，农村生产的粮食、蔬菜在城市消费，南方生产的荔枝和香蕉在北方消费等，如此错综复杂的供给与需求的空间差都是依靠农产品物流来弥合的，并从中获取收益。

2. 有利于农产品实现加工增值

农产品不同于工业品的一个显著特征在于加工潜力大。一般来说，刚刚脱离农业生产领域的初级农产品，由于形态各异、大小不一，市场价格较低，而农产品经过一定的简单加工（如挑选、整理、清洗、分段、包装等），送入超市或者连锁店，价格就会上升 2～10 倍。而若再进行深加工改变其原有形态，如将蔬菜水果加工成蔬菜汁、水果汁，价格将会提高几十倍。农产品物流正是抓住了农产品的这一特性，紧紧围绕流通加工环节，以农产品加工企业为龙头，以满足消费者要求为目标，进而实现了整个农产品的增值过程。

3. 有利于农业实现规模经营，提高农业生产的整体效益

现代农产品物流的发展要求农产品种植实现专业化和区域化，以此促使农业实行规模经营，增加农产品供应总量，这样既便于组织货源及第三方物流或流通经纪人的介入和发育，也有利于采选、分拣、包装、加工等农产品流通业的发展。

4. 有利于扩大劳务输出和创造新的就业机会

传统销售方式束缚了大量农村劳动力，影响了农民劳务输出。大力发展农产品物流，可以解放大量低效的农业销售劳动力，节约农产品流通成本，使更多的农业劳动力参与劳务输出。同时，农产品物流的发展还可以创造出大量的就业岗位和就业机会，农产品的采选、分拣、包装、加工会从传统农业中分离出来，与此相关的农村二、三产业便可得到迅速发展，从而吸纳大量的农村剩余劳动力就业。

5. 有利于提升农产品相关企业的核心竞争力

通过发展农产品物流，尤其是第三方物流，对于一些农产品相关企业，尤其是中小型农产品加工企业来说，可以集中精力提升自身的核心竞争力，将自身非核心的物流业务外包于农产品物流部门运营。而农产品物流部门根据自身具备的专业设备和专业知识，结合企业情况，加快农产品从原材料购入到产成品销售的周转速度，这不仅可以大大降低企业的库存数量，还可以加快资金的周转速度，从而增加企业全年利润，提高农产品相关企业竞争力。

1.3.2　我国农产品物流的发展状况

1. 我国农产品物流发展现状

近些年来，随着中共中央、国务院对“三农”问题的日益重视，现代农产品物流的发展受到更多关注。2003 年 1 月 8 日，中央农村工作会议在北京闭幕，会议的一项重要内容就是加强农业流通体系的建设，农产品物流变得更加令人瞩目。2004 年、2005 年的中央一号文件都明确提出进一步加强产地和销地批发市场建设，注重发挥期货市场的引导作用，鼓励发展现代物流、连锁经营、电子商务等新型业务和流通方式。2008 年和 2009 年连续两年的中央一号文件均提出要加快农村流通体系的建设，大力在农村地区构建农产品批发市场，提升我国农产品的流通业态（商务部，2009）。2011 年，国务院办公厅发布了《国务院办公厅关于加强鲜活农产品流通体系建设的意见》，指出“创新鲜活农产品流通模式，提高流通组织化程度，完善流通链条和市场布局，进一步减少流通环节，降低流通成本”。2015 年，商务部办公厅印发《“互联网 + 流通”行动计划》，提出“加快互联网与流通产业的深度融合，推动流通产业转型升级，提高流通效率，努力打造新的经济增长点，培育新产业，释放消费潜力”。2016年，中央一号文件结合电子商务发展的新情况，在推进农村电子商务发展的建议中提出完善全国农产品流通骨干网络，加快构建公益性农产品市场体系，加强农产品产地预冷等冷链物流基础设施网络建设，完善鲜活农产品直供直销体系，推进“互联网+”现代农业行动。2019年，中央一号文件从发展壮大乡村产业与拓宽农民增收渠道出发，进一步强调了要加强对农产品物流骨干网络和冷链物流体系建设。国家出台的这些流通政策，大大推动了我国农产品物流的可持续发展。

1）农产品市场体系不断完善

人口大国对于农产品的需求是农产品物流发展的强劲推力，目前我国用于生活消费的农产品以鲜食鲜销形式为主，在分散的产销地之间要满足消费在不同时空上的需求，使得农产品物流，特别是鲜活农产品物流面临数量和质量上的巨大挑战，同时也带来了巨大的商机。当前我国已经初步形成了以批发市场为中心，以集贸市场和零售市场为基础的农产品市场体系。其中，农副产品批发市场因其上联生产环节，下联其他流通主体，已成为我国农产品物流和质量安全信息流集中与分配的节点，成为最经济地实现农产品质量安全信息的收集和传播的主要节点。据国家统计局网站上的相关数据显示，截至2017年年底，我国共有农林牧产品批发企业4946家，农林牧产品批发业务的从业人员超过20万人，资产总额达8447.59亿元，主营业务收入达8203.09亿元，主营业务利润达422.10亿元。全国城市农贸中心联合会调查显示，我国70%以上的农产品都通过农贸市场进行流通，在部分大中城市，这一比例超过80%，批发市场已成为我国农产品流通的重要载体。另外，现代农产品物流中心得到了快速发展。这些物流中心设施齐备、体系健全，成为国内农产品物流发展的典范，也为现代农产品物流的研究提供了有益的实证参考。总体来说，我国市场体系建设离现代化物流建设还有一定的距离，例如，批发市场有待进一步提升，应改变现在的“商物合一、现金交易”的初级物流状态，现代农产品超市在城市还未成为主要销售渠道。

2）物流运作主体呈现多元化

改革开放以来，我国农产品的经营体制、市场化程度发生了巨大的变化。在这种形势下，连接农产品生产者和消费者的营销渠道及包含于其中的商流、物流，各方面的参与者及其功能都发生了变化。除原有的国有和集体性质的农产品物流企业外，还涌现出大批个体运输户、经纪人、多种形式的经济联合组织等，产生了专门从事农业生产资料和农产品储运及流通加工的第三方物流企业，第三方物流运作模式得到了快速发展。但总体来看农产品的第三方物流只是在起步阶段，其管理水平、信息系统建设和数据共享、网络建设、物流企业的战略联盟及专业化服务等方面还面临着诸多问题。因此，现有市场主体呈现“小规模、大群体”的格局。

3）物流基础设施和装备得到了有效改善

近几年来，政府在交通运输设施、信息基础设施等方面投入了大量的人力、物力、财力，使得我国现代交通运输初具规模，国家公用通信网的规模容量、技术层次、服务水平都发生了质的飞跃，这些为发展农产品物流准备了必要的条件。现代物流技术设备是现代物流发展水平的标志，目前，我国在不断改造农产品运输、储存、装卸搬运、包装等专用设施的基础上，已能独立设计制造出供农产品储存的自动化仓库、搬运机器人等高技术水平的物流设施，且许多现代通信技术，如电子数据交换、全球定位系统等也已在农产品物流中得到应用。

4）物流标准化工作开始启动

农产品物流标准化建设是农产品物流建设的重要内容，是有效降低物流费用，提高物流系统经济和社会效益的基础，也是我国加入世界贸易组织（World Trade Organization，WTO），提升我国农产品竞争力的要求。随着农产品物流基础市场的发育，我国的物流标准化工作开始启动，并取得了一系列成绩。第一，制定了一系列物流或与物流有关的标准；第二，建立了与物流有关的标准化组织、机构；第三，积极参与国际物流标准化，并积极采用国际物流标准；第四，积极开展物流标准化的研究工作。由于我国农产品物流标准化工作刚刚起步，在农产品信息标准化，农产品仓储、装卸和运输等作业环节的标准配套，国内物流标准与国际标准接轨，农产品质量标准等方面还有待加强。

2. 当前我国农产品物流存在的问题

1）对农产品物流的重视程度不够

“重生产轻流通”观念依然存在。在国外，农业生产环节投入比例是 30%，产后比例高达 70%，而我国农产品产后商品化处理仅占 1%，保鲜贮藏比例仅为 20%，加工比例不足 10%。

2）物流主体发育不良

从事农产品物流的主体有五种形态：一是国有和集体性质流通企业，二是农业公司，三是专门为农业公司、农业合作社、农民协会服务的第三方物流企业，四是为农产品物流服务的专业公司，包括专业运输公司、专业包装公司等，五是经纪人队伍。原国有和集体性质的流通企业普遍背负着历史积淀的各类包袱，从执行调拨计划转向市场竞争有一个艰难的适应过程，缺乏竞争优势，不能建立适应市场经济要求的产权明晰、责任明确、政企分开、管理科学的现代企业制度，其中已有相当一部分企业从农产品物流行业中退出。而农村又普遍缺乏具有独立产权的代表农民利益的经济组织，分散、细小的生产经营方式限制了农产品的交易，农民呈无组织分散状态进入市场，缺乏市场竞争力和自我保护能力。虽然农业行业协会在现阶段发展较为盛行，但因组织不健全、功能不完备，还仍然起不到行业规范和自律作用。第三方物流公司在我国正处于起步阶段，运作管理规范性有待提高，多数农产品物流企业规模小、网络不健全、市场覆盖面狭窄。而从农业生产中分工出来的专业农民运销队伍，因自身素质低，缺乏必要的物流知识和收集加工信息的能力，抗御风险能力差。因而，我国整体农产品物流领域运作主体的竞争能力还相当薄弱。

3）物流技术水平低

（1）存储条件差。当前我国农业仓储设施建设滞后，仓储条件和机械设备水平低，分布不合理，通用仓库多，专用仓库不足，特种仓库（如低温库、冷藏库、立体仓库等）严重短缺。据统计，我国现有的粮食仓容只能满足粮食储量的 65%～70%，导致简易仓库贮藏和混藏、农民分散贮藏，甚至露天堆放问题相当突出，不仅使农产品霉变概率增大、陈化速度加快，鼠患、虫害现象严重，储粮损失达 8%～10%，而且使农产品统一管理和调度难度加大。

（2）装卸搬运的机械化水平低。如叉车、托盘、货梯、升降平台、巷道堆垛起重机等装卸设备数量相当有限，大多数靠人工操作。农产品储运装卸设施设备水平低，导致鲜活农产品储运成本在总成本中高达 60%以上，大大降低了农产品的市场竞争力。同样由于装运、接卸设施不配套，粮食的“四散”作业无法大范围开展；车站、码头的装卸环节机械化、自动化程度比较低，必要的散装计重设备缺乏，使“四散”流通作业具有相当的难度。

运输、贮藏、保管、装卸搬运、包装技术水平低，致使我国农产品物流过程损耗巨大。有关研究数据表明，发达国家的果蔬损失率控制在 5%以下。美国蔬菜水果物流则更为典型，产品一直处于采摘后需要的低温状态并形成一条冷藏链：田间采摘后预冷—冷库—冷藏车运输—批发站冷库—超市冷柜—消费者冰箱，水果蔬菜在物流环节的损耗率仅有 1%～2%。而我国在果蔬生产中，80%的生鲜产品采用常温保存、流通、初加工手段。据统计，常温流通果蔬损失率为 25%～30%。果蔬采后的腐烂损耗几乎可以满足两亿人口的基本营养需求。另外，我国粮油损失率 15%、蛋 15%、肉干 3%，加上食品的等级间隔、运输及加工损耗，每年造成的经济损失约上千亿元。目前，我国农产品物流一般仍以常温物流或自然物流形式为主。截至 2015 年，我国果蔬、肉类、水产品的冷链流通率分别达到 22%、34%、41%，冷藏运输率分别为 35%、57%、69%。

4）交通运力不足

（1）交通运输线路短少、总运力不足。目前我国一些地方的交通还不发达，有些偏远的农村甚至没有公路，处在与世隔绝的状况，交通运输线路短少，农用专用线配备欠缺，总运力不足，农村机动力运输量约占总运输量的 20%，这样的运力结构明显不能适应农业运输的需要。

（2）农业运输专用技术装备落后。由于农产品多为鲜活易腐货物，货运量大，对运输设备要求高，需要大量的专用运输工具。但目前农产品专用工具缺乏，农产品运输技术也相对落后，现代化的集装箱、散装运输发展不快，高效专用运输车辆少，农产品运输主要靠中型卡车，其能耗大、容量不足，并且大多是敞篷的，缺乏对农产品的有效保护，致使一部分易腐货物积压于产地，造成腐烂变质，损失严重。

5）加工处理水平低

农产品在流通过程中大多需要进行整理、分级、分类、烘干、散热、消毒、防腐包装等处理，而我国这些方面的作业设备陈旧、装备水平落后、加工处理能力缺乏。以烘干为例，国家每年收购的高水分原粮，利用干燥设备仅能处理 1/4，大部分原粮依靠人工晾晒，耗费大量的人工费用。由于缺乏农产品的深加工能力，农产品多以初级产品形式进入流通或终端消费，不少农产品的附加值收益流出体外，影响农业行业积累和农民收入增长，极易挫伤农业生产者、农业工作者的积极性。

6）信息化手段不能适应需要

信息是农业物流的神经系统，从产前、产中到产后的储存、运输、加工及销售，每一个环节的物流信息应做及时处理，方能应对市场变化。现阶段，大多数农产品物流企业获取信息主要依靠电话和人员外出搜集，广大农民获取信息的主要手段还是通过中介组织或电视广播，但通过这些渠道获得的信息数量有限，质量也难保证。归结起来，目前我国农产品物流信息化方面的问题具体表现为以下两方面。

（1）信息网络不健全。物流信息网络缺乏，现有的信息网络不健全。目前大部分农业生产地区未建起农产品信息网络系统，虽然有些地区已经有了农业信息网、交通运输网，但农资信息网和农产品加工、仓储网还处于起步阶段，各网络之间缺少整合平台，相互之间协作不足，难以形成整体合力。

（2）市场信息服务缺乏。农产品市场上几乎还没有一个经过统一规划设计的信息系统，仅有提供少部分功能的类似于财务管理软件或库存管理软件的信息载体。一些农产品批发市场仍然采用传统的广播、板报等方式发布少量品种、价格信息，甚至有的农产品市场根本没有信息服务，不能为农产品生产、流通和加工提供全面、持续的信息，信息化服务体系建设明显滞后。

1.3.3　发达国家农产品物流的发展趋势

随着经济全球化的持续发展、科学技术水平的不断提高及专业化分工的进一步深化，在美国、欧洲一些发达国家开始了一场对农产品物流各种功能、要素进行整合的“物流革命”，呈现出一般物流的电子商务流、绿色物流、物流规模经济、第三方物流、物流国际化及物流标准化的趋势。农产品物流发展趋势重点表现在以下几个方面。

1）物流主体呈现组织化、规模化

物流产业的特殊性之一是其固有的规模效益和网络效益。因此，发达国家十分注重物流企业集团化、连锁化、集约化、协同化的发展战略。在发达国家，农产品物流的主体主要是企业化经营的农场、农产品批发与零售企业及农户联合起来的协同组织，而非个人，且农工商一体化经营的程度越来越高。发达国家农产品物流企业主要是通过建设物流园区、物流企业兼并与合并等方法来实现物流企业的集约化、协同化发展的。

2）农产品物流渠道日益缩短

信息技术、互联网等的普及，使电子商务被广泛运用于农产品物流管理，便利的交通运输加快了农产品的物流速度，使发达国家的农产品物流渠道日益缩短，实现农产品配送、运输等准时和精确化。美国 78.5%的鲜活农产品物流链为“生产地—配送中心—超市与连锁店—消费者”。经由批发市场的农产品相对数量在不断下降。但在日本、韩国这些亚洲国家和中国台湾地区，经由批发市场的农产品尤其是鲜活农产品流通率仍然很高，但批发市场现代化程度高。

3）专业物流共同配送

农产品配送是根据农产品加工企业或其他用户的需要，按其订单要求的品种、品牌或品质进行搭配，送达加工车间的下料坑或其他所要到的地方，实现“门到门”服务。目前，在美国、日本和欧洲等经济发达国家和地区，专业的物流服务已经形成规模，其中最主要的特点就是共同配送。

4）农产品市场信息化

目前信息技术的应用与信息咨询服务对农产品物流越来越重要。发达国家无论从国家层面还是企业层面，都非常重视利用计算机网络将生产、流通、消费各个环节连接起来，重视信息的分析，搞好市场信息咨询服务，加快市场信息的传递和电子商务的实施，切实为农户和企业提供前瞻性、引导性的市场信息。

5）期货交易应用广泛

在当今世界农产品贸易中，期货交易应用广泛，85%的世界农产品价格是由期货价格决定的。在现货交易市场中，发达国家的农产品，凡需要经过批发环节的大多以拍卖方式实现，例如，荷兰通过拍卖的方式每年向世界各地出口鲜花和温室蔬菜，获利达数十亿欧元。当然这一切与发达国家重视物流标准有关。

6）倡导绿色物流

20 世纪中期后，在世界生产力突飞猛进的同时，地球环境也不断恶化。于是发达国家开始提倡的保护地球环境、保护自然资源的“绿色革命”在生产、流通和消费领域应运而生。当代物流营运作为商品贸易的重要环节，同样也存在着高效节能等可持续发展问题，于是绿色物流便被提出，对农产品尤其是作为食品的农产品来说，绿色物流的意义更加巨大，因为其不仅关系到环境污染的问题，更重要的是关系到人类的身心健康。

1.4 农产品物流与供应链智能化趋势

1.4.1 农产品物流与供应链的智能化

1. 智能化供应链

近年来，随着信息技术的发展，传统的供应链正在朝着将互联网与物联网深度融合的智能化供应链发展。在 2009 年的上海市信息化与工业化融合会议上，复旦大学博士后罗钢首次提出了“智慧供应链”这一概念：“智慧供应链是结合物联网技术和现代供应链管理的理论、方法和技术，在企业中和企业间构建的，实现供应链的智能化、网络化和自动化的技术与管理综合集成系统。”

由于目前智能化供应链的发展正处于新兴阶段，所以学术界对于智能化供应链的定义还没有达成统一的认识，一个较为全面的解释是：智能化供应链是在信息技术与智能技术的基础上，包含了智能采购、智能制造、智能运输、智能配送、智能仓储及智能平台六大功能要素，以实现智能化、集成化、网络化、协同化及自动化地将技术与管理深度集成的系统。该系统主要具有技术渗透性强、协同性强、可延展性强、可视化、信息透明化及人性化六大特点。

2. 农产品物流与智能化供应链

我国现阶段的农产品物流仍处于不断完善之中，虽然物流的基础设施和装备都得到了有效的改善，但在整体运行上仍然比较松散，没有形成一个协同高效的系统。以京津冀地区为例，农产品供应链的主要形式也还停留在传统模式，主要表现为各环节相对松散、临时，且各部分信息较为孤立，网络链条的衔接不够紧密，这样的供应链形式也是造成农产品安全问题、农产品腐损率较高与农民权益无法保障的重要原因。

目前智能化供应链在农产品物流中的运用还处于起步阶段，其发展仍然受到如农产品信息化水平偏低、农产品全程可跟踪链条尚未形成及标准体系混乱等方面的阻碍。为了开创我国农产品流通的新局面，通过借鉴现代物流管理中的技术与理论，将智能化供应链的思想与技术用于农产品流通，提高我国农产品供应链的智能化水平，对全面优化与革新农产品供应链系统有着重要的意义。

1.4.2　供应链中的智能技术

智能技术的发展为包括农产品供应链在内的智能化实现提供了技术支撑，主要包括自动识别和数据采集（auto identification and data collection，AIDC）技术、自动分拣（automatic sorting）技术、数据挖掘（data mining）技术和人工智能（artificial intelligence）技术等。

1. 自动识别和数据采集技术

识别（identification）是人类社会活动及供应链智能化的基本需要。自动识别和数据采集技术指应用特定的识别装置，当被识别物体与识别装置靠近时，综合利用计算机技术和通信技术，实现特定信息的快速、准确识别，并输入处理系统进行后续相关处理的一种技术。自动识别和数据采集技术在物流中有着广泛的应用，一般可以采用光识别、电识别、磁识别及射频识别等多种手段，有效地解决了以往使用人工识别与录入所带来的识别效率低与数据误码率高等问题，不仅提高了系统中信息的准确性与实时性，还将人从这种反复且繁重的工作中解放了出来。

其中，无线射频识别（radio frequency identification，RFID）技术作为一种非接触式的自动识别和数据采集技术，采用射频信号对被识别物体进行自动识别、获取特定的待识别信息，可以在各种环境中对运动的待识别物体进行准确识别，具有标签体积小、存储容量大、耐久性强、读写迅速及适宜长期定位跟踪管理等特点，在农产品供应链中具有较大的应用潜力，如农产品销售和质量安全追溯中的应用。在使用 RFID 技术的农产品配送中心和超市中，供应商收到超市配送中心的订单后，会组织发送货物，这些货物都有 RFID 标签。货物运抵配送中心后，通过 RFID 系统自动实现货物清点。货物运抵超市门店后，再次通过 RFID 系统自动实现货物清点。在超市内部，当顾客购物结束经过出口时，RFID 系统会自动清点购物车中的货物并迅速生成购物清单，这样顾客在收银台可以直接付款并结束购物，节省了目前条形码系统需要收银员逐一扫描货物的时间。

2. 自动分拣技术

分拣（sorting）是将货物按照不同的品种、不同的地点或不同的顾客订货要求，从其储存位置拣取出来，按照一定的方式进行分类、集中，分配到指定的位置以便后续进一步配装送货的一个过程。自动分拣技术则是基于自动识别和数据采集技术与计算机技术，按照人们在控制系统中预先设定的要求，通过分拣机械对货物进行自动分拣的一种技术。

自动分拣技术兴起于第二次世界大战之后，主要在美国与日本的物流中心被广泛使用，如今已成为大中型的农产品物流中心不可或缺的一项技术，在水果等农产品仓储、包装中得到了广泛运用。自动化分拣系统通常由供件系统、分拣系统、下件系统、控制系统四个部分组成：供件系统负责通过对待分拣货物信息的识别与处理，准确地将货物送入高速移动的分拣主机中，以保证分拣系统的高效性与准确性；分拣系统是整个系统的核心，主要负责根据一定的逻辑实现货物的分配与组合；下件系统主要负责对分拣完的货物提供临时存储与管理，是整个系统的末端设备；控制系统负责整个系统各部分的运行与协调，还承担着整个系统的通信及与上层管理系统数据交换的作用。

由于分拣过程有着货物数量多、负责区域大等特点，传统供应链所采用的人工分拣往往面临着劳动量大、分拣效率低及分拣错误率较高等问题，而在使用了自动分拣技术后，工人们通常只需把待分拣货物放入分拣系统的传送带，剩下的工作便可交给机器自动完成，有效地解决了上述问题。但该技术的投入使用同样还面临着占地面积大、先期投入巨大等问题。

3. 数据挖掘技术

我们正处于一个信息爆炸的时代，大量的信息充斥于各个角落，对其进行适当的处理即可广泛地应用，所以我们迫切需要能将这些数据转化为有用信息的技术。数据挖掘技术因此引起了各个行业的极大关注。

数据挖掘是指在大量的较为粗糙、模糊的数据中，通过使用一定的算法对特定数据进行抽取、转换与分析，挖掘出原本隐藏于大量信息中、有一定意义的信息的一种技术。数据挖掘通常包含收集信息、集成数据、规约数据、清理数据、转换数据、挖掘数据、评估结果与知识呈现八个步骤。经典的数据挖掘方法有神经网络算法、遗传算法、决策树算法、粗集方法和统计分析方法等。数据挖掘的一般目标任务有关联分析、聚类分析、分类、预测、时序模式及偏差分析等。

数据挖掘技术在农产品供应链管理中的应用同样有着极大的意义。将数据挖掘作为一种新型的供应链信息处理技术，可以实现对农产品供应链中产生的大量信息的有效收集和共享，借鉴计算机技术与算法对这些数据进行处理，可以在识别农产品供应链中的脆弱点，对整个供应链进行数量、质量安全预警及构建供应链风险权重系数指标体系等方面发挥巨大的作用。

4. 人工智能技术

人工智能技术是计算机科学的一个分支，它是基于计算机技术，通过模拟、扩展和延伸人类智能以完成一些原本需要人类智能才能胜任的复杂工作的一种技术。总的来说，人工智能技术的目的就是通过模拟人的思维、意识与信息加工处理的过程，让计算机学会像人那样“思考”甚至“自我学习”，从而解决现实中一系列复杂的问题。

供应链各个环节较为分散、没有较为完善的风险预警机制都是目前农产品供应链中存在的主要问题，而人工智能的使用则可以有效地提高供应链的整合效率及构建动态的风险预警机制。而要想将人工智能技术较好地运用到供应链管理中，有一个重要的前提，就是供应链的数字化程度必须极高，能为人工智能根据已有的算法模型分析预测与自我总结学习提供数据基础。例如，在智能化种养殖业的生产中，计算机可以利用传感器技术采集和获取农业生产环境的各要素信息，如种植业中的光照、温湿度、二氧化碳浓度等参数，通过对采集的信息及设定的算法进行智能分析决策，来指导农业生产环境的调控，实现种养殖业的高产高效。

自我学习型供应链将会是供应链创新突破的下一个方向。当供应链中纳入了完善的人工智能技术后，人工智能可以根据现有供应链运行的大数据，结合数据挖掘技术对这些数据进行分析与自我学习，总结出供应链出现问题的潜在原因，并对未来的供应链进行预测、主动分析决策、自主实施相应解决方案。这样的想法在以前看来或许是天方夜谭，但在人工智能技术与供应链智能化加速发展的今天，这种纳入人工智能技术的供应链形式的实现并没有那么遥不可及。

1.4.3　农产品智能供应链

1. 工业 4.0——智能化工业时代

智能化是当今农产品供应链发展的新驱动力，在工业 4.0（industry 4.0）的发展趋势下，农产品供应链向智能化发展的战略意义正进一步提升。工业 4.0 又称为第四次工业革命，是根据工业发展的阶段做出的划分，一般认为，工业 4.0 指的是利用信息化技术促进产业变革的时代，就是所谓的智能化时代。按照现阶段的共识，工业 1.0 指蒸汽时代，工业 2.0 指电气化时代，工业 3.0 指信息化时代。工业 4.0 的大体概念最早提出于 2011 年的德国汉诺威工业博览会，之后在 2013 年 4 月的德国汉诺威工业博览会上被正式推出，是德国政府发布的《德国 2020 高技术战略》中的十大未来项目之一，该项目的核心目的是提高德国工业的智能化水平，从而使德国在全新的工业竞争环境中占领先机，提高德国工业在世界的竞争力。

灵活使用信息通信技术（information and communications technology，ICT）是工业 4.0 实现的关键。通过应用信息通信技术，实现联网设备之间的自动协调、对网络大数据的充分使用，以及生产系统与开发/销售/企业资源计划（enterprise resource planning，ERP）/产品生命周期管理（product life-cycle management，PLM）/供应链管理（supply chain management，SCM）等业务系统的联动。

在工业 4.0 的图景中，得益于工业生产的智能化，未来的生产模式将由集中控制逐渐转向分散增强型控制模式，在这种基本模式的转变中，传统的行业界限与供应链划分将逐渐弱化，各个行业的合作将会更加深入而广泛。工业生产智能化的推进可能会改变人们的生活生产方式，并解决一些现阶段存在的问题。产官学专家组成的工作小组在汉诺威工业博览会上发表的工业 4.0 最终报告指出，现在许多的工厂在不生产时也需要保持随时可以生产的状态，这就需要消耗许多的能源进行维持，而工厂智能化则可以根据已有的数据，自动分析预测工厂的开工状态，从而据此调节能源的供应，大大减少能源的浪费。同时，人们的生产生活方式也可能因智能化程度提高而改变，现在的大部分工人还是采用传统的工作模式，即上班后到工厂进行现场操作设备生产等，而在工业4.0的图景中，通过使用信息通信技术，工人们可以在一个舒适安全的环境中对生产设备进行远程操作，免去了工人在工厂与家之间奔波的烦琐，有效提高了人们的生活质量。

工业4.0同样对物流也提出了相应的要求，提出了“智能物流”的概念，主要要求物流环节要充分结合互联网、物联网及物流网，更高效地整合物流资源，使物流的供应方可以充分且快速地满足需求方各方面的需求。同时，“智能物流”还可以借助人工智能及数据挖掘等技术，对客户需求进行提前预测，以实现物流资源的提前布局，如目前国内京东、阿里巴巴集团（以下简称阿里巴巴）及顺丰速运（集团）有限公司（以下简称顺丰）等企业所大力发展的将大数据与前置仓模式相结合的物流体系，可以更好地解决物流配送效率与“最后一公里”等问题。

2. 农产品供应链智能化的优势

由于供应链智能化可带来的好处众多，智能化供应链受到了越来越广泛的关注。麦肯锡全球董事合伙人朱景丰曾表示：物联网、云与大数据、人工智能等技术，令当前应用供应链的企业出现转变。从过去的不可管、不可控和不可预测，到现在的都可管、可控、可预测，这样就能快速整合资源，大幅度地提升企业的效率。同样，智能化对于农产品供应链的好处也不容忽视，主要体现在：供应链整合程度提高、供应链效率提升，供应链成本降低，供应链风险降低，供应链提供优质产品的能力提高四个方面。

1）供应链整合程度提高、供应链效率提升

目前我国的农产品供应链模式依然以传统模式为主，供应链各个环节的参与者众多而又相对分散，整体的供应链整合程度较低，这就使得各个环节的信息较为孤立、对接不够顺畅，影响了供应链的运行效率。而供应链智能化的核心目标之一就是加强对于整体供应链的整合，基于各项智能技术，全力打造数字化的农产品供应链，使供应链各环节的信息由孤立走向共享，达到所有供应链参与者共赢的局面，减少了供应链整合程度较低造成的资源浪费，并有效地提高了供应链效率。

2）供应链成本降低

农产品供应链智能化所带来的成本降低主要体现在人工成本（劳动成本）与流通成本两方面。智能化的农产品供应链将采用大量的智能化设备，如自动识别设备、自动分拣设备与智能调控系统等。这些智能化设备是供应链智能化技术的载体，有效地替代人工完成各项机械且繁复的工作，在减少了人工成本的同时节约了时间并提高了系统的准确性。另外，由于传统农产品供应链存在整合程度不高的问题，供应链中流通成本相对较高，例如，我国农产品在流通过程中的腐损率为25%～30%，远高于发达国家5%以下的水平，农产品供应链智能化对于供应链各部门的整合则可以有效地降低此类流通成本。

3）供应链风险降低

农产品供应链的智能化可以有效地减少供应链的内生风险和外在风险。信息传递风险是产生供应链内生风险的一个主要因素。在供应链规模日益扩大、结构日益复杂的今天，供应链中信息传递错误、供应链上下游信息传递存在时滞等问题的发生也越来越频繁，使得供应链整体风险提高，而智能化供应链的构建则可以大大增强各部门信息的共享性与及时性，有效地降低了由信息传递风险导致的供应链内生风险。另外，农产品生产存在地域性、分散性、季节性等特点，因此对外在市场风险非常敏感且对物流的依赖性极强，构建有效的智能化农产品供应链可以通过提高各环节效率的方式增强对外在市场风险的化解能力，同时可以利用数据挖掘等智能技术，根据大量的数据对未来的市场进行预测从而指导生产与流通等环节，进而降低供应链的外在风险。

4）供应链提供优质产品的能力提高

农产品不同于工业产品的一个重要特点是其生物性，这一特性决定了其无法像工业产品那样易于储存与运输，农产品的品质（尤其是生鲜农产品）也因此很大程度上受到供应链效率与物流水平的影响。智能化农产品供应链的构建可以在农产品生产技术一定的前提下，通过更有效的信息传递与更高效的产品物流，实现供给与需求之间高效率、精准地对接，从而显著地提高到达消费者手中的农产品质量。

3. 我国农产品智能供应链应用现状

目前，智能供应链的思想与技术在制造业中的融入已相当深入，但在农产品供应链中的应用总体依然不够深入，许多智能化供应链应用模式依然停留在理论阶段。

1）供应链整合程度较低，智能化发展受阻

农产品供应链整合效率偏低的问题在我国一直存在，目前我国农业供应链模式依然以“生产者—采购者—运输者—农产品批发市场—农贸市场—消费者”这样的典型模式为主，环节众多、链条过长、周期较长与损耗较高的问题表现明显。对于农产品供应链智能化发展来说，这样多环节、长链条模式带来的供应链中各环节标准与操作规范不统一、供应链上下游难以整体协调的问题，是农产品供应链智能化推进缓慢的重要原因。解决好供应链整合程度不足的问题，是农产品供应链向智能化发展的必经之路。

2）供应链信息化是基础，但推进过程困难

将智能化思想与技术应用于农产品供应链中，一个很重要的前提条件是农产品供应链具有很高的信息化水平。人工智能技术的运用是建立在足够可分析数据的基础上的，而农产品供应链具有链条较长、涉及节点较多的特殊性，很难保证链条中的每一节点上的部门都有足够的技术条件，以及供应数据的质量与稳定性。另外，要同时从农产品的生产者、分销商、经销商、零售商甚至消费者处收集到完整的数据是相当棘手的问题，也是农产品供应链向智能化发展遇到的主要挑战之一。

3）智能化在供应链中的小范围运用发展迅速

农产品供应链的特殊性使得智能化在供应链中的整体运用较为困难，但智能化思想与技术在供应链的局部运用发展十分迅速。如在农业的生产端，使用现代化传感设备、3S技术［遥感（remote sensing，RS）技术、地理信息系统（geographic information system，GIS）、全球定位系统（global positioning system，GPS）］、音视频技术、计算机技术、云计算等设备与技术，实现农业种植环境的智能感知、智能预警、智能决策和智能分析等功能，为农业生产提供精准及时的智能决策结果，以代替或辅助生产者进行种植生产过程的控制。

复习思考题

1. 物流、农产品（农产食品）物流的基本概念是什么？
2. 简述农产品物流与农产品供应链的关系。
3. 我国农产品物流的特点是什么？
4. 我国农产品物流的主要类型有哪些？
5. 简述发展农产品物流与解决我国“三农”问题的关联性。
6. 当前影响我国现代农产品物流形成的主要障碍是什么？
7. 请结合我国实际及发达国家的经验，谈谈如何优化我国农产品物流运作的方向。

阅读与思考

阅读与思考

第 2 章

农产品供应链管理理论

重点提示

本章重点介绍了农产品供应链管理的概念、意义及其产生的理论依据和现实背景，以及我国农产品供应链的特点；了解农产品供应链的主要类型，农产品供应链整合的模式。需要重点掌握的是当前我国农产品供应链整合的模式及影响整合的因素。

2.1 农产品供应链管理的基本理论

2.1.1 农产品供应链及供应链管理产生的动因

1. 农产品供应链及其管理

供应链译自英文的“supply chain”，这个概念是 20 世纪 80 年代初提出的，但其真正发展却是在 90 年代后期。有人考虑到供应链包括供给和需求两个方面，将其意译为“供需链”。但从当前的发展趋势看，国内的大多数学者都倾向于“供应链”的说法。

农产品供应链有其独特性。相对于工业品供应链，“农产品供应链主要涉及对动植物等具有生命体征的原材料的生产、加工制造及分销至最终消费者的过程”（张晟义和龚海涛，2003）。因为涉及对象的易腐性、生产周期长、受生物季节气候等因素的影响，农产品供应链比其他产业的供应链更加复杂。

至于农产品供应链和供应链管理的区别，实质上可以类比供应链与供应链管理的关系。纵观国内学者对供应链及其管理的定义，大多数学者都将供应链定义为“供应链是由相互间通过提供原材料、零部件、产品服务的厂家、供应商、分销商、顾客组成的链状结构、通道或网络；供应链管理则是对供应链中的信息流、物流和资金流进行设计、规划和控制的过程”。也就是说将供应链定义为实体组成的网络，而将供应链管理定义为运作管理或渠道管理或物流管理的延伸。因此，农产品供应链管理是指以农产品加工企业为核心，以信息流通网络为依托，应用系统的方法来管理从农产品的生产一直到加工成成品并顺利转移到消费者手中的过程，使得从农资生产商、农户、加工企业、批发商、零售商直到最终用户的信息流、物流、资金流等在整个供应链上畅通无阻地流动，达到供、产、运、加、销有机衔接，使农产品产前、产中、产后与市场之间联结成满意的系统优化运转状态，最终达到供应链上各个主体共赢的过程。农产品供应链管理的出发点是高度关注客户的实际需求，强调集成化管理，实质是使农产品供应链节点上的各相关企业充分发挥各自的核心能力，形成优势互补，从而有效地实现最终客户价值。它强调战略管理，不是从链上的每个成员追求自身利益最大化出发去实现资源的最优配置，而是从追求整个供应链管理的最优化来实现链条上所有成员成本最小化和利益最大化。

2. 农产品供应链管理核心思想

供应链管理作为一种全新的管理思想，强调节点企业间的战略合作伙伴关系，通过集成化管理，在实现供应链整体利益帕累托最优的基础上，实现节点企业间的“双赢”或“多赢”。因此，农产品供应链管理核心思想应强调以下几点。

1）合作思想

合作是农产品供应链管理成功的最基本要求和条件。整条农产品供应链竞争力的大小直接取决于供应链各节点经营主体间的合作程度。这种合作不仅包括“利益共享、风险分担”，而且包括“信息共享、信用互守、团结互助”，不仅要求在计划、生产、质量、成本等方面的信息沟通和在成本、质量改进上的互助，而且要求在产品开发中的相互交流，在资金上的互相支援及在人员上的互相交流等；不仅要求在操作层的物资、信息、资金、人员等方面的合作交流，而且要求在战术层与战略层决策方面相互进行长期的合作交流，制订共同的战略目标与战略计划，实施同步战略管理。

2）集成思想

农产品供应链管理不是节点、经营主体、技术方法等资源简单地连接，而是把供应链中所有节点、经营主体看作一个整体，对农产品供应链进行整体优化，降低供应链的总成本。它涵盖整个物流的从生产资料供应商到最终消费者的采购、生产、分销、零售等职能领域过程。集成思想无论在横向层面还是纵向层面，较传统企业管理都有着较大的扩展和延伸。在横向层面上，不仅包括农业生产经营主体内部供应链的集成，还包括经营主体外部供应链的集成。在纵向层面上，它不仅要求实现同步化、集成化的生产计划与控制和后勤保障与服务协作等业务职能，还要求实现经营主体间的信息共享、产品联合开发、技术支持、资源优化配置、企业合作与委托等。

3）双赢思想

在 20 世纪 80 年代，供应链中各节点企业通常都注重企业内部的资源管理，它们的经营策略是一种零和博弈竞争的策略，即总利润一定，一方利润的增加则以另一方利润的减少为前提。因此各企业之间通常都想方设法以减少对方的利润来提高自己的利润。进入 90 年代，企业发现通过合作能提高供应链的整体利润，因此将原来敌对的经营策略改变为合作竞争策略，强调通过企业间的合作实现整条供应链的利益最优，在此基础上，合作双方或多方都能从合作中盈利。因此双赢（win-win）思想是合作与集成得以实现的保障，也是农产品供应链各节点经营主体制定决策的最基本指导思想。

3. 农产品供应链管理产生的动因

对农产品供应链管理的研究始于 20 世纪 90 年代初，农产品供过于求、市场竞争激烈、农产品贸易自由化，顾客对农产品的需求变化加快、需求服务提高，特别是对食品质量安全要求日益严格。在这种背景下，农产品种植者和相关企业如何组织生产、经营和增强竞争能力，需要由农产品种植者到消费者组成的供应链来协调解决。这成为农产品供应链管理的发展动力。在国际上，农产品供应链管理一般被用来在最低成本的环境下改进农产品质量。

现在，农产品供应链管理带来的益处已经得到学术界、政府及农业企业管理者的普遍认同。农产品经营者要想赢得利润就必须进入或建立有效的供应链，这是将农产品生产与市场连接的一条有效途径。在中国，1999 年起开始了农产品供应链及其管理的研究，“三农”问题已经成为经济和社会发展中重要的问题，初步研究表明，农产品供应链管理研究有助于“三农”问题的解决。

2.1.2 农产品供应链管理的意义

1. 供应链管理是完善利益机制的利器

我国农业产业化实践中形成了一些较好的企农利益分配方式，并主要以合同形式确定下来，如“保护价收购”、“利润分成”及“合作生产”。但这些分配方式却面临着日益增多的挑战：农资价格上涨及供应障碍，农产品及其加工制品的价格波动，企业或农户的投机和败德行为，国外竞争者的全面冲击等。这些因素的变动都可能造成企农利益分配方式及合同执行上的不稳定。而引入供应链管理的利益观及分配模式有助于更加充分地发挥这些分配方式的积极作用，使其更能适应动态的环境和不确定性。与传统企业管理模式比较，供应链管理超越了机构、企业间的界限，把有关各方都联系起来，形成“利益同盟军”，遵循个体利益服从集体利益的原则。同时，供应链管理提倡供应链所有参与者的地位平等，虽然通常也存在一个核心企业，但它更多的是帮助其他节点企业，他们之间的关系是合作与互助，而非支配与被支配。这种所有参与者都积极主动地参与农产品供应链建设管理的结果，使信息等资源在农产品供应链上各方之间得到充分共享，实现产、加、销物流过程完全一体化，进而实现农民增收。

2. 供应链管理是物流管理的利器

目前农产品物流管理仍是国民经济运行中的一个薄弱环节，严重影响着农业的发展和消费者价值的实现。因此改善农业物流管理已成为国民经济健康稳定发展的要求。但是作为具体农产品供应链上的龙头企业，其强化物流管理的一个重要前提就是能够辩证地分析与理解农产品供应链的生产能力、可控物流资源与其物流环境的关系。农业原料一般具有内在本质生物性、供应季节性、性状不稳定及易腐败等特性，其影响可不同程度地持续至最终用户；从各级用户的角度看，对其则有食用（饲用）或营养、卫生、安全、感官等要求。这些特点决定了农产品加工体系对物流技术因素和物流管理能力的高度依赖。农产品供应链的核心（龙头）企业通过实施基于整个农产品供应链的一体化物流管理，将整个流程中涉及的包装、运输、储存、装卸搬运、流通加工、物流信息、配送等诸要素视为相互联系、相互制约的有机整体——物流系统来加以管理，这不仅有利于充分挖掘“第三利润源泉”，而且有利于整个农产品供应链形成快速反应机制。

3. 供应链管理是赢得竞争优势的利器

随着农产品买方市场的形成，农产品地区市场、国内市场、国际市场间的交互影响与作用日益深化和复杂。在国际市场的激烈竞争中，我国农产品加工行业的生存与发展壮大取决于其整体素质和综合实力。而供应链管理则提供了这一竞争态势下有效的竞争武器。供应链管理思想的核心是通过业务外包，利用外部资源和服务来减少整个农产品供应链运行成本及产品成本的方法来增强农产品供应链的竞争力。虽然当前我国逐步形成了合同制或者纵向一体化的农业产业化经营模式，其相对于传统市场交易型农业是一个巨大进步，但从供应链管理观点看这是远远不够的。为了获取整个产业链的绩效和竞争力提升，龙头企业（核心企业）必须超越其“一体化”边界，将管理视野上溯至农资供应商甚至更远，下拓至批发商、零销商直至最终用户。

农产品供应链中的物流客体（农业原料及其制品）绝大多数属 3F［食品（food）、饲料（feed）、纤维（fabric）］范畴，21 世纪以来，其种类和品牌日益增多，流通渠道日益复杂，消费者对价格、品质、服务日益敏感，购买习惯更加捉摸不定。消费者行为模式的演变给整个生产及流通领域带来前所未有的压力，能否准确把握消费者需求并快速响应已成为企业生存的关键。而基于供应链管理的快速反应（quick response，QR）、有效消费者反应（efficient customer response，ECR）等策略则提供了达成这一要求的有效手段。20 世纪 80 年代中期，美国提出的 QR 是一种供应链对顾客需求的变化做出迅速响应的管理策略，其基本要素包括：贯穿整条链的有效的信息通信结构，短的产品开发与制造周期，有效的市场预测和补给，快速的订货和供货系统等。ECR 是 QR 和 EDI 的变体，这一策略使批发商、供应商及杂货店主紧密联系在一起，共同把产品送到消费者面前。ECR 系统最早由美国食品市场营销协会（Food Marketing Institute，FMI）提出，并陆续运用于食品、服装等行业，成效显著。ECR 策略的导入有助于农产品供应链中各主体摆脱零和博弈局面，优化分销渠道，通过准确把握消费者的需求并迅速响应，获取竞争优势和增值利益。

从本质上看，农产品加工业中导入供应链管理更大程度上意味着贯穿于整条链的持续创新与变革。一方面将推动农产品供应链中的所有成员在共赢基础上的信息共享机制的建立，这对于解决整个渠道成员分段式信息管理模式下农产品历年“买难”和“卖难”及物流低效问题具有重要意义。另一方面将推动基于农产品供应链的业务流程再造（business process reengineering，BPR）。导入供应链管理并非渠道成员合作关系的外延式简单相加，更非一般性地倡导农工商一体化模式。龙头企业等节点成员在组织结构和管理模式设计上面向过程而非职能，从而形成农产品供应链反应方式上以市场驱动为主导，进而为构建核心优势奠定基础。

2.2 农产品供应链的结构分析

2.2.1 农产品供应链的特点

农业生产不同于工业及服务业，在生产过程中对自然力、自然条件及作物个体生命的依赖性比较明显，农产品本身往往具有鲜活性；农产品生产的区域性、季节性、分散性等特点十分突出，同时，生鲜农产品又是人们的生活必需品，消费弹性小，具有消费普遍性和分散性的特点。农产品的诸多特性导致了农产品供应链和物流不同于工业供应链和物流，农产品供应链存在以下几个特点。

1. 供应链参与者众多，系统复杂

在产前、产中、加工、运输、销售和最终到消费者的各个环节上都有众多参与者。仅从农户作为一种供应商的角度来看，其数量巨大；相比之下，汽车、计算机等产业的零配件供应商较有限。并且这些数量巨大的供应商及其供应物分布在广阔空间中，增加了战略合作伙伴关系管理的难度，致使物流工作复杂而烦琐。

2. 物流资产专用性高

由于农产品鲜活易腐，在流通中必须采取特定的措施，才能保证农产品合乎质量要求地进入消费。例如，农产品在流通环节需要分类、加工、整理等工作；农产品储运过程中部分品种需要特定的容器和设备，如奶产品的物流需要专用的设备。这说明农产品流通比工业品流通更具生产性，并且具有更强的资产专用性。此外，受季节、气候等自然条件的限制，农产品的生产周期比工业品要长得多。因此，在农业生产方面的投资具有更长的回收期，厂商进入和离开的阻力较大。

3. 供应链具有不确定性

农业生产及农民是第一种不确定源。农业生产具有地域广阔、季节性、周期性强的特点，与制造企业相比可控性低，常面临自然风险、政策风险、市场风险的多重打击，波动极其频繁。此外，农民受教育程度较低，契约意识较淡薄（很大程度上与农民利益被无端侵害有关，受伤害的农民在多次博弈中增强了机会主义和败德动机），从而使得产业链环节极不稳定。

产业链上的企业大多植根于农村，受资金、人才及环境多方面制约，管理水平较低，运营极不稳定，使农产品供应链具有易断性。

农业产业链下的产品大多为食品、服装等日用消费品。随着买方市场格局强化及大众生活水平提高，消费者对这类产品在花色、品种、包装、质量、保健等方面的特点更加敏感，要求也越来越高。此外，这类产业进入壁垒相对较低，从而加剧了市场与需求状况的不稳定性。

4. 供应链各环节的市场力量不均衡

在发达国家如美国，农户往往就是农场主或称为农业企业家，作为独立运作的农业企业，在供应链上没有任何特殊性，不存在受欺负、被剥削的问题。而我国是一个以小农户家庭经营为基础，人均资源占有量偏低的农业大国，农村劳动力严重过剩，大多数农产品是由分散的农户进行生产的，相对于其他市场主体，分散农户的市场力量非常薄弱。在小生产与大市场环境下，我国传统的农产品流通模式一直存在交易环节多、交易不确定性大、交易双方信息不对称、交易成本高等诸多问题。

5. 农产品供应链对物流的要求较高

农产品供应链的物流约束性表现在两个互相关联的方面，一方面农产品物流能力（包括物流管理和物流基础设施等方面）制约和影响农产品供应链的范围和绩效；另一方面宏观物流环境、国家物流政策、农产品行业规范及标准化等对农产品加工物流形成外部约束和局限。物流约束性的重要根源在于农产品供应链物流客体的特殊性，如农业原料及制品具有的供应季节性、性状不稳定及易腐败等特性，这些特性决定了农产品供应链对物流管理能力和物流技术因素的高度依赖。农产品物流的复杂性主要源于农业生产的分散性和农产品消费的普遍性，而农产品供应链比较长，一般需要以农业投入物为起点运达农村，直至千家万户，再经过农业生产、收获等环节向中间商扩散，最后分销到千家万户的消费者（呈强发散性）。这一特点决定了农产品供应链中一体化物流控制上的高难度、管理上的复杂性、物流硬件投资上的巨大性，因此，要提高农产品物流的水平，必须实行专业化的物流管理，减少农产品供应链环节，这说明农产品存在技术上的供应链整合要求。

2.2.2　农产品供应链的结构类型

尽管供应链理论已经有了很大发展，但是作为供应链的一个分支的农产品供应链，对于其结构的研究不多，参考有关供应链结构方面的参考文献，农产品供应链的结构分类也有很多的标准，可以从供应链的复杂度、供应链节点企业集中程度、供应链的可靠度和优化目标等方面对供应链结构进行分类。本节参照 Golan 等（2002）、Boselie（2002）的观点，即根据农产品物流的发展阶段，认为典型的农产品供应链结构可划分为以下几种。

1. 哑铃型农产品供应链

这种类型的农产品供应链严格来说是一种准供应链（图 2-1）。它的特点是供应链较短，链节位于两端的交易主体很多，而中间链节少且交易主体也较少，呈现为哑铃型。在

图 2-1　哑铃型农产品供应链

发展中国家，特别是靠近城镇地区的蔬菜供应，由于上游蔬菜生产者生产条件差，经营规模小，蔬菜消费者离市场较近，一般都采用这种类型的供应链。

2. T 型农产品供应链

这种类型的农产品供应链一般是用于农产品的生产地和消费地相距较远，消费需求差异较大的情况。由于农产品易腐烂，农产品生产者不可能直接销售自己的产品，需要通过必要的中间商提供服务，如第三方物流、农产品深加工商和批发商等提供的相应服务。这种类型的农产品供应链，往往上游聚集了较多的农产品生产者，而中下游中间商和销售商较少且集中，供应链的形状呈现为 T 型（图 2-2）。这种类型的农产品供应链在我国农业产业化不发达的地区较为普遍。T 型农产品供应链由于中间环节缺位和低水平的物流运作，易出现上游农户盲目生产而下游农产品销售困难的现象。

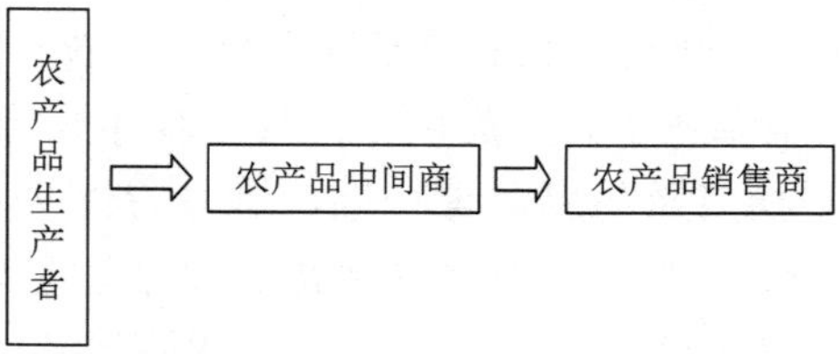

图 2-2　T 型农产品供应链

3. 对称型农产品供应链

随着农产品新兴业态，如生鲜超市的出现，农产品传统销售形式逐渐被超市所取代，且这种趋势越来越明显，同时由于技术水平的提高，农产品生产也趋于由少数种植商集约经营。随着上游产品供应商数目的锐减和超市连锁店的不断扩张，这种农产品供应链的上游供应商与下游超市连锁店的数目呈现对称增长态势（图 2-3）。在发达国家及物流发展较为成熟的大城市里，这种农产品供应链经常表现为集中采购、统一配送和尽可能减少不增值的物流环节，以实现节约成本的精益物流（lean logistics）战略。

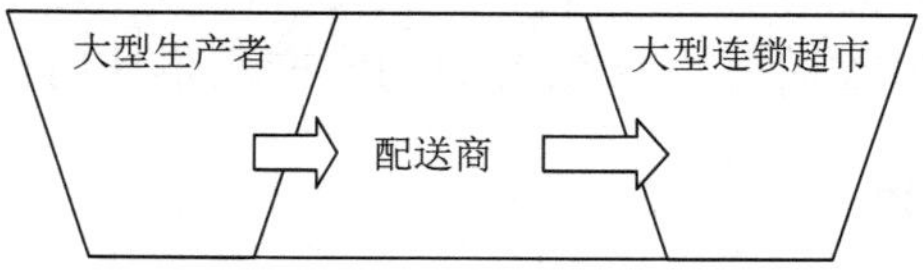

图 2-3　对称型农产品供应链

4. 混合型农产品供应链

随着市场对农产品消费需求的多样化，农产品加工的比重也在逐步提高。大型超市为了适应消费需求的显著变化，将原先由独立企业从事的专业化生产的增值环节进行“内部化”，专门建立大型加工配送中心，对农产品进行清洗、分类、深度加工、包装和配送等增值业务，同时对大型加工中心实施危害分析和关键控制点（hazard analysis and critical control point，HACCP）、良好操作规范（good manufacturing practice，GMP）和卫生安全认证来保证农产品的质量安全。这个环节是前述三个农产品供应链中没有的，这是大型超市和连锁食品店对市场需求做出快速反应的结果。随着上游供应商实力和优势的增加，加工中心部分功能，如清洗、分类和深度加工等环节又向供应商回流，使得加工中心的重点放在处理不断扩大的农产品数量和种类业务上。因此，这种农产品供应链是一种综合的、多品种、大批量和多频次的混合型供应链体系（图 2-4）。这种农产品供应链更关注消费者的满意度，通过加工中心来对市场需求做出快速反应，并实时对农产品进行“定制”和深度加工，以实现不同于精益物流的敏捷物流（agile logistics）。

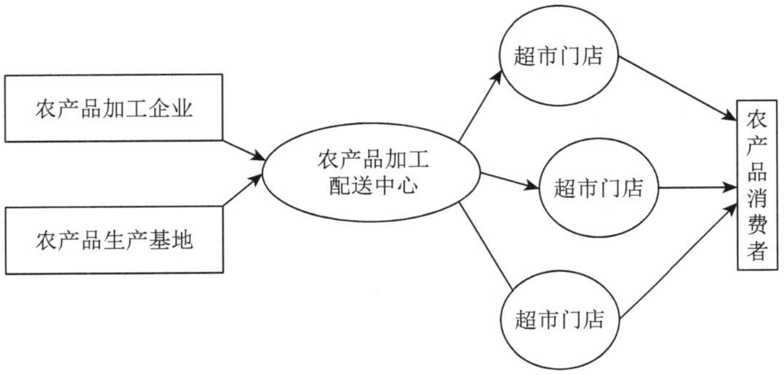

图 2-4　混合型农产品供应链

近年来，随着互联网的发展和物流技术的进步，越来越多的消费者开始尝试在网络平台上采购农产品，生鲜电子商务的供应链结构同混合型结构较为相似。成熟的生鲜电子商务往往寻求同大型的农产品基地或者和组织合作以获得优质、稳定的货源，随着自身的发展还可能直接自建或者收购生产基地，自产自销。它们倾向于提供高附加值的产品，如礼盒包装或者经过初加工的农产品。它们的货源来自全国以至世界各地，得益于物流、保鲜技术的进步和农产品配送中心的建立，它们的服务辐射范围也不断扩大。不过，生鲜电子商务主要通过配送或者自提点服务而非超市或门店等将产品传递给消费者。

2.2.3　我国农产品供应链的现状

我国现阶段基本上形成了以农产品批发市场为主、以城乡集贸市场为辅的流通组织模式。其外延不断扩大，向上游联系种植、养殖、加工、检疫运输等环节，向下游联系配送、零售、消费等环节，构成了一个完整产业链。但我国多数农户的生产经营是单户经营的形式，农产品的销售多为分散方式，农产品的大流通、大市场、大公司体系尚未形成。从经营主体看，农产品生产主体以分散经营的小农户为主，中间代理环节的主体比较多样化，既有各种类型的合作组织（包括政府主导和自发组织的各种专业协会），也有各种不同规模的私营收购代理公司；产地批发商和销地批发商的主体是各种以农产品批发市场为核心的购销商群体；目前我国农产品零售商的情况最复杂，包括各种农贸市场、不同规模大小的超市及综合性的零售店、电子商务等；从物流来看，农产品物流的主体包括自营主体、第三方物流主体。第三方物流虽然将有很大发展，但自营物流仍占主导地位，专业运输公司、专业仓储公司等比较匮乏。此外，现阶段发展较为盛行的农业行业协会依然组织不健全，且缺乏必要的物流知识和收集加工信息的能力，起不到行业规范和自律作用，农产品加工企业数量少、规模小，农产品吞吐能力较低。这导致我国的供应链存在以下问题。

1. 农产品供应链管理薄弱

我国现阶段农产品供应链管理的薄弱主要体现在物流体系的不完善及各主体间尚未建立起有效的合作机制。现阶段，我国建立的较为完整的农产品供应链还不多见，农产品加工企业和一些新成立的农业合作经济组织本身实力薄弱，很难成为农产品供应链的核心主体。当前大部分农产品的流通和交易活动都由农产品批发市场和乡村集贸市场承担，从理论上讲，这些批发市场和集贸市场基本算是农产品供应链的核心主体。然而多数农产品批发市场还处于较为原始的状态，在市场经济日益发展的今天，虽然有一部分早已实行了改制，但仍在相当程度上保持着本色，大量的农产品自原材料供应到生产，再到农产品销售，整个链条基本被分割为两段：一是“生产—流通”环节，即从农户到批发市场或集贸市场；二是“流通—消费”环节，即从批发市场或集贸市场到消费者。在两个环节的结合处，由于各个交易主体只注重和追求个人利益，诱发了诸多问题，特别是农产品质量安全方面的问题，这些问题尚未解决，使得农产品供应链现在只是一条断裂的链。

2. 供应链节点主体发育不完善

1）农产品批发市场发育不完善，难以与国际接轨

当前，我国农产品物流的主要载体还是农产品批发市场，根据《中国统计年鉴（2016）》，截至2015年年底，我国共有农林牧产品批发企业5072家，资产总额达7051.05亿元，主营业务收入达8032.08亿元，主营业务利润达533.92亿元。但大部分农产品批发市场还十分原始，物流系统极为落后，致使我国的果蔬损耗率极高，具体表现在以下几个方面。

首先，基础设施落后。由于农产品大多数属于生鲜易腐产品，需要先进的贮藏设施保证对农产品的贮藏保鲜，需要低温运输设备进行快速运输。目前国内保鲜水平较低，尚停留在用常温或冰块保鲜的初级阶段。其次，交易方式落后。我国农产品的交易方式主要是对手交易，即通过将农产品全部摆放在摊上，由货主和客户互相讨价还价进行交易，导致批发市场价格波动大，不利于农产品的供需平衡。这种交易方式的采用与我国现有的国情密不可分：保鲜和冷藏设施落后，不得不进行现货交易，收获后很少采用预处理措施，而且绝大多数市场无库存能力，使得上市农产品必须在最短的时间内全部售空；农产品没有实现标准化，无法进行公开、公正、公平的拍卖交易；批发市场本身不成规模，没有建立市场准入制度，缺乏政府必要的政策扶持。再次，信息化程度低，电子商务还未被应用。目前，批发市场本身没有专门的信息发布平台，只有个别做得较好的摊位业主拥有如库存管理、财务管理等软件，整体信息化程度较低。最后，现今企业十分流行的电子商务在我国农产品物流中基本上没有体现出价值，且法制环境和诚信体制的匮乏是制约电子商务发展的一个重要因素。

2）主要零售终端农贸市场无法保证消费者安全

现阶段，我国农产品的零售终端主要有农贸市场、超市连锁店和餐饮业，其中农贸

市场是居民日常消费的主要场所。但是农贸市场本身规模小，经营不规范，产品质量难以保证，信息化程度偏低，无法为上级供应商（主要是各批发市场）提供准确的销售信息反馈，也不能为供应链下游的消费者提供安全保证。因此，人们目前往往更倾向于在售后服务等各方面有保障的超市连锁店中消费。

3）农产品生产者未能完全介入农产品供应链

当前，农产品生产者作为农产品物流的起点，虽然部分地区已经实行了订单农业或建立起生产基地，将农户完全收入公司管理，但仍然有较多农户与供应链运作主体保持独立。由于农户一般处于弱势地位，与农产品加工或流通企业及第三方物流公司之间往往会产生一定的利益冲突，成为风险的承担者。

3. 农产品供应链节点之间的衔接存在问题

1）农产品物流仍然处于无序状态

受传统的“重生产、轻流通”思想影响，缺乏商品意识，缺乏市场营销概念，不重视向外发布信息，不重视商品包装和品牌开发，造成我国农产品优势地区优势产业不突出，无法实现农产品的有序流动。

2）农产品交易成本高，消费群体小，不利于合作伙伴联盟

农产品具有鲜活性、生产上的区域性、季节性和分散性等特点，同时农产品是人们生活的必需品，具有消费群体小的特点，造成农产品交易成本偏高，容易导致农产品交易过程中的投机行为，不利于稳定的供应链合作伙伴联盟的形成。

4. 农产品流通过程中相关信息本身及信息交换存在问题

农产品供应链中的各主体要建立协同关系，取得合作带来的效益离不开信息的交换和沟通。信息流通不畅会阻碍供应链各主体之间建立互信关系从而对协同关系的建立产生负面影响。现阶段，我国农产品市场几乎没有一个经过统一规划设计的信息系统，各企业之间信息化程度差距较大，发展很不平衡，供应链上企业之间也缺乏统一的信息平台以供各企业进行信息交流。要解决不断发生的农产品质量安全问题也需要通过构建和完善可追溯的信息系统来实现。而正是因为缺乏有效的信息流通和监管体系，农产品流通过程中相关信息本身存在滞后、失真问题。

2.3　农产品供应链的整合与发展

2.3.1　农产品供应链整合

1. 农产品供应链整合的概念

农产品供应链是由不同利益主体构成的合作型系统，农产品供应链成员在追求自身利

润最大化的同时，往往会与其他成员或与系统整体目标产生冲突。例如，农户在利益驱动下违背加工企业的期望，不履行或不完全履行与企业签订的合约；加工企业为提高生产数量，增加分销中心的库存压力，提高库存成本。从这一层意义上来说，农产品供应链是典型的、需要协调、整合的系统。农产品供应链管理的目的就是协调和控制农产品供应链成员的物流、信息流、资金流，实现降低成本，提高利润和服务水平，使整个供应链获得的利益大于各成员单位单独获得的利益之和。供应链是基于“竞争—合作—协调”机制的，整合是供应链稳定运行的基础。

基于以上分析，可以对农产品供应链整合做出如下定义：农产品供应链整合就是基于农产品供应链成员之间物流、资金流和信息流等要素设计适当的协调激励机制，通过控制系统中的序参数，有效地控制系统的整体，使之从无序转换为有序，达到协同状态，从而在供应链成员之间建立战略合作伙伴关系，合理分配利润，共同分担风险，提高信息共享程度，减少库存，降低总成本，最终实现系统的整体效益大于各部分子系统的效益之和。

2. 农产品供应链整合的类型

农产品供应链整合可分为以下两个层次。

1）宏观角度上，成员之间的整合

这主要指农户、加工企业和销售商之间的相互协调，包括各成员之间的物流、资金流和信息流整合。根据成员在农产品供应链中所处的地位和所起的作用，成员之间的整合还可以分为垂直整合和水平整合。

（1）垂直整合。垂直整合是指贯穿于整个产品生命过程的相关组织（上下游成员）之间的协调，也就是说从农产品的采购到农产品的生产、销售直到最终顾客的相关农户、加工企业、销售商之间的整合。

（2）水平整合。水平整合是指农产品供应链中处于同一地位的各个成员之间的整合，如各个分销商之间的协调整合。当加工企业的库存不能满足分销商的需求时，不同的分销商之间可以进行库存的协调。农户、加工企业和销售商之间的有效协调整合能够减少库存，降低成本，提高整个农产品供应链的管理水平和运作效率，从而提高农产品供应链整体绩效。

2）微观角度上，加工企业内的整合

这是指加工企业内部各部门之间各项活动的整合，包括产品开发、农产品采购、生产、库存、销售各部门之间的协调整合。它又分功能间整合和功能内协调。

（1）功能间整合。功能间整合是指加工企业内不同功能部门之间的协调整合，如库存和生产部门或者生产和销售部门之间的协调。

（2）功能内协调。功能内协调是指在加工企业的一个功能部门内部的各项活动和过程的整合，如生产部门内部的生产计划和生产调度之间的整合。

2.3.2　农产品供应链整合的模式

我国农产品供应链整合的主要模式有以下四种。

1. 以加工企业为中心的供应链整合模式

在农产品供应链系统中，生产者是最薄弱的一环，由于农户分散经营，组织化程度低，在供应链中处于不对称的弱势地位，可以建立以加工企业为中心的一体化供应链系统。图 2-5 表示了简化的以加工企业为中心的供应链整合模式。在该模式下，一方面，加工企业具有较强的市场力量，以加工企业为中心能够保证活动的稳定性，在资金技术和生产资料等方面由公司为农户提供支持；另一方面，企业在加工原料的供应上获得了保证。经由农户的组织，可以通过规模提高生产效率，降低生产成本。供应链整合的过程是通过加工企业内部整合和信息化水平的提高，带动上下游环节进行相应的协调与整合，最终形成统一的供应链管理平台。供应链管理平台包括电子信息系统、网络等硬件，也包括企业间的利益联结机制与统一的战略目标管理机制及供应链绩效评估机制。在加工企业与农户的关系上，一般可以通过契约来规定双方权利和义务，以较少的投入获得稳定的原料供应基地，这比建立新生产基地所需成本要小得多，也体现了供应链整合的实质。为了降低内部交易成本，降低农户市场风险，农户通过合作社进行组织，然后与公司签订收购合同，既避免市场价格起伏的风险，也保证了与企业平等交易的平衡。在台湾的农产品运销实践中，也有以合作社为中心的模式，加工企业是由农民合作组织创办和发展的，这也不失为一种供应链整合的思路，但其实质仍然是以加工企业为中心，所不同的是企业与合作社的所有权关系，这对于供应链管理而言并不重要。目前，大陆也有通过农民入股的形式进行的供应链组织创新。在该模式下，加工企业的素质成为供应链能否成功的关键。在供应链整合中，供应链管理的主要任务交给了加工企业，有可能使加工企业的管理成本提高，风险增加。与市场直接购买加工原料相比，由过去只通过洽谈和订单两个环节就能解决的问题变成了既要管理生产（产品标准要求），又要从事种质开发等技术的研究和推广，农产品收购和仓储等复杂问题。这种物流职能的内部化，如果不能有效地进行科学管理，很容易造成规模不经济。由此可见，信息技术和管理思想的引入是供应链整合的关键因素之一，加工企业必须根据供应链管理理论，进行业务流程再造，通过信息化建设逐步提高管理效率，降低管理成本。另外，加工企业应注重核心业务的开发，可以在图 2-5 基本模式的基础上进一步拓展，通过将非核心业务外包的形式降低物流成本。

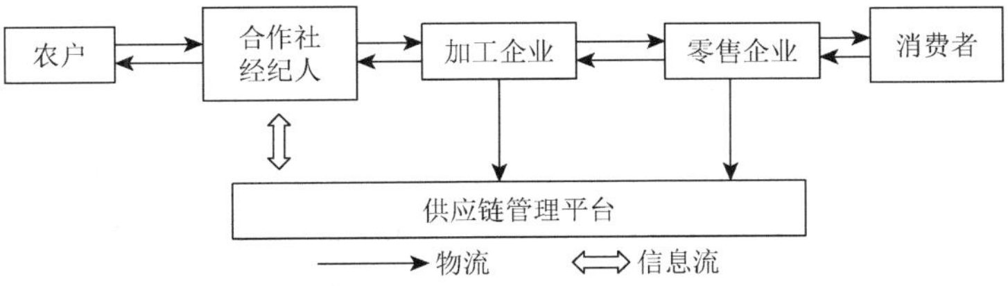

图 2-5　以加工企业为中心的农产品供应链整合模式

2. 以物流企业为中心的供应链整合模式

由于农产品种类的不同、生产加工和消费的目的不同及以往农产品流通的惯性，对于有些农产品特别是大宗农产品可以着重建立以物流配送为中心的供应链整合体系，通过建立农产品物流中心完成供应链系统整合。此外，对于生鲜农产品可以通过构建加工物流一体化的物流中心实现农产品的快速高效配送，减少流通环节，提高农产品的新鲜度与质量。这种以物流中心主导的一体化农产品供应链系统一般是以商业流通企业为主的一体化物流系统。其系统模式如图 2-6 所示。该模式以物流中心为核心，联结供应链上下游环节。由于物流中心一般具有较大的规模与较强的物流能力，可以同时为多个上游环节及下游环节提供物流服务。物流中心可由原来的批发市场发展而来，通过对批发市场的改造，采用先进的电子信息技术辅助农产品交易，配备完善的物流体系和信息平台，使得物流中心成为联结生产、加工、零售的核心环节。另一种比较现实的解决方案之一就是连锁企业（如大型超市）的配送中心向上游延伸和发展，形成生鲜农产品加工配送中心。目前已经有相当一部分有实力的连锁企业开始组建自己的生鲜配送中心，如江苏的苏果超市集团。两种类型的物流中心是分别从供应链上游（批发市场）向下整合和从供应链上游（连锁超市）向上整合形成的，前者位于供应链上游，往往应用于农产品大宗商品跨地区调配实现农产品作为供应链生产原料的配置，后者的目的是面向连锁超市，实现生鲜农产品的快速调配，满足最终消费者的需求。

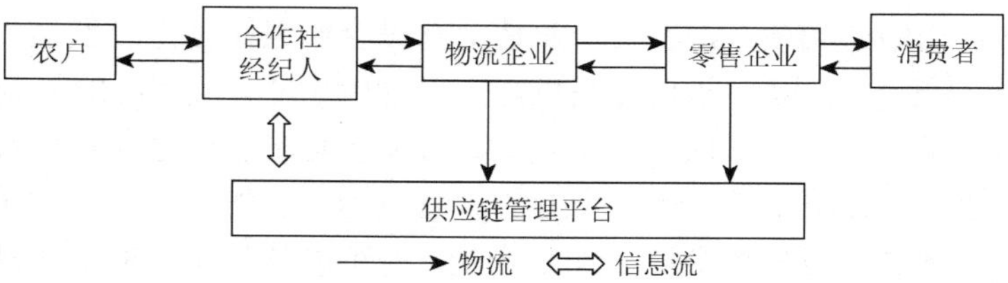

图 2-6　以物流企业为中心的农产品供应链整合模式

供应链整合与管理依赖于现代的信息技术与管理思想。在供应链整合中，供应链管理平台起到了关键的支持作用，是供应链整合的技术基础。从目前来看，商业连锁企业一般具有较高的信息化程度[例如，连锁超市已经基本上完成了商品的标准化管理，建立了完善的销售点（point of sale，POS），有些企业已经引入了物流管理信息平台]，同时具有较高的社会化属性，由这些企业为核心完成综合性、社会化的农产品供应链的整合将是必然趋势。

3. 以超市为中心的供应链整合模式

从发达国家和部分发展中国家农产品零售发展趋势看，随着经济和现代物流技术的发展，超市以建立大规模配送中心或与合作者联盟等方式，通过在农产品采购和连锁销售方面实现规模经济来获取竞争优势，不同程度地逐渐取代农贸市场和个体商贩等传统零售路径，并在农产品零售业中逐步占有集中采购等垄断地位。以果品为例，调查发现，北京城区被调查消费者中有 40%以上是经常光顾超市购买果品的。同时，北京产果品中总体上有 8%也是通过超市零售给消费者的。可见，超市已成为参与北京果品供应链整合运作的核心节点之一。因不同超市分处于不同发展阶段，其在供应链管理方式与能力、果品经营规模及对合作伙伴的选择条件等方面各不相同：一些中小超市的果品经营及采购规模相对小，进货途径灵活。知名度相对高的大型连锁超市，出于品牌信誉和集聚人气等考虑，并由于其具有集中采购与配送量较大、市场覆盖面较广等优势，多与具有稳定基地或货源的各类实力公司或合作社等建立相对稳定的合作关系，其果品配送业务多由参与联营的商家通过自己配送或利用专业配送公司完成。有的超市也通过自建配送中心、亲自组织货源来完成采购、加工及配送的任务（图 2-7）。

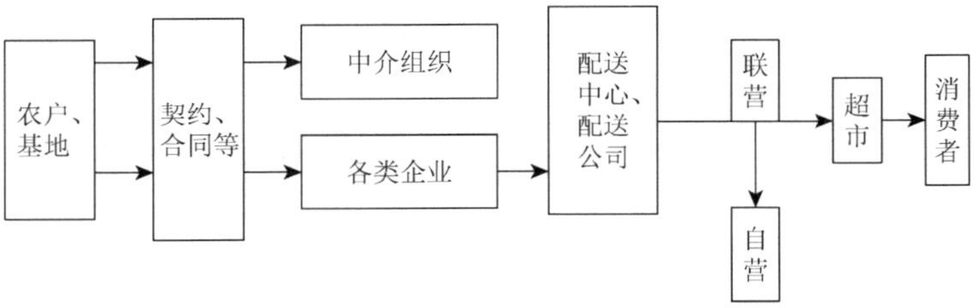

图 2-7　以超市为中心的农产品供应链整合模式

4. 核心企业与批发市场合作的供应链整合模式

核心企业与批发市场合作的供应链整合模式确切地说，是供应链其他核心企业与批发市场合作的整合模式。该模式下核心主体企业（不包括超市及合作社）利用批发市场提供的产品与信息集散、价格形成与发现、供求调节和市场服务等重要功能和交易平台，通过一级批发分别与超市、社区市场、便民店等零售端的批量采购者或次级批发商链接（图 2-8）。以果品为例，该模式中的核心企业一般利用批发市场提供的交易场地（或摊位）、信息平台、仓储或运输等服务设施，来达到宣传企业、联系新合作伙伴、维护已有合作关系或进行现货及时批发交易等目的。目前，北京京郊大型果品批发市场的这类核心企业也包括实力相对较强的果品贩运商或经纪人。与批发市场合作的核心企业，其经营范围多以京郊产量较大且适宜批发经营的品种为主，同时为保障其利润来源也经营部分外埠果品。其目标市场呈现多样性特征：与超市端连接时主要满足中高档及个性化需求的果品消费群体；与社区或便民店等零售端连接时主要考虑的是大众化需求。该模式有利于发挥核心企业在资金、市场信息和管理等方面的优势，带领果农摆脱“单对多”和“分散无序”的竞争状态而参与到供应链管理中。在核心企业与果农合作方面，该模式的主要制度特点如下。①企业与果农间的合作基础是一组短期契约，这种契约存在着果农与企业随时解除契约的可能性，由此增加了二者的合同实施成本，并影响该模式的稳定性且增加了履约风险。②果农相当于供应链起点端的准产业工人。企业与果农间的合作实质相当于果品远期销售交易合同：果农按合同约定独立拥有与支配生产资料、生产工具及劳动力产权，与企业间存在着明晰独立的产权关系。较小的产权公域使该模式下产生的公共租金耗费很低。③模式中的劳资关系属于资本支配劳动型。虽然产权明晰下的企业与果农都是独立的利益主体，但市场决策、利益分配等方面，因果农在信息把握、资本拥有量及市场营销与谈判等方面的能力局限，其在与企业博弈时处于弱势；企业则具有剩余收益索取权和更多的利润支配权。可见，这是一种企业与果农间合作性较弱而利益竞争性相对较强的模式，其利益分担机制基本未形成或无效，果农收益的稳定性较差。因此，这是适应市场竞争需要而向成长阶段发展的供应链运作过渡模式。随市场环境和供应链主体实力的变化及运作条件的演变，该模式会向高级阶段逐步迈进。

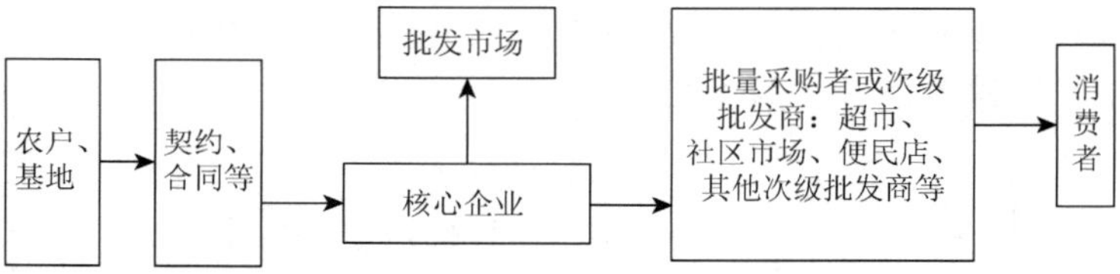

图 2-8　核心企业与批发市场合作的供应链整合模式

2.3.3　影响农产品供应链发展的主要障碍

1. 传统供应链发展中遇到的主要障碍

众所周知，农产品供应链是一种很好的增强节点成员竞争优势的方式，然而这一优势的发挥需要一个前提，即供应链上的所有成员都能服务于整体的战略目标，但现实中，由于以下原因，出现了发展不协调现象。

1）信息不对称

农产品供应链节点成员间信息不对称的第一个原因，来自于农产品供应链成员的获利和生存对信息不对称的依赖。现实中，节点成员在经营决策时往往都希望并设法尽可能地多获得信息，以减少信息不完备对决策效果的影响。同时，为了使自己在竞争中处于主动地位，又都想方设法地使对方掌握尽可能少的信息。这种动机就导致本来属于公开的信息未被公开化，也就是产生了通常所说的道德风险。于是，节点成员在将信息分享给其他成员的过程中很难真正做到积极主动，相反地，往往是抑制信息共享的意愿占据着主导地位。实践和理论研究都表明，在农产品供应链关系中只要有一个成员有意保留信息，不将或少将该分享的信息提供给其他成员，那么就很可能导致整个农产品供应链的信任危机及相互关系的损坏。节点成员间信息不对称的第二个原因在于，并不是所有参与信息共享的成员都能获得等同的利益。在农产品供应链关系中，核心企业（农产品加工企业）在与其他企业建立组织间信息系统的时候处于主动地位，是发起者。有时它们甚至用停止业务关系相威胁，迫使其他成员采用成员间信息系统。尽管从长期来看，所有的参与者均能获得好处，但在开始时，发起者获得的利益一般较大。所以在相当长的一段时间，参与成员在信息共享上缺乏真正的主动性，特别是在供应商（农户等）数量较大、彼此之间竞争激烈而且供应商与农产品加工企业的关系不稳固的情况下，供应商很难做到主动地将自己的信息与核心企业共享。当然，随着农产品供需成员间长期稳定伙伴关系的逐步确立，当供应商真正与核心企业达成了稳定而长久的合作关系，而且供应商也从自己试探性的信息共享和合作行为中获得了期望的利益时，他们会慢慢更主动和更多地将信息与核心企业分享。信息不对称的第三个原因是信息安全问题。在实践中，确实有一些成员由于对方在信息安全方面做得不好而蒙受了损失，因而对信息共享产生了畏惧心理，这是构成信息共享障碍的又一个因素。

2）利益诱因失调

利益是供应链形成的动因。如果供应链的每个节点成员都归属不同的所有者，每个节点成员又都努力使自身利益最大化，则不同节点成员的目标有可能发生冲突，这时也就意味着每个实体只考虑自身边际利润而不考虑整个系统的边际利润，造成整条农产品供应链的不协调，进而导致系统整体利润下降。农产品供应链赢得竞争优势的关键在于各个能力互补成员的有效合作、协调一致，要求成员在共同利益目标下相互信任、信息共享，以达到“双赢”。但是每个成员毕竟是独立的实体，有着各自的利益需求。个体追求自身效用最大化是农产品供应链产生的原因，也是导致农产品供应链失败的根源。由于个体难以拥有全部优势资源，有时需要求助其他个体，通过与其他成员合作形成联盟，以减少成本、降低风险、实现个体自身效用最大化。而正是对自身效用最大化的追求，使个体容易产生机会主义动机，即通过占有或剥夺农产品供应链中其他个体的合理利益来增加自身的效用，结果往往无法实现帕累托最优。如果节点成员对农产品供应链的投入没有得到应有的回报，那么合作的积极性必然会受到打击，一旦有其他的机会，很可能就会另做选择，从而导致合作崩溃。由此可见，公平合理的利益分配机制是农产品供应链持久存在的重要基础之一，是维持农产品供应链联盟存在和稳定发展赢得竞争优势的关键。

3）信任危机

信任在农产品供应链整合中主要起软约束作用，如果供应链节点成员间缺乏这种黏合剂，会对供应链的协调造成障碍。在非信任行为发生后，首先使合作对方感觉被利用、被欺骗，这就造成了合作对方的心理损失。这种心理损失反映到行为中，就是制裁与报复。于是，引起进一步的不信任与伤害行为，严重地影响成员间的合作关系。这不仅影响以这种合作关系为基础的农产品供应链当前的正常运作，而且使得农产品供应链成员在今后的合作中增加激励成本和监督成本，进而影响下一轮的农产品供应链成员间的信任与合作，最终影响整个农产品供应链的竞争能力。

4）组织行为和文化冲突

组织行为和文化冲突往往是因为农产品供应链构成方式及不同阶段之间的沟通方式存在差异。农产品供应链整合管理是跨部门跨组织的活动，必然会因为人际或群际间相互作用的行为而导致人际、群际乃至组织间的冲突，尤其是当农产品供应链各阶段组织文化明显不同的时候。值得注意的是，一条农产品供应链的成功运作往往会给所有成员带来一些变化，不管是农户还是企业，对这种变化起初都会有一些不太适应，这时候组织文化对这种不适应性的调整会起很大的作用，所以如何培养组织文化，消除由此带来的供应链协调障碍也是一个不容忽视的问题。

2. 发展智能供应链的主要障碍

随着智能技术的发展和应用范围的扩大，我国供应链出现了智能化的趋势，一些传统供应链发展中存在的问题尚没有得到很好的解决，供应链的发展又面临新的挑战，发展智能供应链存在的主要障碍如下。

1）农产品生产的信息化水平较低

根据农产品生产方式的不同，主要可以将农产品分为种植类农产品和养殖类农产品，而种植类农产品又主要包括粮油作物和其他经济作物两类。粮油作物中的如小麦、玉米、菜籽等关乎国计民生的大宗农产品，一般都已有较高的标准化水平与信息化水平，并大多已建立了完善的工业化流通体系。但经济作物与养殖类作物中，如蔬菜、水果、鲜肉、水产等，往往存在个体农户生产为主、生产分散化程度高等特性，尤其是经济作物生产中土地碎片化的现象非常普遍，使得一些现代的信息化技术与标准化技术不适合运用在这些小规模的生产中，导致这些农产品整体的信息化水平与标准化水平较低。而数字化供应链的实现是农产品智能供应链建设的重要前提，许多智能技术的运用在很大程度上依赖于供应链中全面、及时的数据。由此可见，如何解决好这种小农经济的生产模式，提高农产品生产的集约化程度，提升各类农产品的标准化与信息化水平，是农产品智能化供应链建设中面临的关键问题。

2）农产品全程可跟踪链条尚未形成

随着社会的发展，供应链的规模日益扩大、结构也更加复杂。农产品从田间到餐桌的过程有着环节多、参与主体多、监管成本大等特点，任何一个环节出现问题都可能导致最终到消费者手中的产品存在质量安全隐患。农产品全程可跟踪系统的建立可以有效减少因环节繁多与相对孤立造成的质量安全问题，同样也是智能化供应链的重要组成部分。而由于可追踪系统的建立存在前期投入巨大、标准尚不统一等问题，目前我国农产品全程可追溯系统的建立还处于发展阶段，已构建可追踪系统的农产品较少，且追踪系统仍不完善，是阻碍我国农产品供应链智能化发展的重要因素之一。

3）专业性智能化服务平台的缺失

我国专业性智能化服务平台的缺失主要表现在两个方面，即信息服务平台的建设数量较少及平台的智能化程度较低。近年来，我国农产品流通的组织模式正在向多元化发展，但批发市场仍占据着主导地位。而由于前期投入较高、智能化技术普及程度较低等，承担着我国 70%农产品流通功能的批发市场的智能化建设仍存在不重视与规划不到位的情况。同时，现代信息技术在农村地区的普及程度仍不足，导致标准化、专业性的农产品供应信息平台缺失。这些因素都严重制约了农产品供应链智能化在我国的发展。

4）智能技术标准体系未统一

目前各国都在努力发展自己的供应链智能技术，但还未形成一个统一的标准。例如，自动识别和数据采集技术中的射频识别标准体系，目前国际上有 ISO/IEC RFID 标准、EPCglobal RFID 标准及日本的 UID RFID 标准三大标准体系，这三大标准体系都各自独立并尽可能地争取市场，这就使得供应链在智能化发展中需要面临不同标准冲突的问题。同时，出于信息安全与使用费用的考虑，各国企业又在努力建立自己的技术标准体系。目前我国在射频识别标准的使用上较为混乱，虽然其缺陷在企业闭环运行情况下影响很小，但一旦向开环运行的智能化供应链发展便会严重影响射频识别设备的有效运行，阻碍农产品的流通。因此，建立高效、统一的智能技术标准体系同样是供应链智能化发展中亟待解决的问题。

2.3.4　实施农产品供应链整合的政策建议

1. 完善供应链各成员间的利益分配机制

完善供应链各成员间的利益分配是有效协调农产品供应链的核心问题，这需要充分考虑供应链内部各个参与主体的切身利益。因此，如何使各主体在各个经营环节实现利益平衡，是促进农产品供应链顺利运行的关键。例如，供应链核心成员在一定程度上保障其他参与者能够获得比较稳定的合理收益，既保证了加工企业有稳定的原料来源，又促进了供应链的稳定协调，使各供应链成员都关心供应链的整体发展，不会轻易因为其他因素而影响供应链的顺利实施。

2. 促进供应链组织创新

学习国外先进经验，支持龙头企业到城市开办农产品超市，加强农产品批发市场建设，发展农产品电子商务，加快农产品物流体系建设，逐步把营销网络延伸到城市。由于现阶段我国大多数的农业企业实力有限，农产品供应链上的各组成成员必须通过功能整合、协调运行，才能实现供应链整体效益最优。政府需要创造良好环境，在税收、土地使用和融资方面给予龙头企业优惠政策，提供优质服务，大力扶持龙头企业快速发展。另外，可参考发达国家的经验，发挥各种形式的农产品行业协会的协调功能，提高农产品供应链的组织化程度，建立能够代表其整体利益的农产品行业协会，从农产品供应链的起点上消除市场无序竞争。通过建立农产品行业协会来构建信息平台，协调各环节信息与利益，保障信息畅通、利益均衡。

3. 减少人为影响，打破地方障碍

我国部分地区从保护本地经济利益的角度出发，尽量限制外地农产品进入本地市场，人为割裂了农产品的跨区流通，不利于供应链的整合协调，无法实现供应链整合最优化。为了确保我国农产品顺畅流通，特别是在当前的经济形势下，国家和地方政府应该重视完善市场法规，根除地方保护主义，为供应链的快速有效发展创造健康的环境。

4. 加快智能化农业信息平台的建立

运用专业性的智能化农业信息平台有助于提高农业生产效率、加快农业生产组织方式的转型升级、推进智能化供应链的发展。因此，建立集信息收集、数据处理、辅助决策和智能控制为一体的综合性信息平台有不可忽视的作用。在推进智能化农业信息平台的建立时，可以参考发达国家的经验，首先通过深化物联网、互联网、大数据及云信息服务在农业生产中的运用，打造面向农业生产者的农村信息服务平台。再进一步建立可实现生产环境智能监测、生产管理智能决策、生产条件智能控制、农业生产精准耕作及农产品物流智能调控的智慧农业系统，使农业信息平台由被动呈现信息向主动收集分析转变，并提供决策升级。

为了更好地建设农业信息平台，一方面应普及智能化发展的理念，并加速推进供应链智能化的基础设施建设，加快农产品渠道管理体系的信息化建设，为智能化供应链的发展做好充分的前期准备。另一方面应该加快相关标准体系使用规范化要求的建立，避免因技术不统一而阻碍智能化发展，为供应链智能化发展做好技术标准体系上的准备。

复习思考题

1. 农产品供应链与供应链管理的关系是什么？
2. 农产品供应链管理的核心思想是什么？
3. 简述我国农产品供应链的特点。
4. 目前导致我国农产品供应链低效的主要因素是什么？
5. 试述我国农产品供应链整合的主要模式及适用条件。
6. 针对某类农产品，给出有效实现其供应链整合的建议。

阅读与思考

阅读与思考

第 3 章

农产品供应链风险管理

重点提示

本章重点介绍了农产品供应链风险和风险管理的内涵。需要了解农产品供应链风险的主要类型、一般流程和农产品供应链风险防范；需要重点掌握农产品风险因素分析及农产品供应链风险分析方法。

3.1 农产品供应链风险管理概述

3.1.1 农产品供应链风险管理的内涵

1. 供应链风险和农产品供应链风险

风险主要来源于损失的不确定性，风险的大小本质上取决于不确定事件发生的概率和发生后果的损失程度。供应链风险，是指供应链企业在生产过程中，各种事先无法预测的不确定因素带来的影响使供应链企业实际收益与预期收益发生偏差，从而有受损的风险和可能性。

由于农产品具有季节性、周期性、易腐性等特点，并且供应数量和质量受温度、湿度、虫害等随机因素的影响，农产品供应链是一个复杂的、动态的和非线性的大系统，任何一个节点或合作伙伴的变动都有可能导致整个农产品供应链的链条断裂，所以农产品供应链相比其他类供应链面临的风险更大。因此，目前更加迫切地需要一种新的供应链管理模式，建立一种科学合理的风险识别与预警防范机制，使得农产品供应链上各节点之间信息的运作达到整体最优，并实现其链条上相关农业企业整体利益的最大化。

2. 供应链风险管理和农产品供应链风险管理

供应链风险管理是通过供应链上合作伙伴之间的协调、合作来确保供应链的连续性及各节点成员企业的利益。

农产品供应链风险管理是遵循风险管理的思想理论和方法模型，运用风险管理的手段和工具，采取有效的识别、评估、防范、规避等管理措施，以降低成本、提高效率为基础，降低农产品供应链风险事件或不确定性事件发生的概率和不利影响，或在风险发生后最大限度地减少损失并尽快使农产品供应链恢复到安全状态。作为一种新型而有效的管理方式，农产品供应链管理日益受到企业的重视与青睐，并逐渐为企业所熟悉和接受。

3. 我国农产品供应链风险管理现状

发展农产品供应链物流是建设社会主义新农村的重要推动力，国家惠农政策刺激了农产品市场快速扩张，也为农产品供应链发展提供了坚实基础，国家鼓励发展农民联产经营，为大企业建设农产品物流网络提供指导；税收、信贷优惠政策的福利覆盖到大多数供应链主体，推动供应链物流发展。除此之外，农产品物流企业日益壮大，中国储备粮管理集团有限公司、中外运等第三方物流龙头企业发挥了示范作用，带动了供应链上下游企业的战略合作和资源整合，积极拓展了农产品物流业务，促进了农产品供应链的快速发展。我国的农产品供应链虽然得到长足发展，但是在这个过程中也存在着亟待解决的问题。

1）农产品供需两头发散，运作效率低

农户自主经营，生产、加工、销售无法形成规模经济，缺少产业优势，没有重新构建供应链的能力。在流通过程中，经历环节众多，生产者与供应商之间缺少信息共享，使得交易双方成本增加，运作效率低。

2）农产品供应链基础设施差，物流操作难度大

农村道路、通信网络、运输条件、存储环境比较差，电子商务在农村地区推广困难。目前，我国涉农的6000余个网站基本集中在沿海发达地区和北京、上海、广州等大中型城市，网站效果并不理想。不同于工业产品，农产品属性特殊，在供应链网络流通中难以实现包装标准化、运输保质化，如一些水产品、蔬果从捕捞、采摘到配送给消费者，要经过特殊的冷藏处理，并且对湿度、光度等方面都有较为精细的要求。供应链管理水平的提高，需要各个供应链成员尽职尽责，因此掌握文化知识和信息技术尤为重要。而大量的中小市场主体特别是个体农户能力水平有限，这大大增加了供应链的操作难度。

3）农产品供应链信息传递不畅

首先，我国农产品供应链的总体信息化程度低，目前国内几乎没有一个统一规划、标准性的信息系统，不同企业间的信息化程度差异大，发展不均衡，造成多边合作企业相互缺乏必要的了解与信任，阻碍了供应链的发展。其次，农户对市场信息获取的渠道单一，各环节信息失真、滞后现象严重。最后，没有建立合理的信息采集、整理系统，批发市场等物流枢纽难以发挥其信息中心的作用，致使农产品流通具有盲目性和低效率。

4）农产品供应链质量安全管理欠缺

我国供应链主体间大多是一次性交易，各企业只考虑自身的利益，主体间难以从长远利益考虑相互关系，交易过程中质量问题严重，表现在交易过程中质量安全信息难以记录在案，没有长期借鉴作用，不能做到事先预警、事中处理和事后追溯。这就导致供应链各节点企业彼此难以耦合形成有效的质量安全管理体系。

3.1.2 农产品供应链风险的类型

农产品供应链风险既有来自农产品供应链内部的因素，也有来自其生存环境的影响，它可能以自然风险、组织风险、技术风险、信息化风险、质量安全风险和市场风险等不同形式表现。

1. 自然风险

自然灾害往往直接影响农产品的产量和质量。表 3-1 统计了 2013～2017 年自然灾害造成的农作物受灾面积和成灾面积。除此之外，农作物病虫灾害也影响农产品的产量和质量。农业部相关资料显示，目前我国常见的农作物有害生物有 1000 多种，其中将近 100 种生物可对农作物造成严重危害，每年有害生物造成的受灾面积高达 4.67 亿 hm^2。

表 3-1 2013～2017 年我国农作物受灾、成灾面积 （单位：hm^2）

指标	2013 年	2014 年	2015 年	2016 年	2017 年
农作物受灾面积	3135.0	2489.1	2177.0	2622.1	1847.8
水灾受灾面积	876.0	471.8	562.0	853.1	541.5
旱灾受灾面积	1410.0	1227.2	1061.0	987.3	987.5
成灾面积	1430.3	1267.8	1238.0	1367.0	920.1

2. 组织风险

农产品供应链管理的关键是在其内部建立可靠的、相互支持的有机链接，对相互依赖和相互支撑的合作伙伴进行有效的资源整合。供应链成员作为独立的经济主体，虽然有长期合作伙伴关系，但相互之间也存在着竞争。供应链成员出于自身利益的考虑，有时会故意隐瞒或谎报数据，造成信息的不对称，导致道德风险问题的产生，从而危害供应链的整体利益，影响供应链的效率最大化。

供应链运作的好坏及整个供应链竞争力的大小在很大程度上取决于供应链上核心企业的协调能力。核心企业的作用突出表现在以下两个方面：第一，核心企业是供应链的信息交换中心；第二，核心企业是供应链上物流集散的“调度中心”。目前施行的传统流通模式中，批发市场是其中的核心企业，但我国的批发市场缺乏必要的领导力和权威性，致使农产品供应链各节点缺乏战略配合，严重制约着农产品供应链的“可管理性”。

3. 技术风险

农产品生产具有区域性，而人们的需求是多样的，因而不同区域间需要进行流通交易。同时农产品的生物性能（含水量高、保鲜期短、极易腐烂）对运输效率和保鲜条件提出了很高的要求。而目前我国农业物流基础设施落后，农产品物流是以常温物流或自然物流形式为主，缺乏冷冻冷藏设备和技术，且农产品流通渠道不畅，使得在物流过程中农产品损耗巨大。我国现有的农产品供应链整体的物流技术落后，致使农产品在整个供应链的流通中耗损严重，给农产品供应链带来了不小的技术风险。

4. 信息化风险

我国农产品供应链的起步比较晚，发展时间不长，造成我国农产品供应链总体信息化水平比较低，供应链节点间信息缺乏共享。同时需求信息的不确定性造成了销售市场价格波动大，不利于农产品的供求均衡。农产品供应链上游的不确定性信息从最初的农产品供应商开始沿供应链向各级逐级传递，直接影响农产品进一步的生产进程和交付时间，进而影响客户满意度的不确定性；农产品供应链下游信息的不确定性表现为顾客需求从最终用户开始沿供应链的信息流方向朝供应商逐级传递，直接影响供应链上各级供应商的库存量和库存时间，从而使库存成本大大增加。这些现状所造成的信息化风险为农产品供应链的发展造成了很大的阻碍。

5. 质量安全风险

在过去的几年里，为了满足消费者对农产品在种类和数量上的要求，企业不断寻求和研发新技术，而新技术和新方法的过度使用（如杀虫剂、激素、抗生素和转基因技术等）使得农产品在种植、养殖过程中，不同程度地受到农药、化肥、工业“三废”的污染，以及一些地下加工厂在加工制造过程中乱用添加剂和防腐剂、掺杂注水，给人们的健康带来严重隐患。我国的农产品质量安全体系建设起步较晚，还没有形成完整的农产品标准体系、食品检验检测体系、食品质量安全评价指标体系，致使农产品的质量安全难以检测，加大了农产品供应链的质量安全风险。

6. 市场风险

农产品生产和消费的分散性，使得经营者难以取得垄断地位，市场信息极为分散，人们难以全面把握市场供求信息及竞争者、合作者的信息；农业生产的季节性强，农产品上市时如果在短时间内难以调节，会使市场价格波动较大，此外，农产品的鲜活易腐性限制了其在跨区域间和跨季节间的即时调节，这使农产品供应链具有更多的风险。市场不确定性一方面增加了交易成本，另一方面增加了供应链整合中的机会主义倾向。

3.1.3 农产品供应链风险管理的一般流程

农产品供应链风险管理遵循一般供应链的风险管理过程。许多学者就供应链风险管理的框架或流程进行了设想，克兰菲尔德管理学院（Cranfield Management School）提出了一个四阶段的供应链风险管理框架，该框架提出供应链风险管理的流程包括风险因素描述、风险识别、风险评估和风险管理这四个阶段。国内的马林和刘荣娟认为供应链风险管理应包括风险识别、风险评估和风险管理这三个阶段。Richard 提出了一种供应链风险循环管理框架，如图 3-1 所示。总体来说，供应链风险管理包括风险识别、评估和应对三大环节。

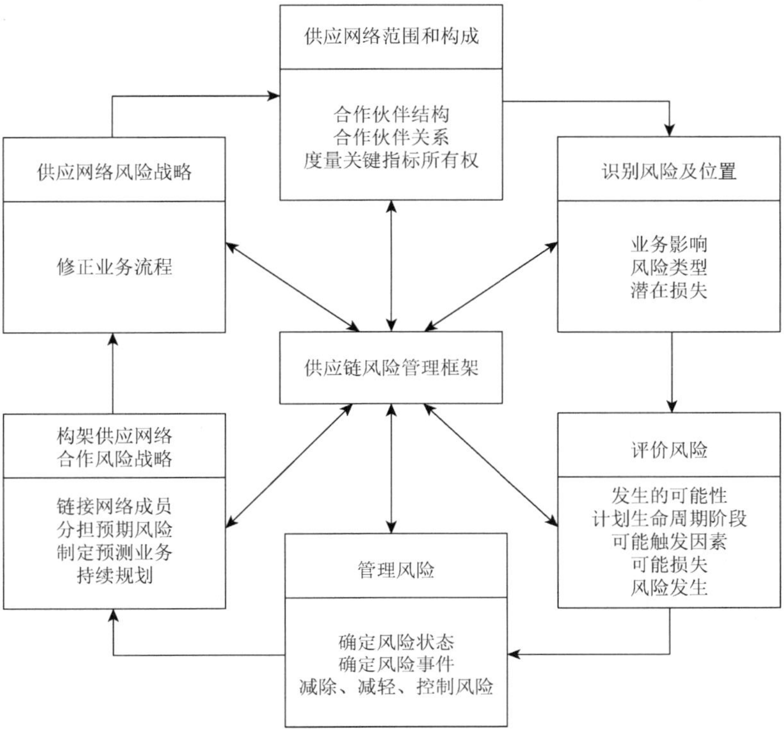

图 3-1　供应链风险循环管理框架

3.2　农产品供应链风险管理分析

3.2.1　农产品供应链风险因素分析

农产品供应链风险因素分析是农产品供应链风险评估指标选取的前提和依据，也是农产品供应链风险评估的任务之一。风险分析可以从农产品供应链风险来源和供应链风险与农产品供应链的特点两个方面进行。根据农产品供应链风险来源进行风险因素分析是一种比较直观的分析方法，方便理解和寻找农产品供应链风险因素。根据供应链风险与农产品供应链的特点进行风险因素分析更具有针对性，能更好地把握特定类型农产品供应链的风险因素。农产品供应链风险评估指标选取（表 3-2）就是通过分析农产品供应链风险的影响因素，依据一定的原则对这些风险因素进行检验筛选，最终选出切实可行的风险评估指标。

表 3-2　风险评估指标选取示例

分类方式	具体细分
按风险类别分类（以一般农产品供应链网络综合风险评估为例）	天气风险、自然灾害（包括极端天气事件）、生物和环境风险、市场风险、物流和基础设施风险、管理运营风险、政策和制度风险、政治风险
按风险环节分类（以猪肉为例）	生猪养殖环节、生猪运输环节、屠宰加工环节、冷藏储存环节、猪肉销售环节
按风险主体分类	供应商、农户、农产品加工商、分销商、零售商、最终客户

3.2.2　农产品供应链风险分析方法

供应链风险分析包括风险识别和风险评估，其中，风险识别是对供应链风险进行推断、分类和定性的过程，风险评估是借助模型对供应链的风险水平或等级进行评估和测算。农产品供应链风险分析的主要方法有综合安全评价（formal safety assessment，FSA）方法与风险坐标图法、故障树分析法、层次分析法、模糊综合评价模型和供应链运作参考模型（supply-chain operations reference-model，SCOR）等。

1. FSA 与风险坐标图法

FSA 是一种关于运营管理中用于指定合理的规则和提供风险控制的综合性、结构化和系统性的分析方法，主要目的就是降低事故发生的概率和减轻事故后果。FSA 方法的五个基本步骤如下。

（1）危险识别：识别的目的就是对所评估的系统可能存在的所有风险进行识别，并按照危险程度粗略分类和有序排列。

（2）风险评估：风险评估的主要目的是确定风险分布并识别和评估影响风险水平的因素，一般有定性、半定量和定量分析等几种形式。

（3）提出风险控制方案。

（4）成本与效益评估：估算和评估第 3 步识别和确定的各种风险控制方案所产生的成本和效益。

（5）提出决策建议：风险坐标图是体系中常用的风险度量和评估方法，它把风险发生可能性的高低、风险发生后对目标的影响程度，作为两个维度绘制在同一个平面上，即绘制成直角坐标系。对风险发生可能性的高低、风险对目标影响程度的评估有定性、半定量和定量等方法。如图 3-2 所示，定性方法直接用文字描述风险发生可能性的高低、风险对目标的影响程度，例如，风险发生的频率可分为极少发生、很少发生、可能发生和经常发生等类，而后果严重程度可分为不明显、轻微、严重、极严重等。定量方法是对风险发生可能性的高低、风险对目标影响程度用具有实际意义的数量描述，例如，对风险发生可能性的高低用概率来表示，对目标影响程度用损失金额等指标来表示。半定量分析方法综合定量和定性的界定思想，介于两者之间。

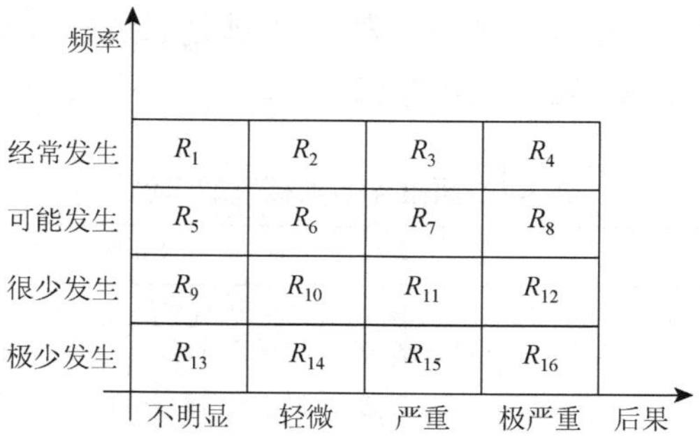

图 3-2　风险坐标图

2. 故障树分析法

故障树分析（fault tree analysis，FTA）是一种利用布尔逻辑关系从结果到原因表示事故发生过程的逻辑树图。故障树分析法可形象明了地反映出事故发生的因果关系。它既可以用于事故后的原因分析，也可以用于系统危险性评价与辨识，既可以用于定性分析，也可以用于定量分析。这种分析方法具有形象直观、思路清晰、逻辑性强等特点。

故障树分析的基本步骤如下：①熟悉系统；②调查事故；③确定顶上事件；④确定顶上事件的控制目标；⑤事件原因调查；⑥绘制事故树；⑦定性分析；⑧求顶上事件的发生概率；⑨分析比较；⑩概率分析。

3. 层次分析法

层次分析法是对一些较为复杂、模糊的问题做出决策的简易方法，它特别适用于那些难于完全定量分析的问题，是美国运筹学家萨蒂于 20 世纪 70 年代初期提出的一种简便、灵活而又实用的多准则决策方法。层次分析法的基本原理与步骤如下。

人们在进行社会、经济及科学管理领域问题的系统分析中，面临的常常是一个由相互关联、相互制约的众多因素构成的复杂且往往缺少定量数据的系统。层次分析法为这类问题的决策和排序提供了一种新的、简洁而实用的建模方法，它的基本思想就是把复杂问题分解为若干层次，在最低层次通过两两对比得出各因素的权重，通过由低到高的层层分析计算，最后计算出方案对总目标的权数，权数最大的方案为最优方案。层次分析法的基本假设是层次之间存在递阶结构，即从高到低或从低到高递进，当复杂系统中某一层次既可直接或间接地影响其他层次，又可直接或间接地受其他层次影响时，就不属于层次分析范畴了。

运用层次分析法建模，大体上可按以下几个步骤进行：

（1）建立递阶层次结构模型；

（2）构造出各层次中的所有判断矩阵；

（3）层次单排序及一致性检验；

（4）层次总排序及一致性检验。

4. 模糊综合评价法

模糊综合评价法是应用模糊关系合成的原理，从多个因素对被评判事物隶属等级状况进行综合性评判的一种定量评价方法，评价者从影响问题的因素出发，参照相关数据和情况，根据判断，对复杂问题分别做出不同程度的模糊评价，然后通过模糊数学提供的方法进行运算，得出定量的评价结果。

模糊综合评价包含六个基本要素：①评判因素论域 U，U 代表综合评判中各评判因素所组成的集合；②评语等级论域 V，V 代表综合评判中评语所组成的集合；③模糊关系矩阵 $\tilde{R}$，$\tilde{R}$ 是单因素评价的结果，即单因素评价矩阵；④评判因素权向量 $\tilde{A}$，$\tilde{A}$ 代表评价因素在被评对象中的相对重要程度；⑤合成算子，是指合成 $\tilde{A}$ 与 $\tilde{R}$ 所用的计算方法；⑥评判结果向量 $\tilde{B}$，它是对每个被评判对象综合状况与分等级的程度描述。

模糊综合评价是对评价对象进行综合分析，同时考虑多个因素进行评价，所评价的基本因素有三个：评价指标、评语等级及指标权重。每个指标与任何评语都有一定的数量关系，这种数量关系可以用矩阵 R 表示。R 就是 U 和 V 合成的模糊关系，是一个（$m \times n$）的模糊矩阵。

由于各评价指标在评价总目标中的相对重要程度不同，应当赋予不同的权数，权数的有限集合 $W=(\omega_1,\omega_2,\cdots,\omega_m)$，各权数综合应当为 1。一个模糊评价问题就是将评价指标集合 U 这一论域上的一个模糊集合 W 经过模糊关系 R 变换成评语集合 V 这一论域上的一个模糊集合 B，于是，可以建立起模糊综合评价的数学模型：

$$B = W \cdot R = (\omega_1, \omega_2, \cdots, \omega_m) \cdot \begin{bmatrix} r_{11} & r_{12} & \cdots & r_{1m} \\ r_{21} & r_{22} & \cdots & r_{2m} \\ \vdots & \vdots & & \vdots \\ r_{n1} & r_{n2} & \cdots & r_{nm} \end{bmatrix}$$

该模型中，评价结果 B 是论域 V 上的一个模糊子集，也是一个模糊向量 $B=(b_1,b_2,\cdots,b_n)$，W 为权重集合，是由 U 和 V 合成的模糊矩阵。模糊综合评价的基本步骤如下：

（1）建立评级指标集合；

（2）确定各个评价指标的权重；

（3）确定评语等级集合；

（4）建立模糊关系矩阵 R；

（5）分别对各指标进行评价，得出评价等级的隶属度。

评价者对每个评价指标均给出一个等级，计算出各等级的频率，即评价对象在每个评价指标上对各等级的隶属度运用模糊综合评价模型分析得出综合评价结论。

5. 供应链运作参考模型

SCOR 是第一个标准的供应链流程参考模型，是供应链流程参考工具，它覆盖了所有的行业。SCOR 模型提供了融合运营流程、标准、最佳实践和技术的统一框架结构。图 3-3 为 SCOR 模型的边界，SCOR 的流程从供应商的供应商延伸到客户的客户，包括所有从订单登入到支付的与客户的交互；所有产品和服务事务（包含设备、供应、备件、软件等）；所有从累计需求的整理统计到每个订单执行的与市场的交互。SCOR 不描述每个运营过程或活动；不解决市场营销、研究和技术开发，或者产品开发问题；同时，SCOR 假设不明确解决质量、信息技术和管理问题。SCOR 模型提供标准的语言描述供应链的绩效、配置、活动、实践及人力资源。SCOR 模型由四个部分组成：

（1）绩效指标——用来度量供应链绩效的标准指标；

（2）流程——管理过程和过程关系框架的标准描述；

（3）实践——产生最优供应链性能的管理实践；

（4）人力资源——符合过程、最佳实践、性能指标的训练和技能要求。

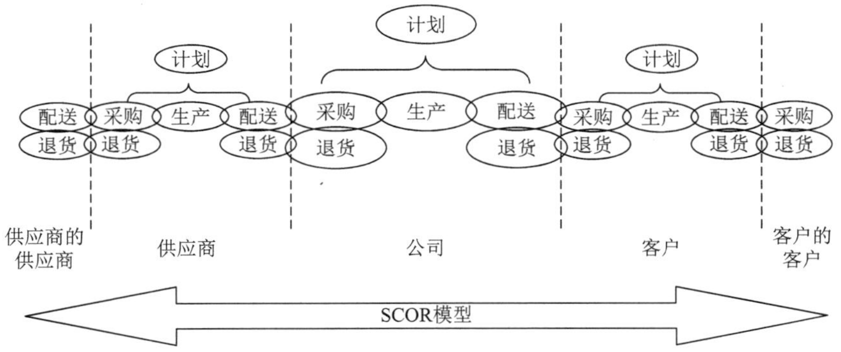

图 3-3　SCOR 模型的边界

SCOR 绩效由性能特征和指标组成。SCOR 第一层指标是战略上的、高阶层的度量标准，贯穿多个 SCOR 流程，由一组用于表达某一战略的指标组成。SCOR 本身不具备测量功能，它用于设置战略方向，如 A 产品需要一流的可靠性，或某个市场要求公司成为最后的五个敏捷制造商之一。指标是度量供应链达到预期设定战略特征的能力。SCOR 给出五个核心供应链性能特征：可靠性（reliability）、响应性（responsiveness）、敏捷性（agility）、成本（cost）和资产管理（asset management）。没有这些特征，很难把一个选择低成本运营的企业同一个选择将可靠性和执行能力作为竞争优势的企业相比较。

指标是流程性能的度量标准。SCOR 指标具有诊断功能，发布了三个层次的指标：第一层指标用于供应链整体健康诊断，这些指标作为战略指标和关键绩效指标（key performance indicators，KPIs）；第二层指标用于对第一层指标的诊断，诊断结果有助于识别第一层指标产生绩效差距的原因；第三层指标用于对第二层指标的诊断。

和流程分层一样，SCOR 模型中许多指标也是分层的。第一层指标是由低一层次的计算统计。第二层指标一般与范围更窄的流程子集相关联。例如，配送的绩效根据一段时期内按时交付的产品总数计算。此外，指标可用来诊断在执行中相对于计划的差异，例如，一个组织可能希望验证需求日期与履约日期间的联系。SCOR 提供企业交流供应链问题的平台，对供应链性能进行客观评测，给出性能改进目标，对开发供应链管理软件产生深远的影响。SCOR 模型对流程定义分为三个层次，三层以下的四、五、六层属于企业特有的流程描述层。第一层到第三层是逐步分解和细化。SCOR 通过第一层和第二层的流程对供应链结构的描述标准化，通过第三层的流程对供应链结构的执行标准化。图 3-4 为 SCOR 流程的分层结构，第一层定义了流程范围，有计划（plan）、采购（source）、生产（make）、配送（deliver）和退货（return）五个基本的流程；第二层提供了 26 种可供企业选择的流程种类；第三层是对每个流程执行过程的细化并给出使用场合、条件及对系统的要求。

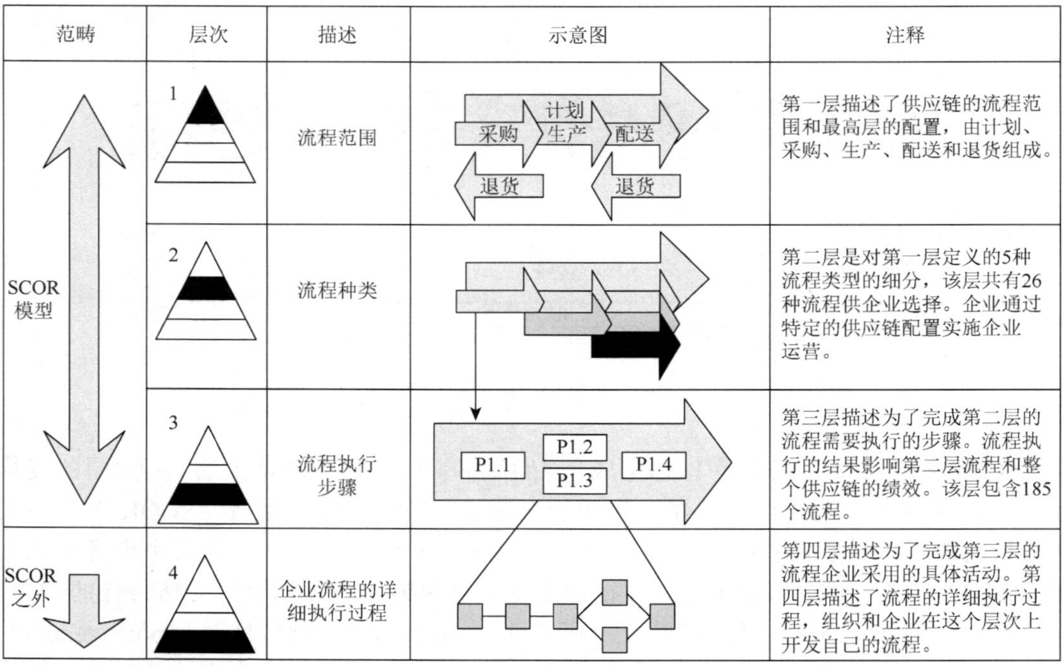

图 3-4　SCOR 流程的分层结构

在第二层流程中，按照计划、执行和支持特征可将流程分为计划流程、执行流程和支持流程。计划流程用于使预期的资源与预期的需求保持一致，它平衡累计了需求和供应，一般定期或在一定周期间隔下发生，考虑计划受到的限制，有助于规划和安排供应链的响应时间。计划流程有供应链计划流程（sP1）、采购计划流程（sP2）、生产计划流程（sP3）、配送计划流程（sP4）、退货计划流程（sP5）。执行流程由计划需求或实际需求触发引起物料状态发生改变。执行流程涉及调度或排序，运输产品或移动产品到下个流程等。支持流程包含准备、维护或管理在计划流程和执行流程运作过程中所依赖的信息和关系。

支持流程与计划流程和执行流程的区别在于：计划流程和执行流程是以企业提供的产品和服务为对象，包括制订产品和服务的计划，执行产品和服务的生产、交付和退货，以及为了完成生产和服务而进行的采购、退货的过程；而支持流程的服务对象是计划流程和执行流程，是为它们的顺利进行提前做好准备、维护和管理，如供应商管理、供应商合同管理等。

3.3　农产品供应链风险应对策略

农产品供应链风险防范是要保证供应链中的一切活动能够顺利地达到最优的效果，一方面应该考虑风险规避工作不应该对整个供应链的运作造成障碍和影响；另一方面还应该考虑风险的有效规避是把风险防范看作是对供应链活动中所出现问题的简单补救。产品供应链风险防范对重要风险建立供应链整体防范措施，通过行业协会或专业合作经济组织对供应链风险防范绩效的评估和信息反馈，能有效指导供应链农户和合作伙伴并动态地及时调整各自的风险防范措施。具体可分为农产品供应链内部运作风险防范、农产品供应链合作风险防范、农产品供应链信息风险防范、农产品（食品）质量安全风险防范和农产品供应链的市场风险防范。

1. 农产品供应链内部运作风险防范

1）采购供应流程风险

企业应该从战略的角度选择供应商，与主要供应商建立战略合作伙伴关系，并开发后备供应商。此外，还要对供应商的质量进行定期和不定期抽检，以此来确保供应链稳定进行。

2）配送和退货流程风险

企业需要优化自己的配送网络，适当地将一些业务外包，从而提高配送绩效；此外，还要充分利用互联网技术、GPS、EDI、POS 和 RFID 等新兴技术来提高交货的速率和效率，降低农产品供应链的风险。

3）财务控制风险

企业要建立比较完善的财务管理体系，建立健全财务监督和投资的科学性规范，减弱财务的风险。

2. 农产品供应链合作风险防范

1）建立信任机制

培养农户和合作伙伴间的信任，将促进合作伙伴企业间的合作，提高加工、供应与服务的柔性，在不可预测事件发生时提高对方的责任感，努力谋求双方的共同利益，可提高整个供应链的快速反应能力。

2）建立重复博弈的合作原则

对于供应链合作双方来说，应该采取重复博弈的策略，增强合作的长期性，降低风险。在供应链企业间，只有通过信号传递获取委托人的了解与信任，才能取得博弈均衡。从未来的长远利益来看，只有重复博弈才会产生合作的结果，形成供应链企业间的战略伙伴关系，真正地达到供应链管理模式下的“共赢”。

3）在农产品供应链管理环境下，建立有效的激励和利益分配机制

任何一个供应链节点合作伙伴的运营绩效好坏，不仅关系到自身的生存和发展，而且关系到供应链其他合作伙伴的利益和供应链整体竞争力。在农产品供应链管理中效果较好的几种激励模式有：价格激励、订单激励、信息激励、淘汰激励和商誉激励等。

3. 农产品供应链信息风险防范

提高农产品供应链信息化水平，扩展信息传播渠道。建立农村信息网络和现代通信设施，加强农村信息化建设，为农户提供获得现代化信息的工具，降低农村信息交流成本。丰富信息交流的内容，不仅向农户传递市场需求信息，而且向农户提供其所必需的技术信

息、质量安全信息和信贷政策等方面的信息，满足农户需要。此外，合作双方在信息共享的基础上进行合作，能够促进供需双方在服务和物质方面迅速交流，能够使合作双方的满意度大大提高；同时，克服了信息不对称而使供应链合作中产生的机会主义行为，一定程度上消除了由此带来的合作风险。

4. 农产品（食品）质量安全风险防范

1）加强生产监管

强化生产基地建设，净化产地环境，加大农产品产地环境监测力度，强化农业投入品市场的监督管理，严厉打击制售和使用假冒伪劣农业投入品行为，推行标准化生产。通过公司加农户、协会加农户等多种产业化经营方式，促进农业产业化龙头企业带动农产品生产者按照市场需求调整农产品品种布局和结构，提高农产品生产规模化和组织化程度，提升农产品质量安全水平。

2）推行市场准入制

建立监测制度、推广速测技术、创建专销网点、实施标识管理，根据不同农产品的特点，积极推行产品分级包装上市和产地标识制度。试行追溯和承诺制度：按照从生产到销售的每一个环节可相互追查的原则，建立农产品生产、经营记录制度，实现农产品质量安全的可追溯。在蔬菜、猪肉等“菜篮子”产品上推行了“产地与销地”“市场与基地”“屠宰厂与养殖场”的对接与互认，建立了农产品质量安全承诺制度。

3）完善保障体系

根据农产品质量安全监管需要，按照产前、产中、产后标准相配套的原则，积极采用国际标准，及时清理和修订过时的农业国家标准、行业标准，抓紧制定急需的农产品质量安全标准。完善检验检测体系，加强技术研究和推广，建立信息服务网络，尽快建立农产品质量安全信息系统。

5. 农产品供应链的市场风险防范

提高农产品供应链合作伙伴间的市场规划和预测能力，认真地进行外部环境分析及所面临的行业环境分析，准确把握消费需求，及时了解农户及市场行情，同时熟悉各项法律法规，自我约束，互相监督，不越过供应链的法律边界行事。对于自然风险，可以利用保险市场来达到防御、减轻、化解风险的目的。

1）科学选择供应链合作伙伴

由于各个企业资源、能力的不同，企业在考虑合作伙伴时应建立有效的合作伙伴评估机制，采用科学的定性和定量的方法，选择与核心企业业务密切相关且能力较强的企业作为合作伙伴。

2）增强成员企业抗风险能力

供应链是风险传递的中枢环节，无论风险来自何方，都要通过供应链传递给成员企业，因此在供应链合作关系中必须考虑好如何合理地分配风险传递和分担的比例，有效地抑制和缓解风险传递与分担对成员企业的冲击。

复习思考题

1. 农产品供应链风险管理的内涵是什么？
2. 简述农产品供应链风险管理的一般流程。
3. 构建一种针对蔬菜的供应链风险评价指标体系。
4. 简述 SCOR 模型的构成。
5. 如何防范农产品（食品）质量安全风险？

阅读与思考

阅读与思考

第4章

农产品绿色供应链

重点提示

通过本章的学习，掌握农产品绿色供应链的概念和目标；了解农产品绿色供应链的技术路径、构建流程和运行方法；理解农产品绿色供应链协同模式的构成和维度；了解农产品绿色供应链和农业生态系统的关系。

4.1 绿色供应链基本知识

4.1.1 绿色供应链的相关概念及关系

1. 绿色供应链及相关概念

1）绿色供应链

绿色供应链是最早由美国密歇根州立大学制造研究协会提出的概念，也被称为环境意识供应链。这是一种在整个供应链中综合考虑环境影响和资源效率的现代化管理模式，其理论基础是绿色制造理论和供应链管理技术，但却涉及供应商、生产商及销售商和广大用户等多个利益方，其产品跨越从生产到报废处理的全过程，力求将对环境产生的消极作用缩到最小，最大限度地提高资源的利用效率。

2）绿色物流

绿色物流是从环境保护的角度对现代物流体系进行研究，它以降低对环境的污染、减少资源消耗为目标。绿色物流的实质是物流的可持续发展。绿色物流是在当前物流供给能力满足经济发展对物流的需求的前提下，以可持续发展观为指导，以降低污染物排放、减少资源消耗为目标，通过先进的物流技术和面向环境管理的理念，进行物流系统的规划、控制、管理和实施的过程。

3）循环物流

循环物流是将农产品由供应地运送至需求地的同时，将包装、加工边角料、处理垃圾等废弃物集中回收并进行加工或重复利用，使其重新具有使用价值的物流过程。其中包括了农产品的生产、收购、运输、储存、装卸、搬运、包装、配送、流通加工、分销、回收、分拣、整理（清洗）、再加工等一系列环节。农产品循环物流是循环物流系统中的一个分支，不同于其他工业制品的是，农产品物流中的可循环部分不能直接回收进行维修或者进行再利用，除包装材料外，循环部分经加工处理也不能再进入该循环中来，只能进入其他物流链中，这是由大部分的农产品为可食性的决定的。因此，农产品循环物流的进行相比一般工业制品更为困难。

4）逆向物流

逆向物流从消费者端开始，通过逆向渠道对使用过、损坏或者过期的物品，从事回收、加工、搬运储存的过程。回收物流是指不合格物品的返修、退货及周转合作的包装容器从需方到供方所形成的物品实体流动。废弃物物流是指将经济活动中失去原有使用价值的物品，根据实际需要进行收集、分类、加工、包装、搬运，并分送专门处理场所时所形成的物品实体流动。可知，逆向物流过程包含了回收物流和废弃物物流过程。

2. 绿色供应链及相关概念的关系

绿色供应链、绿色物流、循环物流和逆向物流的根本目的都是强调在物流活动中保护生态环境，实现经济环境、生态环境共同可持续发展。然而，这些概念又有所区别。

从某种意义上讲，绿色物流带有一定程度的“被动性”，是物流系统在日益严重环境污染条件下的自身调节。而循环物流则更具“主动性”，是对物流系统结构、模式等进行改革和优化，使其具有支撑资源循环、提高资源使用效率、降低废弃物最终处置数量的功能，其目标是整个社会经济的可持续发展。

与单纯的正向物流相比，循环物流加入了逆向物流的概念，逆向物流是循环物流的一部分，它们之间是相互依存和相互作用的。循环物流系统既强调环保和资源减量化，注重物流过程的“绿色性”，并在绿色物流的基础上引入了逆向物流的概念，利用逆向物流将可重复利用的资源进行回收、加工、再利用。

循环物流是绿色物流和逆向物流的有机结合体。循环物流在物料从生产到加工再到销售、使用和回收的一系列活动中，都考虑到回收加工和再利用，把它们连接成一个有机的整体。

这些物流是包含在绿色供应链中的，供应链中不仅有物流，还有资金流、商流、信息流。上述物流的研究对象主要是物流过程对环境的影响，即物流过程的绿色化、可持续性，要求在物流活动中尽量避免对环境产生负担。但是绿色供应链不仅是这些方面，还要包括如各节点企业内部的节能降耗等。

3. 农产品绿色供应链的目标

绿色供应链模式有四个目标：一是努力降低农产品在流通过程中可能存在的安全风险，农产品安全问题的解决有助于最大限度地保证消费者购买农产品的意愿；二是能够在生产过程中实现与环境的相容性，因其以绿色生产为手段，能够最大限度地降低生产活动及流通活动对环境产生的不利影响；三是农产品流通过程中十分注重对各种资源的优化配置，以最大限度地节约流通资本；四是十分注重建设农产品的流通行业，以流通行业的完善来促进经济的快速发展。

4.1.2 发展绿色供应链的技术路径

从资源利用的技术层面来看，绿色供应链的发展主要是从资源的高效利用、资源的循环利用和无害化生产三条技术路径来实现。

1. 资源的高效利用

依靠科技进步和制度创新，提高资源的利用水平和单位要素的产出率。在农业生产领域主要体现在两个方面。一是通过探索高效的生产方式，集约利用土地、节约利用水资源和能源等，提高单位土地、水面的产出水平。例如，通过发展集约化节水型养殖，实现养殖业节水。二是改善土地、水体等资源的品质，提高农业资源的持续力和承载力，保证农作物产品和畜禽产品满足健康标准。

2. 资源的循环利用

通过构筑资源循环利用产业链，建立起生产和生活中可再生利用资源的循环利用通道，达到资源的有效利用，减少向自然资源的索取，在与自然和谐循环中促进经济社会的发展。在农业生产领域，农作物的种植和畜禽、水产养殖本身就要符合自然生态规律。通过先进技术实现有机耦合农业循环产业链，是遵循自然规律并按照经济规律来组织有效的生产，形成不同特色的产业链：一是种植—饲料—养殖产业链；二是养殖—废弃物—种植产业链；三是养殖—废弃物—养殖产业链；四是生态兼容型种植—养殖产业链；五是废弃物—能源或病虫害防治产业链。例如，畜禽粪便经过沼气发酵，产生的沼气可向农户提供清洁的生活用能，用于照明、取暖、做饭、储粮保鲜、孵鸡等方面，还可用于为农业生产提供二氧化碳气肥、开展灯光诱虫等。

3. 无害化生产

通过对废弃物的无害化处理，减少生产和生活活动对生态环境的影响。在农业生产领域，主要是通过推广生态养殖方式，实行清洁养殖；控制水产养殖用药，减少水产养殖造成的水体污染；探索生态互补型水产品养殖，加强畜禽饲料的无害化处理、疫情检验与防治；实施农业清洁生产，采取生物、物理等病虫害综合防治，减少农药的使用量，降低农作物的农药残留和土壤的农药毒素的积累等。

总体上，由于不同国家的经济发展阶段不同，在循环经济发展模式的选择上也会有所不同，关注的重点也不一致。例如，我国和发达国家在循环经济内涵和实施的重点上有一定的区别（图 4-1）。显然，我国更关注生产和经济的发展模式，而发达国家的关注点在于消费其产出物。

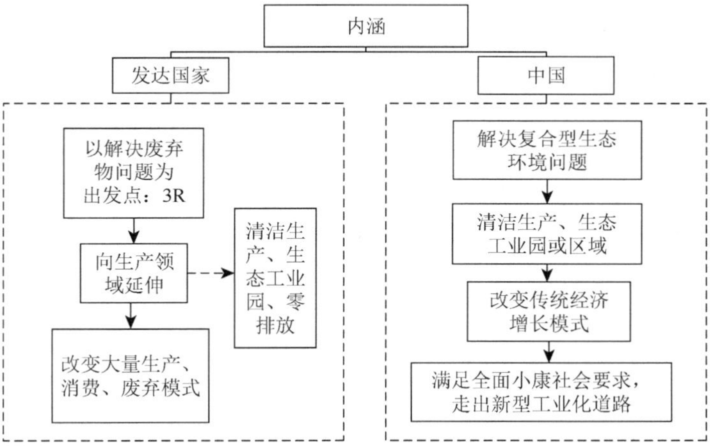

图 4-1　我国和发达国家循环经济的内涵比较

4.1.3　农产品绿色供应链的构建

1. 农产品绿色供应链的结构组成

农产品绿色供应链包括很多方面的内容，其系统的主要组成成员包括农产品的供应商、初级加工者、物流管理商、个体经销商、消费者团体等。从产品的生产到报废回收利用，其中主要的成员有生产材料的供应商、产品的生产商、加工商及产品的营销商和消费者等。就其系统的支撑技术来看，主要包括了绿色产品的设计技术、绿色采购方式、绿色生产与加工方式，以及绿色营销方式和物流管理方式与技术等。农产品绿色供应链便是通过这些参与者与技术要素等实现整体发展目标的。

2. 农产品绿色供应链的新型流通模式运作流程

农产品绿色供应链的运作流程主要包括以下几个方面：绿色设计、绿色采购、绿色生产、绿色加工、绿色营销及绿色物流。

1）绿色设计

绿色设计也被称为生态设计或环境设计，主要内容包括绿色产品设计和绿色包装设计。在绿色产品设计方面必须遵循循环利用和回收利用的原则，因此，其与传统的农产品设计的区别之处在于绿色农产品整个设计过程必须充分考虑农产品对资源及环境的影响，降低环境污染。绿色包装设计主要与包装材料和节能设计相关，运用绿色环保材料作为包装材料有利于延长产品的生命周期和使用寿命等。

2）绿色采购

农产品绿色采购主要涉及种苗、饲料、农用物资如农药、化肥等物资的采购。要求根据绿色环保的原则来选择供应商。选择供应商不仅要考虑供应商所提供的产品质量、价格、交货期等因素，更重要的是要考虑其所提供的产品对人类健康与环境的友好性，即从重视环境管理和生命安全的供应商中选择和培育具有积极的环境管理意识的企业，并与其结为长期的战略合作伙伴关系，以保证所采购物资的绿色要求。

3）绿色生产

绿色生产是对传统的高投入、高污染、高消耗、高产出的粗放型经济的革命，是一种节能、降耗、减污、增效，使农业产业走内涵发展道路的集约型生产方式，通过高效地利用各类农业资源，取得经济效益和环境效益。例如，农作物在施肥过程中要根据不同土壤类型、土壤中各种养分的盈亏情况、作物类别和产量水平，将氮、磷、钾及多种可促进作物生长的微量元素与有机肥加以科学配方，既可减少因过量施肥造成的环境污染和农产品质量下降，又可降低成本；在病虫害防治过程中，应以物理、机械和生物防治为主，以化学农药防治为辅，实现以虫治虫、以菌治病、以虫治病，减少化学农药施用，杜绝使用剧毒、高毒、高残留农药。

4）绿色加工

对农产品绿色加工而言，质量的安全性不仅是种植业限用化肥、农药等合成物质，还是养殖业严格控制饲料添加剂、兽药、鱼用药等。随着加工业的快速发展，以及新工艺、新技术、新原料、新产品的采用，加工中产品二次污染的机会也越来越多。加工时尽量选择对产品营养价值破坏少、避免二次污染的先进生产工艺，加工后产生的废水、废气、废渣和废液等都要经过无害化处理，以避免对环境和人类产生污染与危害。

5）绿色营销

绿色营销强调环境责任，注重地球生态保护，促进经济与生态协调发展，把市场营销同无公害、无污染、安全营养、舒适、温馨的绿色消费及与大自然和谐共处有机结合起来。大力开展农产品绿色认证、绿色促销等工作，向消费者传递绿色信息，宣传绿色产品所带来的社会环境效益。

6）绿色物流

绿色物流是指构建一种与环境相和谐的物流系统，其构建的整个过程包括原材料的获取，产品的生产、包装、运输、仓储及最终的消费环节，也包括产品的回收利用环节。其主要特征是能够在抑制农产品物流对环境产生各种危害的同时，尽量将这种危害程度降到最低，实现对整个生态环境的净化，并最大限度地减少对资源的消耗量，使物流资源在产品的流通过程中能够得到充分利用。

3. 农产品绿色供应链的新型流通模式运行条件

1）健全农产品流通信息体系

健全农产品流通信息体系指利用现代高度发达的信息网络科技提高物流流通模式的整体效率，以促使流通模式能够更好适应市场关系的变化和调整。就当前物流行业的发展状况来看，如何充分利用信息网络科技发展物流也是当前农产品流通产业发展过程中需要直接面对的问题。若是能够利用信息化技术将商流、物流与资金流和信息流等合理地控制，并将这些要素进行有效融合，那么将十分利于促进农产品绿色供应链新型流通模式的构建与发展。在当前农村发展的过程中，农民缺失电子信息技术就不能及时、快速地获得与市场相关的信息，妨碍流通环节顺畅发展，因此，这要求农村构建一个较为完善的农产品物流信息体系，将附近的材料供应商、产品加工商、物流商、零售商等都纳入这个体系中，促进资源与信息的共享，以帮助农民及时获得有效的市场信息，构建信息通畅的农产品物流体系。

2）完善农产品物流体系

在健全农产品流通信息体系的过程中，同时需要注意完善农产品物流体系，这要求当地政府不断地建设和完善农产品物流基础设施建设。首先，可以在村中心建立比较大型的农产品物流中心，利用信息网络技术架构相应的信息平台，实现供求信息的有效监测，以建设大规模、集中化和标准化的农产品绿色物流体系。其次，需要对流通环节进行整合，加大对农产品批发市场、销售市场、物流配送等方面的扶持力度，同时加大对市场、农产品仓储设施、交通运输条件等基础设施的建设，并在此基础上形成农产品的商品标准。在电子信息建设方面，与建设农产品流通信息体系方式一样，不断完善供求信息平台建设、电子交易平台建设，以达到降低物流流通的成本，提高物流效率。再次，逐步统一物流标准，确保国际对接。这需要做到以下几点：一是将农产品物流的全过程纳入规范化和标准化的轨道之中；二是不断健全和完善农业标准体系、质量监督体系和产品认证体系；三是在各个环节的建设中采用国际标准或通用的国家标准，如在计量标准、技术标准、物流标准等方面尽量形成统一的行业标准。

3）农产品标准化

农产品标准化是指社会用工业化的理念谋划农产品产业发展，促进农产品产业内部分工的进一步合理化，以实现农产品的专业化生产和集约化经营。实施农产品标准化建设的意义是有助于实现农产品行业各个环节之间的协调发展，同时促进各个方面资源的优化配置，实现生产与市场的有效对接，是进一步推进农产品流通的重要方式。当前国内人民的生活水平和消费水平都呈现增长趋势，对高产、优质、安全无害的绿色产品的需求量也在连年增长。在贸易出口方面急需突破技术性贸易壁垒，这对我国农产品的标准化发展提出了新的要求，必须尽快实现与国际标准化水平接轨。

4.2　农产品绿色供应链协同模式分析

农产品绿色供应链协同模式是以考虑农产品安全、产出高效和环境友好为目标，以协同发展为导向，在一定范围或地理区域内，由核心企业（如龙头加工企业、批发市场、大型超市、专业第三方物流或农业生产组织）协调农资供应商、农产品生产者、农产品经销商、物流商、回收商、消费者等共同开展绿色活动，并与政府、高校和科研机构、金融机构和社会公众等组成网络组织，基于保障机制的支撑，通过制度、管理、技术等协同驱动优势资源与创新手段的投入与共享，协同开展农产品绿色供应链活动，实现（构建）单个成员无法实现的整体创新效应的供应链战略联盟（图 4-2）。

4.2.1　农产品绿色供应链协同模式的构成

1. 协同利益相关者

农产品绿色供应链协同模式利益相关者分为合同利益相关者、消费利益相关者、公众

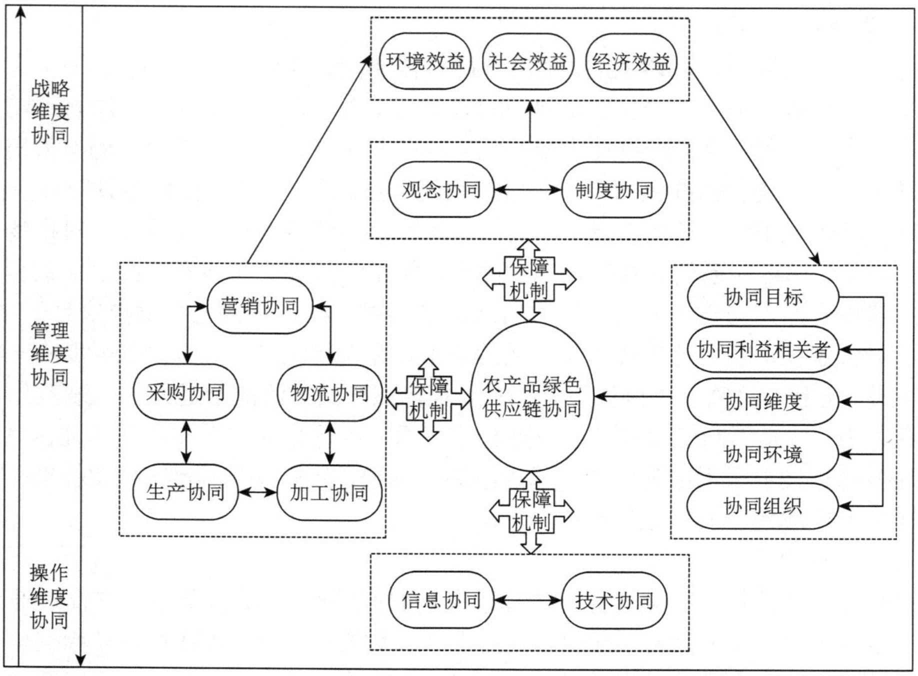

图 4-2　农产品绿色供应链“战略-管理-操作”三维协同模式理论模型

利益相关者三类（图 4-3）。农资供应商、农产品生产者、加工企业、农产品经销商、第三方物流、回收商等合同利益相关者在协同决策、信息传递、利益分配、绿色技术实施的支配下进行协同演化并达到有序，进而形成“企业集成”。合同利益相关者与消费利益相关者在绿色生产水平的驱动和绿色消费的拉动下进行协同演化并达到有序。政府、环保非政府组织、公众、金融机构、高校与科研院所等公众利益相关者就政策制度调控、资源开发与供给等不断地与合同利益相关者进行协同演化并达到有序。

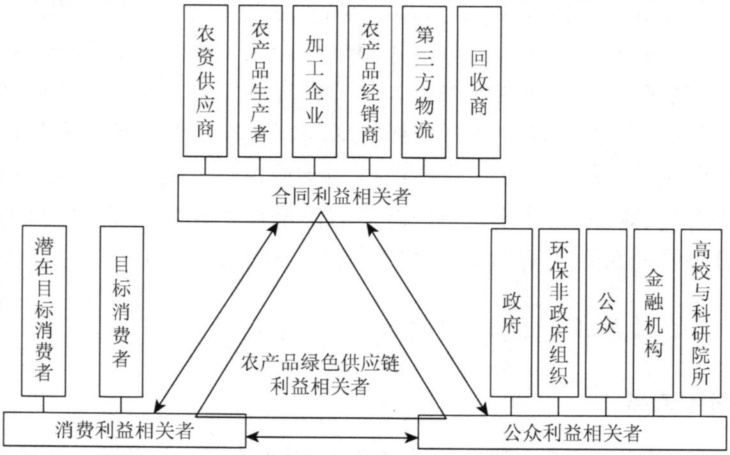

图 4-3　农产品绿色供应链利益相关者

2. 协同目标

协同模式各利益相关者有着各自目标和价值追求，合同利益相关者的个体目标是合理利用资源，追求较高经济收益；消费利益相关者的个体目标是获取质量安全的农产品，追求较高社会效益；而公众利益相关者的个体目标是环境保护，追求较高生态效益。但对于协同模式整体来说，要以供给安全、健康、绿色农产品，推进农产品经济收益增长，将生态环境污染影响和能源消耗降到最小，实现农业可持续发展为总体目标。因此，各利益相关者内部和利益相关者之间要协调目标，与总目标保持一致，摒弃原来那种只追求自身利益最大化的做法，更多地思考有效地运用已有能源去满足消费者需求，重视生态环保，推动人与自然和谐发展，上述即为协同模式形成的出发点。如果各利益相关者之间及内部采取相悖管理或操作，会降低整体运作效率，只有在相互信任基础上进行利益相关者之间管理协同、操作协同及匹配共同战略才能保证利益相关者各自利益可得性。

3. 协同维度

农产品绿色供应链协同模式三类利益相关者构成了三种协同维度，分别为战略、管理、操作协同维度。三类利益相关者在战略维度均协同；合同利益相关者自身及合同利益相关者与消费利益相关者在管理维度协同；合同利益相关者自身及合同利益相关者与公众利益相关者在操作维度协同。

4. 协同环境

在这种协同模式中，政府对合同利益相关者提供农业补贴；农业自然资源中的土壤、大气、水，农业社会资源中的劳动力、科学文化等均影响着农产品绿色供应链协同模式的运作。环境为协同模式运作提供所需要的资源，同时接收来自协同模式产生的废弃物等。由此可见，合同利益相关者与公众利益相关者之间需要协同利用农业自然资源和农业社会资源，应善于充分利用环境的正面效应，推进利益相关者之间有效率、有效益的协同，尽最大努力避免环境对于协同所产生的负面影响。

5. 协同组织

农产品绿色供应链协同模式是整合纵向和横向一体化的一种网络组织结构。

1）纵向一体化

纵向一体化即为农资供应商、农产品生产者、加工企业、第三方物流、经销商、消费者开展合作。纵向一体化的关键是确定一个核心企业，其可以是龙头企业、农民合作社、经销商、第三方物流，由核心企业协调整条供应链开展采购、生产、加工、物流、销售和消费均绿色化。以九三粮油工业集团有限公司非转基因大豆油供应链为例，在生产阶段，公司依靠其成熟的“公司+农户”一体化的管理模式，和种植者签订大豆收购协议，统一给农民供应质量上等的良种，农民耕种质量上等的豆种收割后，由公司统一进行收购；在加工阶段，整条生产线引进国际先进水平的美国皇冠公司的设备和生产加工工艺，加工过程采取全程封闭环境；在运输环节，采用招标的方式选取优秀的第三方物流，开展绿色运输、绿色配送；生产过程中产生的秸秆、油脚均得到有效利用，最大限度地减少对环境的污染；在营销阶段，与零售商签订“经销合作协议”，统一终端话术，大力宣扬非转基因大豆油的健康理念，促使消费者形成绿色消费观念。

2）横向一体化

横向一体化是通过统一目标、相互信任、利益分配和共享信息等方式，取得双方共同的持久利益而形成一种长期合作的关系。该研究的横向一体化是指以长期战略合作关系作为出发点，合同利益相关者与环保非政府组织、金融机构、高校与科研院所、竞争对手等公众利益相关者之间拥有连续稳定的业务，且各方均遵循政府相关政策和环境保护的要求，通过资金扶持、科技支撑、宣传推广、签订协议等维持互助状态的协作方式。例如，肉类加工企业 Minerva 公司、JBS-Friboi 公司、Bertien 公司和 Marfrig 公司签订了一项协议，该协议指出停止从乱砍滥伐树木的区域购买肉牛，同时采用监测控制供应链的方式保证购买的牛均来源于生态环境被认可的地区。上述公司也承诺绝不在近期乱砍滥伐过树木的地区购买肉牛。协议签订之前，JBS-Friboi 公司近四成直接供应企业均有近期乱砍滥伐树木的情况，但是在 5 年之后下降至不足 4%。为此，通过绿色供应链合同利益相关者与公众利益相关者签署战略协定，开展长期互助协作，将进一步实现农产品绿色供应链管理。

4.2.2　农产品绿色供应链协同模式的维度

1. 战略维度协同

1）观念协同

观念协同即为农产品绿色供应链的所有利益相关者均具备绿色理念及供应链管理的思想。对于供应链成员企业和农户，通过绿色供应链管理培训实现绿色管理思想转变；对于消费者，培养绿色、生态、环保的消费理念和消费意识；对于政府和环保非政府组织，通过启动绿色供应链政策项目加以推广；对于研究机构，结合企业需求，与政府合作，尽快将农产品绿色供应链研究成果加以转化应用；对于金融机构，扩大农业金融支持范围，提供绿色农产品贷款、绿色农产品保险等金融支持。

2）制度协同

为保障农产品绿色供应链合同利益相关者自身及与公众利益相关者之间协同运作，需要制定相关绿色制度，按照合同利益相关者的贡献或绿色行为进行合理利益分配，涉及的制度主要是金融机构所提供的资金扶持等政策。第一，绿色农产品生产奖励制度。地方政府对于获得有机食品认证、绿色食品的品牌及其开发给予奖励资金。例如，黑龙江从 2013 年开始，每年投资 8 亿～10 亿元培育绿色食品。第二，绿色农产品贷款制度。通过政策引导各金融机构做好对绿色食品园区、企业、农户贷款投放力度，着力搭建针对重点绿色食品园扶持平台。例如，中国工商银行携手中国绿色食品发展中心，向全国 16 个省区市近 600 家优质绿色食品企业提供旗下电子商务平台“融 e 购”业务，为企业提供纯线上、无抵押信用贷款等多种配套金融服务。部分互联网金融贷款可以用红薯、海产品、鸡鸭等实物来偿还贷款的利息。第三，绿色农产品安全责任保险制度。由第三方商业保险机构介入绿色农产品生产、加工、经销的农户和企业，提供绿色农产品安全责任保险，确保构建农产品质量安全社会诚信体系。从 2014 年下半年开始，在全国实行食品安全责任险试点工作，在此之前，上海是我国国内最早的食品安全责任险的试点城市。此外，自 2005 年全方位开启测土配方施肥补贴试点以来，我国财政逐年加大对绿色农业发展方面的补贴。例如，2016 年，中央财政持续投资 7 亿元推动测土配方施肥补助；投入 996 万元开展化肥、农药零增长项目；投入 8 亿元鼓励秸秆返田，增加有机肥料，开展耕地保护与质量提高补助等。

2. 管理维度协同

1）采购协同

采购协同是指合同利益相关者彼此协调一致，做到企业内部及企业之间的采购协同，主要涉及农资、初级农产品、辅料、配料等原料采购，确保提高绿色农产品原料的合格率。第一，绿色农资采购。农户等农业生产经营者应在大型专业农资供销社、农资部门或龙头企业下属农资企业采购良种、有机肥料，政府相关部门定期监管农资供应部门。第二，绿色原料采购。加工企业根据需要与农业生产经营者签订农产品供应质量保障协议，监控供应商整个过程的农作物生长情况，定期对供应商进行综合评价；当农产品原料到货后，企业依据采购合同、到货清单进行到货检查、验收，特别检查原料的品质、安全性，验收通过后进行物资到货登记；验收不合格的需通知供应商予以处置。

2）生产协同

生产协同是在农产品种养殖之前，确保土壤、水、空气等产地环境适宜绿色农产品生长，从而保证农民科学种养殖绿色农产品。第一，农业面源污染治理。根据第二次全国土地调查结果，我国近 30%耕地的有机质含量小于 1%；东北地区 20 年来土地有机质含量下滑 1.43%～4.12%，每年下降率为 0.06%～1.48%。为此，需要严格控制农业使用水资源量，保证农业浇灌所用水维持在 3720 亿 m^3，耕地浇灌水有效使用系数达 0.55；降低肥料及化学药品使用量，实行肥料、化学药剂零增长活动，保证测土配方施肥技术覆盖率超过 90%，庄稼病虫害绿色防控覆盖率超过 30%，化学药剂、化肥利用率超过 40%。第二，产地环境监测面积。产地环境监测即利用科学的方法检测绿色农产品产地环境质量及发展变化趋势的各种数据的全过程。绿色农产品及其原料产地一定要达到绿色农产品环境保护质量标准，重点包括大气、水、土壤等因子。绿色食品产地环境监测面积每年由中国绿色食品发展中心公布。第三，绿色农产品原料生产基地面积。通过农业面源污染治理、产地环境监测，实现扩大绿色农产品种养殖面积的目标。我国目前已建立绿色食品原料标准生产基地 696 个，有机农业示范基地 24 个，总面积近 2 亿亩（1 亩≈666.67m^2）（王运浩，2017）。

3）加工协同

加工协同是指农产品初加工、深加工环节均采取先进的绿色加工设备与工艺，提高农产品绿色原料的综合利用率。第一，绿色加工设备与工艺投入。绿色农产品初加工、深加工阶段均需要投入先进的设备与加工工艺，将绿色技术有效引入农产品加工全过程，才能保证绿色加工的规模化与有效利用。加工企业选取和投入对绿色食品营养含量破坏低、避免再次污染的高端生产设施设备及工艺，加工设备坚决不加工或接触非绿色农产品，以免设备流水线被污染。第二，农产品原料利用。国家粮食局数据显示，我国粮油、果蔬、畜禽、水产品加工副产物年均超过 5.8 亿 t，其中 60%（远高于发达国家的 10%）作为废弃物丢弃或堆放，等同于损耗 4700hm^2 耕地的投入产出及 6000 亿元收益。我国农产品加工综合利用率只有 40%，而发达国家达到 90%，其中日本米糠综合利用率达到 100%。为此，绿色农产品加工协同意味着要合理利用副产物，提升其综合利用率。

4）物流协同

物流协同包括物流资源的整合及生产加工废弃物的回收处置，提高农业三废综合治理率。第一，物流资源整合。由政府或第三方机构建设农产品物流公共或专业设施设备，企业通过外包的方式合理利用运输工具、包装器具、仓储工具等。例如，选择具备开展冷链物流条件的专业第三方物流开展仓储、运输、包装，而无须企业自营物流，既降低了企业设施设备成本，又合理利用了现有资源。第二，废弃物回收处置。农业废弃物主要包括农业生产、加工、畜禽饲养等过程及农村农民生活排出的废弃物。由农户、加工企业或专业废弃物回收商对农产品种养殖、加工环节所产生的废弃物进行回收治理，避免或减少了供应链环节对环境的污染。第三，三废综合治理。农产品绿色供应链产生的三废主要出现于生产环节、加工环节，可通过农业三废综合治理率来表述三废综合治理情况。

5）营销协同

营销协同即农产品绿色供应链环节开展绿色营销，提高绿色农产品普及率，促进消费者绿色消费意识形成，提高绿色农产品的销售量。第一，绿色营销推广。农产品绿色供应链上的加工企业、经销商、政府、环保非政府组织、公众等利益相关者采取各类宣传手段、激励策略开展绿色农产品宣传和推广，以推动消费者的绿色消费。第二，绿色农产品消费。最终购买者和社会公众均应具备绿色消费观念，尽最大努力把绿色观念转变成消费行动，成为关注环境保护、对绿色农产品具有现实和潜在购买意愿和购买力的绿色消费群体。

3. 操作维度协同

1）信息协同

信息协同体现在农产品绿色供应链协同模式的农业信息化水平、农民受教育程度和绿色农业普及率。第一，农业信息化水平体现在政府、涉农企业对农业信息化发展环境建设、农业信息化基础设施建设、农业信息化资源建设、农业信息化人才建设等。国家、地方政府搭建提供信息查询、农产品交易的网站，如中国绿色食品发展中心网站、绿色食品网、中国有机食品网。相关企业搭建提供科学种养殖指导、交易信息查询、物流信息查询等农业电子商务，如云农场。第二，农民受教育程度和绿色农业普及率体现在培养如绿色领军人才、绿色研究人才、绿色推广人才、绿色实用人才等。

2）技术协同

技术协同主要包括农业生产机械化、绿色信息技术全流程应用、绿色技术研发与引进。第一，农业生产机械化。耕作、排灌、收获、农用运输等过程均开展农业机械化作业，用农业机械总动力来表述。第二，绿色信息技术全流程应用。围绕绿色农产品产前、产中、产后全流程，面向土、水、肥、药及农产品等关键要素，全面推进绿色信息技术的广泛应用，如绿色智慧型土壤检测技术、智能变量施肥技术、节水灌溉技术、基于机器视觉的杂草精准喷药技术、基于物联网的农产品溯源技术、远程智慧监控与管理技术等。第三，绿色技术研发与引进。目前，具备技术创新能力的绿色食品加工企业不足 5%，大部分绿色技术由高校和科研院所研发，但成果转化率不高。为此，最佳方案应该通过产学研协同研发绿色技术，如研发农业清洁生产技术、农产品冷藏冷冻保鲜技术，促使农产品生产、加工、配送环节尽量运用简单及能够分解的原料所制成的包装，或者能够循环利用的单元化包装。此外，引进国外先进的农业绿色技术。

4.2.3　农产品绿色供应链协同模式的发展保障机制

1. 构建绿色供应链组织协同创新相关制度

为推进绿色发展，我国政府先后相继出台了《绿色食品标志管理办法》《绿色制造科技发展“十二五”专项规划》《物流业发展中长期规划（2014—2020 年）》《企业绿色采购指南（试行）》等，明确提出我国要积极开展绿色管理，发展和采用绿色技术和绿色产品，这对于切实保障绿色生产、绿色消费等过程中各主体的利益，确保生产、消费转向资源节约、环境友好、生态循环轨道进行，产生了积极的作用。但总体而言，我国在政府、企业、社会各主体合作推进绿色发展方面的法律法规仍相对分散，不利于绿色供应链上各参与者把握有关政策。从长远来看，应结合我国绿色供应链上各主体工作特点，适时出台专门针对绿色供应链协同创新的《绿色供应链组织协同创新促进法》，从制度上驱动绿色供应链主体开展协同创新，确保各主体协同创新成果得到有效保障。政府还应该通过顶层设计，以绿色供应链企业为主体，以高校和科研院所为技术依托，以消费者、金融机构、第三方机构、媒体等为辅助，分工协作、联合攻关、利益共享，以相应层级政府的法制和行政手段为主导、经济手段为辅助推动绿色供应链组织协同创新开展。

2. 建立绿色供应链内部及其与外部环境密切配合的协作关系

绿色供应链建设需要多方配合，涉及大量资金投入，且存在巨大风险，因此需要供应链上节点企业之间及供应链企业与政府、高校和科研机构、金融机构、第三方机构和消费者、新闻媒体等社会公众全方位协作和密切配合。在这一协作体系中，政府主要提供政策、资金支持和管制；高校和科研机构提供技术支持；供应链节点企业提供人力资源、物质资源，投入研发资金，并将科技成果转化；金融机构提供必要的融资支持，弥补协同创新资金不足、融资渠道不畅等问题；第三方机构、消费者、新闻媒体等对企业进行社会责任监督、信息反馈和提供建议。

3. 构建以绿色企业联盟为主导的协同创新组织模式

目前，绿色供应链组织模式主要有政府推动模式、核心企业主导模式和市场拉动模式等，尽管这些组织模式都能推动绿色供应链发展，但是不管采用哪种模式均不能兼顾消费者、企业、社会等多方主体利益，不能同时达到资源节约、环境友好、生态循环的目标。因此，需要一个代表社会利益的中介机构作为核心主体来引导和管理绿色供应链中各节点企业，并与外界进行沟通与交流，实现真正的协同。为此，应设计以绿色企业联盟为主导，采用协议或联合等方式形成原料供应商、生产商、经销商、消费者密切合作的组织模式。由联盟协调和管理供应链企业绿色活动，并与政府、高校和科研机构、金融机构和社会公众联系与沟通。同时，政府应通过相关政策和专项资金对联盟发展予以支持。

4. 科学设计绿色供应链协同激励机制

绿色供应链激励主要包括政府激励和供应链内部激励。在政府激励方面，首先是政策优惠激励，对于实施绿色供应链的生产者和经营者来说，除了适当减免绿色食品认证费用，税收优惠或绿色补贴激励以外，针对部分生产者引入的绿色创新技术，亟须绿色补贴政策给予绿色技术创新投入的补偿。其次是政府技术激励，政府或学校、科研机构应对绿色供应链提供绿色技术支持，鼓励绿色技术积极运用于绿色产品生产与供给。在供应链内部激励方面，以绿色企业联盟为主导，形成一个长期相互协作的团队信任关系，包括绿色企业联盟对成员企业的激励；生产商对经销商协同的激励；经销商对生产商协同的激励；绿色供应链对成员企业的激励；成员企业对绿色供应链的激励。

5. 构建绿色供应链协同创新公共服务平台

绿色供应链要实现资源共享、降低成本、提高核心竞争力、实现绿色可持续发展，需要搭建有效的公共服务平台，如绿色技术公共服务平台、投融资公共服务平台等。集聚政府政策资源，企业人力、资产、市场资源，高校与科研机构知识和技术资源，金融机构资金资源，以及社会公众信息反馈资源，搭建协同创新驱动的云服务公共平台，助力全方位信息透明，实现经济、社会、资源和环境保护协调发展。

4.3　农产品绿色供应链与农业生态系统

4.3.1　农产品绿色供应链与农业生态系统的关系

1. 农业生态系统的特点

1）组织结构的复杂性

农业生态系统是一个自然、生物与人类社会生产活动交织在一起的复杂的大系统。它是一个自然再生产与经济再生产相结合的生物物质生产过程。农业生产不仅是生物体的自身再生产过程，还受自身固有的遗传规律及自然规律支配。同时，农业生产是按照人类经济目的进行的，投入和产出受到经济和技术等多种社会条件的影响和制约，即受社会经济规律的支配。人类从事农业生产，运用经济杠杆和科学技术来提高和保护自然生产力，提高经济效益。

2）生态平衡的脆弱性

发展农业，必须处理好人、生物和环境之间的关系。农业生产是一个能量与物质流通过程，无论能量与物质提供者的环境条件还是生产者的生物体，在一定时空条件下，它们的生产能力都是有一定限度的，超过其极限，就会造成生态平衡的破坏，使自然资源衰退，农业生产下降，所以应按照生物与环境相统一的基本规律来指导和发展农业生产。只有生物与非生物环境之间相互协调、相互适应，农业生产才能获得最优化的效果。

3）生产效率的可调节性

建立一个合理、高效、稳定的人工生态系统，促进农业现代化建设。农业生态系统就其生产力来说应当比自然生态系统更高，因此除太阳辐射外，还必须加入辅助能，如农机、化肥、农药、排灌、收获、运输、加工等，以及人类的劳动和管理。只有不断地调整和优化生态系统的结构和功能，才能以较少的投入得到最大的产出，取得良好的经济效益、社会效益和生态效益，建立一个合理、高效、稳定的农业生态系统。

2. 农产品绿色供应链与农业生态系统的关系

农业生态系统具备任何生态系统都具有的三大基本功能特征：能量流动、物质循环和信息传递，供应链是影响农业生产系统的重要环节。农产品绿色供应链是构建良好、持续型农业生态系统的重要载体，主要体现在以下方面。

1）农产品绿色供应链含有一个完整的双向物质循环过程

单向物流把资源使用看成一个单向流动的过程，产品从供方到需方的流程效率和效益受到重视，但物品在需求端终止效能后如何处置没有受到重视，导致废弃物品造成环境污染和由此造成的社会利益损失。农产品绿色供应链的物流包括两种流向渠道：一种是物流通过“生产—流通—消费”的途径，满足用户的需要，是正向物流；另一种是合理处置物流衍生物所产生的物流流向渠道，如回收、分拣、净化、提纯、维修退回、包装等再加工、再利用和农产品废弃污染物处理等，是逆向物流。正向物流和逆向物流构成了闭合的农产品绿色供应链的物流系统。两者相互联系、相互作用和相互制约，形成了一个完整的双向物质循环过程。农产品绿色供应链在重视经济利益的同时关注环境问题，做到了微观利益建立在社会可持续发展的基础上。

2）农产品绿色供应链是资源循环利用型农业的主要组成部分

资源循环利用型农业简称“循环农业”，是运用可持续发展思想和循环经济理论与生态工程学的方法，在保护农业生态环境和充分利用高新技术的基础上，调整和优化农业生态系统内部结构和产业结构，提高农业系统物质能量的多级循环利用，严格控制外部有害物质的投入和农业废弃物的产生，最大限度地减轻环境污染，把农业生产经济活动真正纳入农业生态系统循环中，实现生态的良性循环与农业的可持续发展。农产品绿色供应链通过对资源的再使用和再循环利用来促使污染或废弃物减量化，达到生产和环境保护相容的理想状态，是循环农业的重要组成部分。

3）发展农产品绿色供应链的可操作性和现实意义

由于农业生产资料和农产品的特性，有必要从绿色环保的角度出发，建立农业生产、农产品流通和消费的废弃物回收利用系统。发达国家在长期的发展过程中，也曾经历环境污染严重，先污染后治理的过程，在资源和环境约束下，逐渐认识资源再利用和环境保护的重要性。发达国家有很多绿色、环保供应链的成功经验，为我国现代农业的发展提供了借鉴的思路和方向。

总之，循环农业模式要求更好地利用现代供应链的优势，相互融会贯通、相互联系，形成完整的农产品产业链，依靠现代化农业科技走可持续生态农业道路。

4.3.2　农产品绿色供应链建设策略

1. 加强政府职能

农业作为国家的基础产业，历来受到国家的重视，近年来，政府日益加大对农产品生产销售的支持，主要体现在以下几个方面：一是对农业生产者销售的自产农产品免征增值税；二是投入大量资金，建设农产品交易市场、物流基础设施并完善农产品信息化建设；三是加大对农业的科技投入，加大对农业专项人才的培养，同时通过宏观调控来控制农产品的价格，保障农民及农产品生产企业的收入。

2. 构建农产品信息网络

随着科技的不断进步，农产品的信息采集渠道越来越广泛，农产品生产者和消费者能够获得的信息也越来越多，但是这些获得信息的渠道还存在很多的不足。当前农业网站虽然数量很多，但是其在所有网站中占的比例与农业产值占国民生产总值的比例并不匹配。同时很多农业网站访问量并不高，很多网站都做得很粗糙，这不利于农业信息的流通，造成了农产品信息的不对称。所以供应链环节中企业的任务是，紧跟时代潮流，发展信息技术，开发和利用农产品生产和销售信息，为企业谋取利益。

3. 加强教育，树立可持续观念

这里主要需要做到以下几点：一是政府有关单位加大宣传力度，可以适当出台一些激励机制，鼓励个人做好食品垃圾分类处理；二是学校加强对学生在绿色环保方面的教育，通过学生来影响家庭的绿色环保观念；三是可以在食品包装上做一些文章，如印上醒目的提醒等。

4. 减少供应链环节，加强合作伙伴关系

减少供应链环节，就可以减少利益相关者的数量，从而减少矛盾产生，也可以加强各环节企业的合作与联系，形成共赢的局面。供应链的伙伴选择很大程度上决定了供应链运行的平稳程度和运行效能，所以加强合作伙伴之间的关系是非常重要的，能保证绿色供应链的正确运行。

总之，政府应各方协调，统筹规划，制定农产品绿色供应链方面的相关规则并提供各种优惠政策（包括土地、资金和技术扶持等），同时应加强完善农村环境保护和资源利用方面的法律、法规，以法律手段控制环境污染和加强农业废弃物的利用，强化对耕地、水资源、生物资源开发利用的监控，约束资源利用的短期行为。

复习思考题

1. 什么是农产品绿色供应链?
2. 农产品绿色供应链与绿色物流、循环物流和逆向物流是什么关系?
3. 农产品绿色供应链的目标是什么?
4. 农产品绿色供应链协同模式分为哪几个维度?
5. 如何保障农产品绿色供应链协同模式的发展?
6. 农产品绿色供应链与农业生态系统是什么关系?

阅读与思考

阅读与思考

第 5 章

农产品流通组织制度创新

重点提示

本章重点掌握我国农产品流通的主要特点、农产品批发市场在我国农产品流通中的重要地位，理解现阶段各种农产品流通组织存在的基础及运营效果；了解农产品批发市场的发展现状，当前我国农产品批发市场面临的挑战及发展趋势，系统领会农产品批发市场制度创新的目的和优化发展我国农产品批发市场的对策。

5.1 我国农产品流通组织及运行效果分析

20 世纪 80 年代中期开始的农产品流通体制改革，取消了农产品统购派购制度，开放了农产品贸易市场，形成了今日依照市场法则进行流通的农产品供求体系。随着经济发展和整个社会环境的改变，农产品流通体系也应得到不断修正和完善，以适应社会进步的需要。一般来说，农产品流通是指农副产品中的商品部分，通过买卖形式，实现从农业生产领域到消费领域转移的一种经济活动。其流通过程包括收购、调运、储存和销售等环节。

5.1.1 农产品流通现状及主要特点

1. 农产品流通现状

通过农产品流通体制改革，我国城乡农产品集市贸易迅速发展，市场规模不断扩大，交易方式和市场功能多样化，不仅包括零售、现货交易，批发和远期交易也逐渐发展，建立了农产品批发市场和专业市场、农产品外贸市场，形成了国有、集体和民营多种经济成分从事农产品经营、无数运销商活跃在城乡市场多渠道经销农产品的格局，统一的农产品流通市场基本实现。

但是由于农户小生产和市场大流通之间的矛盾，农产品卖难问题频繁出现，具体呈现出以下特点。

1）周期性特征明显

扩种—过剩—卖难—减收的周期性循环已经成为农产品生产的普遍现象，很多蔬菜、水果品种频频出现“上年价格高，今年肯定卖难”的问题。

2）区域性特征明显

商务部监测数据显示，蔬菜、水果等鲜活农产品卖难问题有着很明显的区域性特征，地区性滞销虽然对全国影响不大，但对地区的打击却是致命的。

3）农民组织化特征明显

当前我国农产品卖难问题主要出现在农民组织化程度低的地区。例如，山西省运城市的农民组织化程度很低，缺乏生产者协会或农民合作组织对西瓜生产及销售进行指导，最终出现严重卖难问题；而著名的“枇杷之乡”福建省莆田市，2000 年以来由市政府牵头成立枇杷协会，对全市枇杷统一采摘、定价、营销，很好地解决了枇杷销售问题。由此可见，组织化程度对卖难问题影响很大。

4）品质特征明显

总体来看，当前卖难问题主要出现在品质较差的品种上。山西省运城市的西瓜，重庆市开县的柑橘，安徽省砀山县的梨，因品种多年不变，严重老化，先后出现卖难问题。而很多地方发展的“名优特”农产品销路好、价格高，为农民提供了很好的经济效益，江苏省的花木种植注重在多品种、多规格、多层次上发展，产品供不应求。品种的差异和消费者的需求不对接是当前一个突出的矛盾。

5）批发市场发展特征明显

我国当前卖难问题基本集中出现在缺乏大型农产品批发市场的地区。如西瓜卖难的山西省和陕西省部分地区，冬瓜卖难的河南省平顶山、漯河等地，柑橘卖难的重庆市开县，当地农产品批发市场均规模小、体制落后，类似于集贸市场。而在山东省寿光市，在大型农产品批发市场的支持下，当地蔬菜远销全国各地，根本不存在卖难的问题。

6）深加工特征明显

卖难问题主要出现在深加工能力差的地区。山西省和陕西省部分地区的西瓜，重庆市开县的柑橘由于没有深加工能力，产品不能有效消化。而黄土高原区域作为我国的苹果主产区，前些年多次遭遇卖难问题，近年来该地区大力发展苹果汁加工业，加工苹果达到总产量的 20%以上，有效解决了卖难问题。

2. 农产品流通的主要特点

1）批发市场在农产品流通中占有重要地位

批发市场是农产品流通最重要的环节。农产品批发市场把多种流通渠道连接在一起形成网络，贯通了城乡与地区之间的关系，便利了农商结合、内外贸衔接。批发市场作为大范围、大批量农产品的集散中心，竞价成交产生的农产品价格能够比较真实地反映农产品的供求关系，为农业生产和农产品购销提供信息和基准价格。

2）集市贸易是消费者获取农产品的主要场所

通过城乡的农贸市场购买消费品是我国城乡居民取得农产品的最主要途径。近年迅速发展的超市、连锁店农产品营销表明了农产品今后流通的发展方向，但目前集市贸易在中等以下城市才刚刚开始，在大中城市也未成为主要销售渠道。

3）农民个体是农产品流通的主要力量

农产品流通体制改革后，国有和集体商业在农产品流通中的地位不断下降，取而代之的是大批种养大户、个体运输户及多种形式的经济联合组织，农民个体是其中的主要成分，成为农产品销售的重要力量。

4）商流与物流的统一

农产品流通在批发市场和零售市场及其他销售方式中，基本是现货交易、银货两讫。而在一些产业化组织中，农户与企业间存在产品购销契约，农产品购销关系比较固定，商品交换与货款结算之间存在时间差。

5）农产品的运输和销售以自然形态为主

我国的农产品运输和销售一般是保持其收获时的原有状态，较少采用清洗、分级、包装和预加工等处理措施，即使有也只是为了方便运输、减少损耗进行的粗包装。

5.1.2　农产品流通企业的存在形式

1. 原材料供应环节流通企业

原材料供应环节流通企业包括供销系统、种子、植保、土肥、饲料和畜牧、农机等部门或企业。目前，全国供销系统有县及县以上的供销合作社机关 2782 个，其中，省（区、市）供销合作社 32 个，省辖市（地、盟、州）供销合作社 342 个，县（区、市、旗）供销合作社 2408 个。各级供销部门从事以化肥、农药和农膜为主的农业生产资料的供应及以棉花为主的包括农副土特产品在内的农产品收购和销售业务。2018 年，全年实现销售总额 58 925.9 亿元，同比增长 8.7%。其中，农业生产资料类销售额 9191.9 亿元，同比增长 4.1%；农产品类销售额 21 054.1 亿元，同比增长 14.3%；消费品类销售额 19 142.7 亿元，同比增长 8.8%；再生资源类销售额 2989.3 亿元，同比增长 10.3%。

2. 生产环节流通企业

生产环节流通企业包括农民、农业专业合作组织及农（林）产品生产企业等。目前，我国农产品物流市场主体之一的农民专业合作组织总数超过 15 万个。其中，从事种植业生产经营的专业合作组织占专业合作组织总数的 40%，养殖业占 27%，加工运输业占 18%，其他行业占 15%。截至 2018 年年底，全国成立的各类专业合作社 193 587 个，比上年增加 7653 个；入社农户 1596 万户。从产品品类来看，农产品类 167 918 个，农业生产资料类 6496 个，综合服务类 5870 个，其他类 13 303 个。在农产品类专业合作社中，棉花专业合作社 1682 个；干鲜果蔬专业合作社 54 120 个；粮油作物专业合作社 23 692 个；茶叶专业合作社 5514 个；中药材专业合作社 7231 个；水产专业合作社 6489 个；畜禽专业合作社 41 491 个；其他合作社 27 699 个。

3. 加工环节流通企业

加工环节流通企业主要是指农（林）产品加工企业（包括烟草生产企业）等。根据国家统计局统计，2018 年 1 月～9 月，我国农副食品加工工业规模以上（规模以上工业统计范围的工业企业起点标准从年主营业务收入 500 万元提高到 2000 万元，该标准从 2011 年开始采用，下同）工业企业年度主营业务总收入为 36 343.7 亿元，同比增长 4.5%。食品制造业规模以上工业企业年度主营业务总收入为 13 734.6 亿元，同比增长 7%。酒、饮料和精制茶制造业规模以上工业企业年度主营业务总收入 11 807.2 亿元，同比增长 8.5%。

4. 储运环节流通企业

储运环节流通企业包括粮食系统、外贸进出口企业，以及有关公路、铁路、水运和物资等运输仓储部门和企业等。近年来，通过调整布局和重组转制，我国粮食流通环境进一步改善，市场配置粮食资源的基础性作用越来越强。交通系统自改革开放以来得到较快发展，颇具规模的现代交通运输体系已初步形成，这是发展农产品物流的重要基础工程。随着农业产业化的加速，一些专业物流公司开始出现，专门为农产品冷链服务。在不少农副产品批发市场也出现了一些专业物流公司。

在农村，中国邮政集团公司拥有最广泛、最深入的服务网络和良好信誉，全国邮政 1/3 职工、2/3 邮路、3/4 网点分布在农村。邮政系统从 2003 年开始涉足农业物流与商流。目前，乡镇邮政局所覆盖率达 100%、补白网点正常运营率达 100%、建制村直接通邮率达 98%，邮政主动对接电子商务进农村综合示范县 496 个。据中国物流与采购网发布：2018 年，邮政企业和全国快递服务企业业务收入（不包括邮政储蓄银行直接营业收入）累计完成 7904.7 亿元，同比增长 19.4%；业务总量累计完成 12 345.2 亿元，同比增长 26.4%。

储备粮的流通依托国有粮食系统，粮食的自由流通依托多元化的企业系统，包括粮油批发市场。在一年 1.7 亿 t 的粮食物流中，形成了北粮南运的基本格局，东北是我国最大的粮食流出区，东部沿海为最大的粮食流入区。粮油进出口主要依托中粮集团有限公司、中国储备粮管理集团有限公司等。

5. 销售环节流通企业

销售环节流通企业主要包括农产品集贸市场、农产品批发市场、生鲜超市、专业市场和集贸市场等。改革开放初期，全国农副产品批发市场仅有 2385 个，到 2017 年，发展到 4469 个，成为农产品商流与物流的主要载体。另外，农产品生鲜超市在我国方兴未艾，所销售农产品已占总量的约 30%，成为农产品销售的主要渠道之一。当前，我国已初步形成了包括粮油、农副产品、日用农产品生产资料在内的，以批发市场为中心，城乡集贸市场为基础，连锁超市、直销配送为先导的门类齐全的农产品市场体系，基本实现了农产品全国大市场、大流通的格局，奠定了我国农业市场体系的基本框架。

农副产品批发市场作为销售环节流通企业的重要形式，其交易总额占农产品社会消费总额的 75%，城市 80%的农产品来自批发市场。2006 年，商务部启动了“双百市场工程”

（重点改造 100 家大型农产品批发市场，着力培育 100 家大型农产品流通企业）。2013 年，商务部重点提出集散地农产品批发市场建设的要求，提出通过 3～5 年的时间，推动集散地农产品批发市场电子结算率达 60%以上，100%设立农产品流通标准化销售专区；全国首批集散地农产品批发市场重点联系单位名单中包括北京新发地农副产品批发市场中心等 32 家单位。

除此之外，在农村，个体运销户与经纪人作为市场中介与经营网点，运作灵活，服务周到，发展十分迅速，在一些农村已成为一支不可忽视的生力军。

5.1.3 农产品的主要流通组织形式及运行效果分析

1. 以农村经纪人和运销队伍为主体的经纪、贩运型流通

其特点是农民自己闯市场、找销路、搞运销，具有积极性、自主性、灵活性的明显特征。但其组织化程度低，抵御市场风险能力不强，部分经纪人过于追求个人利益而不顾农户的利益，信誉度不高。对这类形式要继续鼓励发展，重点是提高其组织化程度，引导其形成专业化的协会或相对集中的合作组织，建立管理制度。

2. 以龙头企业为组织形式的加工贸易型流通

其特点是以农产品加工企业为载体，企业与农户之间建立紧密的产销关系，实现产销一体化经营。但这种方式本身存在一些问题。第一，如何解决好公司与农户双方契约约束的脆弱性问题。主要的方法：一方面是进行组织上的创新，另一方面则是通过制定相关规则来明确龙头企业和农户的权利和义务。第二，一体化规模问题。产销一体化组织的内部经营活动需要一定的费用，这种费用人们称为组织费用。随着一体化程度的加深、规模的扩大，组织费用将随之增加。当规模扩大到一定程度时，组织费用的边际增加额与市场交易费用的减少额相等，公司就不会再通过一体化扩大规模，否则增加的组织费用会抵消因纵向结合而减少的市场交易费用，企业得不偿失。所以，一体化的边界调节应是企业边际市场交易费用节约额等于边际组织增加额。但我国大多数农业产销一体化组织并没有按上述理论进行考证，只是盲目赶时髦，具有不规范性、不稳定性和松散性，势必不能兼顾农民利益。

3. 以农产品批发市场为龙头的市场带动型流通

其特点是通过培育市场，形成产品集散、信息发布、价格形成中心，促进农产品储存、加工、交易、集散、物流配送等功能的实现，以大市场带动大流通，如山东寿光蔬菜批发市场、深圳农产品公司下属的福田农产品批发市场和深圳布吉农产品中心批发市场。其存在的主要问题是档次低，缺乏必要的硬件设施，储存加工能力弱，引领农业作用弱。解决的办法是扶持一批辐射面广、带动力强的区域性产地和销地批发市场，重点是建设信息系统、质量检测系统、电子结算系统及加工储存等配套设施，形成产权明晰、管理规范的公司经营主体。

4. 以专业合作组织为载体的合作型流通

其特点是通过建立专业合作社，将从事同类农产品生产经营的农民组织起来，架起一

家一户小生产与大市场的桥梁。该模式覆盖面小，资本、技术、人才缺乏，导致服务水平较低，加上进入市场的交易成本高，不了解市场信息，在交易谈判中依然处于弱势。解决的办法：一是培育发展专业合作组织乃至合作社协会；二是加强法律制度建设；三是加大政府扶持力度。

5. 以连锁超市为龙头的生产基地及联合采购型流通

目前，我国是世界上超市发展速度最快的国家。随着超市的迅速发展，以超市为核心的农产品，特别是生鲜农产品流通形式逐步壮大。农产品从分散的农户通过供应商直接到达零售终端，减少了中间环节，有利于降低交易成本，控制农产品的品质和质量。但目前这种流通形式在我国农产品流通中所占的比例还很低，大部分超市没有自己的配送中心，也没有标准化生产基地，能够进行自营物流的超市非常少。通常情况下，超市与批发市场、企业、合作社之间由专门从事配送业务的供应商连接，增加了物流供应环节，而且各环节主体议价的履行合同交易成本比较高。

5.1.4　农产品流通存在的问题

1. 社会交易成本高

我国农产品流通一般要经过生产者、产地经销商、销地批发市场、销地农贸市场或超市、消费者等环节，由于存在多重中介主体，中间环节复杂，流通过程中不良成本很高，包括人工费、运输费、存储费、加工费、卫生费、摊位费、进场费等。同时，农产品的正常损耗成本较大，违背了追求较低交易费用与社会交易成本的理论与实践。

2. 流通体系严重地损害了生产者和消费者的利益

一方面，由于多重中介主体的存在，商品价格被反复抬高。据调查，未经任何加工包装的蔬菜从生产者经众多中间环节到消费者，其价格要增加 3～10 倍，极大地损害了消费者的利益。另一方面，此种流通形式具有多重性、离散性、区域性和信息不公开性，造成了极大的信息不对称，致使生产者盲目进行生产，在生产获利微薄的情况下还要承受销售不出去的巨大风险，所以说“种菜的不如卖菜的，卖菜的不如倒菜的”，严重挫伤了农民的生产积极性。

3. 流通方式不利于提高产品质量

一方面，“小规模、大群体”的离散性质制约了大型产业组织的产生，致使产业难以进行规模型投入，产品质量和生产经营得不到提升，长期处于低水平运营状态。另一方面，由于生产者和消费者被隔离，生产者不了解消费者需求，难以提高成品质量，甚至出现重表损质的怪现象，损害人们的身体健康。

4. 组织化程度低、渠道不畅

根据农业生产和经营的特点，农产品流通必须形成网络密布、分工有序、组织严密的营销体系，才能做到货畅其流，充分发挥农产品资源的效益。近年来，农产品卖难现象时有发生。还有不少耕地撂荒，农产品生产资源没有得到充分的开发和利用，资源优势未能充分转化为商品优势。其根本原因是农产品流通渠道不畅，流通组织化程度低。除少数农产品外贸企业外，企业规模普遍较小，专业化程度低，缺乏深购远销能力，难以做到农产品“大进大出”，制约了农村商品生产的发展。例如，江苏省各地有不少农贸市场销售规模很大，但基本上是由各自独立的经营户组成，没有形成合力，市场辐射功能有限。受传统体制的影响，农产品产销脱节，农、工、贸企业间缺乏有效的分工合作。目前农产品流通产业协会组织程度低，企业规模小、经济力量弱，没有规模优势。农产品流通，缺少龙头企业和组织严密的营销组织体系。

5. 营销方式落后、经营粗放

大量农产品靠贩销户自发组织，分散经营，盲目性大。各类农贸市场虽然有一定的数量和规模，但仅为经营户提供了一个经营场地，大多数设施简陋，脏乱现象普遍存在，经营档次较低，商品质量欠佳，交易方式传统。为数众多的中小企业及贩销户诚信度不高，经营不规范，商品质量难以保证，竞争无序的情况时有发生。品牌农产品缺乏原产地保护措施，导致市场秩序混乱。现代营销方式，如电子商务、联销经营、物流配送等没有得到很好的推广和运用。

6. 基础设施薄弱、物流低效

农产品流通具有数量大、品种多、体积大、价值低、季节性强、技术要求高等特点，但当前我国农产品物流基础设施建设比较薄弱，社会化、专业化服务程度低。由于缺少快速高效的物流体系，不少农产品只能在产地销售。农产品运输难、储存难的情况普遍存在。虽然近年来交通设施建设有了飞速的发展，但边远地区、山区及乡村道路建设滞后，仍然影响农产品的收购与调运。另外，由于缺少专业运输工具和农产品专用仓库、冷藏库、保鲜库，不少农产品，特别是生鲜农产品在运输过程中损耗大，与境外相比严重不足。

7. 市场法规制度建设滞后，市场秩序混乱

农业是国民经济的基础，各级政府十分重视，但普遍存在着重生产轻流通的现象，对农业市场化、国际化趋势了解不多。现有农产品流通政策、法律、法规体系及市场体系、质量标准体系和市场信息体系尚不健全，没有为农产品流通创造一个良好的经营环境。政府缺乏对农产品流通长远的、整体的规划，相比对农业生产的投入，政府对农产品流通的投入明显偏少，对农产品流通企业扶持力度不够。事实上，流通是将生产和消费联系起来的纽带，作为一种先导性力量，是生产者获得收益、消费者获得商品的必要条件。我国90%以上的鲜活农产品、95%以上的蔬菜的流通由农产品批发市场承担，批发市场是农产品流通主渠道。由于批发市场的公益性行业的法律定位还不够明确，难以享受到相应的扶持照顾。目前用水、用电、用地等标准都依照昂贵的商业标准核算，按照一般商业企业标准交纳各种税费，批发市场负担沉重。加上价格调控、风险规避、质量保证体系和农产品

标准化体系建设等缺少行之有效的政策与措施，市场规范化程度低。对农产品流通人才的培养没有摆上议事日程，农产品流通经营管理人员、营销人员素质普遍不高，难以适应流通的现代化发展趋势。

到目前为止，我国还没有颁布一部完整的农产品市场流通交易法，对发展较为迅速、数量和规模庞大的农产品批发市场也未制定相关法律，缺乏有效的市场交易规则。加之市场主体众多、成分复杂、市场秩序混乱，欺行霸市、哄抬物价、短斤少两、掺杂使假等行为时有发生，亟待完善相应法律法规。

5.2　我国农产品流通组织创新的思路

5.2.1　农产品流通组织的发展趋势

根据以上对我国农产品流通现状、运行效果的分析，结合各国农产品流通组织发展经验，在知识经济时代，我国农产品流通组织将呈现产业化、标准化、品牌化、绿色化、规模化和网络化趋势。

1. 农产品流通产业化

农产品流通产业化就是把农产品流通向前延伸到农业生产过程，向后延伸到商品销售领域，组成一个产业链，使农产品流通由单纯的农产品运输、集散功能扩展为流通加工、包装、储存、运输、配送，同时包括农产品生产和销售技术、信息服务，调控农业生产和农产品销售。农产品流通企业通过产业化，可以降低交易成本，减少产品损耗，缩短流通时间，提高农产品质量（新鲜度），获取更多利润。产业化将成为农产品流通企业发展的方向。

2. 农产品流通标准化

农产品流通标准化就是在农产品采摘、收获或屠宰、捕捞后按一定标准对农产品进行处理，使之适合商场销售，便于贮藏、消费。从 20 世纪 90 年代初期开始，超市、连锁店、连锁便利店等新型零售业态大批涌现，遍布城市，成为消费者购买日常消费品的首选场所，农产品在其中的销售量也不断增加。农产品流通标准化使农产品商流与物流得以分开，适应了农产品销售的变化，促进了农产品流通的发展。

3. 农产品流通品牌化

品牌是质量和信誉的象征，具有品牌的农产品市场竞争力将不断增强。农产品流通企业要通过产业化、标准化、规模化经营，注册商标，主动开展品牌运作，让普通商品品牌化，形成自己的独特商品，掌握市场主动权，赢得消费者，把市场越做越大，推动企业发展。

4. 农产品流通“绿色”化

农产品流通“绿色”化就是开展绿色流通，以绿色文明为方向，以环境保护为目标，直接或间接促成污染削减的环保型农产品流通过程。农产品绿色流通，一方面指经营无公害农产品、绿色农产品和有机食品，引导农业开展绿色生产；另一方面指通过科学化的物流设计、管理和实施，使农产品运输、包装和分销方案合理化、最优化，运输包装重复利用，销售包装无害、易处理，减少空载，提高效率，以降低对农产品和环境的污染。绿色流通是21世纪经济可持续发展的要求，农产品流通“绿色”化迎合了经济发展的潮流。

5. 农产品流通规模网络化

农业生产具有地域性，各地不同的自然条件决定或影响了农产品的品种和品质，许多农产品是一地生产，全球消费。规模大的农产品流通企业在经营品牌、利用信息、组织货源、服务客户等方面具有优势，还可以通过不同方向多种农产品流通提高运输力量利用率，降低运输成本。互联网为农产品流通提供信息平台，电子商务突破了空间和时间限制，扩展了流通范围，提高了商流效率和物流合理性。规模扩大、网络交易是农产品流通发展的必然。

6. 农产品流通多元化

农产品流通多元化表现在两个方面：一是农产品流通方式多元化，二是农产品流通主体多元化。

1）农产品流通方式多元化

随着市场开放和农副产品进出口的自由化，我国农产品流通途径将进一步呈现以批发市场为主，物流中心、直接交易、大卖场、电子商务、电视购物（家庭购物）、车辆巡回销售等不断发展的多元化流通新形式。但在相当长的一段时间内，批发市场仍是我国流通主渠道。

2）农产品流通主体多元化

随着改革开放的逐步深入，我国涌现出多种农产品物流主体，除原有的国有商业企业、供销社之外，民营企业、股份制企业等也得到了发展。特别是农业产业化龙头企业在发展农产品物流方面起到了积极作用。同时，农村生产经营大户、专业协会、专业场（站）、专业合作经济组织等均得到了较快发展。

7. 生产者参与主体化

生产者为了确保价格形成权、供货权等，要求直接或间接地参加批发市场的经营。如作为生产者组织的农协，在批发市场开设及经营中的地位作用不断提升。农协可以作为批发市场的批发法人接受生产者委托参与拍卖活动，还可接受政府委托经营大型物流中心。

5.2.2 农产品批发市场在我国大陆流通创新中的地位

1. 境外农产品流通组织模式介绍

从世界范围看，各个国家或地区农产品流通市场表现出了农产品流通的共性。但由于不同国家或地区情况不同，农产品流通体系又表现出某些差异。当前国内外研究主要将经济发达国家或地区的农产品组织体系分为三种模式：东亚模式、美国模式及西欧模式。

1）东亚模式

东亚模式主要是指中国台湾、日本及韩国。

第二次世界大战以后，随着市场化程度的不断提高，中国台湾逐步形成了以农产品批发市场为中心，产销一体化、共同运销和直接运销等多种形式的农产品流通组织体系。批发市场与农民合作组织可谓是台湾农产品流通组织体系中的两大核心，其中，批发市场是目前最主要的农产品交易环节和场所，农民合作组织是目前最主要的农产品流通经营主体。以生鲜蔬果产品为例，2004 年经由农民合作组织营销的蔬果农产品占总流通量的 53%，经过批发环节交易的蔬果农产品占总流通量的 87%（赵一夫，2008），花卉的比例更大。台湾的蔬果生产与消费规模零星分散，因此传统的流通必然要经过集货、均衡与分货的过程，才能到达消费者手中。现在批发市场的业务虽然受到共同运销和直销（连锁超市）发展的影响而有所缩减，但批发市场交易制度和治理结构容易完善，又能对蔬果产运销链有效地组织和衔接，使其始终成为农产品，特别是鲜活农产品交易的主渠道。台湾农产品批发市场的管理机制非常完善，加上推行拍卖现代交易方式和现代化的资讯系统即农民合作组织的发展，在现代零售业发展的同时，批发市场的地位也得以不断巩固。

日本的农产品流通组织基本上解决了农业的小生产与大市场问题。其运用的手段主要是两个：一是成立了农协（农民自己的组织），二是批发市场。日本的批发市场承担着蔬菜、水果流通的主要任务，80%～90%的蔬菜、水果及部分畜产品都是经过批发市场销售的。这些组织不仅加快了农产品的流通速度，还及时给农民提供了各种信息。据有关对日本农协的考察报告，农协所提供的产销信息利用率极高，大米、小麦高达 95%，生乳 94%，水果 82%，蔬菜 56%；在农产品的批发市场中，由农协组织批发的占 60%以上，其中比较典型的地区占 90%～100%。

韩国的经济发展非常迅速，在蔬菜、水果等农产品流通中，多种流通组织共存，但是批发市场一直起着非常重要的作用。韩国分别于 1994 年和 1997 年进行了农产品流通体制的大改革，取得了较好的成果：由生产者组织中心确立产销流通体系，使农产品规格化、商标化，扩大了农产品集产地、农产品包装中心、产地加工场、批发市场、大规模的物流配送中心、农协供销场等。不过农产品批发市场仍然是农产品流通的主渠道，通过批发市场，大量的农产品迅速流通，并以合理的价格销售出去。

东亚模式具有如下特点：①农产品流通过程中环节较多；②批发市场在鲜活农产品流通中发挥重要作用；③台湾当局及日本和韩国政府规范市场建设和管理；④农民合作组织发挥着重要作用。

2）美国模式

美国的蔬菜、水果等农产品流通主要有以下三种渠道：①由农户生产以后直接通过农民市场或者露天市场销售给消费者；②通过产地市场直接销售给由中间商或者零售商办的中央配送中心或者大型全国性超市办的配送中心，再通过零售市场（主要是超市）销售；③由中间商通过产地市场再到车站批发市场批发给零售市场销售。20 世纪 90 年代以前通过第二条路径销售的农产品占总量的 78.5%。20 世纪 70 年代以来，美国大型超市从车站批发市场进货的比例越来越少，而通过生产者、产地装卸企业和生产者合作社直接采购的比例增加，通过中间商采购的比例下降。

美国模式具有如下特点：①直销能力强；②建立在发达的市场体系基础上的产业化经营；③法规比较健全。

3）西欧模式

西欧模式中包含的国家主要指英国和意大利、荷兰、德国等国家，下面主要讨论英国、德国的情况。

英国的蔬菜、水果等农产品通过产地批发商、农协或生产者集团直接运到第一批发市场进行委托销售。第一批发市场里有众多的一级批发商、二级批发商和进口商社，他们在批发市场中拥有各自的店铺、货物堆放处、仓库和办公室。一级批发商接收从产地运来的货物，堆放在仓库。第二天早晨在交易开始前将货物陈列在店铺前，准时开始买卖交易。交易中，卖方是一级批发商，买方是二级批发商、零售商等。有的也允许一般消费者进入批发市场参加交易。一级批发商从成交金额中扣除手续后，将余额交给生产者。

20 世纪 70～80 年代，超市的崛起引起了农产品流通领域的重组。到 80 年代，随着超市集配中心功能的不断完善，大量的蔬菜和水果不经过批发市场而直接从生产者处运往集配中心，致使批发市场中蔬菜和水果的销售额增长比较缓慢，并在 1989 年到达顶峰之后大幅度下降。超市中集中了大量的一等品，超市不销售的二等品才被送到批发市场。

德国农户所生产的农产品可以通过如下四个渠道出售：①产地批发商；②生产者向消费者直销；③通过农协共同销售；④通过生产者合作社共同出售。其中③和④是农民办的共同出售组织，在德国社会评价较高。

西欧模式主要有如下特点：①批发市场与直销都很发达；②合理利用国际市场发展本国农牧业。

2. 境外流通发展的成功模式对我国大陆农产品流通组织创新的启示

1）农产品批发市场的重要性不容忽视

农产品流通制度随着经济的发展而不断变化。英国、美国、德国等国早期农产品批发市场扮演着重要的角色，只是随着超市及连锁店的崛起与大力发展，农产品批发市场的作用日益削弱，从而使超市和连锁店成了蔬菜、水果等农产品的主要流通组织。而在以日本、韩国为代表的东亚模式中，批发市场一直在蔬菜、水果等农产品流通中发挥着重要的作用，没有因为超市和连锁店的出现而一蹶不振。这主要是因为农产品生产规模、生产方式不同。英国、美国、德国等国家农产品生产组织主要是家庭农场，本身生产规模大，专业化水平高，较低的农产品成本和一致的质量容易满足超市和连锁店的需要，并且进入这些市场的交易成本较低。相反，东亚国家和地区中，虽实行的是家庭农场式生产，但一般每户拥有的土地面积不大，农产品进入超市和连锁店就会面临成本高、质量不一致等问题，从而农产品批发市场仍然扮演着重要角色。

2）发达的农民专业合作组织的重要性不容忽视

虽然上述三种模式各有特点——美国模式直销能力突出，东亚模式批发市场能力较强，西欧模式两者兼得，但它们的共同点就是都拥有发达健全的农产品流通合作组织，日本主要是农协，中国台湾主要是农民合作组织。参加合作组织的农民比例很高：法国全部 73 万个农场主，德国全部 20 万农户及 80%农场主，瑞典 75%农民，美国 5/6 农场主，日本 100%农户都参加了农业合作经济组织。发达的农民专业合作组织在农产品的顺利销售、保护农民利益、对农产品流通全过程的控制和指导上发挥了决定性的作用。

3）完善的法律、法规和规范市场建设的重要性不容忽视

在东亚模式中，台湾当局及日本和韩国政府在规范市场建设和管理、出台相关倾斜政策等方面起到了不可替代的作用，关系着批发市场的秩序和农户生产者的利益，同时，西欧模式和美国模式中健全法律规范和合作组织精神同样需要我们学习。针对我国当前相关法律法规不完善的情况，加快市场规范建设和法律保障刻不容缓。

5.2.3 以批发市场为中心的农产品流通组织创新

农产品流通体制作为整个经济系统的一个组成部分，若想发挥其有效性，必须考虑与整个经济体制的匹配，即体制环境的相容性。因此，我国农产品流通体制的改革既要适应目前和今后一段时期的农业生产力发展水平，又要符合政府的宏观政策目标和微观主体利益。

我国目前的农产品市场体系有四大组成部分，即初级收购市场、销区零售市场、批发市场和期货市场（图 5-1）。从图 5-1 可以看出，四大市场各自为政，分别有自己的下属部门。各市场之间是并列的相互竞争关系，没有形成以某种市场为中心的农产品市场体系，许多市场组织直接为政府所创建、管理，造成产权不清，经营不善，农产品流通不畅，不符合市场经济的要求。

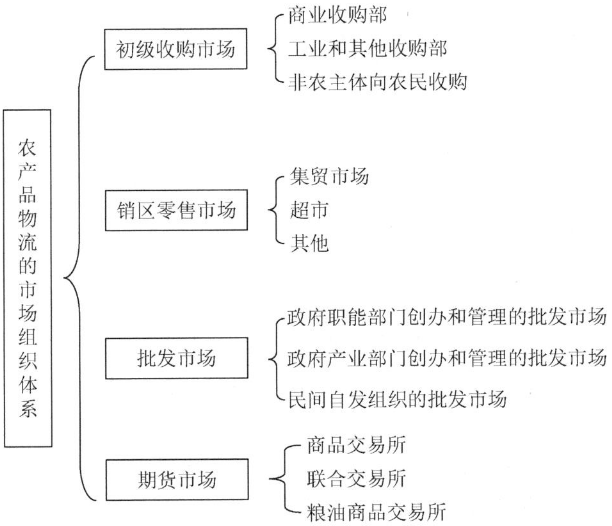

图 5-1 我国现行农产品物流的市场组织体系

资料来源：赵敏. 农产品物流. 中国物资出版社，2007，P171 改编

从境外农产品流通的经验看，我国大陆分散的、小规模的家庭经营方式显然不能跟从欧美等国家和地区的发展道路，即直销为主的道路，相反，应该更多地借鉴韩国、日本两个国家及我国台湾省的成功之路（农产品批发市场处于主导地位），特别是提升批发市场流通效率方面的经验，如产销衔接、现代交易方式、市场运作及制度配套等。虽然不经过批发市场的农产品直销可以显著减少中间环节，减少运销费用，但直接运销必须具有一定的条件：一是超市或连锁店的发育程度比较高，规模足够大，由统一的包装配送中心完成集货和配送作业；二是生产者或生产团体要有足够的生产能力，农产品数量和质量都要满足超市或大消费客户持续的供货需要。直销是我国未来农产品物流运销的重要模式之一，现阶段应鼓励其发展，但从我国总体战略安排看，促进农产品流通组织效率提升的关键仍是将农产品批发市场作为流通的核心环节并加以完善、创新。

基于以上考虑，我国农产品流通体制改革的基本目标模式是：以有效的宏观调控为基础，以批发市场为中心，形成多元主体参与、多层次的市场体系，以企业化的管理为运行机制，构建一个企业化的市场组织制度。这一组织框架包括三层内容：第一，以批发市场为中心，联结各种市场经营主体，依据政府的宏观政策建立完善的市场结构，提高农产品市场的组织化水平；第二，政府在农产品流通过程中不进行直接干预，只是对各种中介组织、市场管理者（企业）及市场交易行为进行规范，并为市场公平竞争提供制度性服务、信息服务等；第三，将各种农产品流通组织整合成经营能力很强的一体化组织。对于农业协会、农业合作社、农民经纪人、农产品运销户等流通中间商，可以将其整合到农产品批发市场内部；对于为农业提供咨询、培训等服务的服务性组织，可以与它们发展战略伙伴关系；对于产销一体化的农产品深加工企业，可以对其进行部分整合。

5.3　农产品批发市场的组织制度创新

5.3.1　农产品批发市场的发展

1. 农产品批发市场发展的历程

我国农产品批发市场的恢复与发展得益于经济体制改革。20 世纪 80 年代初，农产品批发市场在我国出现后，经历了一个数量从少到多，规模从小到大，从产地市场兴起到产地市场与销地市场并行发展，从民间自发形成到政府推动建设再到市场力量整合重组的过程。我国农产品批发市场的形成有三种形式：第一种是由农民自发兴办，在农贸市场或集贸市场基础上演变而成的农产品批发市场，如南京白云亭农副产品批发市场；第二种是由政府、工商管理部门建设或者由原来商业、粮食、供销等流通部门的购销场所改造形成的农产品批发市场，如山东寿光蔬菜批发市场；第三种是由农业企业为主体建设的农产品批发市场，如深圳布吉农产品中心批发市场。

我国农产品批发市场大致经历了四个阶段：20 世纪 70 年代末～1984 年的萌芽阶段、

1985～1995 年的高速发展阶段、1996～2008 年的规范发展和质量提升阶段、2009 年至今的集团化发展阶段（马增俊，2014）。《中国统计年鉴（2018）》显示，截至 2017 年年底，我国大中城市共有农林牧产品批发企业市场 4946 家，从事农林牧产品批发业务的人员 20.08 万人，资产总额达 8447.59 亿元，主营业务收入达 8644.6 亿元，主营业务利润达 422.1 亿元。根据国家统计局统计（表 5-1），2017 年农产品批发市场成交额 18 365.68 亿元。其中，干鲜果品批发市场成交额为 4582.94 亿元，占比最高，为 24.95%；其次为蔬菜批发市场，成交额 4137.04 亿元，占比 22.53%；棉麻土畜、烟叶批发市场成交额 457.49 亿元，占比仅为 2.49%，占比最小且增速最低，为–6.12%。30 年来，我国农产品批发市场数量经历了从少到多、从多到少、最后基本稳定的过程。2017 年全国各类农产品批发市场交易情况如表 5-1 所示。

表 5-1　2017 年全国农产品批发市场情况

批发市场类别	2017 年成交额/亿元	占农产品批发市场成交额的比例/%
农产品	18365.68	100
粮油	1578.49	8.60
肉禽蛋	1266.27	6.89
水产品	3487.63	18.99
蔬菜	4137.04	22.53
干鲜果品	4582.94	24.95
棉麻土畜、烟叶	457.49	2.49
其他农产品	2855.81	15.55

数据来源：中国国家统计局

2. 农产品批发市场发展的特点

1）销地批发市场增长快于产地批发市场

近年来，我国农产品批发市场平均交易规模迅速扩大，1986～2017 年，农副产品市场交易额增长了 1700 多倍。随着交易规模的增大，单个市场的辐射空间也不断扩大，从区域性、省内扩展到周边省份，甚至全国范围。在批发市场平均交易规模迅速扩大过程中，产地批发市场和销地批发市场发展速度各异。产地批发市场起步和发展早于销地批发市场，但随着时间推移，城市化进程加快，销地批发市场增长远快于产地批发市场。从市场总数看，2000 年，我国有 4532 个批发市场，其中产地批发市场有 2578 个，销地批发市场有 1954 个，而 2015 年，我国农产品批发市场约 4000 个，其中产地批发市场 1500 个，销地批发市场 2500 个。

2）市场运行机制以现货、现金交易为主，批零兼营比较普遍

现有的批发市场大多是实物交易，产品全部堆放在市场，买主在验货基础上讨价还价，现金收付完成结算。以现货为主进行交易得到的交易信息对调节商品流量、平衡区域供需矛盾有较大作用，但因交易对象已经是成品，因此交易信息对商品生产指导意义并不大。

现金收付作为传统的交易方式虽然比较方便，但风险较大，甚至在某种程度上制约了批发业务和批发市场的进一步发展。我国农产品批发市场通行批零兼营，在 4000 多个批发市场中，纯粹意义上的批发市场为数并不多，典型农产品批发市场几乎是传统集贸市场的放大版本，摊位细小零散，交易起点较低，产品包装简陋，缺乏现代批发市场应有的规范与效率。

3）现代经营管理方式在部分批发市场中得到应用

例如，通过加入或设立全国性的信息网或以电子信息屏幕形式，向社会公布信息；引入了电子票据结算等现代化交易方式，提高了交易的规范性；实行会员制，提高市场的组织化程度；实行拍卖竞价、电子商务等交易方式，增强流通服务功能。

4）农产品批发市场经营服务链条不断拉长

随着市场经济的发展，竞争日趋激烈，一些市场顺应形势的要求，不断加强软件、硬件配套设施建设，完善服务功能，不仅提供了农产品集散场所，还逐步开展了农产品包装、贮藏、运输及信息传递、代理结算等配套服务，有的甚至建立了生产基地的加工配送中心，开办连锁经营网点，实行产加销一体化经营。

5）市场主体向多元化发展

随着农产品流通体制改革的不断深入，农产品市场形成了多种经济成分、多形式的竞争格局，各种农产品购销个体户、专业户、联合体不断发展壮大，显示了旺盛的生命力，成为鲜活农产品流通的主力军。

6）批发市场向股份制方向发展步伐加快

批发市场的投资主体日趋多元化，组织形式出现企业化、股份化的趋势。一些企业通过股份制改造，成为股份制企业实体，甚至成为上市公司。1997 年，深圳市农产品集团股份有限公司股票上市（股票代码 000061），成为我国农产品流通领域的第一家上市公司。到目前为止，已有北京顺鑫农业股份有限公司（股票代码 000860）控股石门农副产品批发市场，罗牛山股份有限公司（股票代码 000735）控股海南热带农产品中心批发市场，中商股份有限公司（股票代码 000882）控股北京农产品中心批发市场，吉林物华（集团）股份有限公司（股票代码 600247）控股吉林果品批发市场，沈阳蓝田股份有限公司（股票代码 600709）控股广东农产品中心批发市场，中国农产品交易有限公司（股票代码 00149.HK）控股武汉白沙洲市场等。

3. 我国农产品批发市场存在的主要问题

从目前来看，我国农产品批发市场的发展势头是好的，但由于发展时间不长、起点低，总体水平处于初级阶段，仍存在一些急需解决的问题。

1）缺乏统一规划，布局不够合理

我国农产品批发市场是伴随着城乡经济的发展而发展的，由于缺乏统一规划，批发市场发展不平衡、布局不合理。从全国来看，主要表现在中西部地区与东部地区、产地批发市场与销地批发市场之间的差距上。以广东为例，全省有占地 5000m^2 以上的农产品批发市场 285 家，其中 117 家分布在珠江三角洲地区，占 44.1%，年交易额上亿元的 79 家中有 44 家分布在这一地区，占 55.7%；而交易额在 10 亿元以上的 7 家全分布在广州、深圳两市。粤西、粤东、粤北地区的农产品批发市场建设明显落后，尤其是粤西，该地区是我国南果的集中产区，北运菜的生产也早已形成规模，商品生产发达，但农产品批发市场数量少、规模小、设施差、发展严重滞后。由于缺乏统一规划，布局不合理，很多地方出现了“有市无场”和“有场无市”的现象，且这种现象在全国各地都不同程度地存在。

2）经营设施简陋，交易手段落后

绝大多数的农产品批发市场经营服务设施简陋、不配套，尤其缺乏保鲜设施。许多批发市场长期停留在出租铺位的简单物业管理层次上，像个“放大”的集贸市场，卫生质量条件差，难以提供优质、安全的农产品。而且交易手段落后，目前 98%以上的批发市场以传统的现货、对手交易为主，代理结算还不普遍。至于实行会员制，采取竞价拍卖、远期合约交易和期货交易尚处于萌芽阶段。

3）经营管理理念滞后，服务功能单一

规范化的现代批发市场应具有货物集散、价格生成、信息发布、标准化建设、服务引导、产品促销、产业带动等七大功能。我国目前的服务功能仍停留在大集贸市场的初级阶段。即使引进诸如运输、银行、保险等服务机构，也并不具备较为完善的配套功能。根本原因还是农业专业化和产业化程度低，不能满足规模经济要求的有效需求。

4）市场主体组织化程度低，业务经营存在盲目性

目前农产品批发市场的主体绝大多数是分散的农民，他们经营规模小，经济实力弱，缺乏专门的经营知识，且大多不具备法人资格，在业务经营上存在严重的自发性和盲目性。一方面，他们在市场交易中往往处于不利地位，抵御风险能力弱；另一方面，受利益驱使，经营假冒伪劣商品的事件时有发生，严重损害了消费者的利益。

5）信息网络建设滞后，信息传播渠道不畅

从中央到地方对市场信息网络的建设是比较重视的，近年来发展也很快，但由于信息网络隶属于不同地方和部门，资源不能共享，远未发挥其应有的作用。农业部信息网作为全国最大的农产品信息网络，其存在的明显缺陷有三：一是信息的采集面不广，二是信息的更新不及时，三是信息的传播渠道不畅。

5.3.2 农产品批发市场未来发展方向展望

1. 农产品批发市场面临的挑战

1）土地流转制度的松动使生产集中化程度进一步提高

随着中国共产党第十七届中央委员会第三次全体会议提出的土地流转制度的松动，未来农业生产将逐渐向大规模发展，专业化生产程度将进一步提高，生产的大规模必然导致流通渠道发生变化，产地批发市场的竞争更加激烈，优胜劣汰之下，部分基础设施欠缺、服务落后的产地批发市场在竞争中逐渐衰弱，部分条件好、吸引力大的市场将得到更多的生存空间，辐射更大的范围。

2）农产品市场国际化趋势继续推进

农产品市场国际化包括农产品生产和消费的国际化，表现在大量进口外国农产品和出

口本国农产品，生产者为全球提供产品，消费者从全球选择产品，还包含农业综合企业（agribusiness）的国际化，即农业生产、加工、流通的国际化，表现在农业生产资料（种子、化肥、农药）国际化，加工厂被国际资本控制，流通领域大型连锁超市的兴起和垄断。农产品市场国际化可以互通有无，调剂国内外余缺，为消费者提供更多选择，同时也提高了对农产品规格化、标准化的要求。批发市场作为农产品周转的主渠道，对这种趋势也必须做出反应。

3）消费者对食品安全的重视程度提高

随着生活水平的提高，消费者对食品的需求从简单的数量满足提升为对质量、品质、安全的追求，作为大中城市农产品流通的重要中转环节，能否快速准确地检测进出市场农产品的农药残留，对问题产品在销售前进行控制，同时让产地生产者得到信息并取得产地政府的重视，从源头上控制食品安全，决定了批发市场未来发展的空间。

4）对批发市场的服务需求提高

批发市场作为商业企业，其生存与发展同样也是建立在顾客满意的基础之上的。小生产、大流通的现状决定了目前我国农产品流通的主要集散渠道仍是批发市场，但随着农业生产的集约化发展及大型农业中介组织的成熟发展，目前相对单一的流通渠道必将逐渐多元化。因此，批发市场要想在未来继续留住客户，尤其是面对未来更具话语权的企业客户，必须不断满足顾客的服务需求。对于农产品批发市场来说，为其客户提供的服务不仅是提供农产品的供需信息、价格信息，更重要的是为其客户的经营活动提供相关的配套设施和服务，如农产品的加工、包装、仓储、运输、保鲜、检验检疫，以及农产品交易的结算、拍卖代理等。农产品批发市场可以通过提供特色化的服务来吸引更多的客户，因此营销对农产品批发市场的经营起着重要的作用。

5）连锁超市及生鲜加工配送中心的快速发展

连锁超市及生鲜加工配送中心在我国发展迅猛，代表了农产品批发市场未来的发展方向，农产品批发市场的渠道占有率必将受其影响。虽然在我国小生产、大流通的条件约束下，农产品批发市场有不可替代性，但要保持其持续的竞争优势，必须对连锁超市及生鲜加工配送中心给予足够的重视。把连锁超市从潜在的竞争对手转变成战略性的下游客户，充分借鉴生鲜加工配送中心的运作模式和管理方式，在此基础上完善批发市场的服务功能，即在批发市场中导入现代加工配送功能。

2. 农产品批发市场的发展趋势

电子商务、连锁超市、物流配送等新兴流通方式和贸易业态的快速发展一定程度上影响着我国传统农产品的流通格局，但受我国农产品小生产、大流通的发展状况的影响，批发市场在未来相当长的一段时期内仍是最主要的流通渠道。而且随着农产品批发市场批发贸易集聚发展的进一步加强，批发商集聚的经济效应还具有相当大的潜力。从农产品供给角度看，我国幅员辽阔，地区自然条件差异大，农产品生产具有分散化、小规模特征，批发市场能够有效地将小生产与大市场对接；从农产品需求角度看，消费者对农产品的需求是多品种的、偏好是多样性的，对生鲜度要求也很高，批发市场已经被证明是解决此问题的重要途径；从宏观经济角度看，农产品批发市场已经在我国农业产业化和城市“菜篮子”

工程中承担了重要角色；从农产品批发市场自身看，市场管理水平不断提高、交易方式不断创新、物流配送等配套设施平台不断完善。尽管在单品种（如苹果、梨）上不能排除大型综合超市通过第三方物流向生产基地直接采购农产品的可能，但是从总体来看，大型综合超市直接从产地进行多品种采购具有很大的局限性，而从中心批发市场采购生鲜农产品仍将是未来相当长的一段时期内的主流趋势。

当然为了迎接挑战，我国未来农产品批发市场的发展趋势应向经营规模化、服务多样化、食品安全化、营收多元化发展。由于我国农产品批发市场发展水平参差不齐，可以预计，我国未来农产品批发市场形态的演变将分化为两个层次，第一个层次是从传统的农产品批发市场发展为农产品产销集散中心，是我国目前绝大多数批发市场的发展趋势；第二个层次是由农产品产销集散中心发展成为农产品物流配送中心，目前少数龙头企业正在进行相关尝试。

5.3.3　我国农产品批发市场发展对策

1. 加快市场立法，推动市场的法制建设

在借鉴国外有关法律法规经验的基础上，尽快出台《农产品批发市场法》和其他有关法规。通过立法来规范农产品批发市场的开办目的、市场规划、市场准入、交易规则、关联从业人员职责、政府管理机构设置与职能、罚则等行为。在目前我国还没有正式颁布《农产品批发市场法》的现实下，可先制定地方性的农产品批发市场管理办法。各级地方政府要加快地方批发市场规划建设管理的立法工作，对批发市场的建设实行宏观调控，制订批发市场发展的中长期规划，监督投资者按现代化高起点的标准建设。

2. 全面改造升级农产品批发市场的硬件设施

各级政府要借鉴日本、韩国和我国台湾的经验，加大对基础设施的扶持力度，同时也鼓励企业进行投资建设。发育程度不同的农产品批发市场设施改造点不一。对于传统的、档次低的农产品批发市场，要加强基础设施建设，重点是市场场地硬化、水电路配套、交易棚厅及农产品加工、贮藏、保鲜和物流配送等设施的建设，改变市场设施简陋、脏、乱、差的状况，从露天交易改为室内交易；对于规范的、档次高的农产品批发市场，在完善基础设施的基础上，重点加强提升市场功能的农药残留检验检测系统、农产品标准化系统、信息管理系统、信息收集发布系统、电子结算系统等的建设，有条件的要建设拍卖大厅和电子报价系统，为朝着拍卖、电子统一结算和网上交易的升级做好准备；对于新建或欲建的农产品批发市场，在市场基础设施的投入上要有一定的规划和标准，起点要高，避免以后发展过程中出现硬件设施落后而影响升级，到时又不得不进行改造的情况。

3. 积极培育大型中介组织

借鉴国际发达国家经验，培育和塑造成熟的市场主体、培育真正代表农民利益的大型农民合作组织应成为我国农产品批发市场组织建设的重点。具体举措包括：

1）发展市场中介组织，提高农户参与流通的组织化程度

重点发展属于农民自己的、能真正代表和保护农民的利益并为农户提供全方位的优质服务的流通组织（如农产品联合销售社、农民协会等）参与市场竞争。

2）构建农产品经纪人制度

政府要在政治上鼓励、政策上扶持、资金上优惠，加强农产品经纪人队伍建设。

3）积极培育农业龙头企业

为企业提供更加优越的发展环境，尤其是外向型加工出口企业，使之不断增加数量，壮大规模，带动更多的基地，创建更多的品牌，外销更多的产品。依靠龙头企业，以“公司＋批发市场＋农户”、“公司＋批发市场＋中介组织＋农户”或“公司＋销地批发市场＋产地批发市场＋农户”的形式畅通农产品流通，加快农产品批发市场的发展。

4. 发展批发代理和拍卖，创新交易方式

目前我国批发市场由于交易主体经营规模小、流动性大、数量众多、交易分散等特点，拍卖制的产生与发展均受到制约。因此首先要促进批发代理交易的发展，让大型的批发商组织与生产者、经纪人或专业组织建立委托代理关系，提高交易的组织化、专业化程度，从而为拍卖制的发展提供良好的条件。在已经具备条件的农产品批发市场尤其是销地批发市场，积极尝试进行拍卖交易。对于拍卖设施不完备的农产品批发市场，可以暂时采取手势等传统的叫价方式，对于档次高、标准化和规格化程度高的农产品批发市场，要逐步尝试计算机拍卖。

5. 发展加工、配送和连锁批发经营

从现实基础出发，稳妥地推进农产品批发市场发展配送和连锁经营。大多数农产品批发市场近期可以发展配送中心，为超市、酒店等餐饮和零售企业搞好配送服务。另外，农产品批发市场还可以引进配送企业，培育农产品配送产业，对于有条件的批发市场可以直接投资建立连锁批发市场。当然实施连锁经营的批发市场一定是有强大的经济基础和先进的管理模式、管理手段和过硬的管理队伍，要有具备一定知名度、信誉度的企业名牌，要慎重选择地址和目标市场。

6. 加强公益性建设

从批发市场的产生过程及发挥的作用来看，其本质属性为公益性，即批发市场与生俱来的稳定市场供应、应急保供、提供公平交易平台、把关食品质量安全的公益功能。建设公益性农产品批发市场，既能满足常规性市场功能，又能完善市场的公益性职能，提供食品安全检测、价格监管、信息反馈、政府应急保障等公共物品，应该成为我国农产品批发市场的发展方向。对于经济发展较快的城市，可以建立现代化运营的公益性市场试点，以逐渐替代现有交易量较小、有效需求不足的市场；采取科学管理与优惠服务吸引行业优质资源向新建市场集中，树立公益性市场的龙头地位，带动其他市场逐渐实现规范化、现代

化运营。而对于新建公益性市场，要以中央和地方政府投资为主导，适当引入社会资本，建设具有现代企业制度的公营农产品批发市场，对市场的交易主体、交易方式与技术设施、公益性市场功能与行政资源应进行科学规划与合理安排。

复习思考题

1. 我国农产品流通的主要特点是什么？
2. 简述现阶段我国农产品流通组织的模式及其运营效果。
3. 简述境外农产品流通组织的模式及其对我国农产品流通组织创新的启示。
4. 我国农产品批发市场在流通中的地位如何？
5. 我国农产品批发市场面临的挑战是什么？
6. 我国农产品批发市场的发展方向及相应的制度创新是什么？

阅读与思考

阅读与思考

第 6 章

农产品保鲜与养护

重点提示

本章介绍了农产品品质的含义和构成，农产品采后商品化处理及储运中的相关知识，学习本章，需对不同类型农产品的品质构成、采后品质变化的特征，以及适宜的储运方式有所了解。

6.1 农产品品质基础

6.1.1 农产品品质的定义

品质（quality）问题向来是人们在选择产品时关注的首要问题，由于“品质”与“质量”这两个中文词汇的运用在农产品中有着一样的含义，且其英文都为“quality”，所以本节采用以往学者对于“质量”概念的解释，讨论“品质”的定义。

美国的质量管理专家 Juran 在 1988 年出版的《质量管理手册》（第四版）中采用“适于使用”（fitness of use）这一简洁的表达对质量进行了定义，该定义虽短但含义完整，明确了产品的特性应符合特定使用需求这一基本内涵。Crosby 在 *Quality is Free* 一书中也对质量的概念进行了解释，他认为质量就是符合要求（requirement），并且他表示，这里的“要求”必须可以被准确地衡量，并有着明确的测量方法，但凡测量结果没有符合“要求”，就代表了产品质量的欠缺。日本的质量管理专家石川馨则从另一个角度对质量进行了定义，他认为质量反映了顾客满意的程度。由于顾客的需求始终在变化，所以质量的定义也应不停改变，是一个动态的过程，而衡量高质量的方法就是看该产品是否满足了顾客不断变化的期望。不同于以往的定义，这是以消费者为中心逆向对质量进行定义的代表。

本教材倾向于采用 2000 版的 ISO9000 标准中所给出质量的定义：一组固有特性

（characteristic）满足要求的程度。特性指可以被区分的特征，如农产品的感官属性与生化属性等。要求则代表明确规定与隐含规定的各种需求。正如石川馨所指出的，要求往往是随顾客期望而变动的，所以对要求的满足也是不断发生改变的。

农产品是来源于农业的初级产品，常见的农产品有植物类农产品、畜牧类农产品及渔业类农产品。因此，可以根据上述关于质量的讨论将农产品品质定义为：农产品的一组固有特性满足要求的程度。根据质量的内涵，在理解农产品品质时，既要明确农产品特性与要求的具体组成，又要注意对于农产品特性的要求具有变化性与相对性的特征。

6.1.2　农产品品质的构成

1. 根据固有特性划分

根据农产品自身固有特性的不同，可以将其品质划分为感官品质、营养品质和缺陷品质。

1）感官品质

感官品质是指可以通过人体感觉器官进行评价的品质指标的总和，根据人体感知方式的区别，又可以分为外观品质与内在品质。

外观品质一般指人可以通过视觉和触觉感知的品质特性，如农产品的大小、色泽、形状、光泽度、透明度、软硬程度及有无破损等。对于这一类的品质，人们往往可以在食用或使用农产品前，通过较简单的判断加以分辨。例如，人们在购买苹果时，会根据苹果表面的颜色、大小及软硬来初步判断苹果的品质，但对苹果的口感如何、质地怎样这类内在品质的判断，还需要借助许多其他感官来完成。

内在品质是指需要借助味觉、嗅觉与口感触觉等进行感知评价的品质指标总和，一般可以分为质地品质与风味品质。质地因素有软硬、汁液、口香及粗沙的手感与口感等，感知这类品质因素是一个复杂的过程，人们不仅要通过视觉与触觉的判断，还需要口腔及牙齿的触觉甚至借助听觉进行判断。通过嗅觉，人们可以感知由农产品中芳香族化合物产生的气味，大多数水果都有其特有的果香味，蔬菜中如芹菜、大蒜、葱等的气味品质是衡量其品质的重要因素之一。另外，通过味觉及味觉与嗅觉的配合，人们可以感知酸、甜、苦、辣、咸等风味。

2）营养品质

营养品质指肉类、水产品及果蔬等农产品中各种营养素的总和。不同农产品的组织中含有不同种类和数量的营养素。营养素指食物中可给人体提供能量、构成机体和组织修复及具有生理调节功能的化学成分，如蛋白质、脂类、糖类、维生素、水、无机盐和膳食纤维，有时也包含一些具有保健功能的物质，如花青素、大蒜素、EPA（二十碳五烯酸）、DHA（二十二碳六烯酸）等。

3）缺陷品质

缺陷品质指农产品由于生产环境、生产技术、运输条件等外界原因的缺陷，最终产品偏离其固有特性而产生的品质缺陷。如生产环境污染、运输磕碰等导致的异味、畸形、破损等品质下降。

2. 根据满足需求的特性划分

根据人们对于农产品的需求不同，可以将农产品品质划分为风味品质、营养品质、观赏品质、保健品质、储运品质、加工品质及卫生品质。

1）风味品质

风味品质包含了人们可以通过味觉和触觉感知的农产品品质，如味觉中的酸、甜、苦、辣、咸、涩等，嗅觉中的香、臭、辛香及一些特殊的气味等。

2）营养品质

营养品质是肉类、水产品及果蔬等农产品中各种营养素的总和，其营养素包含可维持人体健康及生长、发育和劳动所需要的各种物质。

3）观赏品质

观赏品质指农产品在外观上可以给人们带来赞叹、愉悦、惊讶等情绪，并使人释放心理压力的相关品质。一些农产品在食用与使用之外，还具备一定的观赏功能。例如，日本培育的方形西瓜、心形西瓜等，人们肯为一个方形西瓜支付上百乃至上千元，并不是由于其风味或营养品质出众，而是为其极高的观赏品质买单。

4）保健品质

保健品质指一些农产品具有适用于特定人群，调节其生理功能的作用的品质。例如，糙米中含有大量的维生素 B_6，长期食用有助于预防糖尿病；鱼肝油中富含 DHA 与 EPA，具有调节血脂的作用。

5）储运品质

储运品质指农产品具有的在长时间贮藏与运输过程中依然能较好保持其原有品质的能力。目前，我国农产品在流通中的损耗仍然较高，其腐损率在25%～30%，远高于发达国家5%以下的水平。而且在农产品运输距离日益增加的今天，生鲜农产品的储运品质显得更加重要。

6）加工品质

加工品质指农产品适合进一步加工的特性。例如，一些果品在加工时，需要果肉本身具有能较好保持原有形态、易于出汁、不易变色软化等特性。另外，许多农产品在加工过程中都有或多或少的营养损失、风味损失等，如蔬菜水果在腌制加工时维生素的损失及口感损失。加工品质较好的农产品可以方便加工处理，并在加工后拥有加工产品优势的同时，又具有尽可能地保持原有的营养成分、产品形态等优点。

7）卫生品质

卫生品质指农产品直接关系到人体健康的品质指标的总和。农产品的卫生安全问题向来是关系国计民生的大事，且随着社会的发展，消费者对于食品农产品的卫生安全的关注程度也逐渐提高，因此农产品的卫生品质显得尤为重要。农产品的卫生品质主要包括农药残留、重金属污染、硝酸盐（亚硝酸盐）含量超标、生物污染及农产品内天然毒素。

3. 主要农产品品质介绍

1）肉类产品

肉类产品是人们餐桌上的重要组成部分，其产品的类型与品种数量十分庞大，主要来源于猪、羊、牛、兔、鸡、鸭等各种家畜，人们可以通过一系列感官品质、理化品质及微生物指标对其品质进行规范化与量化测定。

（1）感官品质。感官品质主要指人通过视觉、触觉、嗅觉和味觉等方式感知到的肉类产品的品质总和。禽产品在屠宰后，其胴体在微生物的作用下会发生从僵硬到腐败一系列的过程，在这个过程中，影响鲜（冻）畜禽产品感官品质的因素如脂肪含量、肌原纤维含量、结缔组织含量、水含量、色泽与气味等也会相应地发生变化。我国对鲜（冻）畜禽产品感官品质的测定主要有组织状态、色泽、气味、加热后肉汤性质、瘀血面积和异物等。

（2）理化品质。理化品质指肉类产品的物理化学性质符合要求的程度。其评测指标主要包含畜禽产品的解冻失水率、挥发性盐基氮、各类重金属含量、农药残留等。这些理化品质一般无法通过简单的感官进行感知，但会直接影响肉类产品消费者的生命健康，同时对产品的风味也有一定影响。

（3）微生物指标。由于肉及肉制品的营养丰富，是多种微生物优良的培养基，所以肉类产品从屠宰到人们餐桌的各个环节都有受到不同程度污染的可能。因此，肉类产品的微生物指标是衡量其品质的重要因素，对微生物指标进行检测是维护人体健康必不可少的环节。

2）水产品

水产品是海洋和淡水渔业生产的动植物产品及其加工制品的总称。相较于畜禽肉类，水产品蛋白质不仅含量更高，还有着更好的必需氨基酸组成，属于优质蛋白质，有着较高的营养价值。一方面，一般水产品的肌肉纤维较纤细，组织蛋白也较为松软，有着较好的食用口感且易于消化。由于水产品的以上优点，其一直深受消费者的喜爱。另一方面，水产品属于鲜活农产品，在捕获后极易因处理不当或不及时死亡，导致鲜度下降或腐败变质。与肉类产品类似，水产品的品质一般也可以从感官品质、理化品质及微生物指标三个方面进行测评。

（1）感官品质。水产品在被捕获后，会在内源水解酶和一些微生物的作用下发生一系列的物理、化学变化，使其本身特性发生改变，其中肉质、气味、口感和外观等特性的变化可以通过感官进行简单直接的评价。例如，鲜活鱼产品一般主要通过观察其眼球、肌肉、腮部和腹部等部位的颜色、质地进行判断，若水产品本身鲜度不足，则可进一步通过水煮试验对其风味及汤汁情况进行测评，以达到对品质准确识别的目的。国家标准也对水产品感官品质的要求进行了描述，详见表6-1。

表6-1　鲜、冻动物性水产品的感官品质要求（GB 2733—2015）

项目	要求	检验方法
色泽	具有水产品应有色泽	取适量样品置于白色瓷盘上，在自然光下观察色泽和状态，嗅其气味
气味	具有水产品应有气味，无异味	
状态	具有水产品正常的组织状态，肌肉紧密、有弹性	

（2）理化品质。由于水产品种类众多，且不同水产品之间的理化性质差别较大，所以不能一概而论。一般根据水产品的生长环境将其分为海水产品及淡水产品，根据水产品的

物种可分为鱼、虾、蟹和贝类等。理化品质的评价指标通常包括营养指标、鲜度指标、污染元素指标、食品添加剂用法用量、农药及渔药残留指标等。

a）营养指标。营养指标是评价水产品中营养素的种类与含量的指标，一般包括蛋白质、脂类、维生素、水、无机盐等，是衡量水产品营养价值的重要指标。

b）鲜度指标。鲜度指标是反映水产品新鲜程度的指标，是衡量水产品使用品质及加工品质的重要指标。除了使用上述感官判断的方法外，常使用挥发性盐基氮（TVB-N）、三甲氨氮（TMA-N）、组胺等的含量及 K 值[肌苷和次黄嘌呤与腺苷三磷酸（adenosine triphosphate，ATP）各级降鲜产物之和的比值]对水产品的鲜度进行评价。

c）污染元素指标。水产品生长的水体环境对其品质有相当大的影响。受水体污染的影响，水产品体内易累积铅、汞、砷、镉、锡、氟等元素，若这些有害元素在水产品中积累过多，会对食用者的健康产生不同程度的威胁。

d）食品添加剂用法用量。由于水产品在捕获后极易发生鲜度下降的情况，所以生产者在捕捞、运输与初步加工等过程中往往会使用一些食品添加剂以更好地保证产品的鲜度，尽可能地维持感官品质，例如，使用防腐剂延缓水产品的变质过程，添加亚硫酸盐防止虾类产生黑斑等。这类食品添加剂的种类及数量使用不当，会对水产品的卫生安全产生影响。

e）农药及渔药残留指标。水产养殖中常使用农药及渔药对水体进行消毒、疾病防治等。目前常用的渔药可分为消毒剂、驱杀虫剂、抗微生物药及代谢改善剂等。一些农药残留也会通过水循环及食物链传递等方式进入水产品体内。这些农药和渔药在水产品中的富集量若过多，会对食用者的健康安全产生相当大的损害。

（3）微生物指标。由于水产品生鲜产品的特性，其在从捕获到消费者手中的一系列环节中，都易受到微生物的污染，轻则影响水产品的风味，重则危及食用者的健康安全，所以微生物指标如自身原有致病菌、非自身原有致病菌，国家都规定了最大感染剂量。它不仅可以衡量水产品的鲜度和受污染程度，还可以用于评价水产品的食用安全性。

3）果蔬产品

果蔬是水果和蔬菜的总称，与肉类产品、水产品不同，果蔬中的蛋白质与脂肪含量较少，其主要成分是水分、维生素、无机盐、生物酶及植物纤维。另外，由于果蔬中含有种类众多的有机酸、芳香物质及天然色素，其在风味、色泽等方面具有独特性，这使其成为一种不可替代的食物种类。因此，针对果蔬的种种特性，选取合适而全面的指标对其品质进行评价有着重要的意义。总的来说，一般可以从风味、营养、色泽、质地与卫生安全等方面对果蔬品质进行评价。

（1）风味。果蔬风味主要包括气味与口味两类。其中，果蔬的气味主要来自其中的醇、酯、醛、酮、萜等化合物，这些化合物大多有挥发性与芳香气味，这些香味物质一般在果蔬成熟时开始合成，并在完熟阶段大量产生，此时其气味、品质也达到了最佳状态。果蔬的口味主要有酸、甜、苦、辣、涩与鲜等，不同的口味来自果蔬中不同的化学物质，例如，常见的酸味物质有苹果酸、柠檬酸、草酸等，甜味物质主要有葡萄糖、蔗糖、果糖等糖类，同时一些氨基酸与胺等也有一定的甜味。

（2）营养。果蔬中含有大量人体所必需的维生素、无机盐与植物纤维，对人体健康的维持有着重要作用，因此营养品质是果蔬品质的重要组成部分。

（3）色泽。色泽是人们评价果蔬品质的重要考虑因素。果蔬的色泽可以很大程度上反映其成熟程度和新鲜程度，同时还有一定的观赏价值。果蔬中色素类物质的种类和含量决定了其色泽，如叶绿素、类胡萝卜素、花青素与黄酮类物质等。

（4）质地。果蔬产品通常含水量较高，细胞膨压较大。人们对于果蔬产品的喜爱有很重要的一部分来自对其脆嫩且饱满质地的喜爱，因此质地品质的高低也是评价果蔬综合品质的重要因素。果蔬质地的类型一般有软、硬、脆、绵、沙、致密与疏松等，这些质地表现会随着果蔬的成熟程度与新鲜程度不同发生变化。

（5）卫生安全。与其他农产品类似，卫生安全同样是评价果蔬品质必不可少的部分。

6.2 采后商品化处理与品质保持

6.2.1 农产品采摘（屠宰）后生理与品质的变化

1. 肉类产品

畜禽在刚屠宰过后，虽然已经失去了生命，但其体内的各种酶依然没有失去活性，许多生命化学反应依然在其机体内延续。严格来说，这样的肉品还不能算是适宜食用的肉，只有经过一系列复杂的宰后变化后，肉品才能真正转化为可食用肉品。一般来说，畜禽屠宰后肉品会随时间发生从肉的尸僵到解僵再到肉的成熟这样一个连续的过程。

1）肉的尸僵

畜禽在刚屠宰过后，其胴体的温度还没有完全散失，此时的肉质柔软且具有较小的弹性，这种刚屠宰完毕获得的生鲜状态的肉称为热鲜肉。而屠宰后经过一定的时间，畜禽胴体的热量逐渐散失，肉品的延展性逐渐变差，关节无法活动，肉品质地由松弛变为紧绷，表面光泽逐渐消失，呈现僵硬状态的现象，称为肉的尸僵。尸僵状态下的肉品肌肉持水性很差，硬度也较大，不易加热煮熟，且加热后会有较大的重量损失，加热后的肉质也相对粗糙。无论从肉类产品的风味品质还是加工烹调适宜度上看，其都不具备良好的品质。因此，通常认为该阶段的肉品还不是可食用肉。

刚屠宰后的畜禽肌肉一般呈弱碱性或中性，而由于生命的停止，畜禽体内的血液循环也逐渐消失，肌肉的供养也就中断了，此时畜禽体内的糖原在糖原酵解酶的作用下进行无氧酵解，产生乳酸。糖原不断地降解，直至糖原含量下降至抑制糖原酵解酶的活性，这个过程才逐渐停止。过程中形成的乳酸在胴体的肌肉内堆积，使肉品的pH逐渐下降，直到糖原酵解酶活性被抑制时，达到极限pH。哺乳动物肌肉的极限pH通常为5.4～5.5。此时，原本肌肉中呈生理胶溶状态的蛋白质，会由于肌凝蛋白与肌纤蛋白融合成肌纤凝蛋白，产生肌肉收缩的现象，使得机体变得僵硬紧绷，产生死后僵直状态。

值得一提的是，尸僵过程除了会使肉品的硬度发生变化以外，由于pH等性质变化的影响，肉品的保水性质也会明显降低。肉品中保有的水分会渗出到肉的表面，呈现可以观察到的湿润状态，有时还会有水珠滴下。若此时进行烹调，肉品会有明显的重量损失，风味品质也大打折扣。

几种畜禽的尸僵过程开始时间与持续时间见表 6-2。

表 6-2　几种畜禽尸僵过程开始时间与持续时间

品种	开始时间	持续时间/h
猪肉	死后 8.0h	15～24
牛肉	死后 10.0h	72
鸡肉	死后 2.5～4.5h	6～12
兔肉	死后 1.5～4.0h	4～10

2）肉的成熟

不同种类的肉品尸僵的时长不同，但尸僵持续了一段时间后就会进入解僵的过程，即肉品的硬度下降，恢复一定的弹性，保水性有所恢复，肉品 pH 重新回升。当这个变化完成后再对肉品进行烹调，肉品将会变得鲜嫩多汁，口感也会大幅改善，非常适宜食用或加工。这个变化的过程就是肉的成熟。

对于肉品解僵的机制，已有许多学者进行了大量研究，但还没有将肉品成熟的实质完全阐明。目前较为统一的认识是，成熟过程中肉品质地的改善主要源于肌原纤维骨架蛋白的降解及在此基础上肌原纤维结构的变化，包括肌原纤维断裂后变得小片化，胴体肌肉中的肌动蛋白和肌球蛋白纤维的结合能力变弱，以及肌肉中的结构弹性网状蛋白含量的降低。

目前许多发达国家如澳大利亚、法国等，为了加快肉成熟的速度，提高肉的鲜嫩程度，采取了一系列物理、化学和生物方法，促进肉的成熟并抑制尸僵过程。在物理方法的选择上，温度是肉品成熟速度的重要影响因素，温度越高，肉品的成熟速度越快，但通常高温快速成熟的肉品在色泽和风味上都会稍有逊色。另外就是采用“电刺激”的方式，对屠宰放血后的畜禽胴体进行通电，防止肉品的冷收缩。通常按照通电电压的高低将电刺激分为高压电刺激、中压电刺激和低压电刺激，采用的电压范围为 32～1600V。电刺激的方式可以有效改善肉的品质和外观，同时还可以避免热环的产生。化学方法的选择上，可以在畜禽屠宰前为其注射肾上腺素和胰岛素等，目的是加快畜禽的糖代谢过程，尽可能地消耗掉肌肉中的糖原，使屠宰后糖酵解过程中产生乳酸的量大大减少，提高肉的品质。生物学方法上，可以采用外部添加蛋白酶的方法强制使肉品软化。微生物蛋白酶和植物蛋白酶可以有效减少肉品的尸僵硬度，木瓜蛋白酶是目前使用较为广泛的一种蛋白酶。

2. 水产品

食用水产动物有着典型的生鲜产品特征，但比起陆地畜禽产品，水产品在捕捞上岸死后更容易腐败变质。与畜禽产品屠宰后的生理变化类似，鱼贝类水产品在捕捞致死后其体内许多酶依然具有活性，许多生化反应依然在其体内进行，也会经历肉质变得僵硬再到发生解僵与自溶作用最终腐败变质的一系列连续的过程。

1）死后僵硬

鱼贝类水产品在刚捕捞死亡时，其肌肉往往质地柔软且在色泽上有一定的透明感，但是在放置一段时间后，肌肉就会逐渐出现僵直，伸展性与弹性变差。若是鱼类，鱼体整体会呈现出明显的挺直僵硬状态，此时如果用手指轻按鱼体，不容易按出指印；抓住鱼头提起整条鱼时，鱼的躯体与鱼尾不会发生明显的弯曲；鱼嘴紧闭，鱼鳃紧合不容易打开。

鱼贝类水产品死后僵硬的出现，主要是捕捞死亡后，水产品呼吸的停止使其体内储存的糖原在无氧条件下糖酵解产生乳酸，使得鱼贝类水产品体内肌肉 pH 下降，同时在钙离子的作用下，肌原纤维中的肌球蛋白与肌动蛋白细丝产生滑动后紧密结合，致使肌肉收缩后导致僵硬。在鱼贝类水产品的整个僵硬过程中，其肉品的新鲜度基本不会发生变化，且相比于畜禽类产品，鱼贝类水产品死亡后僵硬过程到来得更快，持续的时间更短，因此在对死后僵硬过程的处理上不同于畜禽肉类产品。对于水产品来说，如何在捕捞后迅速采取措施，推迟僵硬过程的到来时间及延长僵硬过程的持续时间，是保证其新鲜度与品质的有效方法。

水产品的品种、原本栖息温度、捕获时的状态与致死时间都会对其僵硬过程的开始时间与持续时间造成影响。通常栖息温度越低的鱼贝类水产品，其捕捞死后僵硬过程的到来时间也会越长。一般来说，相比于秋冬季节，春夏季节水产品的饵料比较丰富，因此春夏季节捕获的鱼贝类水产品，其僵硬过程通常到来得更迟，持续时间也更长，更有利于保鲜。在捕获后立即活杀的鱼贝类水产品，通常会比挣扎致死的水产品体内糖原消耗更少，ATP 的含量更高，因此也会有更迟的僵硬到来时间与更长的僵硬持续时长。

2）解僵与自溶

与肉类产品类似，解僵是指水产品在捕捞死亡后完全僵硬过后，硬度重新下降，体内肌肉重新变得柔软的过程。水产品的自溶作用则是指水产品死后在内源水解酶作用下，将其自身的蛋白质、脂肪、糖原等降解的一种生理作用。鱼贝类水产品的解僵是其肌肉内的内源性蛋白酶对其蛋白质分解后的结果，这样的肌肉软化与僵硬发生前的肌肉松弛软化不同，原本的肌肉放松状态是由于肌动球蛋白解离成为肌动蛋白和肌球蛋白，而解僵过程中肌肉的软化则是由于在蛋白酶作用下肌纤维从中间断开，形成小片化的肌原纤维所导致的。同时肌原纤维的小片化也进一步促进了水产品的自溶作用。

水产品自溶作用的快慢与水产品种类、贮藏温度及水产品本身组织的 pH 有关。在这些因素中，温度依然是影响水产品自溶作用快慢的主要因素。通常来说，环境温度越高，其水解酶的活性越强，自溶作用速度也就越快。因此，低温贮藏运输同样是水产品保鲜与品质保持的最重要且最有效的方式。

3. 果蔬产品

果蔬在田间的生长发育达到人们食用、加工、贮藏、运输或观赏的需求后，就应对其进行采摘。此时果蔬离开了原本为其供应原料的土壤或母体，但仍是一个活的有机体，它会利用自身贮藏的养分维持代谢。果蔬产品的品质也随着采后的代谢活动发生变化，若保鲜或贮藏手段不当，则极易引起果蔬产品的变质败坏。

引起果蔬产品变质败坏的原因主要有两个方面：一是采摘后环境改变与果蔬自身代谢活动造成品质变化，二是微生物活动造成腐烂变质。如果能通过一定的处理手段，消除或减少这两个因素的影响，便可以延缓果蔬的败坏，达到果蔬保鲜、维持品质的目的。如常用的果蔬低温保鲜方法，环境的低温一方面减少了果蔬产品的代谢活动，另一方面减少了微生物的侵染与繁殖，可以使果蔬产品的品质得到有效维持。

1）呼吸作用

呼吸作用分为有氧呼吸和无氧呼吸两种，正常情况下有氧呼吸是果蔬细胞的主要代谢类型，当环境中氧气含量降低到一定程度（一般为1%～5%）时，果蔬细胞的代谢类型便会转为无氧呼吸。有氧呼吸是指果蔬的生活细胞在氧气的参与下，将有机物（呼吸底物）彻底分解为水和二氧化碳，同时释放出能量的过程。其能量的 46%以生物形式贮藏在细胞内，其余能量以热量的形式释放到环境中。其反应方程式为（以己糖为底物）

$$C_6H_{12}O_6 + 6O_2 \longrightarrow 6CO_2 + 6H_2O + 2817.7\text{kJ}$$

无氧呼吸是指果蔬的生活细胞在缺少氧气的条件下，有机物（呼吸底物）不能被彻底氧化，生成乙醛、乙醇及乳酸等物质，并释放少量能量的过程。其反应方程式为（以己糖为底物）

$$C_6H_{12}O_6 \longrightarrow 2C_2H_5OH + 2CO_2 + 87.9\ \text{kJ}$$

无氧呼吸不利于果蔬的保鲜与贮藏。果蔬产品在采摘前，由于田间氧气充足，呼吸类型大多为有氧呼吸，而采摘后由于产品在贮藏时存在套袋、密集堆放、容器存放、通风不畅及积水等情况，环境氧气含量减少，易使果蔬进行无氧呼吸。一方面，果蔬进行无氧呼吸产生的乙醛、乙醇及乳酸等有毒物质会在有机体内堆积，造成细胞生命力下降或死亡，导致果蔬的腐烂败坏。另一方面，产生相同维持生命活动所需能量，无氧呼吸需要消耗更多的有机物，使得果蔬产品的品质下降速度增加。因此在采摘后，应尽量避免因外界原因导致的果蔬无氧呼吸的情况。

根据采摘后果蔬呼吸速率变化曲线的不同，呼吸作用又可以分为呼吸跃变型和非呼吸跃变型两种（图 6-1）。呼吸速率（respiratory rate）指一定温度下，一定量产品进行呼吸作用所消耗的氧气或释放的二氧化碳的量，是代表呼吸作用进行快慢的指标。呼吸跃变型的果蔬，在其果实的幼嫩阶段呼吸作用旺盛，随后呼吸速率随着果实细胞的生长膨大逐渐减小，在成熟时呼吸速率迅速上升达到高峰，同时果蔬的代谢发生较大的变化。而非呼吸跃变型果蔬则在发育过程中不存在呼吸高峰，采摘后其呼吸速率随着时间增加不断下降。呼吸高峰过后，果蔬的食用品质会迅速下降，且呼吸跃变往往伴随乙烯跃变，因此根据果蔬呼吸速率的变化情况，采取不同的采摘与贮藏策略有着重要的意义。部分果蔬采摘后的呼吸类型分类见表 6-3。

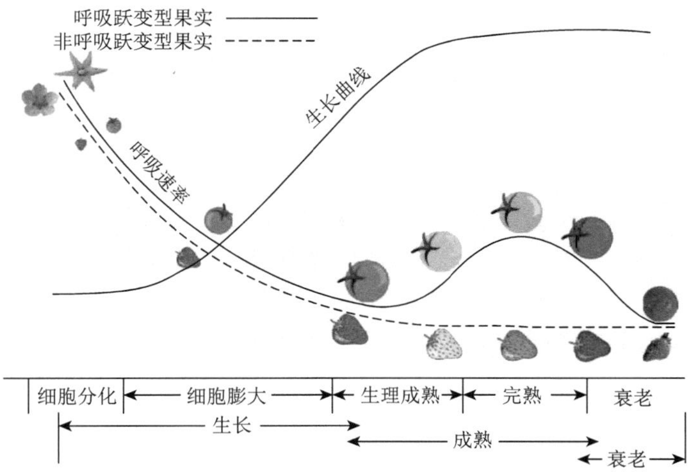

图 6-1　果实采摘后的呼吸速率和生长曲线

表 6-3　部分果蔬采摘后的呼吸类型

呼吸跃变型	非呼吸跃变型
苹果、梨、猕猴桃、香蕉、柿子、甜瓜、杧果、番茄、油桃、面包果、无花果、李子、番木瓜、榴莲、西番莲、红毛丹、桃、番石榴、番荔枝等	西瓜、茄子、龙眼、杨桃、枇杷、黄瓜、石榴、黑莓、樱桃、葡萄、秋葵、柠檬、荔枝、豌豆、菠萝、辣椒、草莓、红莓、葫芦、柑橘、枣、橄榄、刺梨等

果蔬采摘后的呼吸热（respiratory heat）也会影响其最终品质。呼吸热指果蔬在呼吸过程中产生的，除去维持生命活动的能量外，释放到环境中的那部分热量。果蔬在采摘后堆积贮藏与集中长途运输的过程中，往往会通风不畅导致呼吸热无法有效散出，此时堆积产品的内部温度的升高会进一步加快其代谢速度，加速果蔬的腐败变质。因此，在大部分情况下，要尽快采取通风等措施排出果蔬的呼吸热。但在非常寒冷的情况下，如北方的冬季，环境温度低于果蔬产品可以承受的最低温度，此时可以利用果蔬的呼吸热进行保温，消除或减少冷冻对果蔬品质造成的不利影响。

2）蒸腾作用

蒸腾作用（transpiration）指水分从植物体的表面，以水蒸气的形式散失到大气中的过程。与物理蒸发不同，蒸腾作用不仅受到环境中温度、光照、湿度与风速的影响，还受到植物本身的调控，是一种复杂的生理过程。

果蔬在刚采摘后的新鲜状态下，细胞液充足、细胞膨压大，整体呈现出质感优良、色泽鲜艳、果肉饱满的状态。但随着采摘后，果蔬离开了土壤及其母体，水分得不到补充，由于采摘后果蔬仍为有生命的有机体，其蒸腾作用依然在继续，若未处于合适的贮藏环境，果蔬便会快速地失水，其各项感官品质都会随之下降，呈现出干瘪、表皮褶皱、色泽暗淡与质地变软等状态。同时，由于失水的发生，果蔬失重的速度也会加快，其品质会进一步降低。例如，柑橘在贮藏过程中失重的 75%都是蒸腾失水造成的，呼吸作用产生的消耗仅占总失重的 25%。因此在果蔬采摘过后，采取适当的措施减少果蔬储运过程中的蒸腾失水有着非常重要的意义。

6.2.2　采摘（屠宰）后商品化处理

1. 肉类产品

当养殖类畜产品的生长发育达到人们一定的需求后，就要对活体进行屠宰、初加工、深加工等一系列商品化处理，在尽可能地减少肉类产品品质下降的情况下，以满足最终消费者的需求。由于屠宰后畜禽的各组织都失去了原本的养分供应，其理化性质都会随着时间与环境的变化发生不同程度的变化，若屠宰与宰后处理不当，极易发生肉制品品质下降甚至变质的情况。

1）屠宰加工

屠宰加工是指肉用畜禽经过刺杀、放血、烫毛、剥皮与解体等工艺后，最终加工制成胴体（白条肉）的一系列加工过程。屠宰加工是肉类产品其他加工的基础，也是肉类生产的中间环节。由于其是肉类产品进一步加工的前提准备，所以屠宰加工也称初步加工。

养殖类畜产品在屠宰前需要经过兽医检疫人员的严格检疫，检疫人员要对养殖地的疫情、运输途中死亡情况、畜禽的外貌状态进行询问与观察，若发现异常，则应立即剔除个体，严重时应处理整批畜禽。在初步检查正常情况下，将畜禽进行分批、分地区、分圈饲养，即使是同一地区产品也应严格区分，不可混杂。在畜禽饲养休息 24h 后，逐一测量体温并检查外貌，若无异常则可进行下一步处理。

畜禽到达屠宰地后，需要进行 1～2d 的饲养休息。由于养殖环境的改变及运输等外界因素刺激，畜禽易产生紧张、惊恐的情绪，这会对其原本的生理功能造成一定的影响，如血液循环加速，肌肉组织的毛细血管充满血液，易造成屠宰时放血不全。而且如果畜禽在屠宰前处于疲劳状态时间过久，其屠宰后的肉更不易贮藏，发生腐败变质的时间更短，影响肉类产品的品质。为了进一步提高畜禽肉品的质量、降低肉品污染率，还需要在畜禽屠宰前进行停食与充足饮水处理。通常来说，猪的屠宰前停食时间为 14h，牛羊为 24h，鸡鸭为 12h，鹅为 8h。

2）肉品分级

屠宰结束后，需要根据肉品的品质对其进行分级处理。通常根据胴体质量、皮下脂肪厚度、肉品外观及肉质状况等情况对肉类产品进行分级。表 6-4 是我国对牛胴体分级的标准，标准中将牛胴体分为四级，以一级为最佳。

表 6-4　我国牛胴体分级标准

级别	指标
一级	肌肉发育良好，骨骼不突出，肩胛至臀部布满脂肪层，肋腹部脂肪层较薄，腿部筋膜露出不明显，在后 1/4 腰部肌肉断面中脂肪纹明显
二级	肌肉发育完整，除脊椎骨、髋骨、坐骨结节外，其他部位略有突出，皮下脂肪层、肋骨和大腿筋膜露出显著，后 1/4 腰部肌肉断面脂肪纹可见
三级	肌肉发育中等，脊椎骨、髋骨及坐骨结节稍有突出，第八肋骨至臀部布满皮下脂肪，筋膜突出，颈、肩胛、前肋和后腿部均有面积不大的脂肪层
四级	肌肉发育欠佳，脊椎突出，髋骨和坐骨结节明显突出，后肋、腰部及坐骨结节处有面积不大的可见脂肪层

在对猪的肉品进行分级时，我国 2009 年制定的《猪肉等级规格》(NY/T 1759—2009)，根据猪胴体的外观、肉色、肌肉质地和脂肪色，将猪胴体分为“Ⅰ级”、“Ⅱ级”和“Ⅲ级”三个等级，只要出现一项不符合标准，就将品质评为更低一等级，具体指标见表 6-5。

表 6-5　我国猪胴体分级标准

级别	胴体外观	肉色	肌肉质地	脂肪色
Ⅰ级	整体形态美观、匀称，肌肉丰满，脂肪覆盖情况好。每片猪肉允许表皮修割面积不超过 1/4，内伤修割面积不超过 150 cm^2	鲜红色，光泽好	坚实，纹理致密	白色，光泽好
Ⅱ级	整体形态比较美观、较匀称，肌肉比较丰满，脂肪覆盖情况较好。每片猪肉允许表皮修割面积不超过 1/3，内伤修割面积不超过 200 cm^2	深红色，光泽一般	较为坚实，纹理致密度一般	较白，略带黄色，光泽一般
Ⅲ级	整体形态、匀称性一般，肌肉不丰满，脂肪覆盖一般。每片猪肉允许表皮修割面积不超过 1/3，内伤修割面积不超过 250 cm^2	暗红色，光泽较差	坚实度较差，纹理致密度较差	淡黄色，光泽较差

3）部位切割

由于养殖类畜禽产品的各个部位的肉品在风味、口感、质地等方面的差异较大，适宜食用性与加工性的区别明显，价值也随之不同。为了有效地区分不同品质的肉质，同时增加肉制品的商品化程度，对畜禽的各个部位进行合理切割就显得非常重要。我国各地对畜禽产品的切割习惯有一定的差异，且对各部位的称呼也有所不同，本节统一借鉴解剖学术语，对猪胴体和牛胴体的切割进行简单介绍。

猪胴体一般分为八大部分，即梅花肉（肩颈部）、五花肉（肋腹部）、大里脊、小里脊、前腿肉、后腿肉、前脚、蹄髈。其中，一等肉为臀腿部和背腰部，二等肉为肩颈部，三等肉为肋腹部和前后肘子，等外肉包括前颈部和修整下来的肋腹部。

在切割牛胴体时，首先分割成臀腿肉、腹部肉、腰部肉、胸部肉、肋部肉、肩颈肉、前腿肉、后腿肉八大部位，然后在此基础上再将其进一步分割成牛柳、西冷、眼肉、上脑、嫩肩肉、胸肉、腱子肉、腰肉、臀肉、膝圆、大米龙、小米龙、腹肉 13 种不同的肉品。牛胴体中，一等肉为背腰部、臀腿部和胸肉，二等肉为肩部肉和肋条肉，三等肉为颈部肉、下腹部肉、小腿和前臂肉。

4）肉品冷却

肉类产品有着生鲜产品的特征，若宰后处理不当极易发生变质腐败。而肉类产品变质的主要原因来自微生物的作用，所以如何抑制与减少微生物的活动成为维持肉类产品品质的重中之重。屠宰加工过后，虽然畜产品已经死亡，但其体内的大部分新陈代谢依然在继续，在屠宰后的 1h 内，其胴体温度还会有一定的升高，所以需要尽快对其进行冷却处理，抑制微生物和酶的活动。

在肉品冷却的过程中，肉品表面的水分蒸发较快，由于温度的降低，其表面会凝固一层油样干燥膜，使得肉品内部的水分不易散失，同时还可以阻止环境中微生物在肉品表面繁殖或侵入内部。动物脂肪也会在温度降低时凝固，减少了脂肪氧化。肉品的冷却还有助于其成熟，使肉类产品的风味、质地等品质提高。冷却后的肉品颜色变化较慢，可以较长时间地维持其新鲜的光泽。另外，在冷却后，肉品的质地也会更加紧致，更易于切割与其他加工处理过程。

2. 水产品

水产品在捕捞后极易死亡与腐败，可以采用一系列的捕后商品化处理，如原料净化、修整与洗涤、分类与分级、包装等，使水产品清洁、保持鲜度与适宜食用，提高到达消费者手中时水产品的品质，提升水产品生产者的经济收益。

1）原料净化

鱼贝类水产品的品质与其生存的环境有着极大的关系，水质的好坏、水中污染物质的浓度等都会直接影响水产品的品质。尤其是贝类水产品，它通常无法自主选择其生存环境，只能固定在一片小区域以微小生物为饵料进行滤食，因此如果其生长水域的水质受到了污染，再加上生物富集作用，其体内就会存在过量的肠道致病菌、贝类毒素等有害物质，食用后会对消费者的生命健康产生影响。因此，在捕获后对鱼贝类等水产品进行原料净化就显得非常重要。

鱼贝类水产品的原料净化步骤是其商品化处理的第一步，是水产品进入保活流通及保鲜贮藏的前提条件。鱼贝类水产品的净化主要是将其放置于水质较好的环境中一段时间，使水产品在洁净环境中自行进行代谢活动，排出体内的泥沙、病毒、病原菌等有害物质，使其体内富集的有害物质浓度显著降低。在净化处理的过程中，净化的环境水应当经过一定的杀菌处理，并且在使用一定时间后及时更换，净化过后的水也不应循环使用，以保证净化的效果。

2）修整与洗涤

修整与洗涤处理是水产品商品化和标准化中的一个重要步骤，一般可分为一次处理和二次处理。一次处理包括去除水产品的不可食用部分和清洗。鱼类的一次处理一般包括去除鳞片、去除腮及内脏，然后对残留鳞片、黏液和血块等进行清洗，保证水产品整体的可食用性与清洁。二次处理则是在一次处理的基础上，将已经洁净的水产品按照部分进行切割，进行商品化作业的过程。例如，鱼类的二次处理包括修整成整鱼、片鱼、三片鱼、段块肉、鱼排或生鱼片等形式，然后进行下一步的处理与销售。

3）分级

水产品的分级是区分水产品品质，从而获得更好的经济效益的重要商品化处理过程。通常来说，鲜度及重量是鱼贝类水产品分级中最重要的指标，鲜度越好、规格越大的鱼贝类水产品往往可以卖出越高的价钱。表 6-6 是欧盟理事会对于水产品中白鱼的鲜度分级所采用的指标与标准。

表 6-6　欧盟理事会白鱼鲜度分级标准

指标	标准			
	鲜度等级			不被允许
	特级	A	B	
体表	明亮，有光泽（除红鱼外）或乳色；未褪色	色泽较差	已逐步褪色和发暗	体色灰暗

续表

指标	标准			
	鲜度等级			不被允许
	特级	A	B	
体表黏液	黏液较多，透明	轻微浑浊	乳状	黄灰色，黏液不透明
眼	眼球突出；瞳孔黑亮；角膜透明	眼球轻微凹陷；瞳孔呈黑、暗色；角膜轻微乳色	眼球扁平；角膜呈乳色；瞳孔不透明	眼球中间凹陷；瞳孔呈灰色；角膜呈乳色
腮	鲜亮，无黏液	色泽较差，黏液透明	褐/灰色并逐渐褪色，黏液较多，不透明	黄色，黏液呈乳色
腹膜（去除内脏的鱼）	光滑；明亮；腹膜与肌肉难以分离	稍暗；腹膜与肌肉可以分离	较多斑点；变得较易于肌肉分离	难以黏附
腮的气味和腹腔	海藻味	没有海藻味；无味	发酵；稍酸	酸味
肌肉	结实而富有弹性；表面光滑	弹性减小	轻微松弛，弹性减小；蜡状（绒毛状）；表面灰暗	肌肉松弛；鱼鳞较易从表皮脱落，表皮起皱明显
血液组织（神经肌）	轮廓鲜明、颜色鲜红	轮廓鲜明、血液发黑	血液渗出并呈棕色	全部渗出，肌肉棕色发黄

4）包装

由于水产品死后腐败变质十分迅速，所以需要快速而有效的包装以更好地保证水产品的品质。通常可以采用袋装法、刚性容器及真空包装的方法对水产品进行包装处理。

袋装法是指将水产品装入塑料袋中，然后将带口热封，这样的包装方式可以有效地防止水产品与外界气体进行交换，减少了微生物侵染与氧化变质的情况，同时还可以在一定程度上美化水产品的外观。但该方法也存在一定的缺陷，由于水产品本身含有较高的水分，装在袋中难免会有汁水流出，销售时若袋中存在较多积水易影响产品的销售。另外，由于只能隔袋观察，袋中水产品的腐败情况也较难发现。刚性容器包装则是指使用外壳坚固的包装容器对水产品进行包装，由于搬运和运输过程难免存在颠簸，鱼类等水产品又非常容易受到机械损伤，影响其外观品质。而使用刚性容器进行包装则可以较好地保护水产品免受外界的机械损伤，保持其原本的形态。真空包装方法也是水产品保鲜包装常用的方式。真空包装中氧气稀少、气压很低的环境，非常不利于微生物的生长与繁殖，可以有效地保证水产品的鲜度，但在包装过程中依然需注意应抽尽袋内气体与包装袋的密封性，保证包装的质量。

3. 果蔬产品

为了最大限度地减少果蔬产品的采后损失，可以采取一系列采后商品化处理，如采收（harvest）、整修与洗涤、分级（grading）、涂蜡、包装（packaging）、预冷（pre-cooling）、化学保鲜剂处理等，尽可能地保持果蔬产品的新鲜程度、营养及卫生品质。

1）采收

采收是果蔬在生产上的最后一个环节，也是随后果蔬商品化处理的第一个环节。采收成熟度与采收方式，对果蔬的耐贮藏性、耐运输性及最终产品的品质都有着重要的影响。

果蔬产品采收的原则是“及时、无损、保质、保量、减少损耗”。采收的时期对于果蔬的产量和采后品质有着较大的影响。若采收过早，果蔬产品的大小和重量未达到最佳时期，且其色泽、质地、口感等方面也均未达到相应的要求，在产量和品质上都有一定的损失，在之后的贮藏与运输环节中也易发生失水皱缩、增加某些病害的发病率；采收过晚，则果蔬已经过熟衰老，其各项品质已从最优点下滑，且其耐贮藏性与耐运输性也较差。因此对于果蔬采收时期的选择，应充分考虑采后用途、贮藏条件、运输距离及销售持续时长等因素，例如，当贮藏条件较好、销售地距离产地较近时，可以相对较晚进行采收；而当需要远距离运输、销售的持续时间较长时，则应适当提前采收。对于一些呼吸跃变型果蔬，应该在其生理成熟期且呼吸跃变期到来之前进行采收。果蔬的成熟程度主要可以根据以下几个方面进行判断：果蔬表面色泽、果梗脱离的难易程度、质地、软硬度、果实形态及主要化学物质含量。

果蔬采收方式一般有人工采收和机械采收两种。人工采收可以做到果蔬的精准采摘，既不易损伤果实，又对每一个果实的成熟有精确的判断。这种采收方式适用于经济价值较高、新鲜销售或需要长期贮藏或长途运输的果蔬。目前人工采收的方式仍被大部分国家所使用，即使是采收机械化程度较高的美国，在采摘水果蔬菜时仍使用人工采收或机械与人工相配合的方式进行采收。相比于人工采收，机械采收的优势在于其效率高，可以替代大量劳动力做反复的工作。一般机械采收使用强风压或是强力振动机械，运用物理方式迫使果实从母体脱落，接着使用柔软的帆布篷接住掉落的果实，并通过传送带将果实送入分拣装置中。但由于机械采收的精度无法达到人工的程度，其采收的果实往往成熟程度差别较大，且在采后更不耐贮藏与运输。因此在选择果蔬采收方式时，同样应综合考虑采后用途和储运条件等各方面因素，选取适宜的方法，以尽可能地满足产品需求。

2）整修与洗涤

整修与洗涤是部分蔬菜与水果在采收过后必不可少的一个环节。经过整修与洗涤后的果蔬更易于分级与包装，保证了后续步骤中果蔬表面的干净，有利于贮藏与运输。整修与洗涤主要的功能是去除果蔬表面的污渍、灰尘、印渍、肥料及农药等污垢，修整部分果蔬老死外皮、根枝、过多的外叶以及处理已经腐烂、损伤的部位。例如，剥去白菜、花椰菜、莴苣、甘蓝等蔬菜影响食用与观感的外叶；切除白萝卜、胡萝卜、芜菁等蔬菜不具备食用价值的顶叶与根毛；清洗掉番薯、萝卜、马铃薯、山药、莲藕及一些果品表面的泥沙与污垢；修整一些带梗果品如苹果、梨、柑橘等的连梗，使其外观更加整洁。

3）分级

分级指根据果蔬产品的品质、特性、需求或用途，将不同品质与特性的果蔬进行分等、定级和归类。商品化与标准化是果蔬分级的主要目的。由于果蔬的成长受到许多外部因素的影响，每一个果实个体的生长发育都有一定的特异性，同一片田间的果蔬产品品质参差不齐，甚至同一株植物上的果实都可能存在较大差异。因此，需要分级使品质与特性相近的果蔬产品分到一块，有利于之后的贮藏、包装等步骤，也是果蔬分级定价的前提，还可以提高果蔬产品的标准化程度。同时在分级过程中，一些带病、带虫或有损伤的果蔬产品可以被分拣出，有利于残次品的及时加工处理，使效益最大化，减少浪费。

根据发布标准的主体不同，我国果蔬的分级标准有四类，分别为国家标准、行业标准、地方标准与企业标准。水果的分级因品种而异，大体按照果品大小、色泽、果形、新鲜度与营养成分等指标对水果进行分级。例如，部分出口柑橘根据果径的大小分为大、中、小三个等级；我国出口的红星苹果，根据苹果的直径，在 65～85mm 每相差 5mm 为一个等级，共分为五个等级。相较于水果，蔬菜的分级较难统一，因为蔬菜的食用部分差异较大、成熟标准也不尽相同，往往只能对不同品种的蔬菜制定特定的分级标准。常用的蔬菜分级指标有大小、重量、软硬度、清洁度、色泽、新鲜度、形状、病虫感染情况和机械损伤等。根据上述指标，一般可将蔬菜分为特级、一级和二级三个等级。

目前采用的分级方式有人工分级与机械分级两种。人工分级主要由分级员根据果蔬的各项感官指标，对果蔬进行分类定级。这种分级方式运用普遍，可以用于所有果蔬的分级，同时人工分拣时可以轻拿轻放，最大限度地减少果蔬所受到的机械损伤。但该方式一般效率较低，且有时可能由于分级员的主观因素或培训不到位造成标准不统一。机械分级的最大优势就是其分类效率较高，但往往会造成一定的机械损伤，且并不是每一种果蔬产品都有相应的分级设备，因此机械分级的使用有一定的局限性。所以目前常采用人工与机械结合的分级方式，用机械代替部分分级流程，在有效提高分级效率的同时还可以尽可能地减少果蔬的机械损伤。

4）涂蜡

部分果蔬可以通过在表面涂蜡的方式，避免产品与环境的直接接触，降低了微生物侵染的风险并减少了果蔬的水分散失。同时涂蜡后的果品会具有更好的光泽，表面更加平滑，具有更好的卖相。如水果中的苹果、梨与樱桃等，蔬菜中的番茄、黄瓜与甜椒等，往往会通过涂蜡的方式减少水分散失、维持新鲜程度、提升果蔬的耐储性。

5）包装

果蔬在经过洗涤、分级等过程后，便可进入包装环节。包装是果蔬商品化与标准化中的重要环节。合理的包装可以有效地阻碍产品与外部环境的接触，减少果蔬产品水分蒸发与微生物侵染，同时可以减少因果蔬之间的挤压、碰撞与摩擦造成的机械损伤，有利于果蔬的贮藏与运输。需要注意的是，果蔬产品在包装装箱时，内部产品需要按照一定的方式来排列，必要时需要进行定位包装与捆扎，以尽可能地减少果蔬在包装容器内的碰撞。同时排列的方式还需要使容器内部有较好的通风性，以减少果蔬的呼吸热对其品质造成的影响。

6）预冷

预冷是果蔬在贮藏与运输之前进行适当降温，从而减少果蔬的生理生化活动，降低微生物污染风险与减少营养损失的一种处理方式。预冷可以除去产品的田间热，使果蔬在适宜的温度下进行保鲜。这种降温措施在果蔬采后越早进行越好，最好可以在产地直接预冷。预冷不及时或预冷不彻底都会对果蔬产品的品质保持产生较大的影响，特别是对于果实较为娇嫩、采后变质快、营养较高及呼吸跃变型果蔬，充分而快速的预冷显得尤为重要。

预冷的方式一般有自然冷却降温（natural cooling）、水冷却（water cooling）、真空冷却（vacuum cooling）、强制冷风冷却（forced wind cooling）及冷库冷却（refrigeratory cooling）等。自然冷却降温就是将刚采收的果蔬放置于阴凉通风的环境中，通过自然风和自然温度使果蔬降温。这种方法通常无法达到要求的预冷温度且预冷时间较长，但可以及时且有效地去除部分田间热，常作为使用其他预冷方式之前的辅助预冷手段。水冷却是指使用冷水浸淋果蔬，从而达到使其降温的目的。这种方法的优点有成本较低、易操作和降温速度较快等，但由于冷却水往往循环使用，存在污染果蔬产品的潜在风险。真空冷却是通过将果蔬放在特定的容器中，迅速抽取容器中的空气与水蒸气，达到使产品表面水分迅速蒸发而冷却降温的效果。由于真空冷却时果蔬的各部分是等量失水，所以不会出现皱缩萎蔫的情况。强制冷风冷却需要将果蔬放在有制冷机的预冷室中，再利用鼓风机使预冷室内空气快速流通，带走果蔬堆内部的多余热量，达到预冷的效果。冷库冷却是将果蔬直接放置在冷库中冷却的一种方法，这种方式虽然速度可能稍慢于一些主动降温的方式，但由于该方法操作简单、成本低廉，目前在我国运用非常普遍。另外，在使用该方法时，还要注意冷库内需要保持足够的湿度。

预冷方式的选择需要同时考虑果蔬产品特性、已有条件和市场需求情况等进行综合判断，尽可能使用较低的预冷成本保证果蔬的品质要求。

7）化学保鲜剂处理

化学保鲜剂可以有效延缓果蔬败坏、降低呼吸强度、防腐杀菌及减少水分散失，同时有着使用方便和价格低廉等特点，因此在我国果蔬保鲜中被广泛使用。目前常用的化学保鲜剂主要有吸附型防腐保鲜剂、溶液浸泡型防腐保鲜剂、熏蒸型防腐保鲜剂三种。

吸附型防腐保鲜剂主要通过减少果蔬贮藏环境中的乙烯，降低环境含氧量和除去过多的二氧化碳从而抑制果蔬的后熟，延长果蔬的保鲜时间。这一类保鲜剂有乙烯吸收剂、吸氧剂及二氧化碳吸附剂等。溶液浸泡型防腐保鲜剂主要通过浸泡、喷洒等方式，杀死或抑制果蔬表面或内部的病原微生物，调节果蔬采后代谢，从而达到防腐保鲜的效果，是目前运用最广泛的化学保鲜剂。这一类保鲜剂有防护型杀菌剂（如硼酸、硫酸钠、山梨酸等）、苯并咪唑及其衍生物（如噻苯达唑、托布津等）、新型抑菌剂（如抑菌唑、双胍盐、咪鲜胺等）、中草药煎剂（如精油、魔芋提取物、大蒜提取物等）。熏蒸型防腐保鲜剂可以在常温下挥发形成杀除病原微生物的抑菌气体，从而达到果蔬防腐保鲜的效果。这种保鲜剂往往对果蔬本身的毒害较小，常用的有仲丁胺、臭氧释放剂、二氧化硫释放剂、二氧化氯及联苯等。

6.3　贮藏与品质保持

6.3.1　肉类产品

畜禽等养殖类农产品由于宰杀过后失去了生命，再加上肉品的营养丰富，所以极易被微生物所污染，造成肉品的腐败变质。为了维持肉类产品的品质，尽可能地延长肉品的保鲜时间，采取一系列有效的肉类产品贮藏手段就显得非常重要。目前使用较为广泛的贮藏方法有冷却贮藏、冷冻贮藏、真空包装贮藏、气调贮藏和涂膜保鲜贮藏等。

1. 冷却贮藏

冷却贮藏是指畜禽在屠宰完后，借助空气等介质，使肉品的温度散发于空气中，实现迅速降低至适宜保存温度（一般为 0℃左右）的贮藏手段。畜禽在屠宰完后，其胴体的温度不会立即散去，同时由于肉品“后熟”过程的存在，畜禽体内糖原在降解时也会产生一定的热量，令胴体温度有一定的上升。而这样的温度再加上肉品表面及内部都有着适宜的湿度，微生物极易在肉品上生长与繁殖。冷却贮藏的目的在于迅速降低肉品的表面及深层温度，并在肉品的表面形成一层干燥膜，抑制微生物在表面的生长繁殖和进一步侵入肉品内部，从而维持肉品的品质。

不同种类肉品的最适宜冷却温度与湿度有所不同。在冷却过程中，通常在未进料之前，会将冷却间的温度降至–4℃左右，较低的温度可以保证在进料结束后室内温度依然保持在 0℃左右，接着根据肉品的种类不同，调整冷却间的温度至适宜贮藏温度。根据国际制冷学会资料，冷却肉的冷藏条件和贮藏期限见表 6-7。

表 6-7　冷却肉的冷藏温度、湿度与贮藏期限

品种	温度/℃	相对湿度/%	预计贮藏期/d
牛肉	–1.5～0	90	28～35
小牛肉	–1～0	90	7～21
羊肉	–1～0	85～90	7～14
猪肉	–1.5～0	85～90	7～14
腊肉	–3～1	80～90	30
腌猪肉	–1～0	80～90	120～180
兔肉	–1～0	85～90	5
取出内脏的鸡	0	85～90	7～11
食用副食品	–1～0	75～80	3

2. 冷冻贮藏

冷却贮藏通常只能用于肉类产品的短期贮藏。如果需要较长时间的保存，则需要进一步降低冷藏的温度，将肉品的温度降低至–8℃以下，通常要降到–18～–15℃，使肉品中 80%以上的水分形成冰晶。这样的使肉品冷冻并进行保存的方法称为冷冻贮藏。

冷冻贮藏的主要目的与冷却贮藏相似，只是存在冷却程度的区别，其目的也是减少肉品贮藏时微生物的活动、肉品中酶的作用及其他物理化学变化，以尽可能地维持肉品的品质。但是，虽然冷冻过程中肉品冰晶的形成可以破坏微生物结构，有效地抑制其活动，但冰晶的存在同时也会影响肉品的品质，会对肉品的物理结构、质感及风味造成一定的影响。

冻结速度的快慢会影响肉品中冰晶的形成状况。国际制冷协会对冻结速度的定义为：某个大小食品的冻结速度，就是食品表面与中心温度点间的最短距离与食品表面达到0℃后食品中心温度降到比食品冰结点低 10℃所需的时间之比。目前在冻结技术的选用上，常通过快速冻结、深度低温冻结等方法减少冰晶对于肉品的影响。

3. 真空包装贮藏

真空包装也称减压包装，是指抽出包装容器中的全部空气并密封，维持包装容器内部高度减压、空气稀少的状态，使微生物没有适宜的生存条件，同时阻止肉品水分的散失、减缓肉品脂肪氧化的速度，从而达到维持肉品品质的目的。

虽然真空包装贮藏可以较为有效地延长肉品的败坏时间，但依然存在一定的缺陷。如真空包装后贮藏一定时间的肉品，由于肉品的肌红蛋白无法与氧气反应生成氧合肌红蛋白，而是被氧化成为高铁肌红蛋白，表面颜色呈现较淡、偏褐色的特点，影响到消费者对其品质的判断。而如果为了“卖相”破坏真空包装的密闭环境，使肉品与氧气接触，则又会大大减少肉品品质的维持时间。

4. 气调贮藏

气调贮藏（controlled atmosphere storage）是指在肉品包装时选用具有气体阻隔性能的包装材料，在包装容器内注入适宜肉品贮藏的某种气体或混合气体，抑制微生物与酶的活动，从而达到维持肉品品质的目的的一种方法。气调包装容器内部所注入的气体通常为氧气、氮气、二氧化碳或上述三种气体按一定比例组成的混合气体。

5. 涂膜保鲜贮藏

涂膜保鲜贮藏时会在肉品表面涂上一层可食用的薄膜，这层薄膜的存在对气体交换有一定的阻碍作用，可以减少肉品与空气的接触，从而减少微生物对肉品的侵染及肉品表面水分的散失。这种贮藏方法通常只能用于肉类产品的短期贮藏，但该方法操作简便、成本低廉，并且可以在延长肉品品质维持时间的基础上有效地改善肉品的色泽等外观状态，是一种目前肉品短期贮藏中运用较多的贮藏手段。

可食用薄膜的种类一般有多糖可食性膜、蛋白质类可食性膜、类脂可食性膜及复合型可食性膜。不同种类的可食用薄膜各有特点，应视肉品的品质选用适宜的可食用薄膜进行涂膜处理。

6.3.2 水产品

水产品在捕捞上岸后脱离了其赖以生存的水生环境而极易死亡，再加上水产品肉品的僵硬阶段到来和维持时间都较短，因此为了抑制微生物的生长繁殖、推迟与延长僵硬期、抑制自溶作用与延长其品质维持的时间，需要采取适宜的方式对水产品进行贮藏。常用的水产品贮藏手段包括低温贮藏、气调贮藏、化学贮藏、脱水与干燥贮藏等。

1. 低温贮藏

与畜禽类肉制品保鲜类似，微生物活动与酶的活性同样是影响水产品品质保持的重要因素，所以采用适宜的低温对水产品进行贮藏可以有效地延长水产品的腐烂变质时间。在低温状态下，微生物的生长与繁殖受到抑制，水产品内酶的活性也会大幅下降。然而低温并不能完全抑制酶的活性与微生物的生长繁殖，所以在低温环境中贮藏，水产品的品质依然会缓慢下降。通常温度降低到–18℃才可以有效地抑制酶的活性，不过一旦温度回升，酶的活性会立即恢复，甚至会比降温处理前的活性还高，所以部分水产品在低温贮藏之前还需要进行灭酶处理。表 6-8 为不同贮藏温度下牡蛎中细菌数量的变化情况。

表 6-8　不同贮藏温度下牡蛎中细菌数量的变化

贮藏期/d	细菌数/(cfu/mL)		
	5℃	0℃	–5℃
0	1600	1600	1600
6	6600	3600	3400
17	66 500	4100	2100
24	1 660 000	8900	1800

在海产品的短期贮藏中，还常使用冷海水冷却贮藏的方法。由于海水捕捞周期往往较长，渔民出海短则几个星期，长则甚至要几个月，捕捞上来的鱼虾等海产品需要使用操作简易且效果理想的手段进行贮藏，而冷海水冷却贮藏就是这样一种简易而有效的贮藏方法。该方法是将捕获的品种较为单一的海产品浸渍在–1～0℃的冷海水中，通常将鱼与冷海水以 7∶3 的比例进行混合，然后置入船上的制冷舱进行冷却贮藏。由于淡水水产品在海水或盐水中容易发生变色、失水等不良反应，所以通常不适合采用此方法。

2. 气调贮藏

水产品的气调贮藏是通过改变水产品贮藏容器中的环境气体成分及各气体成分的比例，达到抑制微生物生长繁殖与水产品变质的目的。气调贮藏手段往往与低温贮藏手段结合使用，效果更佳。在气体成分的选择与配比上，二氧化碳浓度的提高可以有效地抑制好氧细菌的生长与繁殖，但同时会提高水产品体内的水分流失率。有研究表明，二氧化碳的浓度每增加 10%，鱼肉的渗水率约提高 1 倍。因此，在对含水量较高的水产品进行贮藏时，应避免使用过高的二氧化碳含量气体。混合气体一般由二氧化碳、氧气和氮气组成，通常二氧化碳浓度不应超过 70%，而氧气浓度不应超过 30%。表 6-9 是若干种鱼类使用气调保鲜技术贮藏 10 天的理化指标与微生物指标，可见其各项卫生指标和感官品质均能达到国家卫生标准的 1～2 级标准。

表 6-9　鱼类使用气调保鲜贮藏后各项指标

品种	理化指标		微生物指标		
	TVB-N/（mg/100g）	pH	细菌总数/(cfu/g)	厌氧菌总数/(cfu/g)	大肠菌群/(个/100g)
青草鱼段	10.29	6.63	8.3×10^3	4.7×10^2	<30
鲫鱼	11.77	7.06	6.0×10^4	3.0×10^3	<30
海鳗鱼	10.89	6.51	6.2×10^4	5.5×10^3	<30
小鲳鱼	10.89	6.51	8.0×10^4	6.0×10^4	<30
小黄鱼	18.71	6.10	5.5×10^4	6.7×10^4	—
带鱼段	39.00	6.68	1.8×10^3	—	—

注：贮藏温度为 0～6℃，小鲳鱼贮藏时间为 7 天，带鱼段贮藏时间为 14 天，其余为 10 天
挥发性盐基总氮，即 TVB-N

3. 化学贮藏

化学贮藏是指使用特定的化学物质以延长水产品保鲜时间的一种方法。化学贮藏手段主要包括食品添加剂贮藏、腌制贮藏和烟熏贮藏等。

使用食品添加剂进行贮藏时，按添加剂的种类又可以分为防腐剂贮藏、抗氧化剂贮藏和涂膜贮藏三种。防腐剂可以分为酸型防腐剂、酯型防腐剂、无机防腐剂和生物防腐剂四类，其主要作用是抑制细菌等微生物的生长与繁殖。抗氧化剂的使用主要是为了抑制水产品中不饱和脂肪酸的氧化，常用的抗氧化剂有丁基羟基茴香醚、二叔丁基羟基甲苯、叔丁基对苯二酚等。涂膜贮藏则是将特定的保鲜剂喷涂在水产品的表面，以对微生物的生长和水产品本身酶促反应进行抑制，常用的保鲜剂有蜂胶、短梗霉多糖和甲壳素等。

腌制贮藏按照腌制手段可以分为盐腌制贮藏和糟醉腌制贮藏两种。盐腌制贮藏即将水产品与大量食盐混合或是将水产品浸入较高浓度的盐水中，使得水产品体内组织脱水，从而达到抑制水产品腐败变质的效果。糟醉腌制贮藏的机理与盐腌制贮藏相同，但其腌制的原料为酒糟、酒与盐的混合物。

烟熏贮藏由于其独特的风味与较好的贮藏效果，也是我国民间常用的一种贮藏手段。在用烟熏方法对水产品进行处理时，需要将水产品进行加热并使用烟熏。加热过程可以除去水产品表面的水分，同时水产品表面蛋白质预热发生变质后会形成一层变性蛋白薄膜，阻止水产品内部水分进一步地散失。而由于表面水分的减少，水产品外表的盐分浓度会显著提高，从而抑制了微生物的生长与繁殖。另外，附着在水产品表面的熏烟中的甲酸、乙酸等成分会使附着处 pH 降低，抑制或杀死水产品表面的微生物，达到适于贮藏的目的。

4. 脱水与干燥贮藏

由于水产品的含水量往往较高，其体内水分通常可以占到 75%～80%，这些水分为微生物的生长繁殖与酶促反应提供了必需的条件。所以如果可以通过一定的手段，脱去水产品中的游离水，就可以有效地防止水产品的腐败变质。

水产品的干制方法主要有自然干燥和人工干燥两大类。自然干燥，顾名思义就是利用自然的太阳热能与风的共同作用，使水产品脱水风干，这个过程往往较为缓慢；而人工干燥则是通过一定的脱水机械，创造适宜的干燥条件，提高水产品干制的速度与效果，主要有热风干燥、冷风干燥、冷冻干燥和辐射干燥等手段。

6.3.3 果蔬产品

果蔬在采收过后，离开了原本为其提供养分的土壤与母体，开始消耗自身贮藏的养分维持代谢，为了尽可能地抑制或延缓果蔬采后的后熟进程，同时减少微生物侵染与病害发生的风险，需要人们根据不同果蔬的特性采取合适的贮藏手段。

果蔬贮藏技术的核心内容是调节贮藏温度，然后是控制湿度、调节气体和提供防腐条件等。果蔬的贮藏方式众多，应根据果蔬的特性选取适宜的贮藏手段。贮藏方式总体可以分为两大类，即自然降温贮藏和人工降温贮藏。自然降温贮藏包括土窑洞贮藏、堆藏、沟藏、窖藏、假植贮藏及冻藏等简易贮藏方式，其原理都是运用环境低温带走果蔬本身的热量，尽可能达到果蔬贮藏的适宜温度。但这些简易贮藏方式都依赖于自然环境温度，常会受到环境温度过高或过低的影响，使贮藏效果打折扣。为了达到更好的商业贮藏效果、提高果蔬产品的经济效益，人们运用贮藏科技，发明了许多主动调控手段改变贮藏环境，即人工降温贮藏方式。目前运用较广泛的人工降温贮藏方式主要有机械冷藏与气调冷藏等，相比于简易贮藏手段，其贮藏效果大大提升，但相应贮藏成本也有所上升。以下是几种目前运用较为广泛的贮藏方式。

1. 土窑洞贮藏

土窑洞是一种永久或半永久的贮藏场所，一般依地势而建，大小与结构都较为灵活，可以视地势条件与使用需要自行调节。土窑洞一般建造在迎风背光的坡面，有助于窑洞内的通风与降温，同时对土质也有一定的要求，通常要求建造地土质相对坚实。在结构上，土窑洞通常由窑门、窑身与通风筒三部分组成，窑顶土层的厚度最好不少于 5m，否则会影响窑洞的保温效果。合格的土窑洞的保温效果很好，其贮藏效果甚至可以和人工降温贮藏的效果媲美。我国北方许多果品都会采用这种方式进行贮藏，如苹果、梨等。

2. 通风库贮藏

通风库贮藏是自然降温贮藏方式的一种。通风贮藏库是利用自然通风或辅以通风机进行强制排风的，具有较好隔热性与通风性的永久贮藏场所。与土窑洞依势而建不同，通风库是由水泥、砖、木等材料搭建的固定式建筑。同样，该贮藏方式也对自然环境温度的依赖较大，具有一定的局限性，所以被更多地运用于自然冷源较为丰富的北方地区。

3. 冷冻库贮藏

冷冻库贮藏是在隔热性较好的库房中以各类制冷设备进行主动降温的一种贮藏方法。现代冷冻库往往还可以对湿度、库内气体等环境因素进行调节，通常由制冷系统、控制装置、隔热库房和附属性建筑物组成。冷冻库不仅有操作简单和可靠性强的优点，还可以根据贮藏果蔬的特性进行有针对性的环境条件设定，所以有着优良的贮藏效果，带来了较好的经济效益，是果蔬贮藏现代化发展中的一个巨大进步。

4. 气调贮藏

气调贮藏是通过控制环境中的气体组成与气体比例，降低果蔬的新陈代谢速度、延缓果蔬呼吸高峰到来时间、抑制某些生理病害以达到果蔬保鲜目的一种贮藏方式。气调贮藏要求贮藏库具有很好的密闭性，不然难以维持库内的气体成分。日本试验表明漏气系数 0.1 为判断气密性是否优良的临界值，但最好可以低于 0.06。可以采用生物降氧和人工气调两种方式改变环境中氧气、二氧化碳、氮气的比例。已有研究表明，当氧气占比为 2%左右，或二氧化碳浓度达到 40%以上，或在高浓度氮气的环境下时，霉菌等微生物的活动会受到明显抑制，从而较好地保持果蔬的品质。气调贮藏往往会与主动制冷设备配合使用，以达到更好的贮藏保鲜效果。

6.4 运输与品质保持

农产品的运输过程可以看作其动态贮藏的过程。在运输过程中，最需要注意的因素依然是农产品在贮藏过程中需要控制的环境因素、包装方法及堆放方式等，除此之外还需要注意运输过程中肉类、水产和果蔬等农产品在交通工具上因颠簸所产成的机械损伤。因此，农产品的运输对其保鲜环境和运输平稳性都有一定的要求。

目前我国农产品的传统运输技术已经较为成熟，在冷链物流快速发展的今天，各类产品的运输品质都得到了极大的提高。农产品冷链物流指农产品在生产、贮藏、运输、销售等消费前的各个环节中始终处于一定的低温环境下，从而达到延长农产品败坏时间，保证农产品品质的效果。由于在贮藏运输过程中，大幅度的温度变化会对肉类、水产及果蔬的品质产生明显的影响，显著地缩短其货架期，所以通过全程冷链物流，尽可能地将环境温度稳定在农产品适宜贮藏的温度，对于提高农产品品质，增加生产者的经济效益有着非常大的意义。

上节已经较详细地讲述了各类农产品贮藏手段对品质保持的影响，其中由于水产品对鲜度的要求较高，其产品在运输中常采用活体运输的方法，因此与其他农产品的运输有所不同。下面主要从农产品运输中的共性注意事项、水产品的保活运输两方面讨论运输中农产品的品质保持。

6.4.1 农产品运输注意事项

根据运输交通工具的不同，可以将农产品的运输方式分为公路运输、铁路运输、水路运输和空运四大类。不同的农产品种类与运输方式需要注意的事项也不尽相同，但根据各类农产品的特性，一般的注意事项如下。

（1）运输的空间应注意通风与保持清洁，条件允许情况下应保持运输空间内的温度、湿度与气体组成等环境因素适宜各类农产品的贮藏。

（2）农产品的运输过程应尽可能保持平稳，减少运输过程中颠簸导致的农产品间物理碰撞而产生的机械损伤，尤其是对于果蔬这类含水量较高的农产品，更需要注意运输的平稳性。

（3）通常情况下，不同种类的农产品不要混装运输。在肉类产品与水产品的运输中，一定要尽可能避免生熟混装，肉类产品与水产品混装的情况。在果蔬的运输中，因为不同果蔬会产生不同的挥发性物质，可能会在运输过程中狭小的空间中互相干扰。例如，番茄、香蕉等易产生乙烯的果蔬与其他果蔬产品混装运输，会使得其他果蔬提前成熟，大大影响了果蔬的保鲜时间。

（4）装卸果蔬产品、水产品等较易受到损伤的农产品时，装卸的过程应在轻拿轻放的前提下尽可能快速。

（5）果蔬产品的成熟度与包装等应符合运输标准，最好有着相近的品质，防止或减少个别败坏的果蔬对同一批产品造成大范围污染。

6.4.2　水产品的保活运输

根据水产品的状态，可以分为“活、鲜、冻、老（腌制）”四类，其市场价格也依次降低，整体比较来看，活的水产品身价可以是相同种类冻品水产的十几倍（汪之和等，2001）。由于水产品死后进入僵直期的时间及僵直期持续时间都要明显短于畜禽等肉类产品，所以极易发生腐败变质，消费者在购买水产品时也对鲜活的水产品有更高的支付意愿。为了保证消费者食用时的鲜度，同时提高水产品的经济价值，水产品在运输时常使用保活运输的方式，让即使远离水产品生产地的消费者也能购买到鲜活的水产品。

不同种类的水产品对于运输环境的要求也不尽相同，在选择保活运输方式时需要充分考虑活水产品的存活率及运输经济效率两方面的因素。目前水产品保活运输中使用较多的方法主要有机械运输、低温运输、充氧运输、麻醉运输、生态冰温运输等。在实际运用过程中，往往会根据运输水产品的特点选取以上运输方式中的几种进行组合，达到提高水产品存活率和减少运输成本的目的。

1. 机械运输

机械运输是一种使用历史最久，操作最简易的水产品活体运输方法。这种方法是将捕获后活的水产品放入运输车、运输船或其他运输工具的水箱中，以达到运输过程中暂养保活的效果。

机械运输由于其操作简易、适用性强等优点，被广泛地用于各种活水产品的运输。然而该方法的缺点也相当明显，由于机械运输方式需要带水操作，所以在运输量上会大打折扣，较小的载量意味着更高的边际运输成本。同时，由于水箱的水体容量有限，加之水产品在水箱中的密度往往较高，运输过程中水体含氧量与水质下降速度较快，所以该方法通常只能用于中短途的保活运输。在使用运输船进行保活运输时，可以使用水体循环系统，使运输水体不断与航道水体进行交换，改善运输水体的水质与含氧量，提高保活运输水产品的存活率。

2. 低温运输

水产品大多为冷血动物，在一定温度区间范围内，其新陈代谢速率会随着环境温度降低而降低，因此使用低温运输的方式有利于延长活水产品的存活时间。低温运输的关键点在于控制运输的环境温度，通常使用主动制冷或保温法两种方式维持运输环境温度。主动制冷是指运用运输工具内自带的制冷设备来制造与控制低温环境。这种方法控制环境温度的效果较好，且不易受外界环境因素制约，但缺点是前期投入大，运行费用也相对更高。保温法的一般处理则是在运输活水产品的保温容器内放入一定的冰块以达到维持低温的效果。这种方式的成本较低，但由于保温条件的制约，往往只适用于距离较近、时间较短的保活运输。

3. 充氧运输

充氧运输是指在水产品保活运输过程中，在产品装运与运输途中向包装容器内供氧，以维持水产品的生命需要，解决运输过程中水产品氧气不足的保活运输方法。为了减少氧气不足造成的水产品死亡的情况，充氧运输方法往往还会结合低温运输，以降低水产品的耗氧量，进一步保证运输中氧气供应的充足。

4. 麻醉运输

麻醉运输是指在活水产品运输过程中，使用合适的麻醉剂或物理刺激抑制水产品神经系统的敏感性，减少或消除水产品对环境变化的应激反应，并降低其呼吸强度和代谢速率，从而提高水产品运输存活率的一种保活运输方法。

根据麻醉形式的不同，可以将麻醉方法分为化学麻醉和物理麻醉两类。化学麻醉是使用特定的药物，抑制水产品的肌肉活动、痛觉及反射活动，降低机体氨和二氧化碳的排出，同时还可以维持肌肉的弛缓能力，达到降低运输过程中水产动物死亡率的目的。常用的化学麻醉剂有乙醇、乙醚、二氧化碳、苯氧基乙醇、苯佐卡因等，许多麻醉剂在使用时需要控制好剂量，不然易对食用者的身体健康造成不利的影响。物理麻醉则是使用一定的物理刺激来抑制水产品的神经敏感性，如采用电刺激法使活鱼进入假死状态。假死状态下的鱼几乎不需要消耗氧气，并可以使用 1∶1 的鱼水比例进行运输，大大提高了运输效率。

5. 生态冰温运输

冰温贮藏的原理最早在 1973 年由日本《朝日新闻》提出，随后“冰温”一词被日本农林所的研究机构认可。在之后十几年的发展中，日本逐步在美国、欧洲等地申请了“冰温技术”的专利，这标志着冰温技术的基本成熟。

鱼虾贝等冷血动物都存在一个区分生死的生态冰温零点，也称作临界温度，冷水性鱼类的临界温度在 0℃左右，低于暖水性鱼类，从生态冰温零点到冻结点的温度范围区间就是生态冰温区。在生态冰温区，鱼虾贝等水产品会进入休眠状态。在休眠状态下，水产品的新陈代谢速率会降到很低的水平，也不会在水中主动游动，所以可以加大水产品的装运密度，提高运输效率，避免由运输振动、噪声和光线等物理因素造成的水产品死亡。同时在休眠状态下，水产品既不需要进食也不会产生排泄物，因此也不会有运输造成的质量损失。

在使用生态冰温方法进行水产品保活运输时，需要注意两个方面的问题：一是准确测量了解所运输的水产品的生态冰温区间，以确定运输水体的温度维持范围；二是选择合适的降温方式，避免运输水体温度变化过大使水产品产生应激反应，提高运输死亡率。表 6-10 总结了几种水产品的生态冰温零点与冻结点。

表 6-10　几种水产品的生态冰温零点和冻结点

种类	河豚	鲭	沙丁鱼	鲷	牙鲆	鲽	鲱	松叶蟹	半边蚶	扇贝
生态冰温零点/℃	3～7	7～9	7～9	3～4	−0.5～0	−1～0	−1～0	−1～0	5～7	−0.5～1
冻结点/℃	−1.5	−1.5	−2.0	−1.2	−1.2	−1.8	−1.8	−2.2	−2.0	−2.2

复习思考题

1. 按照固有特性划分，农产品品质由哪些方面构成？
2. 简要说明如何评价果蔬产品的品质。
3. 简要说明水产品在储运期间可能发生的生理变化特征。
4. 简要说明肉类产品的商品化处理流程。
5. 肉类产品在储运过程中有哪些保鲜手段？
6. 简要说明水产品保活运输中常用的运输方式。

阅读与思考

阅读与思考

第7章

农产品运输与配送管理

重点提示

通过本章的学习，了解运输和配送的功能、特点，掌握农产品运输、仓储与配送的特点、现状及合理化的措施、配送的基本模式及影响因素。在此基础上，进一步掌握农产品配送中心的功能、农产品配送中心的作业流程、配送线路优化及配送中心地址选择等内容，理解农产品配送中心的规划原则、规划内容、配送体系的设计等内容。

没改完

7.1 运输与配送基础知识

7.1.1 运输及其功能

1. 运输的概念

运输一词是指使用交通工具将货物或人从一个地方运送到另一个地方。运输与搬运的区别在于，运输是较大范围的活动，而搬运是指在同一场所内，对货物进行移动的物流作业。

运输是物流的主要功能之一，承担了改变货物空间状态的主要任务。一般商品的物流过程中，运费占全部物流费用的 50%左右，如果从社会物流总费用的构成看，2016 年，社会物流总费用 11.1 万亿元，同比增长 2.9%。其中，运输费用 6.0 万亿元，同比增长 3.3%，占社会物流总费用的 54.1%（国家发展和改革委员会通报）。运输成本在物流成本中所占的比重很大，因此运输活动的经济合理将直接影响整个物流系统的合理化运作。现实中，依然有很多人认为物流就是运输，也是因为物流的很大一部分功能是由运输完成的，由此可见，运输在物流中占有重要地位。但是运输其实只是物流包括储存、搬运、包装、流通加工、配送和信息处理等环节的其中一个。

2. 运输的功能

1）产品转移

运输的主要功能就是使产品在价值链中来回移动，即通过改变产品的地点与位置，消除产品的生产与消费之间的空间位置上的背离，或将产品从效用价值低的地方转移到效用价值高的地方，创造出产品的空间效用。运输的主要目的是以最少时间完成从原产地到规定地点的转移，使产品在需要的时间内到达目的地，创造出产品的时间效用。

2）产品储存

如果转移中的产品需要储存，且在短时间内又将重新转移，而卸货和装货的成本费用也许会超过储存在运输工具中的费用，这时可将运输工具作为暂时的储存场所。所以，运输也具有临时的储存功能。通常以下几种情况需要将运输工具作为临时储存场所：一是货物处于转移中，运输的目的地发生改变时，产品需要临时储存，这时采取改道则是产品短时储存的一种方法；二是在起始地或目的地仓库储存能力有限的情况下，将货物装上运输工具，采用迂回线路运往目的地。诚然，用运输工具储存货物可能是昂贵的，但如果综合考虑总成本，包括运输途中的装卸成本、储存能力的限制、装卸的损耗或延长时间等，那么，选择运输工具作短时储存往往是合理的，有时甚至是必要的。

3. 运输的经济性原理

运输的经济性原理是指合理的运输规划可以产生规模经济效应和距离经济效应。

1）规模经济效应

运输的特点是随装运规模的增长，单位重量的运输成本降低。例如，整车的每单位成本低于零担运输，即铁路和水路等具有较大运输能力的运输工具，每单位的费用要低于汽车和飞机等运输能力较小的运输工具。运输规模经济的存在是因为转移一批货物有关的固定费用可以按整批货物的重量分摊，所以一批货物越重就越能分摊费用。

2）距离经济效应

距离经济效应指每单位距离的运输成本随距离的增加而减少。例如，800km 的一次装运成本要低于 400km 二次装运。运输的距离经济也指递减原理，因为费率或费用随距离的增加而减少。运输工具装卸所发生的固定费用必须分摊到每单位距离的变动费用。距离越长，每单位支付的运输费用越低。

7.1.2　配送及其作用

1. 配送的定义

目前，世界各地对配送的定义还有不同的表述。例如，日本工业标准对配送的定义为：配送是将货物从物流节点送交收货人；日本《物流手册》1991 年版对配送的定义为：从生产厂到配送中心之间的物品空间移动称“运输”；从配送中心到顾客之间的物品空间移动称“配送”；美国《物流管理：供应链过程的一体化》对配送的定义为：实物配送这一领域涉及将制成品交给顾客的运输和实物配送过程，可以使顾客服务的时间和空间的需求成为营销的一个整体组成部分；根据我国国家标准《物流术语》，配送是在经济合理区域范围内，根据用户要求，对物品进行拣选、加工包装、分割、组配等作业，并按时送达指定地点的物流活动。

2. 配送的作用

配送本质上是运输，创造空间效用自然是它的主要功能。但配送不同于运输，它是运输在功能上的延伸。相对运输而言，配送除创造空间效用这一主要功能之外，还有其他功能。

1）促进运输系统的合理化

现代大载重量的运输工具固然可以提高效率，降低运输成本，但只适于干线运输，因为干线运输才可能是长距离、大批量，进而呈现高效率、低成本的运输。支线运输一般是小批量，如果使用载重量大的运输工具则是一种浪费。支线小批量运输频次高、服务性强，比干线运输具有更高的灵活性和适应性，而配送通过其他的物流环节的配合，可实现定制化服务，以满足这种要求。因此，只有将配送与运输密切结合，使干线运输与支线运输有机统一起来，才能实现运输系统的合理化。

2）改善交通状况

先进的配送系统可以完善整个物流系统，将支线运输与主线运输分开，具有较强的灵活性、适应性、服务性，使输送过程得以优化和完善。通过实施配送，可以减少社会范围内的迂回运输、交叉运输、重复运输等不合理现象，有助于缓解城市道路交通矛盾，解决交通拥挤问题，起到防止污染、保护环境的作用，还能减少运输费用。

3）提高经济效益

一方面，交叉运输的普遍存在，使运输及配送路线长，规模效益差，运输成本高。如果在生产企业与客户之间设置配送中心，将原来直接由各生产企业送至各客户的零散货物通过配送中心进行整合再实施配送，则可以减少交叉输送，缩短输送距离，节约物流成本，提高物流系统末端的经济效益。

另一方面，根据农产品最初形状、规格、质量参差不齐的特点，配送中心对生鲜农产品进行加工，普遍实现了增值服务。它以最短的时间消耗，为广大消费者提供了最大限度的保鲜、清洁的原料及合理的包装，以此来简化家庭操作，直接送达消费者手中。这些加工服务为农产品实现了较大的附加值。

除此之外，配送中心直接从农户手中大量采购具有地方特色的农产品，通过配送方式，有效提高农产品生产经营效益。配送中心对农产品通过短时间加工配送到消费者手中，压缩了中间经营环节，形成了规模效益，降低了流通成本，保证了农产品质量，满足了消费者对农产品的新鲜、营养价值不打折扣的要求；同时扩大了产品的知名度，大大提高了配送企业和农户双方的经济效益。

4）实现低库存或零库存

配送通过集中库存，在同样的满足水平上，可使系统总库存水平降低，既降低了存储成本，又节约了运力和其他物流费用。尤其是采用准时制配送方式后，生产者可以依靠配送中心准时送货而无须保持自己的库存，或者只需保持少量的保险储备，这就可以实现生产者的“零库存”或低库存，减少资金占用，改善企业的财务状况。“零库存”是一种特殊的库存概念，是指某种或某些货物的储存数量很低，甚至可以为“零”，即不保持库存。没有库存形式存在就可以免去仓库存货的一系列问题，如仓库建设，管理费用，存货维护、保管、装卸、搬运等费用，存货占用流动资金及库存物的老化、损失、变质等问题。

5）保证供货，方便用户

由于配送可提供全方位的物流服务，采用配送方式后，用户只需向配送供应商进行一次委托，就可以得到全过程、多功能的物流服务，从而简化委托手续和工作量，节省开支。采用配送方式，配送中心比任何单独供货企业有更强的物流服务能力，可使用户降低缺货风险。

6）推动新技术的开发和应用

随着生产规模的不断扩大和市场容量的不断增加，配送的规模也在相应扩大。在这种形势下，用于配送的各种设备和设施，不但数量越来越多，而且其技术含量、技术水平也在不断提高。在更新和改造设备的基础上，采用一系列先进的操作技术和管理技术，如条形码标识技术、计算机控制的自动拣选技术、主动立体化仓库等，将大幅提高配送效率并促进科技进步。

3. 配送与运输的区别

配送作为最终配置，是指对客户完成最终交付的一种活动，其配送的对象是零售商或用户（包括单位用户、消费者），是从最后一个物流节点到用户之间的物品的空间移动过程。物流过程中的最后一个物流节点设施一般是指配送中心或零售店铺。

从狭义上讲，货物运输分为干线部分的运输和支线部分的配送。与长距离运输相比，配送承担的是支线的、末端的运输，是面对客户的一种短距离的送达服务。从工厂仓库到配送中心之间的批量货物的空间位移称为运输。从配送中心向最终用户之间的多品种小批量货物的空间位移称为配送。配送和运输的主要区别如表 7-1 所示。

表 7-1　配送与运输的区别

内容	运输	配送
运输性质	干线运输，跨区域运输	区域内运输、支线、末端运输（<2000km）
货物性质	少品种、大批量	多品种、小批量
运输工具	火车、轮船等大型运输工具	卡车、冷藏车、厢式货车等普通运输工具
运输距离	中长距离	短距离
运输周期	长周期	短周期（一般要求 48h 内送达）
服务对象	配送中心或批发企业	零售企业或消费者
管理重点	效率优先	服务优先
附属功能	装卸、捆包	装卸、保管、包装、分拣、订单处理等

7.1.3　我国农产品运输与配送

1. 农产品运输与配送的特点

农业生产不同于工业及服务业，在生产过程中对自然力、自然条件及作物个体生命的依赖性比较明显，农产品本身具有鲜活性；而农产品生产的区域性、季节性、分散性等特点十分突出，同时，农产品又是人们的生活必需品，消费弹性小，具有消费普遍性和分散性的特点。因此无论是农产品的大规模物流，还是农产品的加工配送，都不同于工业产品物流和其他包装消费品物流。与一般产品的运输相比，农产品的配送具有装卸的多次性、运输的不均衡性，以及对运输的技术性要求高等特点，具体表现在如下几个方面。

1）配送网点分布众多，运输装卸多次性

农业生产点多面广，消费农产品的地点也很分散，因此，农产品运输和装卸比多数工业品要复杂得多，单位产品运输的社会劳动消耗大。现在的配送方式大致有两种：一种是企业设置几个较大的配送中心，由这些配送中心向小配送中心供货，再由小配送中心向用户配送；另一种是由生产地直接送往配送中心，由配送中心进行配送。造成这种现象的原因主要是城市交通的限制及为了及时满足用户的需求，企业不得不在距离用户较近的居民区设置大量的配送点。因此，只有科学规划农产品物流流向，才能有效地避免对流、倒流、迂回等不合理运输现象。

2）配送技术要求较高

农产品具鲜活易腐性，只有在流通中采取有效的措施，才能保证农产品合乎质量要求进入消费渠道。鲜活农产品物流配送企业的发展需要冷藏库、冷藏运输车、加工车间等一系列的冷链处理。一般来说，农产品在流通环节需要进行分类、加工、整理等工作，在农产品储运过程中部分品种需要特定的容器和设备。因此，农产品流通比工业品具有更强的资产专用性，同时运输成本也更高。

3）配送范围区域性，运输受限不均衡

由于农产品生产具有区域性，而人们的需求是多样性的，所以需要不同区域间进行流通交易。但是由于农产品的鲜活易腐性，即便采取了保鲜等措施，仍会有一定比例的损耗，而且这个比例会随时间和距离加大而迅速增加，使流通成本上升，这限制了农产品的流通半径。在生鲜加工配送环节，生鲜产品保温保鲜和加工制作周期等诸多原因，也大大限制了生鲜农产品加工配送中心服务支持半径，使其不同于常温产品的配送运作方式。

4）配送风险大，安全问题严峻

日前，鲜活食品的经营日益成为超市卖场的主打，但这一部分产品的物流配送也是所有配送商品中流通风险最大的。农产品物流风险主要来自三个方面：一是农产品生产和消费的分散性，使得经营者难以取得垄断地位，市场信息极为分散，人们难于全面把握市场供求信息及竞争者、合作者的信息；二是农业生产的季节性强，生鲜农产品上市时如果在短时间内难以调节，会使市场价格波动较大，这在中国农产品流通市场上经常出现；三是以鲜活形式为主的农产品，限制了农产品在跨区域间和跨季节间的即时调节，这使农产品物流和加工配送具有更多的相对经营风险。

我国鲜活农产品贮藏、加工、运输等环节没有严格的温度标准，造成微生物等有害物质大量滋生或“二次污染”，影响农产品品质，严重威胁居民消费安全，食品安全问题表现突出。对于某些农产品，如奶制品、生鲜农产品的配送，要科学规划配送方式和配送工具，满足用户需求，提高效率。

2. 国内农产品运输与配送的现状

1）国内农产品运输的交通及物流基础设施比较落后，效率相对较低

虽然我国农产品物流活动出现得比较早，但无论是在理论研究还是在实际操作上，我国农产品物流的发展都很缓慢。农产品物流难度大，一是运输环节成本过高，效益过低；二是仓储不能与农产品物流的要求相适应。

农产品运输工具不符合现代物流的要求，冷藏车只占 2%左右。我国铁路易腐货物冷藏运输率虽是国内各种运输方式中的居高者，但也仅为 25%～30%；我国综合冷链流通率仅为 19%，综合冷藏运输率为 30%；冷藏保温汽车占货运汽车的比例仅为 0.3%，公路易腐货物的冷藏运输率为 10%～20%，内河和航空运输则更低。

我国第三方物流企业拥有的仓库 70%是平房仓库，仓储设施比较简陋，具有冷藏、保鲜等条件的现代化、自动化高级仓库更少。当生鲜农产品集中上市时，物流不畅，加工能力不足，产销脱节严重，损耗情况更为突出，使生产者利益遭受严重损失。

2）农产品物流的社会化和市场化程度低，社会效率较低

农产品经营的分散化严重制约了农产品物流社会化发展：我国农业生产方式以一家一户的小生产为基础，组织化程度低；农产品物流市场中介组织发育幼稚，服务功能不强，统一作业服务的种类有限；产前的信息指导，产后的流通加工、贮藏、运输、包装、分拣配送等服务远没有被很好地开展起来；整个农村市场体系不健全，土地、劳动力、科技、金融、信息等要素市场还未真正形成。

同时，农产品流通的市场机制不健全，规模效应优势不明显。我国目前有各类农产品批发市场 5000 多家，但具备一定规模的市场数量有限，难以形成规模效应。而且，这些农产品批发市场一般都以区域服务为主，辐射范围有限，难以在全国范围内形成畅通有效的销售渠道。整体而言，农产品物流的社会效率较低。

3）农产品深加工程度低，附加值不高，影响物流总成本

据统计，我国物流成本一般占产品总成本的 30%～40%，鲜活产品则占 60%以上。而世界发达国家物流成本一般占产品总成本的 10%左右。一些农业发达国家如美国、加拿大及欧盟国家有些农产品的到岸价低于我国农产品的产价，其主要原因在于我国农产品在整个流通环节中的物流成本过高。

4）农产品质量监控程序存在漏洞，品质保证压力较大

虽然目前我国各地建立了不少的生鲜农产品生产基地，但生鲜农产品的生产仍以单个农户分散生产为主。单个农户为追求利润最大化，加之我国对生鲜农产品缺乏相应的法律程序和监管，导致农户只重视产品数量，忽视产品品质，使其生产的生鲜农产品处于没有品质保证的状态。

在流通环节中，包括农产品批发市场在内的农产品物流节点，对于农产品的食品安全管理标准化程度不高，农产品的检疫监测手段不完善，带来了食品安全的隐患。

5）农产品物流的信息化程度明显偏低，辐射面不足

由于国内大多数地区主要以小农经营为主，许多农产品市场没有配备信息设备，相关物流信息网络系统还处于空白，有的虽建有较为先进的信息设备系统，但其利用效率有待挖掘。在物流服务企业中，绝大多数物流服务企业尚不具备运用现代信息技术处理物流信息的能力，造成整个物流信息化程度低下。目前，国内农产品的供给与需求的信息主要还是依靠传统的方式，即根据自己了解的信息供应农产品，或是根据同行的信息供给农产品，又或是等待需求方上门洽谈或自己直接上门供货。其他渠道如当地市场发布、政府部门发布、传播媒体及网络都很少，可见节点企业了解市场信息渠道匮乏，导致农产品物流的辐射面只能局限在本地或本区域的范围，距离大市场的运作目标还相差较远。

7.2　农产品运输管理

7.2.1　农产品运输技术

常见的农产品运输方式包括公路运输、铁路运输、水路运输和空运，上一章已经进行过简要介绍。不同运输方式的具体的运输工具和运输类型有所不同，从而相应的技术指标也不同，由此对农产品运输方式的选择和设计产生直接的影响。

1. 运输工具及运输类型

1）铁路运输

铁路运输的工具是列车。根据运输过程中列车的租用情况，铁路运输的种类分为三种：整车运输、零担运输和集装箱运输。

整车运输是指托运人向铁路托运的一批货物的重量、体积或形状需要以一辆及以上货车运输，应按整车运输的方式向铁路承运人办理托运手续。宜选择整车运输方式的产品是：需要冷藏、保温或加温运输的农产品；按规定仅限按整车办理的危险货物；易于污染其他货物的污秽品（如未经消毒处理或未使用密封不漏包装的牲骨、湿毛皮、粪便、炭黑等）；不易计算件数的货物，如蜜蜂；未装容器的活动物（铁路局规定按零担运输的除外）；货物重量超过 2t、体积超过 $3m^3$ 或长度超过 9m 的货物（经发站确认不影响中转站和到站装卸车作业的货物除外）。

零担运输是指托运人向铁路托运货物的重量、体积或形状不需要以一辆及以上货车运输，可按零担运输的方式向铁路承运人办理托运手续，通俗来讲，即托运货物可与其他托运货物共放一个车厢。

集装箱运输是指利用集装箱运输货物的方式，是一种既方便又灵活的运输措施。

2）公路运输

农产品公路运输的主要工具——货运汽车，即载货汽车和载重汽车。从车头形式来看，

有平头式和长头式两种；就车厢结构而言，有厢式、平板式和箱式；就整体结构而言，有单车（整体式）、拖挂车和汽车列车（铰接式）之分。

小型厢式载货汽车一般用于运距较短、货物批量小、对运达时间要求较高的货物运输。封闭式的车厢可使货物免受风吹、日晒、雨淋，而且小型厢式载货汽车一般兼有滑动式侧门和后开车门，因此货物装卸作业非常方便。由于其小巧灵便，无论大街小巷均可长驱直入，真正实现“门到门”运输（指从发货人直接运达收货人）。因此，这种载货汽车相当广泛地应用于商业和邮件运输等各种服务行业，是农产品配送的主要工具。

平板式载货汽车由小型/轻型送货车和大中型平板式货车组成。轻型送货车又称“皮卡”，主要用于运送小批量的货物。实际上，不足整车的小批量零担货物的分类和集收是同时进行的。轻型送货车一般有单厢（驾驶室只有一排座位）和双厢（驾驶室有两排座位）之分。

箱式载货汽车的特点是载货容积大，货厢密封性能好，尤其是近年来轻质合金及增强合成材料的使用，为减轻车厢自重、提高有效载重量创造了良好的条件，使其成为近年来运输市场上的一支主力军。

拖挂车实际上由拖车（又称“牵引车”）和挂车两部分组成，二者通过一个连接机构相连，拖挂运输是提高运输生产率的有效手段。

公路运输按照其服务方式不同，可以分为零担运输和整车运输。零担运输是指所运送的货物从承运至送达收货人手中的整个过程需要经过分拣拼装的环节才能完成的运输组织方式。零担运输产生于两种情况：其一，被运送的货物批量太小，直达运输不经济；其二，由于道路通行条件（包括交通管制）等原因，为了达到快捷、经济运送的目的而选用零担快运的组织方式。目前，随着高速公路的兴建，以高速公路为依托的零担运输已建立起发达的网络，其运输的经济运距及运送能力也大大提高，特别是货运交易市场的发展使许多零担货物可以由社会车辆通过回程配载的形式承运至各地，既经济又及时，这为公路零担货运吸引了大量货源。整车运输是指从接货承运直到送达收货人，整个运送过程中货物不需经过分拣拼装的运输组织方式。同零担运输相比，整车运输在基本作业流程中简化了货场的装卸分拣作业过程，货物由发货人起运，可以直接快运到收货人手中。

大量农产品存在保质期短、易腐等特性，这要求农产品的托运人在公路运输上多选择快速运输的方式，而各级政府也应为农产品的快速运输建立“绿色通道”，以加快农产品的公路运输速度。

3）水路运输

船舶是水路运输系统的重要组成部分，是水路运输的必要运输工具。常见的运输船舶有散货船、集装箱船、滚装船、冷藏船和驳船等。

散货船是专门运输谷物、矿砂、煤炭及散装水泥等大宗散装货物的船舶，特点是单层甲板、尾机型，船体宽大，航速较低，因常用专用码头装卸，船上一般不设装卸货设备。通常它的载重量为 3 万 t 左右，少数能达到几十万吨。散货船一般为单向运输，为使船舶有较好的空载性能，压载水量较大，常在货舱两侧设有斜底边舱。

集装箱船是载运规格统一的标准货箱货船，因装卸效率高、经济效益好等优点而得到迅速发展。集装箱运输的发展是交通运输现代化的重要标志之一。集装箱船的特点是船型尖瘦、舱口尺寸大，便于装卸。通常船上无装卸设备，由码头装卸，以提高装卸效率。

滚装船类似于汽车与火车渡船，它将载货的车辆连货带车一起装船，到港后一起开出船外，适用于装卸繁忙的短程航线，也有向远洋运输发展的趋势。

冷藏船是运送冷冻货物的船，其吨位较小，航速较高，一般在 22Kn 以上。船上设置冷藏舱，对制冷、隔热有特殊要求。

驳船常指靠拖船或推船带动且为单甲板的平底船，用于转驳那些由于吃水等原因不便进港靠泊的大型货船的货物，或组成驳船队运输货物。驳船具有结构简单、造价低廉、管理维护费用低、可航行于浅狭水道、编组灵活等特点。因此，它在内河运输中占有重要地位。

水路运输主要分为内河运输、沿海运输和远洋运输三类。

（1）内河运输是使用船舶通过国际内江湖河川等天然或人工水道运送货物的一种运输方式。内河运输是水上运输的组成部分，是内陆腹地和沿海地区的纽带，也是边疆地区与邻国边境河流的连接线，在现代化的运输中起着重要的辅助作用。我国南方在古代就存在内河运输，主要用于盐、茶叶、丝绸等货物的运输。

（2）沿海运输是指国内沿海各港口间的海上运输。从事沿海运输的航船一部分为内航船舶，另一部分为进出境船舶，如港澳航线的小型船舶。与沿海运输有所不同，近海运输包括不同国家的两个港口之间的运输。

（3）远洋运输是行走国际航线。从地理概念上，远洋运输是指以船舶为工具，从事跨越海洋运送货物和旅客的运输；从运输业务的关系上，远洋运输则是指以船舶为工具，从事本国港口与外国港口之间或者完全从事外国港口之间的货物和旅客的运输，即国与国之间的海洋运输，或者称为国际航运。

4）航空运输

航空运输的工具是飞机，是定期开航、定航线、定始发站、定目的港、定途经站的飞机。一般航空公司都使用客货混合型飞机，一方面搭载旅客，一方面运送少量货物。但一些较大的航空公司在一些航线上开辟了定期的货运航班，使用全货机运输。常见的航空运输类型有包机运输、集中托运和航空快递业务。

包机运输方式可分为整包机和部分包机两类。它指航空公司按照与租机人事先约定的条件及费用，将整架飞机或部分舱位租给包机人，从一个或几个航空港装运货物至目的地。

集中托运是将若干票单独发运的、发往同一方向的货物集中起来作为一票货，填写一份总运单发运到同一到站，再由当地货运代理人收货、报关并分拨给各实际收货人的做法。集中托运可争取较低的运价，并可使货物到达航空公司到达地点以外的地方，延伸了航空公司的服务，方便了货主。目前，集中托运已在世界范围内普遍开展，成为我国进出口货物的主要运输方式之一。

航空快递业务又称航空急件传送，是目前国际航空运输中最快捷的运输方式，由一个专门经营快递业务的机构与航空公司密切合作，设专人用最快的速度在货主、机场、收件人之间传送急件，特别适用于急需的药品、医疗器械、贵重物品、图纸资料、货样及单证等的传送，被称为“桌到桌”运输。这是一种最为快捷的运输方式，急送运达时间一般为一两天甚至数个小时，特别适合各种急需物品和文件资料。

2. 运输方式的技术指标

运输的实际效果可以通过一定的技术经济指标来反映，即运营技术指标、实物指标和价值指标。

运营技术指标包括：运输的经常性（不间断性、均衡性和节奏性的程度），通过能力和输送能力，货物送达和旅客运送的速度和时间，运输货物的完好程度和旅客的舒适程度，运输的安全和可靠性程度，以及机动性。

实物指标包括：劳动生产率和劳动力需要量，燃料和电力（能量），金属和其他材料的单位需要量。

按照运营技术指标和实物指标的评价标准，各种运输方式的差别通常在经济价值指标上反映出来。列入经济价值指标的有：运营支出和运输成本，基建投资需要量及运输生产基金需要量，在途货物所需的国民经济流动资金，以及与运送时货物的灭失、腐烂和损坏有关的损失和非生产性支出。

具体地，在考虑运输方式的选择时常见的技术指标主要有以下几种。

1）货物运输量

货物运输量是反映交通运输业工作量的数量指标。铁路主要用货物发送吨数表示，公路和水运部门按经营量进行计算，水运可按航次、装卸情况或排水吨位来推算。

2）货物周转量

货物周转量是反映交通运输业工作量的数量指标。货物运输量只能表示货物的运送吨数，而不能反映所运送的距离。货物周转量指标是一个全面反映运输数量和运输距离的复合产量指标。例如，铁路货物周转量是指一定时间内（年、月），铁路局或全路在货运工作方面所完成的货物吨公里数。

3）货物平均运程

货物的平均运程即货物的平均运输距离，表示平均每吨货物运送的距离。货物的平均运程与货物周转量和运输费用的大小、车辆周转的速度、货物的送达时间有关。各类货物平均运程是分析各地区之间和国民经济各部门、各企业之间经济联系的重要指标之一。

4）货车周转时间

货车周转时间是指货车在完成一个工作量的周转过程中平均花费的时间。这一指标考核了运输部门与有关部门的协作关系和工作效率，以提高专用线作业与管理水平，是加速货车周转时间的关键之一。

5）货物装卸量

货物装卸量是指进出车站、港口范围内装卸货物的数量，以“吨”表示。它是衡量车站、港口货物装卸工作量大小的数量指标。

6）运送速度

运送速度是各种运输方式技术经济效果的重要指标之一。在保证质量良好地完成运输任务的前提下，用最快的速度把商品送达目的地，尽可能缩短在途时间，是对运输的基本要求。

3. 几种特殊的运输方式

1）多联式运输

随着运输技术的发展，传统的海、陆、空、公路和江河等互不连贯的单一运输方式在某些情况下不能适应形势发展的要求。多联式运输是根据实际运输要求，将不同的运输方式组合成综合性的一体化运输，通过一次托运、一次计费、一张单证、一次保险，由各运输区段的承运人共同完成货物的全程运输，即将全程运输作为一个完整的单一运输过程来安排。

多联式运输一般以集装箱为媒介，把海洋运输、铁路运输、公路运输、航空运输和内河运输等传统的单一运输方式有机地结合起来，采用一体化方式综合利用，以完成区域间的运输任务。开展多联式运输，有利于发挥综合运输的优势，提高经济效益和社会效益；有利于挖掘运输潜力，加速货物周转，提高运输效率；有利于形成以城市为中心，港站为枢纽的综合运输网络；也有利于无港站的县、市办理客货运输业务。多联式运输具有以下特点。

（1）两种以上的运输方式的连续运输。

（2）多联式运输的货物主要是集装箱货物，具有集装箱运输的特点。

（3）一票到底，单一费率。发货人只要订立一份合同，一次性付费，一次保险，通过一张单证即可完成全程运输。

（4）统一管理，分散运作。多联式运输是不同运输方式的综合组织，其全程运输均由多联式运输经营人负责完成，无论涉及几种运输方式，分为几个运输区段，多联式运输经营人都要对全程负责。同时，货物全程运输是通过多联式运输经营人与各种运输方式、各区段的实际承运人订立分运（或分包）合同来完成的，各区段承运人对自己承担区段的货物负责。

（5）择优合作，合理运输。在起运地接管货物，在最终目的地交付货物及全程运输中各区段的衔接工作，由多联式运输经营人的分支机构（或代表）或委托的代理人完成，这些代理人及承担各项业务的第三者对自己承担的业务负责。多联式运输经营人可以在全世界运输网中选择适当的运输路线、运输方式和各区段的实际承运人，以降低运输成本，提高运达速度，实现合理运输。

2）集装箱运输

集装箱是具有一定强度，专供周转使用并且便于机械操作的大型货物容器。使用集装箱转运货物，可直接在发货人的仓库装货，运到收货人的仓库卸货，中途更换车、船时，无须将货物从箱内取出换装。

集装箱运输是指利用集装箱运输货物的方式，是一种既方便又灵活的运输方式，它可以在最大限度上减少运输过程中造成的货损，如抵御风雨、外力等一些不可避免的因素对货物造成的损害。一直以来，集装箱运输业务以其保障性高、运输费用低廉而深受广大货主的钟爱。集装箱运输是一种现代化运输方式，它与传统的货物运输方式相比有许多不同之处，主要表现为以下几点。

（1）货物盗损率低。集装箱具有抵抗风雨、避光、抗震等作用，因此用集装箱运输货物能够最大限度地减少货损。同时，集装箱的铅封号码唯一，足以保证货物所有人的货物不会发生丢失、被窃的现象。

（2）方便高效。集装箱的整箱搬运极大地方便了运输、装船和卸港。在全程运输中，以集装箱为单位，使用机械装卸、搬运，可以在不接触或移动箱内所有货物的前提下，从一种运输工具直接方便地换装到另一种运输工具。货物由发货人负责装箱后，经由陆、海、空不同的运输方式，可以一直运到收货人的工厂或仓库，实现“门到门”运输，简化了货运手续，提高了工作效率。

（3）品质保证。集装箱中的保温冷藏箱能够对许多鲜活物品进行长时间的保鲜，这是其他运输方式无法实现的。

3）散装运输

散装运输是指产品不带包装的运输，是用专用设备将产品直接由生产厂方送至用户使用的运输方式。散装运输在特定的场合具有无可比拟的优越性，在工业发达国家，大部分化工产品都采用散装运输。其优点主要表现为以下几点。

（1）节省包装材料和费用，减少货物在运输过程中的损失，提高运输质量。据推算，油脂散装运输与桶装运输相比，每亿斤油脂可节省油桶购置费 131 万元。

（2）工作环节少，机械化、自动化程度高，装卸速度快，提升车船周转速度，提高运输效率。例如，卸一辆载重 8t 的袋粮汽车至少需半个小时，卸同样吨位的散粮汽车只需要 6min。可见，散装运输在提高装卸效率、加速车船周转等方面具有显著效益。

4）托盘运输

托盘运输是指货物按一定要求，装在一个标准托盘（按一定规格制成的单层或双层平板载货工具）上组合成为一个运输单位，使用铲车或托盘升降机进行装卸、搬运和堆放的一种运输方式。它是成组运输的一种最新形式。这种运输方式具有以下优点。

（1）提高运输效率。由于托盘运输是以托盘为运输单位，搬运和出入仓库都使用机械操作，有利于提高运输效率、缩短货运时间、降低运输成本，同时还可减小劳动强度。

（2）便于理货，减少货损货差。以托盘为运输单位，货物件数变小，体积重量变大，而且每个托盘所装数量相等，既便于点数、理货交接，又可以减少货损货差事故。

（3）投资较小，收效较快。与集装箱制造相比较，托盘的投资相对较小，时间也较短，因而收效也较快。

同时，托盘运输也存在以下一些不足。

（1）货物范围有限。最适合托盘运输的货物是箱装物品、硬纸盒装的消费品等较小的包装商品，对于体积和重量较大、形状不一的家具、机械及散装冷冻等货物很难采用托盘运输方式。

（2）费用增加，载量减少。采用托盘运输要相应增加托盘费用。同时，由于增加了托盘重量和体积，相应地减少了运输工具的载重。

虽然托盘运输向成组运输前进了一步，但其效果还不足以从根本上改变传统的运输方式，不能完全适应国际多联式运输方式。例如，它不能像集装箱那样，可以密封地越过国境和快速转换各种运输方式。因此，这种运输方式有待于向更高级的运输方式——集装箱运输方向发展。

7.2.2　农产品运输合理化及主要措施

1. 运输合理化的概念

由于运输是物流中最重要的功能要素之一，物流合理化在很大程度上依赖于运输合理化。运输合理化的影响因素很多，起决定性作用的有五方面的因素，称为合理运输的“五要素”。

1）运输距离

在运输时，运输时间、运输货损、运费、车辆或船舶周转等运输的若干技术经济指标，都与运输距离有一定比例关系。运输距离长短是运输是否合理的一个最基本因素。缩短运输距离无论从宏观还是微观都会带来好处。

2）运输环节

每增加一次运输，不但会增加起运的运费和总运费，而且会增加运输的附属活动，如装卸、包装等，各项技术经济指标也会因此下降。所以，减少运输环节，尤其是同类运输工具的环节，对合理运输有促进作用。

3）运输工具

各种运输工具都有其使用的优势领域，对运输工具进行优化选择，按运输工具特点进行装卸运输作业，最大限度发挥所用运输工具的作用，是运输合理化的重要一环。

4）运输时间

运输是物流过程中需要花费较多时间的环节，尤其是远程运输，在全部物流时间中，运输时间占绝大部分，所以，运输时间的缩短对整个流通时间的缩短有决定性的作用。此外，运输时间短，有利于运输工具的加速周转，充分发挥运力的作用，有利于货主资金的周转及运输线路通过能力的提高，对运输合理化有很大贡献。

5）运输费用

运输费用在全部物流费中占很大比例，运输费用的高低在很大程度决定了整个物流系统的竞争能力。实际上，运输费用的降低，无论对货主企业来讲还是对物流经营企业来讲，都是运输合理化的一个重要目标。运输费用的判断也是各种合理化实施是否行之有效的最终判断依据之一。

从上述五方面考虑运输合理化，就能取得预想的结果。

2. 不合理农产品运输的表现

不合理运输是在现有条件下可以达到的运输水平而未达到，从而造成了运力浪费、运输时间增加、运费超支等问题的运输形式。目前我国农产品的运输成本偏高，存在大量不合理运输，如无货运输、对流运输、迂回运输、重复运输、倒流运输等，市场价格的竞争优势不足。农产品运输中存在的主要不合理运输形式如下。

1）返程或起程空驶

因调运不当、货源计划不周、不采用运输社会化而形成的空驶，是不合理运输的最严重形式。造成空驶的不合理运输主要有以下几种原因：①放弃社会化的运输体系，依靠自备车送货提货，往往出现单程实车、单程空驶的不合理运输；②因工作失误或计划不周，造成货源不实，车辆空去空回，形成双程空驶；③由于车辆过分专用，无法搭运回程货，只能单程实车、单程回空周转。

2）对流运输

对流运输也称相向运输、交错运输，指同一种货物，或彼此间可以互相代用而又不影响管理、技术及效益的货物，在同一线路上或平行线路上做相对方向的运送，而与对方运程的全部或一部分发生重叠交错的运输称为对流运输。已经制定了合理流向图的产品，一般必须按合理流向的方向运输，如果与合理流向图指定的方向相反，也属对流运输。

3）迂回运输

迂回运输是舍近求远的一种运输，是可以选取短距离进行运输，却选择路程较长路线进行运输的一种不合理形式。只有因计划不周、地理不熟、组织不当而发生的迂回，才属于不合理运输，如果最短距离有交通阻塞、道路情况不好或有对噪声、排气等特殊限制而不能使用时发生的迂回，不能称不合理运输。

4）重复运输

本来可以直接将货物运到目的地，但是在未达目的地之处，或目的地之外的其他场所将货卸下，再重复装运送达目的地，这是重复运输的一种形式。另一种形式是，同品种货物在同一地点运进同时又向外运出。重复运输的最大毛病是增加了非必要的中间环节，这就延缓了流通速度，增加了费用，增大了货损。

5）倒流运输

倒流运输是指货物从销地或中转地向产地或起运地回流的一种运输现象。其不合理程度要甚于对流运输，其原因在于，往返两程的运输都是不必要的，形成了双程的浪费。倒流运输也可以看成是隐蔽对流的一种特殊形式。

6）过远运输

过远运输指调运物资舍近求远，近处有资源不调而从远处调，这就造成可采取近程运输而未采取，拉长了货物运距的浪费现象。过远运输占用运力时间长、运输工具周转慢、占压资金时间长。远距离自然条件相差大，又易出现货损，增加了费用支出。

7）运力选择不当

未选择各种运输工具优势且不正确地利用运输工具造成的不合理现象，常见的有以下形式。

（1）弃水走陆。在同时可以利用水运及陆运时，不利用成本较低的水运或水陆联运，而选择成本较高的铁路运输或汽车运输，使水运优势不能发挥。

（2）铁路、大型船舶的过近运输。这是指不是铁路及大型船舶的经济运行里程，却利用这些运力进行运输的不合理做法，主要不合理之处在于火车及大型船舶起运及到达目的地的准备、装卸时间长，且机动灵活性不足，在过近距离中利用发挥不了运速快的优势，由于装卸时间长，反而会延长运输时间。另外，与小型运输设备比较，火车及大型船舶装卸难度大、费用也较高。

（3）运输工具承载能力选择不当。即不根据承运货物数量及重量选择，而盲目决定运输工具，造成过分超载、损坏车辆及货物不满载、浪费运力的现象，尤其是“大马拉小车”现象发生较多。由于装货量小，单位货物运输成本必然增加。

8）托运方式选择不当

对于货主而言，可以选择最好托运方式而未选择，会造成运力浪费及费用支出加大。例如，应选择整车未选择反而采取零担托运，应当直达运输而选择了中转运输，应当中转运输而选择了直达运输等都属于这一类型的不合理运输。

9）无效运输

鲜活农产品流通往往包含无效运输。尤其是蔬菜，大多是毛菜上市，相当部分的根须、老叶等不能食用，一些蔬菜还携带泥土，增加了运输量。有测算表明，每 100t 毛菜的销售大约产生 20t 的垃圾，这既增加了运输成本，又影响了产品外观和质量，并且这些废弃物易腐败变质、滋生细菌、繁殖蚊蝇、污染环境。

上述的各种不合理运输形式都是在特定条件下表现出来的，在进行判断时必须注意其不合理的前提条件，否则就容易出现判断的失误。实践中应从系统角度，综合进行判断才能有效避免“效益背反”现象，从而优化全系统。

7.2.3　运输合理化的措施

1. 提高运输工具实载率

实载率有两个含义：一是单车实际载重与运距的乘积和标定载重与行驶里程的乘积的比例，这在安排单车、单船运输时是作为判断装载合理与否的重要指标；二是车船的统计指标，即一定时期内车船实际完成的货物周转量（以 tkm 计）占车船载重吨位与行驶公里乘积的百分比。在计算时，车船行驶的公里数不仅包括载货行驶，也包括空驶。

提高实载率的意义在于：充分利用运输工具的额定能力，减少车船空驶和不满载行驶的时间，减少浪费，从而求得运输的合理化。农产品配送在铁路运输中采用整车运输、合装整车、整车分卸及整车零卸等具体措施，都是提高实载率的有效措施。

2. 建设节约高效的运输体系

采取减少动力投入，增加运输能力的有效措施求得合理化。这种合理化的要点是，少投入、多产出，走高效益之路。国内外在这方面的有效措施如下。

（1）“满载超轴”。这是指在机车能力允许情况下，多加挂车皮。

（2）水运拖排和拖带法。对于竹、木等物资的运输，利用竹、木本身浮力，不用运输工具载运，采取拖带法运输，可省去运输工具本身的动力消耗从而求得合理化。将无动力驳船编成一定队形，一般是“纵列”，用拖轮拖带行驶，具有比船舶载乘运输运量大的优点，求得合理化。

（3）顶推法。顶推法是我国内河货运采取的一种有效方法，其将内河驳船编成一定队形，由机动船顶推前进，优点是航行阻力小、顶推量大、速度较快、运输成本很低。

（4）汽车挂车。汽车挂车的原理和船舶拖带、火车加挂基本相同，都是在充分利用动力能力的基础上增加运输能力。

3. 发展社会化的运输体系

运输社会化的含义是发展运输的大生产优势，实际专业分工，打破一家一户自成运输体系的状况。社会化运输体系中，各种联运体系是水平较高的方式，联运方式充分利用面向社会的各种运输系统，通过协议进行一票到底的运输（图 7-1），有效打破了一家一户的小生产，受到了欢迎。

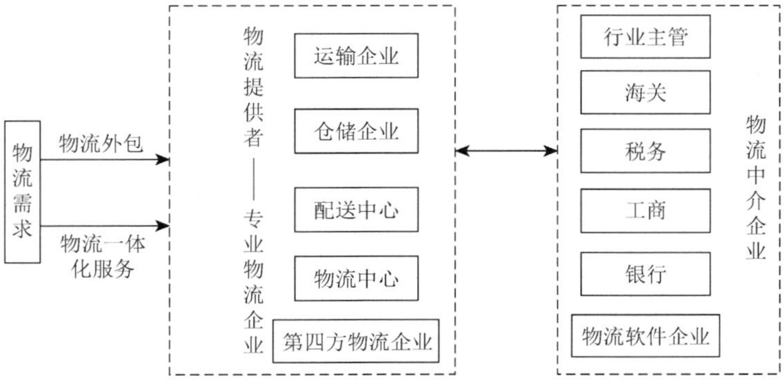

图 7-1　物流社会化服务体系

4. 加强流通加工提高运输合理化

追求运输合理化的重要形式，要点是通过减少中转过载换载，从而提高运输速度，节省装卸费用，降低农产品在中转过程的货损，从而大大提高运输效率。由于鲜活农产品本身形态及特性问题，很难实现运输的合理化，如果进行适当加工，就能够有效解决合理运输问题，如将其净化处理、标准化包装，以减少腐烂或变质。水产品及肉类预先在其夹层置放冰块降温，就可提高车辆装载率并降低运输损耗。

5. 发展特殊运输技术和运输工具

依靠科技进步是运输合理化的重要途径。我国鲜活农产品多以自然形态运销，80%～90%的水果、蔬菜、禽肉、水产品在露天而非冷库和保温场所装车，用普通卡车敞开式运输，至多上面盖一块帆布或者塑料布，有时棉被成了最好的保温材料。裸露、非冷藏的粗放的物流方式，增加了在运输、分销、零售及多次装卸过程中的二次污染机会。因此，用冷库、冷藏保温车等保持和延长农产品的物理特性；用专用散装车及罐车，解决了粉状、液状物运输损耗大、安全性差等问题；“滚装船”解决了车载货的运输问题；集装箱船比一般船能容纳更多的箱体，集装箱高速直达车船加快了运输速度等，都是通过采用先进的科学技术实现了合理化。

7.3 农产品仓储管理

7.3.1 基本概念

1. 仓储

“仓”即仓库（warehouse），是寄存、保管、储存物品的建筑物和场所的总称，“储”意为将储存对象储存备用，具有收存、维护、贮藏物品、交付运用的意思，也称为储存（storing）。“仓储”就是运用仓库寄存、储存物品的行为。农产品仓储就是指通过仓库对农产品进行储存和保管的过程。

2. 库存

库存指的是仓库中处于暂时停滞状态的物资农产品库存的位置，不是在生产基地里，也不是在加工车间里，更不是在非仓库中的任何位置，而是在仓库中。

3. 储备

储备是一种有目的的储存物资的行动，也是这种有目的的行动和其对象总体的称谓。农产品储备的目的是出于政治、军事的需要或为了防止各类自然灾害，是对农产品进行有计划的战略性仓储。

储备和库存的本质区别在于：第一，库存明确了停滞的位置，而储备这种停滞所处的地理位置远比库存广泛得多，储备的位置可能在生产及流通中的任何节点上，可能是仓库中的储备，也可能是其他形式的储备；第二，储备是有目的的、能动的、主动的行动，而库存可能不是有目的的，可能完全是盲目的。

4. 储存

物品在没有进入生产加工、消费、运输等活动之前，或在这些活动结束之后，总是要存放起来，这就是储存。物流中的“储存”是一个非常广泛的概念，和运输的概念相对应，储存是以改变“物”的时间状态为目的的活动，为了克服产需之间的时间差异获得更好的效用。

7.3.2 农产品仓储的性质和作用

虽然农产品仓储活动一般不改变农产品本身的功能、性质和使用价值，只是保持和延续其使用价值，但是农产品仓储是农业生产的延续，是农业再生产不可缺少的环节。农产品仓储和农业生产一样创造社会价值，农产品由生产地向消费地转移，是依靠仓储活动来实现的。农产品仓储在物流活动中发挥着不可替代的作用，是农产品物流三大支柱之一，其主要作用体现在以下方面。

1. 空间效用

农产品生产与消费的矛盾主要表现在生产与消费地理上的分离。农产品的生产主要在农村区域，而消费农产品的人则遍及整体市场。随着交换范围的扩大，农产品生产与消费空间上的矛盾也逐渐扩大，农产品仓储通过选择靠近人们生活区的位置建立仓库，防止人们购买农产品时出现短缺现象，拉近农产品产地与市场的距离，为人们提供满意的仓储服务，体现出明显的空间效应。

2. 时间效用

由于自然条件、作物生长规律等因素的制约，农产品的生产往往具有季节性，而作为生活的必需品，人们对农产品的需求却是长年的、持续的。为使农产品满足消费者的需求，农产品生产经营者利用仓库储存农产品进行调节，以确保在农产品生产的淡季也能满足人们对农产品的日常需求，创造了明显的时间效应。

许多产品在进入最终卖场以前，要进行挑选、整理、分装、组配等工作，这也需要农产品仓储来实现农产品在流通中的停留。

3. 调节供需矛盾

生产与消费的矛盾还表现在品种与数量方面。随着社会分工的进一步发展，专业化生产将越来越广，人们都把自己的资源集中到生产效率最高的项目上，生产的产品品种越来越集中，农产品生产者必须把农产品放到市场上进行交换来满足自己其他方面的需求，这就要求农产品仓储来调节生产与消费方式上的差别。

4. 规避风险

市场经济条件下的农产品价格变化莫测，经常给农产品生产经营者带来价格风险。为了对市场需求做出有效反应，农产品生产经营者需保持一定的存货来避免缺货损失。另外，为了避免战争、灾荒等意外引起的农产品匮乏，国家也要储备一些生活物资、救灾物资及设备。

7.3.3　农产品仓储的分类

1. 按农产品仓储经营主体划分

1）农产品自营仓储

农产品自营仓储包括生产者和流通企业的自营仓储两种。生产者自营仓储是指生产者使用自有的仓库设施，对生产的农产品实施储存保管的行为。生产者自营仓储的对象一般来说品种较少，基本上以满足生产需要为原则。流通企业自营仓储则是流通企业自身以其拥有的仓储设施对其经营的农产品进行仓储保管的行为。其对象种类较多，主要目的为支持农产品销售。生产者自营仓储具有从属性和服务性的特征，即从属于生产者，服务于生产。所以，农产品自营仓储相对来说规模较小、数量众多、专用性强、仓储专业化程度低，一般很少对外开展商业性仓储经营。

2）农产品营业仓储

农产品营业仓储是仓库所有者以其拥有的仓储设施，向社会提供商业性仓储服务的行为。仓储经营者与存货人通过订立仓储合同的方式建立仓储关系，并且依据合同约定提供服务和收取仓储费。农产品营业仓储的目的是在仓储活动中获得经济回报，追求经营利润最大化。其经营内容包括提供农产品仓储服务、农产品场地服务和农产品仓储信息服务等。

3）农产品公共仓储

农产品公共仓储是公用事业的配套服务设施，为车站、码头提供农产品仓储配套服务。其主要目的是对车站和码头的农产品作业和运输流畅起支撑和保障作用，具有内部服务的性质，处于从属地位。但对于存货人而言，农产品公共仓储也适用农产品营业仓储的关系，只是不独立订立仓储合同，而是将仓储关系列在作业合同和运输合同之内。

4）农产品战略储备仓储

农产品战略储备仓储是国家根据国防安全、社会稳定的需要，对农产品实行战略储备而形成的仓储。战略储备由国家政府进行控制，通过立法、行政命令的方式进行，由执行战略物资储备的政府部门或机构进行运作。战略储备特别重视储备物品的安全性，且储备时间较长。战略储备农产品主要有粮食、油料等。

2. 按农产品仓储功能划分

1）农产品储存仓储

农产品储存仓储是指农产品较长时期存放的仓储，一般设在较为偏远但具有较好交通运输条件的地区，存储费用低廉。农产品储存仓储的农产品品种少、存量大。由于农产品储存仓储存期长，须特别注重两个方面：一是仓储费用应尽可能降低；二是加强对农产品的质量保管和养护。

2）农产品物流中心仓储

农产品物流中心仓储是指以物流管理为目的的仓储活动，是为了有效实现物流的空间与时间价值，对物流的过程、数量、方向进行调节和控制的重要环节，一般设置在位于一定经济地区中心、交通便利、储存成本较低的口岸。农产品物流中心仓储基本上都是较大批量进货和进库，一定批量分批出库，整体吞吐能力强，所以要求机械化、信息化、自动化水平要高。

3）农产品配送仓储

农产品配送仓储也称为农产品配送中心仓储，是指农产品在配送交付消费者之前所进行的短期仓储，是农产品在销售或者供生产使用前的最后储存，并进行销售或使用前的简单加工与包装等。农产品配送仓储一般通过选点，设置在商品的消费经济区间内，要求能迅速地送达销售地点或消费者手中。

4）农产品运输转换仓储

农产品运输转换仓储是指衔接铁路、公路、水路等不同运输方式的仓储，一般设置在不同运输方式的相接处，如港口、车站库场所进行的仓储。它的目的是保证不同运输方式的高效衔接，减少运输工具的装卸和停留时间。农产品运输转换仓储具有大进大出及存期短的特性，十分注重作业效率和农产品周转率，所以，其活动需要高度机械化作业为支撑。

5）农产品保税仓储

农产品保税仓储是指使用海关核准的保税仓库存放保税农产品的仓储，主要是对出口农产品或来料加工农产品进行存储的仓库。农产品保税仓储一般设置在进出境口岸附近。农产品保税仓储受到海关的直接监控，虽然说农产品也由存货人委托保管，但保管人要对海关负责，入库或者出库单据均需要由海关签署。

3. 按储存农产品的不同划分

1）专用仓库

专用仓库是专门用以储存某一类物品的仓库。由于某类物品数量较多，或是物品本身的特殊性（如对温湿度有特殊要求），或者易对与之共同储存的物品产生不良影响，因此要用专用仓库储存，如食糖、卷烟仓库等。

2）冷藏仓库

冷藏仓库是具有冷却设备并具有隔热功能的仓库（一般在 10℃以下），用来加工和保管食品。不同的农产品其仓储的要求也有所不同，根据使用目的不同，冷藏仓库又可细分为生产性冷藏仓库、配给性冷藏仓库及综合性冷藏仓库，主要用于新鲜蔬菜、肉类食品等农产品的仓储保管。

7.3.4　农产品仓储合理化

1. 农产品仓储合理化的概念

农产品仓储合理化是指用经济合理的方式通过仓储和保管实现社会对农产品需求的满足。目前，我国农产品仓储整体水平较低，无论是产业链链条还是仓储设施设备，同与日俱增的市场需求之间还存在着很大差距。大多数农产品批发市场服务功能比较单一，只有部分批发市场拥有冷库等设施，农产品仓储目前还是以常温或自然存储模式为主，不但使鲜活农产品耗损率大，而且使食品安全方面存在隐患。

2. 农产品仓储合理化的标志

1）质量标志

保证农产品的质量是完成农产品仓储功能的根本要求，只有这样，农产品的使用价值才能通过物流得以最终实现。农产品时间效用和空间效用的实现都是以保证质量为前提的。

2）数量标志

在保证功能实现前提下有一个合理的数量范围。目前管理科学的方法已能在各种约束条件的情况下，对合理数量范围做出决策，但是较为实用的还是在消耗稳定、资源及运输可控的约束条件下，所形成的农产品储存技术数量控制方法。

3）时间标志

在保证功能实现的前提下，寻求一个合理的储存时间，这是和数量有关的问题，储存量越大而消耗速率越慢，则储存的时间必然长，相反则必然短。在具体衡量农产品仓储时往往用周转速度指标来反映时间标志，如周转天数、周转次数等。在总时间一定的前提下，个别农产品的储存时间也能反映合理程度。

4）结构标志

结构标志是以不同品种农产品的储存数量的比例关系对储存合理性进行的判断，尤其是具有相关性的农产品之间的比例关系更能反映储存合理与否。

5）分布标志

分布标志指不同地区农产品储存的数量比例关系，以此判断对需求的保障程度及对整个物流的影响。

6）费用标志

仓租费、维护费、保管费、损失费、资金占用利息支出等，都能从实际费用上判断储存的合理与否。

3. 农产品仓储管理的原则

1）保证安全

这是农产品仓储管理的最基本要求，只有满足了这点才能满足其他方面的需要。威胁农产品安全的因素主要有：治安威胁、火灾威胁、农产品的污损威胁等。

2）符合作业规范要求

在农产品仓储业务中，需要按一定的规范对农产品进行保管，这样可以提高作业绩效、方便保管运作、实现合理库存。农产品仓储的主要作业规范要求如下。

（1）面向通道。为使农产品方便搬运，容易在仓库内移动，应将农产品面向通道保管，同时也便于观察和识别物品。

（2）先进先出。仓储管理中要体现存新推陈，对于易破损和易腐的农产品，应尽可能按“先进先出”的原则保证储存农产品的使用价值。

（3）对应出库频率。出货和进货频率高的农产品，即搬运次数高的农产品应放在靠近出入口和易于作业的地方。流动性差的农产品放在距离出入口稍远的地方。季节性农产品按其季节特性来选定放置的场所。

（4）同类归一。同种类农产品，运送同一区域的农产品，储存要求、物品性质及保管要求相似的农产品应在同一区域储存保管，以保证农产品的质量和管理效率。

（5）重量对应。应根据农产品重量和形状等因素来安排农产品的保管位置，一般应把比较重且抗压的农产品放在货架的下层，把比较轻且容易碎的农产品放在货架的上层。

（6）形状对应。根据农产品的包装形状确定存放的位置和保管方法，包装标准化的农产品放在货架上保管，非标准化的货物对应于形状进行保管。

（7）标记明确。对保管农产品的品种、数量及保管位置作明确详细的标记，以便于提高农产品存放、拣出的物流作业效率。

3）节约开支，降低储存成本

仓储过程中的费用是整个物流费用中重要的组成部分，因此为降低整个农产品物流成本，努力降低农产品仓储成本是一条重要途径。

4. 农产品保管措施

农产品保管不仅存在技术问题，也存在管理问题。保证农产品的质量、数量、包装的完好，重要的不是技术措施的保证而是管理水平的高低。制定必要的管理制度和操作规程并严格执行，是各项管理工作的基础。“以防为主，以治为辅，防治结合”是农产品保管工作的方针。

1）严格验收入库农产品

要防止农产品在储存期间发生各种不应有的变化，首先在农产品入库时要严格验收，弄清农产品及其包装的质量状况。对吸湿性农产品要检测其含水量是否超过安全水平，对其他有异常情况的农产品要查清原因，针对具体情况进行处理和采取救治措施，做到防微杜渐。

2）适当安排储存场所

由于不同农产品性能不同，对保管条件的要求也不同，分区分类、合理安排存储场所是农产品养护工作的一个重要环节。例如，怕潮湿和易霉变的农产品，应存放在较干燥的库房里；怕热易变质或易燃易爆的农产品，应存放在温度较低的阴凉场所；一些既怕热又怕冻，且需要较大湿度的农产品，应存放在冬暖夏凉的楼下库房或地窖里。此外，性能相互抵触或易串味的农产品不能在同一库房混存，以免相互产生不良影响。尤其对于化学危险物品，要严格按照有关部门的规定，分区分类安排储存地点。

3）科学堆码苫垫

阳光、雨雪、地面潮气对农产品质量影响很大，要切实做好货垛遮苫和货垛垛下苫垫隔潮工作，如枕木、垫板、苇席、油毡或其他防潮措施。货垛的垛形与高度，应根据各种农产品的性能和包装材料，结合季节气候等情况妥善堆码。含水量较高的易霉农产品，热天应码通风垛；容易渗漏的农产品，应码间隔式的行列垛，库内农产品堆码留出适当的距离。

4）控制好仓库温度、湿度

应根据库存的保管保养要求，适时采取密封、通风、吸潮和其他控制与调节温度、湿度的办法，力求把仓库温度、湿度保持在适合农产品储存的范围内。

（1）自然通风。自然通风就是利用自然条件形成的库内外温差和压差，使库内外空气自动地进行交换，达到通风目的。该方法很简单，就是开启库房的门窗，提供空气交换的必要条件。由于通风目的不同，外界条件千差万别，如在我国大多数地区，刮北风干燥且低温，刮南风潮湿而高温，因此须对自然通风进行管理，确定通风口数量、门窗开启方向及角度、通风时间，有效掌握通风条件和时机是非常重要的。

（2）机械通风。机械通风就是利用特定的机械装置的运转，人为地造成仓库内外压差，实现通风目的。例如，采用排风机或鼓风机使库内空气流动，达到降温目的；采用干风机把干燥空气吹入库房，或用除湿机把库内空气中的水分集中后排出库房，以达到除湿目的。

（3）密封。密封就是采用一定的方式，将农产品尽可能严密地封闭起来，以减弱外界不良因素对农产品的影响，达到安全保管农产品的目的，是一种简单的温度、湿度控制方法。它与通风和吸潮等方法结合使用，可起到防霉、防潮、防锈等作用。应该注意的是：对农产品进行密封时，要根据该农产品要求的温湿度条件，正确选择密封时机；密封保存的农产品并不是绝对不受外界因素的影响，只是其变化速度有所减慢，因此要经常进行观测和检查，储存期也不能过长。

（4）吸潮剂吸潮。吸潮剂吸潮是一种利用吸潮剂降低库内湿度的方法，可以在梅雨季节或阴雨气候条件下迅速降低库内湿度，达到库存物要求的保管条件。

5）认真进行农产品在库检查

每一次农产品进出库业务都要检斤计量或清点件数。农产品受周围环境因素的影响，可能发生数量或质量上的损失，对库存农产品和仓储工作进行定期或不定期的盘点和检查非常必要。

检查工作主要包括：检查农产品保管条件是否满足要求；检查农产品质量的变化动态；检查各种安全防护措施是否落实，消防设备是否正常。检查应特别注意农产品温度、水分、气味、包装物的外观、货垛状态是否异常。

盘点是检查账、卡、物是否相符，把握库存物数量和质量动态的手段。盘点的主要方法有：动态盘点法、循环盘点法、重点盘点法和定期盘点法。循环盘点法又称循环计数法，是指在一定时期内对所有库存分别进行盘点的方法。该方法可使用 ABC 分析法对库存进行分类，A 类货物清点的次数较为频繁，B 类货物清点的次数少一些，C 类货物清点的次数更少一些。

6）搞好仓库清洁卫生

储存环境不清洁，易引起微生物、虫类寄生繁殖并危害农产品。因此，对仓库内外环境应经常清扫，彻底铲除仓库周围的杂草、垃圾等物，必要时使用药剂杀灭微生物和潜伏的害虫。对容易遭受虫蛀、鼠咬的货物，要根据农产品性能和虫、鼠生活习性及危害途径，及时采取有效的防治措施。

7.4 农产品配送作业管理

7.4.1 农产品配送模式

对于整个农产品配送系统来说，首先要了解配送的基本模式，才能在现有物流模式的基础上对装卸、搬运、保管、运输等环节进行分析，从而找出适合农产品配送系统的优化方案。根据农产品供应链中不同环节的成员所占的主导地位不同，国内农产品配送主要有以下几种模式。

1. 直销型配送模式

直销型配送模式是一种以生产基地为主体的物流配送模式，由农户或农产品基地自行配送，将生鲜农产品送到批发市场或用户手中。直销型配送模式又称自营配送模式，是最原始和最初级的物流形式。

采用直销型配送模式的优势在于反应快速、灵活，并且农户或农产品基地拥有对物流系统运作过程的有效控制权。在直销配送的情况下，农户或农产品基地可以很好地控制农产品配送活动，而不必就货物配送的佣金问题进行谈判，提高了配送服务效率。

直销型配送模式也存在着不足之处，如一次性投资大、成本较高和抗风险能力低。在目前大流通的格局下，高成本、低回报致使生产者无法独自承担这些物流职能，必须通过专业物流平台或第三方物流企业来完成所需的物流职能，因此，直销配送形式的流通适用于流通范围较小、流通数量较少的状况。

2. 契约型配送模式

契约型配送模式是指公司与农户或合作社之间通过契约形式加以联结，农户提供农产品，由合作社或加工企业负责进入市场，是一种“公司+农户”配送模式。自 20 世纪 90 年代中期以来，“公司 + 农户”配送模式在国内农产品市场中就占有重要地位。这种模式有三种形式：一是“农户+运销企业”，农户或农产品基地将自己的农产品运往运销大户，由运销大户对批发商进行配货，在这种配送方式下，运销大户与批发商建立稳定的购销业务关系；二是“农户+加工企业”，农户或农产品基地将自己的农产品运往加工企业，加工后由加工企业再配送，或农产品加工企业将自己或别的基地的初级农产品和从农户手中收购来的农产品经过加工后进行配送；三是“农户+客商”，这一物流配送方式也较为普遍，如大型连锁超市、农贸市场的批发商等在农产品收获时直接到农户田头或农产品基地收购。

契约型配送模式的优势在于：第一，有助于加工企业、大型连锁超市和农贸市场的批发商克服原料来源不稳定的问题，改善了成本结构，降低了经营风险，使公司拥有一部分稳定的原材料来源，提高了资源控制能力和生产稳定性；第二，为农户销售产品找到了相对稳定的渠道；第三，提高了对产品质量的控制力度，公司可以加大对生鲜农产品的优选、仓储、深加工，提高生鲜农产品的附加值。

契约型配送模式的劣势在于：第一，农户同企业谈判中始终处于弱势地位，农民的利益容易受到侵害；第二，企业直接面对分散的农户，在上游配送环节，市场交易费用仍然很高，配送成本居高不下；第三，公司或企业与农户之间的利益连接关系非常松散，常会出现违约现象。

对此，许多农产品生产经营者在原有的基础上，对该种模式进行了创新，发展了“公司+合作社”模式、“公司+农户（公司）+保险”模式、“公司+生产基地+农户”模式、“龙头企业+农户”模式、“配送中心+农户”模式、“公司+农户+基地”模式、“企业（外向型企业）+基地+农户+市场”模式、“集团+科教+农户”模式、“政府+企业+农户”模式、“公司+科教+基地+农户”模式、“公司+基地+农户+中介”模式、“零售集群+加工企业（批发市场）+基地农场+研发基地”模式等形式。

3. 联盟型配送模式

联盟型配送模式的主导者是农产品批发市场，参与者是农产品生产者、批发商、零售商、运输商、加工保鲜企业等，通过利益联结和优势互补形成了战略联盟。

联盟型配送模式的优点是：第一，能够带动各方参与，连接生产者、批发商、零售商、运输商和加工保鲜企业等；第二，降低了龙头企业直接面对农民的交易成本，各参与方在合作与竞争中不断发挥自己的优势，专业化分工趋势逐渐明显，提高了交易效率，降低了交易成本；第三，为物流主体建立了公共交易平台，使交易双方有了更多的可选择性，提高了农民的谈判地位。

这种模式的缺点在于随着交易量的扩大，管理效率比较低，此外中间批发商仍然会对直接生产者和消费者进行信息封锁。

4. 第三方物流配送模式

第三方物流配送模式主要是农户、农产品基地、供销社把自己需要完成的配送业务依托专业的配送中心来完成的一种配送运作模式。近年来，一些国际大型农产品销售商尝试立足主业经营，逐步将本企业的物流配送业务委托外包给专业的物流配送企业。

第三方物流的生鲜农产品流通运作模式具有如下优点：一是配送渠道短、环节较少，相对于其他配送模式，在配送损耗、食品质量、管理成本方面都有很大的优势；二是灵活运用新技术，实现以信息换库存，降低成本；三是提供灵活多样的顾客服务，为顾客创造更多的价值。

第三方物流配送模式的最大劣势是：一是农户与市场的脱节，如果信息在配送中心与农户的传递过程中失真，将使得农户的生产调整不能适应市场需求；二是农户、农产品基地对农产品的配送控制能力降低，不能对进入市场的农产品的质量进行及时有效的监控；三是会出现连带经营风险，如果第三方配送是基于合同的比较长期的合作关系，则第三方服务商自身经营不善可能会影响使用方的经营，但如果要解除合同关系又会产生很高的成本。

5. 共同配送模式

共同配送或协同配送是由多个企业联合组织实施的配送活动，其目的是提高配送的效率，核心在于充实和强化配送功能。共同配送主体既可以是作为物流需求方的制造商、批发商和零售商，如多家农户、农产品基地、农业供销合作社或农产品配送中心共同组成的新公司，也可以是作为物流服务供应方的运输企业和仓库企业。我国农产品配送的主要模式之一的供销社配送模式，在现阶段已经引入了共同配送、第三方物流配送等现代配送模式，并在有些地区建立了农产品加工配送中心。在实际运作过程中，由于共同配送联合体的合作形式、所处环境、条件及客户要求的服务存在差异，共同配送的运作过程也存在较大的差异。

共同配送模式的优势是可以提高配送效率，从农户、农产品基地、农村供销合作社或农产品配送中心的角度来看，共同配送可以降低配送成本。

共同配送模式的劣势是管理难度加大，易造成物流设施费用及管理成本增加，以及服务要求不一致可能导致的服务水准下降。

6. 集团配送模式

集团配送模式也称综合配送模式、互用配送模式，是指以一定方式聚合专业流通企业组成流通集团，集中对大中型生产企业实施定点、定时、定量供货的配送形式，以及以商贸集团及所有大型加工中心为媒介，在生产企业集团互相之间供货、送货的运作模式。例如，以物流园区为中心开展的广州市和兴隆农产品物流配送，该模式以农产品物流配送企业为主导，创建了农产品产业园。在政府的支持下，引入上游农户、基地、供应商、同行业企业、农产品加工企业、配套与服务企业进驻农产品产业园，实行农产品龙头企业与农户的紧密结合，从农田到餐桌，通过农产品的加工、保鲜，提高农产品的附加值，通过细分市场，专注于蔬菜瓜果与肉类的经营，通过农产品的物流配送，直接连接消费者市场以指导农业生产、优化农产品结构。显然，没有强大的经济实力和完善、先进的管理体系是很难组织起这类物流配送模式的。

7. 基于电子商务和供应链的农产品配送模式

由于电子商务具有虚拟化、方便、快捷等特点，电子商务环境下物流的各种功能可以通过虚拟化的方式表现出来，实现物流资源的优化配置，进而选择最短路径把商品快速、高效、低成本地送到消费者手中。此外，电子商务还促进了物流基础设施及物流技术的改善与进步。基于电子商务和供应链的农产品配送模式的优点：①由于实现信息共享，农产品物流全程具有可视性；②协调农产品供应链上的信息流，降低农产品交易成本；③配送服务由专业化的第三方物流公司完成；④生产者、供应商和经销商的利润都得到扩大；⑤提升了服务质量，改善了客户关系。

7.4.2 影响农产品配送模式的因素

1. 成本因素

因为参与的市场主体的多样性和规模的不同，其配送成本也不一样。以上配送模式各自的成本因素各异。对于自营配送来说，考虑的主要是企业自身的配送成本；对于第三方物流来说，会涉及转换成本，农产品配送企业为了提高核心业务能力，把转换成本高的物流功能转给与自己合作的专业物流企业；共同配送是市场上的物流企业为了共同发展需要，为了更有效地节约双方的成本，针对企业情况而协商节约成本；联盟型配送是配送企业考虑各方的需要与成本之间的关系而建立的合作关系。

2. 管理因素

农产品配送企业并不是一个专业的物流配送商，缺乏具有现代物流配送管理理念的高素质专业人才。在管理手段上，现有的物流从业人员以手工操作和经验决策为主，很难从信息和物流的专业角度，以最低的成本提供给客户所需要的物流管理和服务。因此，针对不同的客户提出的物流需求及企业发展的现实要求，需要采用不同形式的物流配送模式。

3. 技术因素

作为企业增强活力与竞争力的推动力量，企业信息化建设可以极大地提高物流服务的准确性与及时性。目前，国内许多农产品配送企业的网络信息和电子技术并不完全等同，满足农产品物流需求的能力也存在差异，因此不同场合下的农产品配送需要不同的模式相匹配。

4. 环境因素

一方面，农产品物流市场尚缺乏统一的法律法规加以规范，缺乏有效的约束，物流市场存在一定的不正当竞争。另一方面，农产品配送企业的配送管理和行业管理还没有理顺，也很大程度影响了物流配送渠道的畅通和高效运转，使物流配送很难达到规模经济和预期回报。因此，在不同的市场环境下，只有找到适合企业自身的配送模式才能真正有效地服务于消费者，实现企业的发展。

7.4.3　农产品物流配送形式

农产品物流配送的分类方法很多，可从不同的角度进行分类。基于最终配送效果，农产品物流配送按配送的时间和数量可分为以下几种形式。

1. 定时配送

定时配送即按规定时间和时间间隔进行配送。定时配送的时间由配送的供给与需求双方通过协议确认。每次配送的品种及数量可预先在协议中确定，实行计划配送；也可以在配送之前以商定的联络方式（如电话、传真、计算机网络等）通知配送品种及数量。定时配送又分为以下几种。

1）日配

日配是接到订货要求之后，在24h之内将货物送达的配送方式。一般而言，日配的时间要求大体上是：上午的配送订货，下午即可送达；下午的配送订货，第二天早上送达。

2）准时配送

准时配送是按照对方协议时间，准时将货物配送到用户的一种方式。这种方式和时配、日配的主要区别在于：时配、日配是向社会普遍承诺的配送服务方式，针对社会上不确定的、随机性的需求。准时配送则是两方面协议，往往是根据用户的生产节奏，按指定的时间将货送达。这种方式比日配方式更为精密，应用时连“暂存”的微量库存也可以取消，绝对地实现零库存。

3）快递方式

快递方式是一种快速送达服务的配送方式。快递方式能在较短时间实现送达的服务，但不明确送达的具体时间，所以一般作为向社会广泛服务的方式。

2. 定量配送

定量配送是按事先协议规定的数量进行配送。这种方式配送的货物数量固定，备货工作有较强的计划性，比较容易管理。定量配送有利于配送供给企业的科学管理，有利于人力、装卸机具、储存设施的配备。

3. 定时定量配送

定时定量配送是按照规定的配送时间和配送数量进行配送。

4. 定时定路线配送

定时定路线配送是在规定的运行路线上，制定配送车辆到达的时间表，按运行时间表进行配送，用户可以按照配送企业规定的路线及规定的时间选择这种配送服务，并到指定位置及指定时间接货。

5. 应急配送

应急配送是完全按用户突然提出的配送要求随即进行配送的方式。这是对各种配送服务进行补充和完善的一种配送方式。这种配送方式主要应对用户由于事故、灾害、生产计划的突然变化等因素的突发性需求，也应对一般消费者经常出现的突发性需求。这种配送服务实际成本很高，难以用作经常性的服务方式。

7.4.4　农产品配送合理化

对于配送的决策优劣，不能简单地评判，配送是否合理，很难有一个绝对的标准。虽然效益是配送必须衡量的重要指标，但是配送决策常需要考虑各个因素，有时也难免要做赔本买卖。配送决策是一种综合决策，决策时应当避免因不合理配送出现所造成的损失，尽量做到配送合理化。

1. 不合理配送的表现

1）资源筹措不合理

配送是利用较大批量筹措资源，通过筹措资源的规模效益来降低资源筹措成本，使配送资源筹措成本低于用户自己筹措资源成本，从而取得优势。如果不是集中多个用户需求进行批量筹措资源，而仅是为某一两个用户代购代筹，那么对用户来讲，就不仅不能降低资源筹措费，反而要多支付一笔配送企业的代筹代办费，因而是不合理的。

资源筹措不合理还有其他表现形式，如配送量计划不准，资源筹措过多或过少，在资源筹措时不考虑建立资源与供应者之间长期稳定的供需关系等。

2）库存决策不合理

配送应充分利用集中库存总量低于各用户分散库存总量，从而大大节约社会财富，降低用户实际平均分摊库存负担。因此，配送企业必须依靠科学管理来实现一个低总量的库存，否则就会出现单纯是库存转移，而未解决库存降低的不合理现象。

配送企业库存决策不合理还表现在库存量不足，不能保证随机需求，失去了应有的市场。

3）价格不合理

总的来讲，配送的价格应低于不实行配送时，用户自己进货时产品购买价格加上自己提货、运输、进货的成本总和，这样才会使用户有利可图。有时候，由于配送有较高服务水平，价格稍高，用户也是可以接受的，但这不是普遍的原则。如果配送价格普遍高于用户自己进货的价格，就会损伤用户的利益，是一种不合理表现。价格制定过低，使配送企业处于无利或亏损状态下运行，也是不合理的。

4）配送与直达的决策不合理

一般的配送总是增加了环节，但是这个环节的增加可降低用户平均库存水平，以此不但抵消了增加环节的支出，而且能取得剩余效益。如果用户使用批量大，可以直接通过社会物流系统均衡批量进货，较通过配送中转送货则可能更节约费用，所以，在这种情况下不直接进货而通过配送就属于不合理范畴。

5）送货中心不合理运输

配送与用户自提相比较，尤其对于多个小用户来讲，可以集中配装一车送几家，这比一家一户自提大大节省了运力和运费。如果不能利用这一优势，仍然是一户一送，而车辆达不到满载（即时配送过多过频时会出现这种情况），这就属于不合理配送。

6）经营观念的不合理

在配送实施中有许多是经营观念不合理，使配送优势无从发挥，相反却损坏了配送的形象。这是在开展配送时尤其需要克服的不合理现象。

2. 配送合理化措施

1）推行一定综合程度的专业化配送

通过采用专业设备、设施及操作程序，取得较好的配送效果并降低配送过分综合化的复杂程度及难度，从而追求配送合理化。

2）推行加工配送

通过加工和配送结合，充分利用本来应有的中转，而不增加新的中转求得配送合理化。同时，加工借助于配送，使加工目的更明确且和用户联系得更紧密，更避免了盲目性。这两者有机结合，投入不增加太多却可追求两个优势、两个效益，是配送合理化的重要经验。

3）推行共同配送

通过共同配送，可以以最近的路程、最低的配送成本完成配送，从而追求合理化。

4）推行送取结合

配送企业通过与用户建立稳定、密切的协作关系，不仅成了用户的供应代理人，而且承担用户存储据点，甚至成为产品代销人。在配送时，将用户所需的物资送到，再将用户生产的产品用同一车运回，这种产品也成了配送中心的配送产品之一，或者作为代存代储，免去了生产企业库存包袱。这种送取结合，使运力充分利用，也使配送企业的功能有更大发挥，从而追求合理化。

5）推行准时配送系统

准时配送是配送合理化的重要内容。配送做到了准时，用户才有对资源的把握，可以放心地实施低库存或零库存，可以有效地安排人力、物力，以追求高效率的工作。另外，保证供应能力也取决于准时供应。从国外的经验来看，准时供应配送系统是现在许多配送企业追求配送合理化的重要手段。

6）推行即时配送

即时配送是最终解决用户企业担心断供之忧，大幅度提高供应保证能力的重要手段。即时配送是配送企业快速反应能力的具体化，是配送企业能力的体现。即时配送成本较高，但它是整个配送合理化的重要保证手段。

7.4.5　农产品配送中心的功能

农产品配送中心是专门从事农产品配送活动的经济组织，是集加工、理货、送货等多种职能于一体的物流据点。农产品配送中心的基本功能如图 7-2 所示。

1）仓储

农产品配送中心的服务对象众多，为了顺利有序地完成向用户配送物品的任务及更好地发挥保障作用，通常要求配送中心具备一定的存储能力。由于农产品与一般的工业品不一样，具有易腐、易损、储存条件高等特点，所以农产品配送中心须建设普通库、恒温库、冷库、低温库等不同的仓储设施用于仓储。

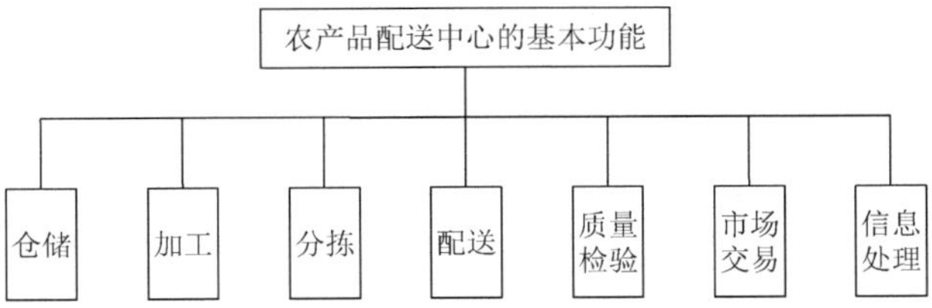

图 7-2　农产品配送中心的基本功能

2）加工

大多数农产品经过初级拣选加工后被运至农产品配送中心，配送中心需根据客户的要求，将货物加工成一定的规格、尺寸和形状。这样不但方便客户，而且实现了农产品的增值，提高了资源的利用率和配送效率。农产品经过加工后具有更多的优点，如便于运输、耐长期贮藏等。加工的具体表现为装拆箱、改包装、组合包装、商标和条码的粘贴等作业。

3）分拣

对农产品的配送同样要经历分拣的环节，以更好地满足消费者的日常需求。

4）配送

为了及时、准确地满足客户要求，农产品配送中心须通过自有车辆或租用车辆，经过优化的规划路线，为客户进行“门到门”的服务，包括派车计划、送货路径选择、装车排程等具体作业。

5）质量检验

农产品配送中心作为农产品的集散地，有责任对农产品的农药残留等质量问题进行检验，这是农产品配送中心区别于其他配送中心的重要内容。

6）市场交易

由于现代化的信息手段和电子设备仪器的迅速发展，随着农产品标准化的发展，农产品配送中心应该能够实行拍卖作为主要的交易手段，这样不仅节约了交易空间，使交易竞争更加公平，还有利于农产品的分拣、包装，可以提高配送的效率，甚至一定程度上可替代传统的农产品批发市场。

7）信息处理

农产品配送中心除了具有上述功能外，还能为其本身及上下游组织提供各种各样的信息。完善的农产品配送中心的信息系统应该包括仓储管理系统（warehouse management system，WMS）、订单管理系统（order management system，OMS）、运输管理系统（transportation management system，TMS）、条码技术和无线射频技术等，这些信息可为农产品配送中心的经营规划提供参考。

复习思考题

1. 运输在物流过程中的作用是什么？
2. 简述配送的特点及作用。
3. 选择运输方式时，可供参考的技术指标有哪些？
4. 农产品配送的基本模式有哪些？具体的配送方式有哪些？
5. 农产品配送中心的功能和作用是什么？
6. 怎样才能做到运输合理化？

阅读与思考

阅读与思考

第 8 章

农产品冷链物流

重点提示

通过本章的学习，要求掌握农产品冷链物流的概念、特点、分类及构成等基本知识，理解农产品冷链的全过程质量管理及冷链物流的技术和设备要求，并了解果蔬类、肉类、水产品三大类冷链物流的特点、构成及相应的流程，以及国内农产品冷链物流的现状、存在问题及相应措施。

8.1 农产品冷链物流概述

8.1.1 冷链物流的概念

冷链物流也称低温物流（low temperature logistics），是一种特殊的物流形式，其主要对象是易腐食品（包括原料及产品），所以国外普遍称其为易腐食品冷藏链（perishable food cold chain）。冷链物流是一种专业物流，是随着科学技术的进步、制冷技术的发展而建立起来的，是以冷冻工艺学为基础，以制冷技术为手段，在低温条件下的物流现象。因此，冷链物流建设要求把所涉及的生产、运输、销售、经济和技术性等各种问题集中起来考虑，协调相互间的关系，以确保物品在加工、运输和销售过程中最大限度地保持天然食品原有的新鲜程度、色泽、风味及营养，是具有高科技含量的一项低温系统工程。

目前冷链物流适用的食品范围如下。

（1）初级农产品：蔬菜、水果；肉、禽、蛋；水产品；花卉产品。

（2）加工食品：速冻食品；禽、肉、水产等包装熟食；冰淇淋和奶制品；快餐原料。

（3）特殊商品：化工产品、医药用品、生物制品等。

冷链物流是以保证易腐食品品质为目的，以保持低温环境为核心要求的供应链系统，因此它比一般常温物流系统的要求更高更复杂，建设投资也要大很多，是一个庞大的系统工程。

8.1.2　冷链物流的特点

由于农产品始终要保持低温条件，与常温物流相比，冷链物流具有以下一些鲜明特点。

1）冷链物流的设备要求高

在冷藏品的加工、贮藏及配送到零售商店的各个环节，都需要特殊的可以保证农产品始终保持在规定的温度（低温）状态的足够数量和质量的预冷站、冷库、冷藏车、冷柜、冷箱等冷冻、冷藏及空调系统和保冷隔热相关设施，所以冷链物流的投入成本很高。

2）冷链物流需要相当强的技术支持

鲜活农产品具有含水量高、保鲜期短、极易腐烂变质等特点，使得对生鲜农产品在仓储、包装、运输等环节的技术要求大大提高。应用于鲜活农产品物流的技术主要有物流信息技术、冷藏运输技术、仓储保鲜技术等，如微波保鲜、薄膜保鲜、加压保鲜技术；二维码、电子标签、数字加密、数字水印、虚拟托盘、虚拟仓储等技术；指纹、声纹、视网膜等识别技术及GIS、GPS、EDI 技术。冷藏链各环节、各接口都需要特定的冷藏技术作为支撑。

3）冷链物流要求物流各环节具有较高的组织协调性

农产品冷链物流具有时效性和精益性的双重特征。大部分冷藏品的保质期很短，需要在较短的时间内完成整个供应链转移过程，在物流各个节点上和运输途中有严格的温度、湿度监控和质量控制，不能间断；要求冷链中设备的数量协调，设备的质量标准一致，以及快速的作业组织；要求加工部门的生产过程，经营者的货源组织，运输部门的车辆准备与途中服务、换装作业的衔接，销售部门的库容准备等均快速组织并协调配合，保证冷链协调、有序、高效地运转。

4）冷链物流的商品质量控制难度非常大

要保证冷藏品的最终质量，就必须保证包括加工、运输、储存、销售等各个环节的质量及接口环节的质量，这给冷藏品全程质量控制带来很大的难度。

8.1.3　冷链物流的分类

按冷链物流的对象的存储、运输、销售的温度，可将冷链物流分为冷冻链物流和冷藏链物流。其中冷冻链物流多用于冷冻商品，一般在–30℃以下的温度快速冻结食物，然后在–18℃以下流通贮存；而冷藏链物流多用于冷藏商品，一般在 0℃以上的温度对货物进行加工处理并流通贮存，国内冷藏链物流流通贮存多控制在 0～15℃。两者的区别如表 8-1 所示。

表 8-1　冷冻链物流和冷藏链物流

比较项目	冷冻链物流	冷藏链物流
流通贮藏温度/℃	–18	0～15
服务对象	冻结温度带的产品，如冷冻水产品、畜禽、蔬菜、速冻饺子、速冻包子、冰淇淋等冷饮品，调理食品等	冷却温度带的产品，如各种畜禽熟食、冷却肉、冷藏水产品、新鲜果蔬及其加工产品、低温保鲜奶及其制品，以及某些医药用品等
食品贮存期	长	短

续表

比较项目	冷冻链物流	冷藏链物流
食品鲜度	由于食品的一部分细胞死亡，且在解冻时出现汁液流失，不能保持食品的原有风味	由于食品冷冻后不脱水，水溶性维生素和水溶性蛋白质极少随水流出，保存住了食品的营养价值及鲜度

不同温度带流通是食品物流的核心概念，也是冷链物流的核心概念。食品品种繁多，性状各异，且消费形态丰富，决定了加工流通需要不同的温度带，进而对应不同的冷链物流。选取冷链物流时要根据食品的特性，考虑食品化学、物理、生理变质变化范围。例如，鲜鱼最好的冷藏温度范围是−2～2℃，但是这个温度范围过于狭窄，用于实际贮藏流通时很难操作，所以兼顾各种类型的冷藏鱼腐败菌和病原菌在低温下的生长情况，将冷藏链物流温度放宽到 0～8℃，这是一个有效而经济的温度范围；又如，同是低温保鲜蔬菜，洋葱、鲜土豆、白菜、甘蓝、萝卜等均可在零低温中长时间贮藏，而茄子、青椒、黄瓜、番茄等均需在 10℃或更高温度才能获得较好冷藏效果。

8.1.4　冷链物流的构成

冷链物流可以分为宏观和微观两个层面。

从全社会物流活动的角度看，冷链物流由多个不同的冷链体系构成（图 8-1）。

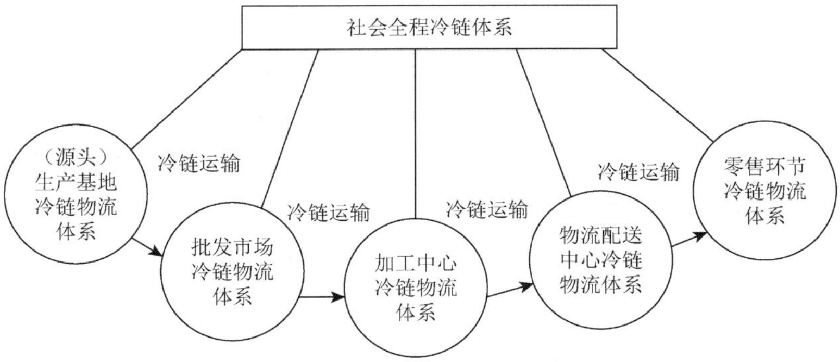

图 8-1　社会全程冷链体系

从企业物流活动的角度看，冷链物流由多个基本环节构成，如原材料进货过程冷链，原材料储存过程冷链，加工产品冷链，半成品、成品存储过程冷链，拣货及分货过程冷链，出货过程冷链，运输过程冷链等。

从价值链构成的角度看，冷链物流主要由冷冻加工、控温贮藏、冷藏运输和冷冻销售四个方面构成（图 8-2）。

1）冷冻加工

冷冻加工包括肉禽类、鱼类和蛋类的冷却与冷冻，低温状态下的加工作业过程，蔬菜的预冷及各种速冻食物和奶制品的低温加工等。在这个环节上主要涉及的冷链装备有冷却、冻结装置和速冻装置。

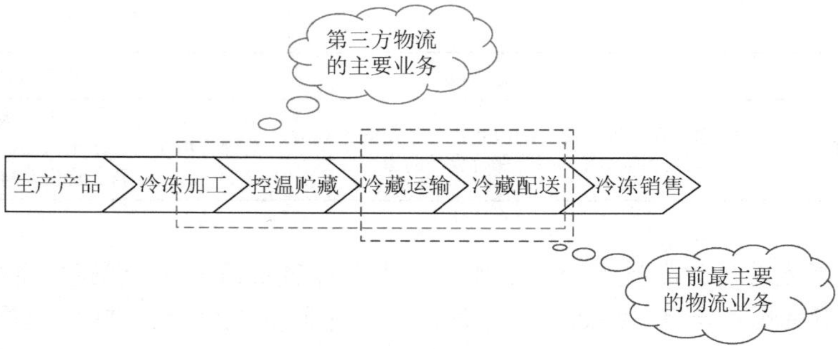

图 8-2　食品冷链的价值链构成

2）控温贮藏

控温贮藏包括食品的冷却贮藏和冻结贮藏，以及水果蔬菜等食品的气调贮藏，保证了食品在贮藏和加工过程中的低温保鲜环境。此环节主要涉及各类冷藏库、加工间、冷藏柜、冷冻柜及家用冰箱等。

3）冷藏运输

冷藏运输包括食品的中、长途运输及短途配送等物流环节的低温状态，主要涉及铁路冷藏车、冷藏汽车、冷藏船、冷藏集装箱等低温运输工具。在冷藏运输过程中，温度波动是引起食品品质下降的主要原因之一，所以运输工具应具有良好的性能，这对远途运输来说尤其重要。

4）冷冻销售

冷冻销售包括各种冷链食品进入批发零售环节的冷冻或冷藏和销售，它由生产厂家、批发商和零售商共同完成。随着大中城市各类连锁超市的快速发展，各类连锁超市正在成为冷链食品的主要销售渠道，这些零售终端大量使用了冷藏、冷冻陈列柜和贮藏库，它们是完整的食品冷链中不可或缺的重要环节。

8.1.5　冷链的全过程质量管理

1）加工过程应遵循 3C、3P 原则

3C 原则是指：冷却（chilling）、清洁（clean）、小心（care）。该原则要保证产品的清洁，不受污染；要使产品尽快冷却下来或快速冻结，即尽快地进入所要求的低温状态；在操作的全过程中要小心谨慎，避免产品受任何伤害。

3P 原则是指：原料（products）、加工工艺（processing）、包装（package）。该原则要求被加工原料一定要用品质新鲜、不受污染的产品；采用合理的加工工艺；成品必须具有既符合健康卫生规范又不污染环境的包装。

2）储运过程应遵循 3T 原则

3T 原则是指：产品最终质量取决于冷链的贮藏与流通的时间（time）、温度（temperature）、产品耐藏性（容许变质量）（tolerance）。3T 原则指出了冷藏食品品质保持所允许的时间和产品温度之间存在的关系。冷藏食品的品质变化主要取决于温度，冷藏食品的温度越低，优良品质保持的时间越长。由于冷藏食品在流通中因温度的变化而引起的品质降低的累积和不可逆性，对不同的产品品种和不同的品质要求都有相应的产品控制和贮藏时间的技术经济指标。

3）整个冷链过程的 3Q、3M 条件

3Q 条件是指：冷链中设备的数量（quantity）协调，设备的质量（quality）标准一致，以及快速的（quick）作业组织。冷链中设备数量（能力）和质量标准的协调能够保证农产品总是处在适宜的环境（温度、湿度、气体成分、卫生、包装）之中，并能提高各项设备的利用率。因此，要求产销部门的预冷站、各种冷库、运输工具等，都要按照农产品物流的客观需要，互相协调发展。快速的作业组织则是指加工部门的生产过程，经营者的货源组织，运输部门的车辆准备与途中服务、换装作业的衔接，销售部门的库容准备等均应快速组织并协调配合。3Q 条件十分重要，并具有实际指导意义。例如，冷链中各环节的温度标准若不统一，则会导致食品品质极大地下降。这是因为在常温中暴露 1h 的食品，其质量损失可能相当于在–20℃下贮存半年的质量损失量。因此，对冷链各接口的管理与协调是非常重要的。

3M 条件是指：保鲜工具与手段（means）、保鲜方法（methods）和管理措施（management）。在冷链中所使用的储运工具及保鲜方法要符合农产品的特性，并能保证既经济又取得最佳的保鲜效果；同时，要有相应的管理机构和行之有效的管理措施，以保证冷链协调、有序、高效地运转。

在上述条件中，属于产品特性的有原料品质和耐藏性；属于设备条件的有设备的数量、质量，低温环境和保鲜储运工具；属于处理工艺条件的有工艺水平、包装条件和清洁卫生；属于人为条件的有管理、快速作业和对食品的爱护。其中，有些因素是互相影响的，如设备条件对处理工艺、管理和作业过程均有直接影响。

4）质量检查要坚持“终端原则”

冷藏食品的鲜度可以用测定挥发性盐基氮等方法来进行。但是最适合冷藏食品市场经济运行规律的办法，应以感官检验为主，从外观、触摸、气味等方面判定其鲜度、品质及价位。而且，这种质量检验应坚持“终端的原则”。无论冷藏链如何运行，最终质量检查应该是在冷藏链的终端，即应当以到达消费者手中的冷藏食品的质量为衡量标准。

8.1.6　冷链物流的技术设备

建立现代化生产、加工、储运、解冻、销售等技术和设备保证体系，是冷链的硬件保证条件。

1. 冷链物流的技术要求

作为一项系统工程，冷链物流包含和涉及的技术领域广泛而复杂。其中，标准和认证技术规范是宏观层面涉及的一项重要核心技术。而在微观层面上，服务产品流转过程的冷藏技术，保持品质和安全的保鲜、包装技术，服务设施的节能技术及高效运作、快速反应处理的自动化技术和信息技术是不同环节涉及的核心技术。总体来说，冷链物流系统的核心技术主要包括冷链标准、认证技术，冷链冷藏技术，冷链保鲜、包装技术，冷链的节能技术和冷链的自动化技术及信息技术。对于每一项核心技术，因其涉及对象、环节的不同，可划分出不同类型的技术及配套相关技术（表 8-2）。

表 8-2　冷链物流的各类技术要求

核心技术	对象或环节	关键技术	相关技术
冷链标准、认证技术	基础、管理技术、服务	术语、设备设施图示符号、企业、产业分类、安全、环保、统计标准设施与设备标准、技术方法标准、服务资质、作业服务标准、信息服务标准等	图像设计、安全、环保、设备优化、统计信息等
冷链冷藏技术	贮藏、流通设备、加工设备、特殊设备	贮藏工艺、制冷技术、隔热层技术、空气幕设计技术、加工工艺、冰温技术、蓄冷技术、解冻技术、空气技术、空气调节、气调贮藏、制冷、发泡剂替代技术等	汽车技术、加工技术、新材料技术
冷链保鲜、包装技术	初级农产品、加工食品	保鲜工艺、包装工艺、材料技术、密封技术、气调技术、预冷技术、灭菌技术、加工技术等	机械、外观设计、冷藏、识别技术等
冷链的节能技术	制冷、温控、气调、回收	冷凝技术、压缩技术、除霜技术、变频技术、蓄冷技术、制冷剂、环保技术等	自动控制、温控、传感技术等
冷链的自动化技术及信息技术	进货、搬运传输、储存、运输、出货、包装、销售	自动搬运传输、自动控制、红外线识别、传感技术、无线射频识别技术、定位跟踪、供应链与物流信息系统、条码、视频技术、电子商务	机械、设计、优化、空间定位、网络传输技术等

从标准技术体系看，我国现行的冷链物流相关标准有《畜禽肉冷链运输管理技术规范》、《进出口肉类储运卫生规范》和《出口冷冻食品类商品运输包装检验规程》等国家和行业标准，正在制定的有《冷冻食品物流包装、标志、运输和储存》、《冷藏食品物流包装、标志、运输和储存》和《易腐食品控温运输技术要求》等行业标准。标准的制定均参照了国际标准，但因起步晚，仍有诸多标准国内空白或不完善。

在实践应用方面，企业多采用国际标准和国家、行业标准互为补充。从冷藏、保鲜、包装、节能、自动化和信息技术来看，国际上普遍运用的制冷、冷凝、气调、冷藏集装箱多式联运等先进的冷藏技术在国内一些行业龙头企业已被成熟应用；各类保鲜、先进的包装技术及涉及节能方面的技术在国内大型的果蔬基地和冷藏基地，如上海名特农产品国际物流与交易基地、宁波远东冷藏物流基地已得到成功运用；自动化冷藏技术、各类传感技术、自动化测量温控技术、无线射频识别技术、空间定位技术、动态信息监控技术也逐步从局部尝试向更大范围推广。总体而言，国内冷链物流系统技术体系随着冷链物流需求市场的快速发展已被初步确立。

2. 冷链物流的设备要求

与上述冷链技术要求相配套的是，农产品冷链物流中也要求特殊的专业性的设备或设施相配套，才能实现农产品，特别是鲜活农产品物流过程中的全程冷链目标。冷链设备集中在冷链物流中心、生鲜食品加工中心、在途和销售终端等中心环节，主要有冷库、冷藏车、冷柜等设备。

1）冷链物流中心

（1）主要建筑结构形式。①土建式冷库。目前国内在建的数万吨级以上的大型冷库，基本采用的都是土建式冷库，其建筑一般是多楼层，钢筋混凝土结构，在结构内部再用聚氨酯（polyurethane，PU）夹芯库板组装冷库，或使用 PU 喷涂四周的方式建造。这种使用 PU 喷涂的建设方式在国内已使用了 40 年以上。②装配式冷库。装配式冷库在国内一般用于小型拼装冷库，近几年随着钢结构在许多大型建筑中广泛使用，大型的钢结构装配式冷库也在陆续建设。大型钢结构冷库柱网跨度大、柱子较小、施工周期短，更适合内部物流设备设施的规划，如货架布局、码头设备规划、内部叉车物流动线规划等。③库架合一结构。货架系统在物流中心已经得到广泛使用，国外一些大量存储的自动仓储冷库、多层高位货架冷库在 20～30 年前就已大量采用库架合一结构进行建设。同时，在非货架区域配合采用 PU 夹芯库板拼装在钢结构外侧的施工方式，整体建成室外型冷库。目前在国内，由于该机构施工水平、工程细节及精准程度要求较高，在冷库建设方面建造较少。库架合一结构由于物流中心内部没有柱网，可以达到单位面积存量最大化及物流动线最顺畅化。

（2）制冷系统。①制冷系统在冷链物流的投资中占有较大比重。在冷媒的选择方面，国内主要使用的是氨系列或氟系列的冷媒。另外，在较高温层（如 12℃作业区），还可规划使用二次冷媒，如冰水或乙二醇。②制冷系统是由一系列的设备依统筹设计组装、安装而来，一般可区分为：制冷主机（主要包括机头、压力容器、油分离器、阀件等）、制冷风机（由不同的布局方式及数量、除霜设计方式，进行不同的选择配置，如电热除霜、水除霜、热气除霜）、控制系统（由一系列的阀件、感应装置、自控装置及控制软件等组成）、管路与阀件系统（一般依设计配置）。③与制冷系统配套的还有压力平衡装置、温度感应装置、温度记录装置、电器设备等。

（3）存储及相关设备。①与常温物流中心相同，冷链物流中心内部存储同样需要各型货架或自动化立体仓库系统（automated storage and retrieval system，AS/RS）。在国外，食品类商品不允许直接堆叠在地面，必须使用塑料托盘及货架存储。从自动仓库使用的 20 多米的高位货架，到拆零拣货使用的流力架等各型货架在冷链物流中心均有大量使用。与常温货架不同的是，低温库内使用的货架对钢材的材质、荷重、货架的跨度设计均有特殊要求。②为配合存储，满足生鲜食品的特殊要求，冷链物流中心的仓储库内会配置臭氧发生器、加湿器、新风机、二氧化碳发生器、其他特殊气体发生器等配套设备。

（4）冷库用专业门组及库板工程。①各型门组在冷链物流中心起着至关重要的作用，对冷链物流中心的能耗影响较大，如冷冻库使用的电动平移门、封闭式低温月台区使用的滑升门、人员进出门等，都需要足够的保温性能与气密性。此类门组属于低温专业用门。②与门组配套的各型防撞杆。③冷冻、冷藏库建设使用的 PU 库板也是冷链物流建设的关键材料。

（5）冷链物流月台设备设施。冷链物流月台设备设施包括月台各型门罩或门封、月台调节板（电动、手动）、月台防撞设施、月台车辆尾门机坑。

（6）搬运设备。冷链物流中心内部的搬运设备主要有各型叉车，如高位货架库内的前移式叉车、步行式叉车、电动托盘车、油压托盘车，以及自动仓库内的堆垛机等。一般情况下，这些搬运设备应是耐低温的专用型设备。与自动仓库及物流动线配合的皮带式或滚轮式的流水线也属于冷链物流中心内部的搬运设备。

（7）物流容器。冷链物流的目标商品一般是食品类和药品类商品，托盘一般需要使用塑料托盘。除塑料托盘外，冷链物流容器还有蓄冷箱、物流箱、笼车、物流筐、台车，以及与商品特性需求配合的物流容器。

（8）分拣设备。分拣设备包括自动分拣机、电子标签拣货系统（digital picking system，DPS）、拣选系统（radio frequency，RF）、自动台车等。常温物流中心使用的设备在低温中心同样需要使用，对这些设备同样有低温环境的适用性方面的要求。

除了上述硬件设备、设施外，同常温物流中心一样，还需要物流管理软件，如WMS等。

2）生鲜食品加工中心（包括中央厨房）

生鲜食品加工中心是全程冷链物流体系中的一个环节，在考虑全程冷链物流时，通常也会将生鲜食品加工中心一并纳入考虑范围，如肉类加工中心（包括猪肉、牛羊肉、禽肉类）、水产品加工中心、蔬果净配菜类加工中心、乳制品及冰品类加工中心、烘焙类产品加工中心（如面包厂等）、连锁餐饮行业的中央厨房等。

生鲜食品加工中心在建造技术与设备使用方面，除包括前述冷链物流中心的全部设备外，还有食品加工类设备及食品包装类设备、清洗类设备、灭菌消毒类设备、洁净类设备等。

3）冷链运输设备

冷链物流中心是农产品在库时提供温度控制的主要场所，加工中心是农产品流通加工时保障的环节，而农产品空间转移过程中的在途时间，同样作为农产品全程冷链中极为重要、不可或缺的一个关键环节，并涉及各类型冷藏车的使用。冷藏车除保温车厢外，一般会配置制冷系统、温度追踪记录系统、GPS等。

4）零售终端冷藏设备

冷链农产品尚未出售之前，在零售终端环节仍需要进行冷藏，才能保证全程冷链的质量效果。在各农产品销售门店，最常见的就是各种型号的冷柜，它处于农产品冷链物流的末端，其作用和地位同样不逊于前述的各个环节。产品未到达消费者之前，必须始终如一地坚持温度的控制，否则会直接导致冷链的断裂，冷链农产品的质量就会因零售环境不佳或条件不足而“功亏一篑”。

完整的冷链要求整条供应链温度保持一致。国内很多食品并非通过冷链运输，而仅是在超市中采用冷藏柜销售，那么，当冷链断裂时，温度升高，微生物出现快速生长的现象，直接导致微生物总菌数的提高，即便之后继续采用冷链，微生物基数的提高使得微生物的总数很难降低。同样，食品品质的变化也是不可逆的，颜色和风味等品质一旦发生变化，就不会再回到之前的状态。

以夏天的猪肉运输为例。冷鲜肉收货温度为4℃，保温车内温度与环境温度均处于38℃的环境下。该保温车一共配送50家门店，假设每次卸货时间为10min，共用时11h。

每次卸货时，车门敞开，会有热气进入，当达到第 50 家门店时，冷鲜肉的温度高达 10℃。温度的升高导致微生物生长速度翻倍，肉色也开始变暗。

又如，很多生鲜供应商送货至零售超市门店，在装卸货时都没有采用无缝衔接，而是在露天环境温度下操作。门店会对生鲜食品进行测温、抽检、检测车厢温度等收货检测环节，这通常需要 20～30min，这段时间生鲜食品就暴露在了露天的环境温度下，同样，这段时间也会发生温度的波动，从而导致肉品质的变化。

8.2　三类农产品冷链物流

8.2.1　果蔬冷链物流

1. 果蔬及果蔬产业特性

果蔬及果蔬产业的特性决定了其在冷链技术应用方面的理论研究与实践活动都具有自己的独特性，而这些特性正是影响果蔬物流发展的主要因素。

1）果蔬生产的特殊性和果蔬供给主体分散的特殊性

果蔬生产的地域性、季节性、长期性，决定了果蔬供给市场的规律性和限制性。果蔬供给主体除一些大规模农场外，大部分都以家庭为基本单位，即果蔬的供给者必然由小规模、大批量、分散的农户组成。

2）果蔬物流成本较高的特殊性

果蔬的物理特性决定了果蔬物流成本占总成本的比重较大。果蔬产品具有易腐易损性，形状、规格、质量参差不齐，单位价值低。果蔬的易腐易损性限制了流通时间，也限制了市场范围，而且对果蔬的运输条件、贮藏与加工环境等要求较高。单位果蔬产品形状、规格参差不齐，增加了果蔬物流的难度及成本。单位果蔬产品价值较低，使得果蔬物流成本居高不下。据统计，发达国家果蔬物流成本占总成本的 10%左右，而目前我国现代果蔬物流成本占 50%以上。

3）果蔬市场供给与需求弹性小的特殊性

果蔬的生产和物理特性，决定了果蔬市场供需也与一般产品不同。从供给方面看，尽管人们在果蔬生产研究方面已经取得了很大进展，但在果蔬生产和生命周期等方面仍然需要遵循自然规律，这使得果蔬供给弹性很小；从需求方面看，果蔬是生活必需品，市场需求变化不大，这使得果蔬的需求弹性较小。供给和需求弹性都很小的特点，导致了消费市场上价格的周期性波动。价格变动过于剧烈将导致果蔬物流的无序、停滞。

2. 果蔬冷链物流流程

果蔬冷链物流流程如图 8-3 所示。

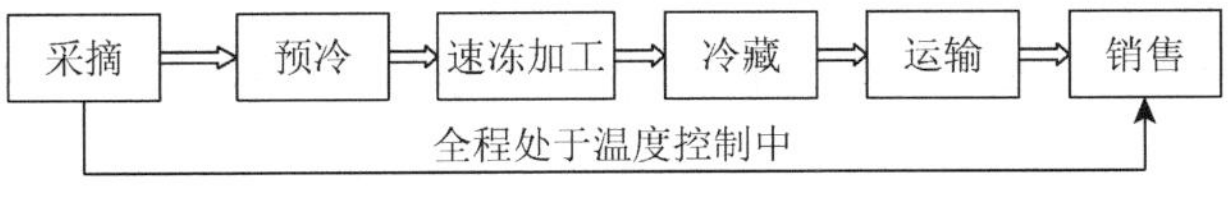

图 8-3　果蔬冷链物流流程

1）采摘

果蔬采摘后，虽然已经离开植株，但仍是有生命的有机体，具有生命活动，如呼吸作用、蒸腾作用及微生物作用。这些作用是引起果蔬采摘后腐败的原因。由此可见，果蔬采摘后，对其进行适当的处理是保鲜的重要措施。

2）预冷

在贮藏和运输之前将品温降低，被称为预冷。采用预冷的方式，降低果蔬的品温，可以有效减缓呼吸作用、蒸腾作用及微生物作用对果蔬采摘后腐败的影响。科学试验和生产实践已经证明，采收后的果蔬预冷越及时，后熟作用和病害发展越慢，新鲜度保持越好。当然，不是温度越低越好，不同的果蔬有不同的温度要求和限度。目前，果蔬预冷的方法有真空预冷、冷水预冷、空气预冷和冰预冷四种方法。

3）速冻加工

速冻是一种快速冻结的低温保鲜法。速冻果蔬就是将经过处理的果蔬原料，如草莓、黑莓、黄桃丁、苹果丁、地瓜、胡萝卜、土豆、黄秋葵、青椒、圆葱、辣椒丁、青刀豆、甜豌豆、荷兰豆、白花菜、绿花菜等，采用快速冷冻的方法使其冻结，然后在−18～20℃的低温下保存待用。速冻保藏是当前果蔬加工保藏技术中能最大限度地保存其果蔬原有风味和营养成分的方法。

（1）选料。加工速冻果蔬的原料要充分成熟，色、香、味要充分显现，这就需要采用质地坚脆、无病虫害、无霉烂、无老化枯黄、无机械损伤的新鲜果蔬。最好能做到当日采收、及时加工，以保证产品质量。

（2）清洗。采收的果蔬一般表面都附有灰尘、泥沙及污物，为保证产品符合食品卫生标准，冻结前必须对其进行清洗。

（3）切分。一般蔬菜可切分成块、片、条、丁、段、丝等形状，要求薄厚均匀、长短一致、规格统一。浆果类的品种一般不切分，只能整果冻，以防果汁流失。

（4）烫漂。烫漂的目的是抑制果蔬的酶活性、软化纤维组织，去掉辛辣涩等味，以便烹调加工。速冻蔬菜也不是所有品种都要烫漂，要根据不同品种区别对待。

（5）沥水。切分后的蔬菜，无论是否经过烫漂，其表面常附有一定水分，若不除掉，在冻结时很容易形成块状，既不利于快速冷冻，又不利于冻后包装，所以在速冻前必须沥干。

（6）快速冷冻。沥干后的蔬菜装盘或装筐后，需要快速冻结。力争在最短的时间内，使菜体迅速通过冰晶形成阶段（−35～−25℃）以保证速冻质量。

（7）包装。包装是贮藏好速冻果蔬的重要条件。其作用是：防止果蔬因表面水分的蒸发而形成干燥状态；防止产品在贮藏中因接触空气而氧化变色；防止大气污染（尘、渣等），保持产品卫生；便于运输、销售和食用。

4）冷藏

降低温度可以使果蔬的呼吸作用、水分蒸发作用减弱，营养成分的消耗减少，因此适当的冷藏条件（温度和湿度）对于果蔬的保鲜是非常必要的。通常，果蔬的冷藏温度在 0℃左右，相对湿度保持在 85%～95%。但是由于果蔬的种类不同，对温度和湿度的要求也有区别。

5）运输

目前，我国铁路、公路、水路和空运等各种运输方式均被采用在果蔬的运输中，它们优势互补，已逐渐形成较为完整的运输网络，加快了果蔬的运输速度，降低了果蔬在运输中的腐败和损耗。同时，与发达国家比较，我国要加强果蔬的运输管理。最重要的一点是尽量维持运输过程中的恒温，防止温度波动，避免温度过低，果蔬受冻，也要避免温度过高，引起腐败。

6）销售

果蔬主要通过超市，处于特定温度环境下进行冷链销售。

3. 欧美等发达国家和地区的果蔬冷链

欧美等发达国家和地区已普遍采用水果采后预冷、气调贮藏、洗果、涂蜡、分级和冷链运输规范配套的处理方式；水果采后的商品化处理量几乎达到了 100%，形成了完整的水果冷链体系。

意大利的新鲜水果采摘后，95%进入气调保鲜库，并对不同品种、不同产地的水果采用不同的保鲜策略，使其可分批分期出库销售。日本的果蔬农产品处理已经实现了“产地预冷 + 冷藏车运输+低温冷柜或专卖店销售”的冷链流通模式。美国和德国等国家已经在运输过程中全部使用冷藏车或者冷藏集装箱，并配以 EDI 系统等先进的信息技术，采用铁路、公路、水路等多种方式联运，建立了包括生产、加工、贮藏、运输、销售在内的果蔬冷链。

4. 我国果蔬冷链业存在的问题

我国是水果生产大国，2015 年水果产量已达 2.71 亿 t。同时，我国水果产量的快速增长已经受到国际社会的关注，美国农业部就曾在其报告中提及。然而我国水果产地采后处理的基础设施不完善，未能解决分选、分级、预冷、冷藏运输和保鲜等采后水果的处理问题，水果在采后流通过程中损失严重，每年损失率达 25%～30%。

我国果蔬冷链存在许多问题，主要包括产地预冷环节薄弱、冷藏运输工具和技术落后、冷库发展水平低、缺乏有影响力的第三方冷链物流四方面。

预冷是现代水果流通体系的首要环节。但是，水果预冷，特别是产地预冷措施在我国的使用基础较为薄弱。由于成本问题，目前经常使用的预冷方法是自然通风降温或冷库预冷方式，而这些方法耗时较长，效果较差。

冷藏运输工具和技术落后。我国冷藏保温汽车的拥有量较少，与发达国家相比存在很大的差距，大多数的水果只能在火车棚车或普通卡车中利用冰来制冷运输，甚至是在常温环境下进行运输。

冷库发展不足也是限制我国水果冷链业发展的一个重要的制约因素。大多数冷库品种单一，冷库的质量监控、环境温度和洁净度控制、卫生管理和包装技术仍与发达国家有较大的差距。

国内食品冷链物流市场规模较小，区域特征明显，缺乏大型的第三方冷链物流企业。我国大多数冷链物流服务商只能提供低温运输服务，大多不能保证整个冷链物流环节的温度控制。果蔬生产商和销售商无法放心将冷链物流业务外包，这也是限制第三方物流发展的重要原因。

由于冷链发展过程中存在众多问题，现有的冷链环节不能形成一个连贯的冷链系统，极大地制约了我国冷链产业的发展。要完善我国的冷链业、提高果蔬等食品的卫生安全质量，就必须积极开发性价比合理、符合我国国情的相关设备和技术，并采取有效的推广措施。

8.2.2　肉类冷链物流

1. 肉类分类

目前肉类市场上销售的生肉主要有三种：热鲜肉、冷冻肉和冷鲜肉。其中，热鲜肉、冷冻肉是我国居民主要食用的肉类产品，而伴随着冷鲜肉在北京、上海、广州等大中城市的出现，我国肉类消费结构逐渐形成“热鲜肉广天下，冷冻肉争天下，冷鲜肉甲天下”的三分天下的格局。

1）热鲜肉

热鲜肉是指宰杀后未经任何加工程序就在市场上出售的肉，保质期只有1～2天。由于热鲜肉一直在自然温度下生产、流通，肉质粗硬、嫩度差、风味也欠缺，易发生污染。同时，热鲜肉未经预冷，肉温持续较高，极易滋生细菌，造成肉质腐败。传统上，消费者都认为这种猪肉才新鲜，这其实是一个误区。

2）冷冻肉

冷冻肉是指宰杀后的畜禽肉，经预冷后，在–18℃以下速冻，使深层温度达–6℃以下的肉。冷冻肉虽然细菌较少，吃着比较安全，但在食用前需要解冻，会导致大量营养物质流失。

3）冷鲜肉

冷鲜肉也称冷却肉，是严格执行检疫制度屠宰后的畜胴体，在–20℃的条件下迅速进行冷却处理，使胴体温度在24h内由38℃左右降为0～4℃，并在后续的加工、流通和分销过程中始终保持在0～4℃冷藏范围的冷链中。冷鲜肉在风味、营养和口感等方面比热鲜肉和冷冻肉好一些，也符合卫生、安全的原则，但因为制作成本昂贵，价格比热鲜肉普遍高出15%～60%。冷鲜肉具有安全卫生、肉嫩味美、便于切割等优点，很快赢得消费者特别是较高收入阶层的消费者的认同。冷鲜肉是生肉消费的发展方向。发达国家的超市里基本上都是冷鲜肉。中国少数大型肉类加工企业，如双汇集团、山东金锣企业集团总公司等已经开设肉类连锁店，大批量生产销售冷鲜肉。

2. 肉类冷链物流流程

肉类冷链物流流程如图8-4所示。

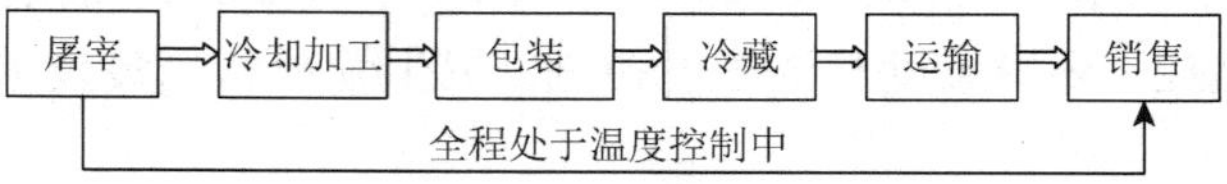

图8-4　肉类冷链物流流程

1）屠宰

屠宰过程包括对畜禽的检验、冲淋和屠宰。

2）冷却加工

对屠宰后的胴体进行快速冷却，并在低温环境下进行精细分割加工。

3）包装

对于长期贮藏、出口和远销的冷冻肉经整形、包装后装箱低温（–25℃）冻结。对于冷鲜分割肉，将肉体温度冷却到 4℃左右进行包装，严格控制微生物的繁殖。

4）冷藏

低温贮藏能抑制微生物的生命活动，延缓组织酶、氧及光和热的作用，可以较长时间保持肉的品质。冻藏温度通常在–18℃左右，并且保持恒温，相对湿度在 95%～100%。不同温度下冻肉的储存期限不同，如表 8-3 所示。

表 8-3　不同温度下冻肉的储存期限

种类	储存温度/℃	冻藏时间/月	种类	储存温度/℃	冻藏时间/月
猪肉	–18	4～6	羊肉	–12	3～6
	–23	8～12		–18	6～8
牛肉	–12	5～8		–23	8～10
	–15	6～9	肉酱	–12	5～8
	–18	8～12		–18	8～12
小牛肉	–18	6～8			

5）运输

冷冻肉的运输主要采用冷藏汽车、冷藏船、冷藏列车或冷藏集装箱。冷鲜肉多用冷藏保温车配送，温度恒定在 0～4℃，实现“门到门”的快速运输。

6）销售

在低温环境下进行销售。

8.2.3　水产品冷链物流

1. 水产品供应链的特点

1）水产品物流的运作具有相对独立性

水产品自身的生化特性和特殊重要性决定了它在基础设施、仓储条件、运输工具、技术手段等方面具有相对独立的特性。在水产品储运过程中，为使水产品的使用价值得到保证，需采取低温、防潮、烘干等一系列技术措施。这并非交通部门和其他部门能做到的，它要求有配套的硬件设施，包括专门设立的仓库、输送设备、专用码头、专用运输工具、装卸设备等。

2）水产品物流的质量管理要求高

水产品物流中的收、发及中转环节都需要进行严格的质量控制，以确保水产品品质、质量达到规定要求，这是其他许多商品所不具备的。

3）水产品物流过程中的技术要求高

水产品流通加工技术和物流各环节的信息处理技术也是制约水产品物流发展的重要因素。

水产品冷链物流是水产品在冷链环境下加工、贮藏、流通、消费和贯穿于从捕捞到产品零售的科学管理，并经信息网络产生综合经济效益和社会效益的物流形式。低温冷藏运输水产品能有效抑制或减缓鱼体酶类的活性和细菌生长，防止腐败变质，能较好地保持水产品原有风味、营养价值和外观质量。

2. 水产品质量保证体系建设

我国水产品质量保证体系建设经历了三个阶段：

（1）冷藏库阶段（20 世纪 80 年代），以冷藏保鲜为主。

（2）冷藏链阶段（20 世纪末），冷库与冷藏车和恒温设备结合，以保鲜为主。

（3）冷链物流阶段（21 世纪初），是在前两个阶段基础上，建立信息网络，维护良好资源、生态环境，更重视冷链物流整个体系的成本核算。

冷链物流与前两个阶段最大的不同点是软硬件配套服务，在产品快速送达和服务质量上产生效益最大化。建设我国的水产品冷链物流体系也是建设水产品食用安全的保障体系，是促进渔民增收和消费者受益的重要条件，是发展我国远洋渔业的一项基础性工作。

3. 水产品冷链物流流程

水产品流通过程中，除了活鱼运输外，要用物流方法或化学方法延缓或抑制其腐败变质，保持其新鲜状态和品质。其中，非常重要的保鲜方法是水产品冷链物流的运用，其流程如图 8-5 所示。

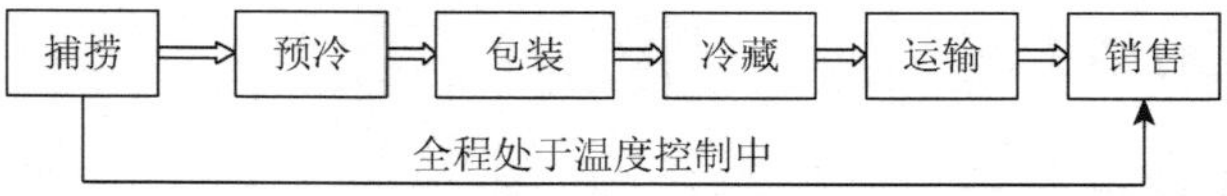

图 8-5　水产品冷链物流流程

1）捕捞

水产品从捕捞起就应该重视保鲜问题，主要是及时进行预冷。同时，水产品捕捞上来后，要用清洁的水清洗水产品体表，以最大限度地限制微生物对水产品体面的污染。

2）预冷

试验证明，在鱼类离开水面时立即设法使其死亡，其僵硬时间要比经过长期挣扎后死亡的鱼要迟，有利于鱼体鲜度的保持。由此，水产品捕捞后应立即进行快速冷却，使水产品体表中液体温度接近冰点。

3）包装

水产品包装的主要目的是防止水分的蒸发、细菌的二次污染、产品脂肪的氧化、气味的污染、产品滴汁。

4）冷藏

不同水产品有不同的储存温度，温度越低、保藏期越长、质量越好。储存温度不得高于–18℃。现在国际上采用–24℃对水产品进行冷藏，并保持相对湿度为 95%～100%。

5）运输

对于鲜活水产品的运输来说，运输方法主要有：淋水运输、帆布桶运输、塑料袋包装运输。而水产品冷链运输方法主要有以下两类。

（1）干运，又称无水运输，是将鱼虾冷却到暂停生命活动的温度，然后脱水运输，到达目的地后，再将鱼虾放入水中，让它们重新苏醒过来。在脱水状态下，其生命可以维持 24～40h。这种方法不仅使鱼虾的鲜活度大大提高，而且节省运费，是一种较理想的运输方法。

（2）采用专用绝热的冷冻运输箱运输。

6）销售

在特定的低温环境下进行销售。

4. 水产品冷链的制约因素

当前我国水产品冷链发展受设施设备不足、技术标准缺位、产业配套不全等因素的制约，相对于国际先进水平差距很大。我国冷链的实施没有国家或行业的专项标准，易腐食品的时效性要求冷链各环节必须具有更高的组织协调性。然而，我国冷链产业的整体发展规划欠缺影响了食品冷链的资源整合，供应链上下游之间缺乏配套协调。同时，与发达国家相比，我国水产品质量标准体系不完善，现行标准中有许多可操作性和指导性不强，产品中的安全卫生指标较少，各种产品的标准指标雷同，感官指标中描述性的语言过多，缺乏量化指标。

8.3　我国农产品冷链物流发展

8.3.1　我国农产品冷链物流建设的现状

1）农产品冷链物流初具规模

我国是农业生产和农产品消费大国，肉类、禽蛋、牛奶、蔬菜、水果产量均位居世界第一。近年来，我国生鲜农产品产量快速增加，2017 年，生鲜农产品产量达到 13.2 亿 t，冷链物流比例逐步提高。2015 年，我国果蔬、肉类、水产品冷链流通率分别达到 22%、34%、41%，冷藏运输率分别达到 35%、57%、69%，冷链物流的规模快速增长。

2）农产品冷链物流基础设施逐步完善

2017 年全国冷库容量达到 4775 万 t，比 2016 年增加了 575 万 t，同比增长 14%；冷藏车市场保有量达到 14 万台，较上年增长 2.5 万台，年增长率约 21.7%。

3）冷链物流技术逐步推广

生鲜农产品出口企业率先引进国际先进的 HACCP、GMP 认证等管理技术，普遍实现了全程低温控制。大型肉类屠宰企业开始应用国际先进的冷链物流技术，从屠宰、分割加工、冷却成熟等环节低温处理起步，逐渐向贮藏、运输、批发和零售环节延伸，向着全程低温控制的方向快速发展。适应我国国情的低能耗、低成本的冷链处理技术被广泛推广，推动了水产品和反季节果蔬为代表的高价值量农产品冷链迅速兴起。

4）冷链物流企业不断涌现

中外运、中粮集团有限公司等社会化第三方物流企业强化与上下游的战略合作与资源整合，建立国际先进的冷链设施和管理体系，积极拓展冷链物流业务；双汇集团、河南众品食业股份有限公司、光明乳业股份有限公司等食品生产企业，加快物流业务与资产重组，组建独立核算的冷链物流公司，积极完善冷链网络；大型连锁商业企业完善终端销售环节的冷链管理，加快发展生鲜食品配送。我国冷链物流企业呈现出网络化、标准化、规模化、集团化发展态势。

5）农产品冷链物流发展环境逐步完善

国家高度重视冷链物流发展，在近几年下发的中央一号文件中均强调要加快农产品冷链物流系统建设，促进农产品流通。一些冷链物流的国家标准、行业标准和地方标准先后颁布实施，《中华人民共和国食品安全法》等重要法律法规逐步完善。农产品冷链物流的重要性进一步被消费者认识，全社会对“优质优价”农产品的需求不断增长。

8.3.2　国内农产品冷链物流建设存在的问题

1）冷链物流发展水平较低，损耗严重

根据截至2015年年末的调查，我国冷链物流发展的现状见表8-4。

表 8-4　2015 年我国冷链物流发展的现状

种类	冷链流通率/%	冷藏运输率/%	流通腐损率/%
果蔬	22	35	15
肉类	34	57	8
水产品	41	69	10

数据来源：中国产业信息网

由表8-4可见，我国冷链物流应用还不够充分，尤其是生鲜农产品流通腐损率较高，而发达国家已经建设了相对规范、成熟的冷链物流体系，流通腐损率普遍在5%以下。在冷藏运输率指标上，美国达到了80%～90%的水平，日本甚至在98%左右。因此，我国冷链物流体系尚处于发展初期，亟待积极解决发展中的问题。

2）冷链物流硬件设施陈旧落后，区域发展不平衡

截至2017年年底，全国冷库总容量达到4775万t，总量基本与美国持平，但人均拥有量却只占美国的1/4，占日本的1/3。冷藏车保有量接近14万辆，尽管冷藏车数量逐年递增，但是由于我国冷链物流起步晚，人口基数大，我国人均占有冷藏车资源仍十分有限，

与国际水准相比偏低。按照我国目前的人口基数及冷藏车保有量核算，我国每 1 万人拥有 1 辆冷藏车，而美国是每 500 人 1 辆。同时，冷藏车合规数量不多，“假”冷藏车市面上仍然存在，很多二手海柜改装冷藏车还在路面上跑，这对于农产品冷链发展有限制作用。总体来说，我国生鲜农产品冷链物流发展在基础设施上与发达国家存在较大的差距。除此之外，由于发展结构性不合理，沿海区域及一线北上广城市冷链基础设施设备数量较多，西部中部地区资源较少。

3）冷链物流各环节、上下游产业缺乏配套衔接，“断链”现象突出

发达国家 95%的蔬菜、水果自采摘后半小时内立即进行预冷（一般使“田间热”降低至 4℃左右），以减少呼吸作用、抑制微生物生长、保持农产品的新鲜及质量、防止商品腐烂。而我国的这个环节还基本是空白，对农产品产后低温贮藏加工投入力度不够，农产品绝大部分由产地以原始产品形式卖出。

发达国家已充分认识到产后低温贮藏加工的重要性，并将其放在农业的首要位置。例如，美国农业总投入的 30%用于采前，70%用于采后，意大利、荷兰农产品保鲜化率为 60%，日本大于 70%。发达国家对农产品采后贮藏加工的重视大大提高了农产品的产后产值。据统计，发达国家农产品产值的 70%以上是通过产后处理（贮藏保鲜加工）来实现的，其中美国产后产值与采收时自然产值之比为 3.7∶1，日本为 2.2∶1。相比之下，我国对农产品产后低温贮藏加工投入力度不够，尤其是农产品采后低温加工包装技术能力的低下，导致目前我国农产品绝大部分由产地以原始产品形式卖出，农产品产后产值不仅没有得到提升反而下降，我国产后产值与采收时自然产值之比为 0.38∶1 足以说明问题。

另外，承担着 70%以上鲜活农产品流通的大型农产品批发市场很少配备冷冻冷藏设施，由此造成大批量交易过程中的鲜活农产品质量损失。无论生产、加工、贮藏和运输、销售等其他环节如何严格控制温度，都无法弥补批发市场交易过程中带来的质量损失。鲜活农产品冷链物流常出现“断链”现象，造成微生物等有害物质大量滋生或“二次污染”，影响农产品品质，严重威胁居民消费安全（研究表明，环境温度每升高 10℃，鲜活农产品质量下降速度大约增快 1 倍）。

4）农产品冷链物流市场化程度较低

近年来，我国经济的快速增长，尤其是电子商务的快速发展，刺激了更多高端生鲜农产品的需求，使冷链行业进入了快速增长阶段。但由于物流服务商多且规模普遍较小，第三方物流比重不高，缺少第三方冷链物流的龙头企业，大多数第三方冷链物流企业的基础设施、节点网络、信息系统、服务质量还不能满足农产品电子商务的要求，冷链物流的社会化成熟度、服务水平和发达国家相比仍有很大差距，成为制约农产品电子商务发展的环节。

作为生鲜农产品电子商务，对冷链物流的要求比传统产品要高，淘宝、天猫上销售的食品多以较易贮藏的商品为主，部分季节性的大闸蟹、杨梅、樱桃、冷鲜肉等生鲜，除了少数入驻商家有冷链仓储进行本地配送外，区域外几乎都依托第三方物流公司进行配送，难以保证送达质量。

第三方物流的不可控性及高额的外包成本，让大型的电子商务企业开始通过自建冷链物流或整合优秀冷链物流企业的方式来完善冷链物流系统。例如，顺丰优选借助其完善的

物流体系在 2014 年全面铺设了低温物流配送；阿里巴巴的菜鸟物流通过整合上海众萃物流有限公司和北京快行线食品物流有限公司两家优秀的冷链物流企业，形成“干支线 + 末端宅配”相融合的“二段式配送”体系；京东启动的末端配送服务站方式，在未来将尝试从田间直达餐桌的“ABC”（agricultural to business to customer）方式。

但是，无论电子商务自建还是整合第三方冷链物流企业资源都只处于探索尝试阶段，并未形成完善的电子商务冷链物流配送体系。以京东为例，目前的生鲜农产品配送还以全峰和顺丰物流配送为主，这也只是针对高端生鲜产品，而且也只能配送至相关省市而不能送至县、乡镇、村等地。而对于很多团购的产品，由于受成本限制，其配送的范围就更小，一般其全国配送范围都不包括广西、云南、贵州、新疆、内蒙古、宁夏、西藏、甘肃、青海、海南、港澳台、偏远村等地区。总之，我国冷链物流社会化程度还比较低，社会化的冷链物流队伍和集约化、专业化的冷链物流管理成为顺利开展农产品尤其是生鲜农产品电子商务急需的资源。

5）信息化建设水平较低

冷链物流需要较高的硬件水平和物资运输能力，这就需要物流系统具备较快的应急处理能力和较强的管理水平，所以，冷链物流信息化建设是必不可少的。然而，我国冷链物流行业的信息化建设水平较低，不仅相关冷链物流信息化设备配备水平较低，软件应用也不够广泛，运营人员对信息系统应用水平有限，信息系统的应用能力亟待提高。

6）缺乏发展冷链物流的法律法规和统一的标准、技术规范

冷链物流是一项非常复杂的系统工程，为确保每个环节不出现产品质量和市场安全问题，完善的法律法规体系、统一的标准和技术规范是保证冷链物流运转的基础。但我国冷链物流法律法规不健全，冷链物流各环节设施、设备及操作规程、温度控制等均没有统一的标准和技术规范，发达国家普遍推行的 HACCP 管理体系尚处于启蒙及推广阶段。

8.3.3　促进我国农产品冷链物流发展的对策

1）加强生鲜农产品冷链物流基础设施与信息系统的建设

我国应当加大对生鲜农产品冷链物流基础设施的建设投资，不仅要对已有冷藏运输设备进行改造、更新，更应该引进先进的冷链运输设备，以先进技术改造现有冷库，并建设配备先进技术和先进设施。应大力推广冷藏集装箱的应用，助推运输一体化模式的实现。此外，应当在交通便利的城市郊区建立适宜生鲜农产品储存的配送中心，这有利于提高生鲜农产品的储存效率和物流中转效率，进而提高我国冷链物流的运送能力。同时，努力建设并完善生鲜农产品的冷链物流信息系统，实现对冷藏设备的全程监控和管理，提升冷链全程的温度控制管理水平。

2）通过并购等方式，促进我国传统冷藏运输企业向专业低温物流企业转变

为了提升自身竞争力，传统的冷藏运输企业必须在整合原有资源基础上，通过并购等形式，拓宽物流服务领域，向现代专业低温物流企业转变。福建省漳州市裕和集团有限公司（以下简称裕和集团）就是成功的案例。裕和集团是我国首家通过 ISO9000 国际质量

体系认证的专业冷藏运输企业。为了提升冷链物流服务水平，该公司与中外运合作，此举把裕和集团从一个传统的冷藏运输企业变成了一个集仓储、运输、加工、配送及其他供应链服务等功能于一体的，具备冷链专业运作水平、先进管理技术和经验的专业低温物流企业。裕和集团目前已成为百胜餐饮集团、锦江麦德龙现购自运有限公司、和路雪、雀巢公司、光明乳业股份有限公司等公司长期稳定的物流供应商。

3）组建农产品冷链物流联盟，推动我国农产品冷链建设

针对我国农产品冷链物流现状，没有哪一个企业能够建立起一整套的冷链基础设施，因此要推动我国农产品冷链物流的发展，就必须联合各方面的力量，包括政府的支持和行业组织的协调，成立一个由客户、运营商和投资者组成的联盟。从供应链的角度看，也就是建立一个能满足消费者、供应商和零售商三方面需求的冷链物流模式。除了本地销售的农产品以外，外销的农产品可以由供应商将货物运送到主要城市冷链物流整合中心，整合后进行长途运输，由地区整合中心进行装箱提货和当地运送，再整合后发送到零售直销点。在整个过程中均有严格的温度控制和实施监控。

4）政府应推进冷链物流行业的质量管理体系与标准化建设

我国政府应当以立法的手段制定冷链物流行业的质量管理体系，积极借鉴发达国家的法律法规，结合我国物流行业的实际情况，制定冷链物流行业的相关法规和质量管理制度，并积极推进冷链物流标准化建设，与发达国家的先进标准接轨，实现我国冷链物流标准的协调统一与科学细致，以提高冷链物流行业的规范程度。

5）加强农产品冷链物流行业的协调和自律

行业协会作为政府与企业之间的桥梁和纽带，必须发挥中间协作的作用，完善现代农产品冷链物流产业管理。一方面，协会积极宣传政府出台的政策、法规，使合规经营的思想深入每一个企业；另一方面，协会又可以代表农产品冷链物流企业来表达企业的需求及思想，对政府完善冷链物流政策提出建设性意见，也为改善企业经营提供最新的理念和技术支持。行业协会在政府与企业及企业与企业之间，在沟通情况、咨询服务、提供信息、协调关系等方面能够从不同的角度起到润滑作用。例如，加拿大的卡车协会是由加拿大运输企业、农产品产地加工企业、批发市场和配送中心等自愿组成的民间组织，协会主要协助加拿大食品检验署（Canada Food Inspection Agency，CFIA）制定冷链物流指导原则与标准，协调冷链环节行为主体的关系，组织制定本行业企业共同遵守的行为规范和纪律，并配合 CFIA 对协会成员进行技术咨询和人员培训，在推动加拿大冷链物流发展中发挥了重要作用。

6）大力开发并推广使用农产品产后低温包装和保鲜技术，提高农产品附加值

对生鲜物品的需求的增长要求从生产地到中间的贮藏、运输及消费者家中的冰箱，每一个环节都必须保证产品处于持续低温状态，任何疏漏都会导致质量的破坏，甚至造成货物的完全毁坏。在整个流通过程中，不管用什么方式来保持包装内物品的低温，最后都要归结到包装开发和涉及的基础原理。因此，大力开发并推广使用农产品产后包装和保鲜技术，有利于从整体上提升我国农产品冷链物流发展水平。鉴于此，我国农产品低温物流行业应在吸收国外的最新保鲜技术的基础上，研究出适合我国国情的高新保鲜技术，提高科技对农产品保鲜的贡献率。

7）完善农产品冷链物流相关政策法规

组织制定和完善与国家相配套的农产品冷链物流政策和法规，制定冷链温度控制办法，尽快出台冷链物流环境监控办法，促进农产品冷链物流产业发展。研究出台鼓励农产品冷链物流发展的信贷、用电、建设冷库等优惠政策。对符合土地利用总体规划的农产品冷链物流园区用地给予重点保障。研究解决城市冷链配送运输中的中转配送难、配送货车停靠难等问题，进一步放宽冷链运输车辆的城市交通管制。合理确定运输车辆的载重量，在车辆审验、车辆管理等方面提供支持。

复习思考题

1. 什么是冷链物流？与其他物流方式相比，冷链物流具有什么特点？
2. 冷链的全过程质量管理应注意哪些问题？
3. 完善的冷链物流链应具备哪些技术和设备？
4. 果蔬类冷链物流的流程应遵循哪些步骤？
5. 结合实际，谈谈我国果蔬冷链物流存在的问题及相应的对策。
6. 水产品的冷链物流有什么特点？现实中水产品的冷链物流存在哪些制约因素？
7. 我国冷链物流建设存在什么问题？相应的对策有哪些？

阅读与思考

阅读与思考

第 9 章

农产品电子商务物流

重点提示

通过本章的学习，了解电子商务的概念，电子商务对物流的影响；掌握电子商务物流的概念和特征及国内外农产品电子商务物流的基本模式；重点理解和掌握我国现有农产品电子商务物流应用现状、存在问题、障碍因素。

9.1 农产品电子商务物流概述

9.1.1 电子商务与物流

1. 电子商务

1）电子商务的概念

1996 年，国际商业机器公司（International Business Machines Corporation，IBM）提出了电子商务（electronic commerce，e-commerce）的概念，此后，不同的组织提出了不同的电子商务概念，至今仍没有统一的、权威的定义。尽管有许多从不同角度形成的定义，且内容各异，但它们都离不开两个基本点：电子工具和商务活动，即电子商务本质上是通过电子工具实现一系列商务活动。在国内，电子商务通常被描述为利用计算机技术、网络技术和远程通信技术，实现整个商务（买卖）过程中的电子化、数字化和网络化。

电子商务的概念模型强调信息流、商流、资金流和物流的整合，而信息流作为连接的纽带贯穿于电子商务交易的整个过程中，起着串联和监控的作用。

电子商务的本质在于通过疏通信息流、提供增值服务、实现交易自动化、优化和整合商务活动来提高交易效率，降低交易成本，增加企业的竞争力。

2）电子商务的特点

电子商务与传统商务相比，除了具有一般商务的基本特性之外，还具有以下特点。

（1）交易虚拟化。通过以 Internet（因特网）为代表的计算机互联网络进行贸易，贸易双方从贸易磋商、签订合同到支付都无须当面进行，从而实现整个交易的虚化。对卖方来说，可以到网络管理机构申请域名，制作自己的主页，在网上组织产品信息；而买方则可以根据自己的需求选择广告，并将信息反馈给卖方，通过信息的推拉互动，签订电子合同，完成交易并进行电子支付。整个交易都在虚拟环境下进行。

（2）交易成本低。电子商务使得买卖双方交易成本大大降低，具体表现在：①网络上信息传递成本相对于信件、电话、传真而言较低，单位成本较低。此外，缩短时间及减少重复的数据录入也降低了信息成本。②买卖双方通过网络进行商务活动，无须中介者参与，减少了交易有关环节。③卖方可通过互联网进行产品的介绍宣传，节省了在传统方式下大量的广告费用。④电子商务实行无纸贸易，可减少 90%的文件处理费用。⑤互联网买卖双方可以即时沟通信息，使无库存生产和无库存销售成为可能，从而使库存成本降为零。⑥企业利用内部网进行商务活动可实现无纸办公，提高内部信息传递效率，节省时间，并降低管理成本。

（3）交易效率高。传统贸易方式用信件、电话和传真传递信息，每个环节都必须有人参与。由于人员合作和工作时间的问题，往往会延误传输时间，失去最佳商机。电子商务利用互联网将贸易中商业报文标准化，使其能在世界各地瞬间完成传递与计算机自动处理，原材料采购、产品生产、需求与销售、银行汇兑、保险、货物托运集中等过程均无须人员干预，可在最短时间内完成，克服了传统贸易方式费用高、易出错、处理速度慢等缺点，极大缩短了交易时间，使整个交易快捷方便。

（4）交易透明化。买卖双方从交易的洽谈、签约到货款的支付、交货通知等整个交易过程都在网络上进行。通畅快捷的信息传达可以保证各种信息之间相互核对，防止伪造信息的流通。例如，在典型许可证 EDI 系统中，由于加强了发证单位和验证单位的通信核对，假的许可证很容易被发现。

3）电子商务对物流的影响

（1）电子商务改变了传统的物流观念。在电子商务环境下，人们进行物流活动时可以通过虚拟化的方式体现出物流的功能，各种组合方式使商品实体在运动过程中达到效率最高、费用最省、距离最短、时间最少的目标。同时，电子商务需求的多样性与分散性为现代物流拓展了广阔的业务范围。电子商务要求现代物流提供更完善、更周到的服务，协助电子商务公司完成售后服务，提供更多的增值服务内容，这样现代物流的发展才有内在的动力与外在的需求，二者共同促进、共同发展。

（2）电子商务改变了物流的运作方式。电子商务可使物流实现网络的实时控制。在传统的物流活动中，虽然也运用计算机技术对物流实时控制，但这种控制都是以独立的运作模式进行的。电子商务时代，网络全球化的特点使物流在全球范围内实施整体的实时控制。现代物流企业可充分利用 Internet 的巨大优势建立信息系统和网络平台，提供更加完善的配送和售后服务，使现代物流功能集成化、服务系列化，提高运行效率。

（3）电子商务改变了物流系统的组织和管理。首先，电子商务将促进物流基础设施的改善。电子商务高效率和全球性的特点，也要求物流必须达到这一目标。而物流要达到这一目标，良好的交通运输网络、通信网络等基础设施则是最基本的保证。其次，电子商务将促进物流技术的进步。物流技术水平的高低是影响物流效率高低的一个重要因素，要建立一个适应电子商务运作的高效率的物流系统，必须加快提高物流的技术水平。此外，电子商务的发展也必将对物流人才提出更高的要求，对物流管理的手段和方法提出更高的要求，促使物流管理的水平全面提升。

（4）电子商务拓展了物流配送市场。电子商务是开放式的市场，会延伸到全世界有购买需求和入网条件的每一个角落。网上大量分散化的商品需求都要通过物流公司来满足，这就使得配送业务的市场被极大地扩展，面向最终消费者的配送业务大量增加。

（5）电子商务促进物流现代化。电子商务的发展凸显了信息流的价值，物流信息化的重点在于业务流程和管理流程的优化，通常集中在仓储管理、运输管理和配送管理等几个最能产生效益的环节中。货物跟踪系统、客户关系管理系统、配送服务系统等已经成为物流企业移动信息化建设的重点。在信息化的基础上，物流又逐渐向自动化、智能化等高层次的应用方向发展，信息系统的协调、自动化工具的应用及智能系统的支持使物流的速度更快、成本更低、现代化水平更高。

2. 电子商务物流

1）电子商务物流的概念

电子商务物流是指在电子商务交易活动中，为实现商流转移而进行的接收储存、包装、搬运、配送、运输等实物处理与流动过程，由商品（物资）、包装设备、装卸搬运机械、运输工具、仓储设备、人员和信息网络等要素组合而成。

电子商务物流是电子化、网络化和自动化的物流。物流的信息商务化体现为组织方式、交易方式、服务方式在物流的运输、仓储、配送等各业务流程中的信息化。通过规范信息化物流程序，可以充分利用现有资源、降低物流成本、提高物流运行效率。电子商务物流的目的是在信息技术与电子技术的支持下，把准确数量的准确产品（指产品的性能、质量、型号等）在准确的时间内，以最低的费用送到客户指定的地点。

电子商务物流系统包括两个网络：一是物流实体网络，指物流企业、物流设施、交通工具、交通枢纽等在地理位置上合理布局而形成的网络；二是物流信息网络，指物流企业、制造企业、商业企业通过 Internet 等现代信息技术连接上述物流实体而形成的共享信息网。通过实体网络完成产品的运输配送，通过信息网络调配运输工具，提供在途货物的实时查询等功能。

2）电子商务物流的特征

（1）物流信息化。传统物流关注的是实体商品的运输流通，而不太重视信息在物流中的作用。用户能够获取的物流信息匮乏而且滞后，难以实现业务的协同运作。在电子商务时代，物流的信息化程度大大提高，条形码技术、数据库技术、电子订货系统、电子数据交换、GPS 技术、快速反应和有效客户反应等技术和观念在物流行业中得到了广泛的应用。从利用计算机、扫描仪等电子设备实时收集物流信息，到运用数据库、数据仓库等系统及时存储物流信息，再到采用通信网络和标准化编码技术即时传递物流信息，直至最后使用互联网实时发布物流信息，信息流贯穿了整个物流过程。这不仅有利于物流人员进行业务的协同运作，也能帮助用户随时跟踪货物的运输状况，大大提高了物流的业务效率和服务水平。

（2）物流自动化。传统的物流活动自动化程度低，人工参与度高，分拣、包装、搬运和装卸等环节往往都离不开人员的介入，导致人工成本很高。电子商务下的物流则充分发挥了技术的优势，在运输、装卸、配送、保管和包装等物流功能中，利用信息技术和机电设施完成物流的自动化运作，最大限度地减少人工参与，有利于节约劳动力，减少差错，增强物流作业能力，提高运作效率。物流自动化的设施很多，包括条形码、语音、射频自动识别系统、自动分拣系统、自动存取系统、自动导向车、货物自动跟踪系统等。这些设施在发达国家已被普遍用于物流作业中，而我国物流业由于起步晚，发展水平低，自动化技术的普及还需要较长的时间。

（3）物流网络化。传统的企业由于信息流通不畅，无法与合作伙伴和客户建立高效的合作机制。而电子商务的实时性和跨时空性有助于打破信息孤岛，在企业之间建立起广泛而密切的联系，促进资源的合理分配和高效流通，实现跨地区的物流网络化运作。物流网络化的基础包括企业内部、企业与合作伙伴及客户之间的供应链信息系统，以及跨地区的物流配送体系。

（4）物流智能化。物流作业过程涉及大量的运筹和决策，传统物流往往根据经验和主观判断进行决策，缺乏科学性和准确性。在电子商务环境下，专家系统、数据挖掘、GIS系统和人工智能等技术运用先进的知识和模型，为物流管理提供科学的分析工具，帮助人们进行合理的物流决策，如库存水平的确定、运输路径的选择、自动导向车的运行轨迹和作业控制、自动分拣机的运行，以及物流管理的决策支持等。面对日益复杂的商业环境，智能化已成为电子商务物流必不可少的特征。

（5）物流柔性化。在“以客户为中心”的电子商务时代，传统的价值链发生了改变，出现了以客户为起点的“按单生产”方式。这就要求企业能够根据消费者的需求灵活调节生产流程和生产量，没有配套的柔性化物流系统是难以达到这个目的的。目前，出现了许多柔性生产系统，如柔性制造系统（flexible manufacturing system，FMS）、计算机集成制造系统（computer integrated manufacturing system，CIMS）、企业资源规划系统及供应链管理系统等，它们本质上都是将生产和物流进行整合，根据客户“多品种、小批量、多批次、短周期”的需求特点灵活地组织生产，安排物流活动。

3）电子商务物流系统的要求

由于电子商务独具的电子化、信息化、自动化等特点及高速、廉价、灵活等诸多好处，其在运作特点和需求方面也有别于一般物流。

（1）改进物流的运作方式——信息化、网络化。电子商务要求物流处理的全过程处于受控状态，能够采集处理、运输、递送等各个环节的信息，并通过信息网络进行汇集，对网络实施有效的控制，实现物流的集约化。同时要求通过互联网络实现一个地区、一个国家甚至全球范围内整体的、系统的实时控制。

（2）提高物流的运作水平——标准化、信息化。以电子商务技术应用为代表的信息革命，为企业物流的信息管理提供了非常丰富的技术手段和解决方案，大幅度地提高了信息管理水平和客户服务质量。为实现专业化、网络化、信息化，物品运输需要采用标准的标识码技术，对盛装容器、运输包装等进行标准化，便于自动采集和自动处理。同时要求配置机械化、自动化设备，对各种物品和容器实施自动化分拣处理，缩短物品的流通时限。

（3）提高物流的快速反应能力——高速度、系统化。物流系统的快速反应是物流发展的动力之一，速度就是效率和效益，这是电子商务制胜的关键。用户进行网上交易后，商流和资金流以电子速度在网上流动，要求实物商品从受理、分拣、配送、运输直至递送到用户手中也能高速流动，这意味着物流系统必须拥有较高效的配送中心和快捷的运输方法。

（4）提高物流动态调配能力——个性化、柔性化。电子商务创造了个性化的商务活动，为不同的用户个体提供了不同的产品和服务，这要求物流系统也具有动态调配能力和柔性化的组织水平。因此，应突破传统的经营方式，适当拓展原有的业务范围，根据客户的具体定制要求进行配送，使物流品种灵活多样。在配送时间上，以高效的信息网和方便快捷的配送网为基础，做到快速反应、敏捷配送，并能根据实际情况为用户提供适宜的物流解决方案。物流活动的功能越来越多，物流企业要在物流链上的不同环节充当不同的角色，在原料供应商、厂家与客户三者之间灵活运作，游刃有余。

（5）改变物流的经营形态——社会化、全球化。传统物流业中的某种物流系统往往是由某一企业来进行组织和管理，而电子商务具有的跨行业、跨时空等特点，要求从社会化的角度对物流实行系统的组织和管理，实现物流经营的社会化和全球化。既要求物流企业在竞争中形成协同作业，又需要物流业向第三方代理多元化、综合化的方向发展，使社会物流与企业物流有机地结合在一起，并通过统筹协调、合理规划控制商品流动，将一个个松散的独立企业变为一个致力于提高效率和增强竞争力的合作群体。

9.1.2　农产品电子商务物流的概念

农产品电子商务物流即以农产品为对象的电子商务物流，是指涉农企业运用电子商务技术（主要指计算机、信息网络等技术）对农产品的生产、加工、运输、仓储、配送等物流环节进行合理的调配和系统的整合。传统农产品的中间环节较为繁杂，批发商和零售商等中间机构的存在降低了农产品流通速度，增加了流通成本，电子商务是一种能改善这种情况的有效手段。

9.1.3　发展农产品电子商务物流的必要性

我国是一个农业大国，发展农产品电子商务物流，不仅能够提高农民的根本利益，改善农产品流通现状，促进农产品贸易，增加农民收入，加快农业和农村经济结构战略性调整，而且能够大大提高我国农业的国际竞争力，对发展全国经济具有非常重要的意义。但我国目前传统的农产品物流运作模式和发展速度远不能满足农业和农村经济发展的需要。如何加快现代农产品电子商务物流发展，成为亟待解决的首要问题。

电子商务物流为农民、收购商、运输商、批发商、零售商甚至消费者等流通实体提供了一个良好的沟通平台。总体来说，电子商务在农产品物流中的应用体现出以下优势。

1）削减流通环节，搭建“虚拟仓库”

传统农产品物流通过中介组织，将规模小、经营分散、自销能力弱的农户组织起来，以增强农民的市场竞争力。电子商务物流动摇了传统中介的存在。通过网络交易平台，生产者可以突破地域和时间的障碍，与消费者直接互动交流，其信息获取能力、产品自销能力和风险抵抗能力大大加强，对传统中介的依赖性大大降低。不过电子商务虽然削减了流通中介，但并不能完全消除中间环节，社会分工的必要性使得农产品物流仍需要专门从事农产品流通的组织。在设计电子商务物流系统时，可以选择和保留有价值的环节，合并或去除作用小、价值低的部分，构建新型的电子商务流通链：生产者—电子批发市场—网上零售商—消费者，使销售物流直接由电子批发市场发至零售商，缩短了农产品的物流路线，提高了流通速度，降低了库存量。

同时电子商务物流发挥了“虚拟仓库”的作用。传统的农产品物流企业一般需要配置占地面积很大的仓库，而通过电子商务进行网络化管理之后，可以充分发挥“虚拟仓库”的作用，将散置在不同地域的和不同所有者的仓库通过网络连接构成一个庞大的仓储体系，通过对它们集中的管理和调配，利用“就近原则”使农产品的集散空间有效放大，大幅度提升物流企业调配农产品的规模和效率。

2）改变物流运作方式，降低流通的成本

传统的物流运作方式由多个业务模块构成，受到较多人为因素的影响，在配送实际方面与预想情况往往存在较大偏差。电子商务技术实现了整个物流环节的实时监控和实时决策，任一环节发出需要解决问题的提示信息，物流系统都可以即时做出相应反馈，随机提供详细的更新配送计划予以解决，大大缩短了配送时间。

电子商务物流系统在降低农产品物流成本和时间成本的同时，也省却了中间商的利润分成。加上机械化和自动化程度高，装卸、搬运、分拣和贮藏农产品的过程只需少量的人工参与，有助于减少人工成本，降低农产品变质带来的损失。另外，电子商务物流将生产者、批发商、零售商和消费者连接起来，使他们各方能够实时共享农产品的生产、库存、流通和需求状况，根据市场需求生产和销售适销、适量的农产品，合理地安排物流，避免因信息失真而盲目生产和销售。物流智能系统为各环节提供了生产和经营的决策支持，避免了产品过量、运输不当导致的超额的运输、贮藏、加工及损耗成本。

3）建立物流信息平台，提升市场反应能力

传统的农产品物流信息化程度低，大多采用大批量、少批次的运输方式，缺乏弹性。交易对象主要是批发商或一些规模较大的零售商，难以适应市场需求的变化。电子商务技术背景下，生产经营者及时获取信息，能够根据市场需求灵活地安排农产品的生产、加工和流通，满足人们个性化的要求。建立发达的信息网络和完善的配送体系，可以实时掌握农产品流动信息，实现跨地区的高效配送。对农产品来说，需求信息的不确定性，会扩大批发市场价格波动，加大农民的市场风险；而供给信息的不确定性，则使消费者对产品质量失去信任。加上信息链的阻断及农业生产的分散状态，政府指导与监管难以完全到位，因此应尽快建立统一的农产品物流信息网络平台，通过网络平台和信息技术将农民、供应商及批发商、零售终端、客户联结起来，实现对农产品物流各个环节的实时跟踪、有效控制和全程管理，达到资源共享、信息共用。

9.2 农产品电子商务物流的主要模式

农产品电子商务物流模式是指在电子商务环境中，涉农企业为了完成农产品从生产到销售的一系列物流活动而采取的基本战略和运作方式。按照物流的经营者划分，农产品企业物流又可划分为自营物流、物流联盟和第三方物流等。

9.2.1 国内农产品电子商务物流模式

1. 根据农产品电子商务物流的经营者划分

1）农产品企业自营物流

农产品企业自营物流是指涉农企业通过投资建设或租借农产品的仓储设备、运输工具等物流基础设施，亲自从事本企业的农产品物流活动。电子商务下的农产品企业凭借先进的经验和优势，广泛利用网络平台、电子数据交换、有效客户反应、准时化生产、快速反应等信息化和智能化的物流管理系统自营物流。

农产品企业自营物流的优势在于企业对物流运作过程可以进行有效的控制，对市场变化能够做出灵活、快速的反应；劣势则是对物流系统的一次性投资较大，占用资金较多，同时对企业的物流管理能力要求较高。目前，采取这种模式的农业电子商务企业主要由实力雄厚的传统农产品公司发展而来。由于这些企业在长期的传统商务中已经建立起了初具规模的物流配送网络，开展电子商务只需在原有基础上进行信息平台和物流系统的增建及整合，即可基本满足电子商务下的农产品物流要求。例如，由于跨境电子商务直邮方式受限于物流，为提高用户体验，2015 年 10 月，京东全国首个全球购自营物流基地在广州南沙启动。京东南沙全球购仓在售商品超过 120 万种，品牌数量超过 3000 个，店铺数量超过 1000 家，日均出货 4 万单。通过京东南沙全球购，将以更优惠的价格、更便捷的渠道购买到高品质的进口商品。未来京东将集中全力在广州搭建自营跨境电子商务交易仓储，并加快引进相关企业入驻，积极做大业务规模，尽快在广州形成跨境电子商务的规模效应。

2）农产品企业物流联盟

农产品企业物流联盟是指两个或多个涉农企业之间，为了实现自己的物流战略目标，通过各种协议、契约而结成的优势互补、风险共担、利益共享的松散型网络组织。为了获得比单独从事物流更好的效果，物流联盟通过物流契约形成资源互补、要素双向或多向流动的中间组织，目标和动机介于自身利益最大化和联盟的共同利益最大化之间。联盟呈动态变化，契约关系一旦结束，原来的合作伙伴又成为追求利益最大化的单独个体。

从经济效益上说，农产品物流联盟对不同角色的企业成员都大有裨益。对拥有物流资产的提供方而言，物流设施一经投入就成为不可回收的沉没成本，且农业物流设备的资产专用性较高，若没有物流的规模效应，农业企业则面临较大的资金占用和资源浪费的困境。对物流服务的需求方来说，它无须进行高额的物流投入，即可从其他成员那里获得过剩的物流能力和先进的管理经验，减少了物流成本和交易成本。一般来说，当企业的物流水平较低时，组建物流联盟将有助于获得物流设施、运输能力、专业管理等方面的资源。而当企业的物流水平较高且物流在企业战略中不占有重要地位时，应该寻找其他企业共享资源，获得物流的规模效益。

对于开展电子商务的农业企业而言，物流联盟能够较好地满足它们跨地区配送和对时效性要求高的特点，帮助它们减少物流投资，降低物流成本，获得管理技巧，提高客户服务水平，取得竞争优势。

3）农产品企业第三方物流

电子商务下的农产品第三方物流是指在电子商务环境中，由农产品物流供求方以外的独立第三方，运用现代信息技术完成农产品的运输、仓储、流通加工、配送等一系列物流活动的信息化、网络化运作过程。农产品的第三方物流与电子商务是相辅相成、相互促进的。第三方物流为农业电子商务提供了小批量、多批次的物流服务，确保电子商务下以市场需求为导向的柔性化经营方式得以顺利实现。

无论哪种形式的供应链物流管理都离不开现代化信息技术的支撑。农产品电子供应链信息系统的建设首先是企业内部的信息化基础设施建设，完善各类软硬件平台，包括网络硬件、操作系统和数据库系统等的构建，并在企业内部实行业务信息化，统一内部网和数据库系统，实现部门间的联网和信息共享，确保各部门行动一致，协同运作。在此基础上，实现企业与战略同盟之间信息化，将核心企业的内部信息系统逐步向供应链合作伙伴延伸，架设信息网络，实现信息和产品在整条供应链内快速流动。

2. 根据农产品电子商务物流的交易对象划分

1）B to B 模式

B 即当地的农业生产企业或专门从事农产品销售的企业，自身有较强的规模优势和品牌实力。通过自建农产品网站、利用搜索引擎注册推广网站，或在大型第三方中介平台（如阿里巴巴等）注册成为会员，由第三方为其推广，可以实现在线搜索农产品需求信息，报价、洽谈、合同签订、资金转移、选择物流供应商、结算等一系列事宜。

为了保证网上交易的安全，交易双方向认证中心申请证书，由中心确认各自的身份，在交易中，双方在网上互相验证身份，并用密钥加密信息，保证商业信息的机密性和安全性。资金结算上，双方开通企业网上银行，直接在网上转账即可。具体流程如图 9-1 所示。

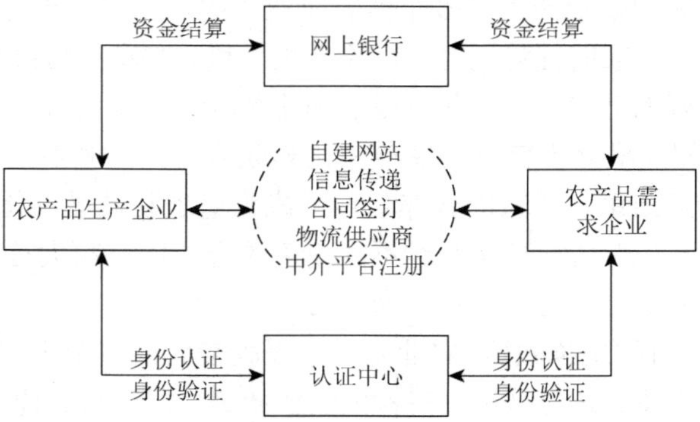

图 9-1　B to B 模式

B to B 模式是目前农产品网上流通的主要模式，是指农产品的供给企业和求购企业借助于网络完成农产品交易相关的所有环节，是一种涉农企业间的电子商务模式。这种模式的典型代表是黑龙江中米网科技股份有限公司所建立的中国大米网。该网站是中国米业第一门户网站，主要提供市场行情、供求信息、科技信息、策划营销、业内动态、上网企业、米业包装信息、网上短信等服务。中国农贸交易网则是由齐齐哈尔市北方公交集团有限公司和中国网库信息技术股份有限公司联合创办的一个农产品在线交易平台，它为广大涉农企业和农民提供了一个出售优质农产品的高效通道。

2）P to C to B 模式

P 为个体农户，C 为农业协会、合作社等组织，B 为农产品销售、流通和加工企业，或是像沃尔玛百货有限公司（以下简称沃尔玛）、北京华联集团、家乐福集团（以下简称家乐福）这样的大型超市。对于分散的单个农户经营的现状，如果要争取平等的经济地位就需要形成一个整体，有组织有策略地开展农产品销售，而各类农业合作社能有效地承担这个角色。

在生产环节，合作社根据市场需求组织农户统一进行生产。通过接受客户的订单安排生产，并提供技术支持。近些年生态农业及其产品大受欢迎，单个农户生产难以控制农药用量和时机，合作社有组织有指导地生产使生态农业变成现实。

在销售环节，合作社以整体的身份对外和农产品需求企业在网上进行洽谈、签订购销合同等。有一定经济能力和技术基础的合作社可以自建网站，以有特色的农产品为招牌吸引客户，还可以在中介平台上发布供给信息，查询需求信息，在网上进行洽谈，甚至直接出口农产品。

在物流环节，由合作社负责，按照质量要求将农产品分拣、包装，然后在网上寻找第三方物流公司完成送货服务。

在支付环节，合作社可在县城的银行开设账户并开通网上银行，每次交易后的货款由买方直接网上转账。此模式的交易运作流程如图 9-2 所示。

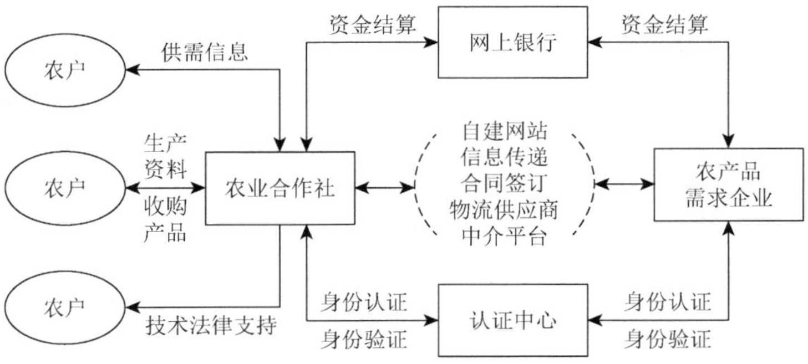

图 9-2　P to C to B 模式

合作社在此模式中发挥重要的作用，现实农产品销售中也出现了很多成功的案例。在这种模式下，需要充分发挥专业合作社的组织功能，以特色农产品为纽带，推动本地农业电子商务的发展。例如，河南万邦国际农产品物流网通过公网把各地用户的订单汇总起来，借助信息平台对农产品物流资源进行统一调控，通过农产品物流规模化，以最低的成本为客户提供最好的服务，为客户提供全面的农产品物流信息及个性化的农产品物流服务。对于不具备全面开展信息化的中小企业而言，通过会员注册即可加入农产品物流信息平台，低成本地开展网上业务，共享农产品物流的业内信息，拓展业务范围。因此，公共农产品物流信息平台以其跨行业、跨地域、多学科交叉、技术密集、多方参与、系统扩展性强、开放性高等特点，对现代农产品物流的发展构成了有力支撑。

3）P to G to B 模式

G 即政府机构。在这种模式下，中央及地方各级政府部门结合农民实际需求，建立了一批针对农副产品种植和养殖、产品销售和供求信息、人才培训和外出务工、网上农产品交易会等内容的涉农网站，如江西的“信息田园”、福建的“数字福建”、陕西的“电子农务”等。由于政府有较强的公信力，无论是农户端还是企业端都会信任政府的中介作用。有些地方由政府把订单接来，然后安排农户有组织地进行生产，“订单农业”效果很好。此外，政府部门工作人员科技水平与专业素养较高，能较好地进行网上操作。具体流程见图 9-3。

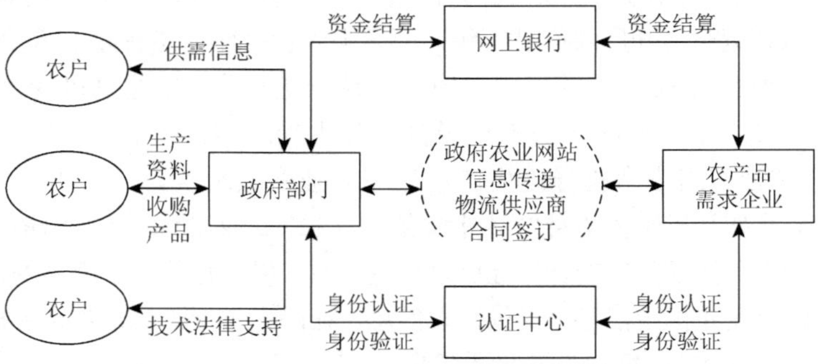

图 9-3　P to G to B 模式

4）B to C 模式

B to C 模式是指农产品供应商和消费者借助于网络完成农产品交易相关的所有环节。它实现了各类农产品供应企业和消费者的直接对接，缩小了时间和空间的分离，进而实现了交易成本的降低。消费者的需求使企业能够及时准确而全面地了解市场，并以此指导农产品的生产经营。然而，因农产品标准化低且易腐易烂的特点，目前消费者网上购买农产品的模式还不够普及。随着人们生活水平的改善和包装运输标准化的提高，人们将会逐步扩大网上购物的比例，相信将来这种模式会有很大的发展。目前这种模式主要包括两种形式，一是农产品销售的综合性网上超市，二是专门的农产品网上商店，如中国浙江新农都网上大市场、闽农网等。

5）C to C 模式

C to C 模式是消费者与消费者之间借助于网络电子商务展开的交易模式。在农产品流通领域是指单个农户与消费者之间通过网络进行的农产品交易。其特点是农户利用专业网站提供的大型电子商务平台，在网上开店销售自己的农产品。目前，在淘宝网、易趣网、拍拍网上，都有专门的农产品登录网站。一方面，农民在专业网站上销售农产品的费用十分低廉，降低了农产品的交易成本，给农民带来了实惠；另一方面，消费者也有可能以较低的价格买到自己中意的农产品。目前，在 C to C 网站上销售最多的是各地的特色农产品，如茶叶、干果等。由于我国还是小农经济，农民整体受教育程度低，在家上网开店的比例还很低。随着网络的日益普及和农民文化水平的提高，这种模式会越来越普及。

6）B to B + C 模式

B to B + C 模式即涉农企业对企业与消费者的电子商务模式，主要是指涉农企业对企业和农户进行的农产品或农业生产资料的电子商务模式。例如，北大荒农产品农资电子商务交易平台，其专门从事农产品和农业生产资料的网上销售服务；又如，北大荒粮食交易电子市场网，其通过电子订单交易、电子现货交易、电子竞买交易、电子竞卖交易等多种交易方式和按期交收、提前交收、协议交收等多种交收方式，最大限度地满足交易商的个性化要求。

7）C to B 模式

C to B 模式是消费者与企业之间通过网络进行交易的模式。农户通过一些能提供农产品网上销售的网站发布自己的销售信息，吸引一些企业与其进行网上交易。由于单个农户通过网络供应的农产品的数量有限，当前农村地区的物流配送体系也不健全，这种模式目前仅是雏形，只有极少数的成功案例。

8）第三方交易市场模式

该模式是由农产品中介机构建立的电子交易市场，它主要服务于将网络营销交给第三方的农产品企业和农户。

9.2.2　国外农产品电子商务物流模式

1）美国的物流中央化

物流中央化的美国物流模式强调“整体化的物流管理系统”，是一种以整体利益为重，冲破按部门分管的体制，从整体进行统一规划管理的管理方式。在市场营销方面，农产品电子商务物流管理包括分配计划、运输、仓储、市场研究、为用户服务五个过程；在流通和服务方面，物流管理过程包括需求预测、订货过程、原材料购买和加工，即从原材料购买直至送达顾客的全部物资流通过程。

2）日本的高效配送中心

在日本，物流是非独立领域，由多种因素制约，包括生产、流通、消费、还原（废物的再利用及生产资料的补足和再生产）。物流（少库存多批发）与销售（多库存少批发）相互对立，必须利用统筹来获得整体成本最小的效果。物流的前提是企业的销售政策、商业管理、交易条件。销售订货时，交货条件、订货条件、库存量条件对物流的结果影响巨大。流通中的物流问题已转向研究供应、生产、销售中的物流问题。

9.2.3　影响农产品电子商务物流模式选择的主要因素

选择合适的农产品电子商务物流模式对加快农产品销售、缩短农产品在途时间、保证农产品质量、提高农产品收益均有直接的现实意义。影响农产品电子商务物流模式选择的因素主要包括以下内容。

1）交易主体

交易主体参与农产品电子商务的意识和能力是影响农产品电子商务物流模式选择的首要因素。受文化程度的制约，许多农民仍保持传统的“眼看”“手摸”“耳听”“口尝”的交易习惯，认为电子商务虚无缥缈，可信度值得怀疑，这严重限制了农产品电子商务的发展。同样，作为交易主体，由于不同的交易模式对参与者的资格、条件等有不同的要求，个体和企业的模式选择也会不一样。

2）交易对象

农产品电子商务的交易对象是农产品。不同农产品的市场需求不一样，对电子商务物流模式的选择影响较大。例如，生鲜农产品具有季节性、不易存储的特点，在保鲜、运输和后续处理上较为困难；而质量无特色、缺少品牌支撑、良莠不齐、信誉度不高的农产品则降低了网上交易成功的概率。

3）交易平台

农产品电子商务离不开先进实用的网络信息平台，网站信息的专业性、实用性、可靠性是赢得客户关注和交易的重要依据。尽管国内已建立了很多网站和信息服务站，但仍然满足不了农产品电子商务交易的需要。有些网络交易平台客观上存在一些安全隐患，网站经常会受到各种病毒的攻击，还有间谍软件盗取网上银行账号和密码，加上相关的法律法规不够健全，成为制约农产品电子商务发展的因素之一。

4）交易模式

不同的农产品电子商务物流模式特点不同，无论自营物流、物流联盟，还是第三方物流，其优劣势都非常鲜明。因此，在具体选择交易模式时，应将待选模式的优缺点与自身情况比对，力争做到扬长避短，选择最适合自身的、最匹配的模式。

5）物流配送体系

农产品作为一种特殊的实物商品，对运输条件有严格的要求，没有冷藏设施的一般快递运输公司往往会影响农产品的质量；同时，电子商务物流的开展必须以农产品交易的电子支付体系作支撑，但现实中很多地方的电子支付体系不够完善，农村信用合作机构没有开展电子支付业务。即使开通了电子支付业务，农民对这种支付方式也不是很认同。由于交易双方存在交易信息不对称，农民不了解交易对方的背景及信用状况，担心农产品销售出去后拿不到货款，而购买者担心交易的农产品品质无法保证，这严重影响了农产品的交易。

这些影响模式选择的主要因素一定程度上也反映了当前国内农产品电子商务市场建设的薄弱环节，是未来发展过程中要改善和提升的内容。

9.3 国内外的农产品电子商务

9.3.1 国内外农产品电子商务应用现状

1. 国内农产品电子商务发展情况

随着网络的高速发展和计算机的普及，中小型企业陆续由传统企业向电子商务型企业转型，我国对电子商务的发展高度重视。截至 2019 年 6 月，我国网络购物用户规模达到 6.39 亿人，市场环境不断优化，经济不断发展，产业结构也发生了变化。我国农产品电子商务在此背景下也加速发展，目前，我国农产品电子商务已超过 3 万家。

农产品电子商务的运用，为我国农业的发展提供了一种新型的发展模式，有效缓解了农产品市场供应信息不及时、流通不畅等问题，构建农产品电子商务模式逐渐成为一种必然的趋势。

从各种实践来看，国内农产品电子商务呈三个层次。

1）初级模式

初级模式包括目录模式、信息中介模式、虚拟社区模式。这类模式的共同点是不进行农产品实物的网上交易，只提供服务，从不同的角度分别为农产品企业的电子商务宣传提供信息和交流沟通，是电子商务发展的初级模式。

2）高级模式

高级模式包括电子商店模式、电子采购模式、价值链整合模式。该类模式的经营者往往规模较大、实力较强，能实现农产品实物的网上交易，但是具体情况又各不相同。

农产品电子商店模式的驱动者一般是卖方或买方单方，整个模式的发展受宏观网络环境和客户对网络采购偏好的影响很大。另外，交易过程需要交易各方配合，如中介方、金融、物流、保险、税务等，势力较弱的网站在目前的环境下很难实现交易。

电子采购模式实施的前提是农产品企业内部信息化已经完善，在此基础上增加适合企业的供应链系统、物流配送系统，实现库存管理及相应的电子采购系统完善配套，也就是说要实现 ERP、CRM、SCM 及电子采购系统的融合才能实现该模式。目前我国的实际情况是大多数农产品企业连内部信息化都尚未实现，现阶段要采取此种模式较为困难。

价值链整合模式主要被资金比较充足的上市农产品企业或行业内知名企业集团应用。对于一般企业来说，应用这种模式还存在困难和障碍，主要表现在环境问题、相关价值链上企业间配合问题、人才问题等方面，最重要的还是资金问题。虽然电子商务能够降低交易成本，但庞大的资金投入也不是一般企业所能承担的。即便能够承担，初期投入、长期维护运营费用与降低的交易成本之间的比较优势一时也很难平衡。因此，一般来说，采用价值链整合模式的农产品企业自身必须是一个具有号召力的大企业或服务提供商。对于我国来说，目前绝大多数的农产品企业是中小型企业，开展价值链整合的电子商务还比较困难。所以农产品电子商务价值链整合模式的采用，在现阶段普遍推广具有较大的局限性。

3）第三方市场模式

第三方市场模式应用于我国农产品电子市场具有广泛的实际意义。因为，我国农业中小型企业及农户占企业总量的99%，它们与大企业相比，有着自身的弱点，如资金不足、生产规模小、缺乏人才、营销网络过窄等，而电子商务是未来企业的主流生存方式之一。因此，越来越多的中小企业甚至农户开始涉足电子商务领域。但是，一个完整的电子商务系统是十分复杂的，需要企业相当大的投入，这对于实力不足者来说是一大难题。在这种情况下，第三方交易市场模式的优势就显露出来，为大宗农产品交易提供了平台，具有较高的匹配能力，往往能在买方和卖方都十分分散的情况下取得成功。

2. 国外农产品电子商务发展情况

目前我国互联网飞速发展，但整体来说仍没有国外发达国家成熟。从互联网通信到电子商务领域，从工业到农业，很多方面都是效仿国外的模式。效仿本身没有错，重点在于如何从发达国家电子商务的发展中汲取经验，结合我国目前情况进行有效融合。发达国家的农业互联网已经有了充分的发展，而国内的农产品电子商务仍处于初级阶段，因此借鉴国外农产品电子商务发展情况能带给我们有价值的启示。

1）生产方面

互联网信息技术在农业领域中的应用始于 20 世纪 70 年代末，经过近 50 年的发展，在农业生产过程、农业灾害监测预报、农业育种、农业资源、畜禽饲养、水产养殖、植物保护及经济决策、农产品加工等方面都开展了相应的研究和应用。利用计算机、网络系统，收集、处理并传递来自各地的农业技术信息，建立大型数据库系统，通过网络通信系统，使各种农业技术、文献摘要、市场信息、病虫害情况与预报、天气状况与预报等数据能够得到充分利用，并在强大的数据系统支持下，开展病虫害预测、作物专家诊断、智能化作业等方面的研究应用。

2）销售方面

互联网技术的普及有效地推动了农产品销售行业发展，解决了传统商业模式固有的农产品流通时间长、成本高、供销对接难、流通环节多、损耗大、销售不畅等问题，为各国农业发展提供了全新的技术手段。

美国作为农产品电子商务的龙头老大，以互联网为特征的现代信息技术在美国现代农业中起到了重要的支撑作用。

3）信息化运用程度方面

作为现代信息技术的发源地和领跑者，美国农业拥有并运用了多种技术，包括计算机、信息储存和处理、通信、多媒体、人工智能、地理信息系统、全球定位系统、遥感技术等。农户通过互联网，实时了解农场的土壤结构、作物长势、灌溉施肥、农作日志、病虫害情况，并且可以预测收成、预估盈利和管理库存。例如，在农业生产区域，美国州立农业技术推广部门设立了大田观察点，农业技术人员每隔几天来这些观察点收集和处理已记录的温度、湿度、虫害等数据，并利用观察点的计算机和通信设备，将上述信息数据传送回各州农业部门，农业部门研究审核后发布和传递给本地区农业经营者。借助这些先进技术，美国不但持续地提高了农业生产力，而且占领了世界农业信息发布的制高点，并对世界各国农业发展具有相当的影响力。

4）信息化普及力度方面

美国最早开展了农产品电子商务，一直是该领域的领头羊，互联网在这个过程中扮演了很重要的角色。在农产品的销售方面，美国逐渐兴起了农户和消费者直接对接的方式，构成了一个连接农户和消费者的在线市场平台。2003～2007 年，美国农产品电子商务销售额以每年约 25%的速度增长，远高于同期美国商品零售额 6.8%的增长速度。2008 年金融危机以来，美国农产品电子商务市场交易规模在波动中继续扩大。目前，美国的大型农产品网站超过了 400 个，除了这些专业的网络公司，美国的特大农产品企业也都在发展自己的农产品电子商务。进入 21 世纪以来，美国农产品电子商务的基础稳步提升，随着光缆、卫星和无线上网等方式的普及，农户使用计算机和互联网的程度逐步提高。

5）农产品期货市场运营方面

除了信息技术建设的不断完善，美国还有着世界上最大的农产品期货交易所——芝加哥期货交易所。芝加哥农产品期货交易所是美国最重要的农产品期货交易市场，交易小麦、玉米、大豆、棉花等 30 多个农产品的期货合约和相关期权合约。美国政府鼓励和支持农场主及中小农业企业进入农产品期货市场，资金实力雄厚、信息来源广泛的大农场主可以直接参与农产品期货交易，大部分农民则可以通过合作社间接参与期货交易。期货市场的蓬勃发展，为美国农业生产者提供了最新的农产品市场行情，规避了市场风险，有利于体现农产品的真实价格，避免价格剧烈波动，增强了农产品市场的稳定性。

9.3.2　我国农产品电子商务发展存在的问题

近年来，我国农民的互联网意识不断加强，农产品电子商务呈直线上升态势。2018 年，阿里巴巴电子商务平台农产品交易近千亿元，同比增幅达 16.6%。但即使如此，与某些发达国家相比，我国的农产品电子商务发展仍被一些制约因素所阻碍。

1）从业人员受教育程度不高，缺乏专业人才

中国农业从业人员将近 2.1 亿，平均受教育年限为 7～8 年甚至更低，大专及以上水平的约有 0.2%。由于我国农业从业人员受教育程度低，加之单门独户型的小农经济，耕作方式比较传统，耕种也主要是依靠前人和过去的经验。中国互联网络信息中心（China Internet Network Information Center，CNNIC）第 41 次《中国互联网络发展状况统计报告》显示，截至 2017 年 12 月，我国农村地区互联网普及率为 35.4%，与城镇地区相差 35.6 个百分点。农民接触网络及接受网络知识培训的机会很少且分布不均匀。绝大部分的农业管理与技术人员高度集中于经济发达的北京、上海、广东、浙江、江苏等地区。农业网站的地区分布与互联网的用户分布相似，同样集中在大城市和东部发达地区。目前，以农业信息为主要内容的网站在全国所占比例不高，利用程度也很低。农业从业人员受教育程度低，影响其思维方式，使他们在遇到农产品“销路难”时，不能利用网络工具对自己所生产的农产品进行网络营销。

我国农产品电子商务应用主要有两类：一是政府主办的供求信息服务型，以中国农业信息网为代表，包括各级政府组织的涉农网站。二是各种经济实体办的商务服务型，主要从事与农产品产、供、销等环节相关的企业商务电子化服务，主体客户为具备一定规模的企业，如深圳市中农网有限公司，多数以信息发布为主，只有少数能在网上真正实现联合供应销售。

2）农产品物流配送体系滞后

由于农产品季节性强、易腐烂变质，采摘、运输至冷库、保鲜储存、订单处理、物流配送、最终收获都必须在保鲜期内完成。但流通环节多，加之农村交通设施欠发达，导致运输效率低，损失严重，成本较高，严重影响了生鲜农产品网络营销的质量和效益。据统计，我国水果蔬菜、水产品及肉类流通腐损率分别高达 30%、15%、12%，仅水果蔬菜类每年损失超过 1000 亿元。不仅如此，我国蔬菜流通成本占其总成本的 54%，是世界平均水平的 2～3 倍。

因此，要保质保量地完成农产品运输，就必须建立完善的冷链物流。目前我国大多数的物流企业基础设施落后，冷链物流设施整体规模不足，投资增长缓慢。并且仍有部分物

流服务企业不具备运用现代信息技术处理物流信息能力，在库存查询、货物跟踪及订单管理等方面服务功能差，难以满足农产品对现代物流的需要。

3）电子商务相关的制度和政策尚未完善

我国现代农产品电子商务的发展仍处于起步阶段，相关制度和法规有待完善。由于尚未出台完备的物流法律法规，物流发展过程中无法可依，缺少一个完整的电子商务技术标准，不能适应电子商务的发展需要，致使现代物流服务的功能不能得到很好的发挥。企业在改善自身物流效率时，必然要在企业内外重新配置物流资源，制度和法规的缺陷阻碍了企业对物流资源的再分配。

4）农业信息化体系建设不健全

我国涉农网站数量虽多，但各地农业信息网络建设从形式到内容有很多雷同，缺乏专业水准，实用性差。农业信息服务不够全面，缺乏针对性，协助和指导农民生产的信息较少，农业信息服务体系还没有形成，电子商务给农产品销售带来的作用尚未发挥。此外，农村上网费用高，有的农民买不起计算机，有的农业软件系统高深难懂，实用性差。图文并茂、生动形象、简单实用的农业软件系统亏缺。一些网站维护不负责任，网络信息来源可靠性差，导致农民相信网络上的虚假信息和过期信息，造成农业生产的巨大损失和农户极大的心理障碍，并产生扩散效应，以至于谈起网络还为之色变。所有这些农业信息化体系建设中的不足，均在一定程度上阻碍了农产品电子商务物流的推广和应用。

5）安全监管不到位，标准化程度低

目前，我国农业生产仍然是分散经营，集约化程度低，缺乏统一的质量衡量标准，农产品存在不同程度的农药、激素等化学物质超标问题。农业部相继在全国各地设置了 8000 多个相关信息采集站点，并陆续建立了农产品生产、市场、进出口等 50 多个相关数据库。但由于信息化相关的法规政策不健全，农产品电子商务行业规范体系不完善，以至于农业信息的科学性、系统性、及时性、真实性难以保证。加之电子商务企业为了促进产品销售，通过电子商务平台进行虚假宣传、销售假冒伪劣商品、非法交易及欺诈行为也时有发生。一些钓鱼软件和网站的存在一直威胁着互联网交易。网络市场安全性低、监管不到位，致使农产品交易中的信息安全和资金安全堪忧，制约了农产品电子商务的发展。因此，食品安全及监管不到位仍然是农产品电子商务难以跨越的门槛。

同时，与标准化生产的商品相比，农产品由于外形、质量差异大等自然特征，品质标准难以衡量。由此可见，我国现有的农产品标准指数尚有欠缺、标准体系并不完善，标准化建设的滞后给农产品电子商务的发展带来了不少阻力。

6）农产品供求双方缺乏互信

在实体店中，人们习惯通过看、摸、闻来判断食材的品质。特别是对于农产品，人们关注直观的购物感受，希望经过仔细地看、摸、闻来确定购买与否，而不是网页上美化处理后的照片和让人迷惑的文字、视频。然而现在的农产品交易网站大多界面简陋，功能单调，无法吸引购买者的注意力并获得购买者的信任，更为严重的是网络缺乏完备的信用等级评价和信用保障机制，在浏览这些网站时，供求双方彼此陌生，更不了解对方的信用状况。

9.3.3　发展农产品电子商务的有效措施

1）建立和完善农产品电子商务相关的制度和政策

针对虚假广告、网络诈骗、域名争议等案件时有发生的情况，国家有关政府部门应加强电子商务的法律法规建设，制定相应的配套政策法规，健全完备的法律体系和社会信用体系，建立完善《中华人民共和国电子商务法》《中华人民共和国农产品质量安全法》《第三方电子商务交易平台服务规范》，营造一个良好的竞争环境，保证网上提供信息的真实性，完善和优化现行的法律环境，健全社会信用体系以保障电子商务的健康发展。

2）加快农产品物流标准化进程

在包装、运输和装卸等环节，推行和国际接轨的关于物流设施、物流工具的标准，如托盘、货架、装卸机具、条形码等，不断改进物流技术，以实现物流活动的合理化。重点应联合有关部门制定全国统一的相关农产品质量标准，包括理化指标、感官指标、安全食用指标、鲜度指标等，并对产地进行大气环境测试、土壤成分测试、水资源测试，控制农药使用，以加速农产品流通。

3）建立健全人才培养机制

采取各种措施培养新时代现代农民和农业信息管理与服务人才。一是加强电子商务有关知识的宣传与培训，提高电子商务在农户中的可信度。通过举办形式多样、生动活泼、图文并茂的电子商务科技宣传和培训，传播电子商务的应用方法和注意事项，增强农户对电子商务的了解和认识。二是由各级政府制订详细的规划，采取具体措施，有步骤、分阶段提高农民的文化知识水平和农业技术水平。对农民进行信息技术和电子商务培训，教会农民使用和掌握检索网络信息和网上交易的方法、技术，并学会防范风险，提高信息素质和技术水平，改善农产品电子商务应用的社会基础。三是加强对农产品电子商务人才的培养，加快农民经纪人队伍建设。强化各级农业信息管理和服务人员的培训，提高他们组织开展农业信息体系建设的能力和自身的服务水平。同时，政府部门应积极扶持组建各类农产品经纪人协会，使大批农民经纪人变成有组织的队伍，提高农民的信任程度，推进农产品电子商务的发展。

4）建立信息共享激励机制

共享信息涉及订单、交货、市场需求预测、库存水平、生产计划等内容。实现信息共享，可以提高需求信息的准确度，加快对市场需求的响应速度，降低交易活动的处理周期和成本，促进供应链伙伴之间的紧密合作，提高供应链效率。

在农产品供应链中，信息共享会造成供应链成员之间重新分配信息资源，改变彼此谈判优势地位，影响供应链利润分配，因而信息共享存在一定的障碍和困难。这就需要建立一种信息共享激励机制，对信息供给者给予适当的奖励和补偿。这种机制可以通过两种途径实现：第一，节支、减支成本的合理让渡。由于信息共享后可以减少不确定因素，降低农产品生产、库存、运输等环节的成本，农户可以通过定价折让向下游环节让渡一部分节约成本形成的利润，构成下游环节的利润补偿；第二，增收、增加销售后的利润合理分配。下游环节准确预测需求，信息共享使农户在生产环节及时响应需求，扩大销售后对生产环节做出利润的合理让渡。

5）加强技术创新和设施建设

在整个农产品物流链条上，技术的创新是物流业发展的重要支撑和动力。因此，要始终把技术创新放在突出位置，提高加工、包装等物流技术及市场调查分析等营销技术的创新，积极运用现代营销手段，在革新的基础上大胆探索和应用现代销售手段。要适应信息化、网络化趋势，加快发展电子商务，推进网上交易。

同时，加快农产品物流基础设施的建设，改变交通状况落后的面貌，增加物流设备科技含量。现代物流是一项资金密集、技术密集的产业，特别是现代电子信息技术、通信技术、GPS、智能交通系统（intelligent transport system，ITS）等已逐渐成为现代物流必要的技术手段，对以前老旧的物流设施必须进行改造，发展新型高科技物流设备，以提高物流效率，适应现代物流的需求。

我国农产品物流的发展存在着成本偏高、效率较低、社会化和市场化程度低、物流设施和技术落后、人才缺乏、信息不畅等问题。电子商务环境下我国农产品物流组织模式的全面实施得到保障，是我国农产品物流进一步发展的前提，是我国农业现代化进程的必要环节，是实现我国经济全面发展的保证。

复习思考题

1. 与其他交易方式相比，电子商务具有什么特点？
2. 电子商务物流是什么，有什么特点？
3. 农产品流通中发展电子商务的意义是什么？
4. 农产品电子商务物流模式有哪些？
5. 国外常见的农产品电子商务物流模式有哪两种类型？
6. 简述国内农产品电子商务发展的现状和问题。
7. 结合实际，谈谈发展农产品电子商务的有效措施。

复习思考题

阅读与思考

第10章

农村电子商务中的双向物流

重点提示

通过本章的学习，了解农村电子商务的兴起背景、发展历程及特点，熟悉一些常见的农村电子商务模式；重点掌握农村淘宝双向物流的基本内涵，了解农村淘宝对“三农”问题的影响作用。

10.1 农村电子商务物流概述

10.1.1 农村电子商务概念

农村电子商务指利用互联网、计算机、多媒体等现代信息技术，为从事涉农领域的生产经营主体提供在网上完成产品或服务的销售、购买和电子支付等业务交易的过程。

农村电子商务以网站平台为主要载体，涉及政府、企业、商家、消费者、农民及认证中心、配送中心、物流中心、金融机构、监管机构等各方面因素，通过网络将相关要素组织在一起，其中信息技术扮演着极其重要的基础性的角色。

农村电子商务平台配合密集的乡村连锁网点，以数字化、信息化的手段，通过集约化管理、市场化运作、成体系的跨区域跨行业联合，构筑紧凑而有序的商业联合体，降低农村商业成本，扩大农村商业领域，农民成为平台的最大获利者，商家获得新的利润增长。这种新的电子商务模式推动了农业的生产和销售，提高了农产品的知名度和竞争力，是新农村建设的催化剂。

农村电子商务不能简单地等同于农村卖货的平台，发展农村电子商务需要运用互联网，但更重要的是运用“互联网＋”思维改造农村，推动农村建设的信息化进程，推动互联互通“三农大战略”的持续发展。

10.1.2　农村电子商务模式

农村电子商务通过网络平台嫁接各种服务于农村的资源，拓展农村信息服务业务、服务领域，使之兼而成为遍布县、镇、村的“三农”信息服务站。从农村电子商务平台的运营、产业模式及电子商务产业集群内部治理的角度，国内涌现了一批典型性和示范性的模式。

1. 电子商务平台运营模式

农村电子商务的运营首先要选择一个电子商务平台（图 10-1），目前国内走在先列的农村电子商务平台有淘实惠、农村淘宝、京东农村电子商务等，其运营模式包括加盟型、自主经营型和混合型。

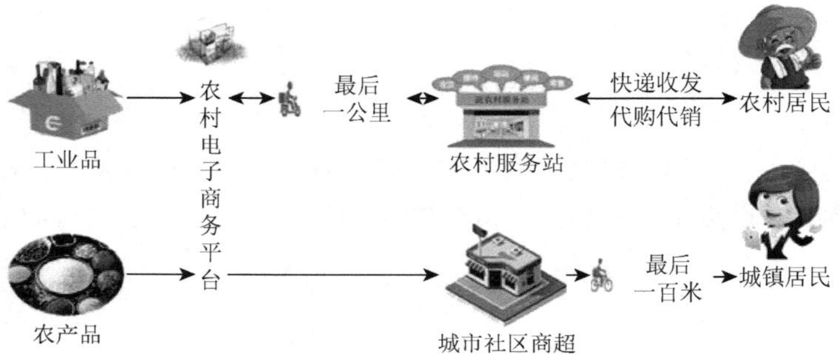

图 10-1　农村电子商务平台示意图

1）加盟型

以淘实惠为例介绍加盟型。通过在全国各个县域招募合伙人，签订合同后，组建公司，成立团队，搭建县级运营中心；带领团队整合本地商品供应链，提供乡镇农村消费者需要的商品；并拓展农村乡镇网点，主要以加盟店模式覆盖整个县域。县级运营中心需要缴纳一定的服务费和保证金到淘实惠总部。

合伙人具体收益来自：①乡镇农村网店加盟费用；②商品利润分成收益；③政策类收益（可申请政府部分电子商务专项资金）。

农村乡镇网点加盟县级运营中心（县级合伙人），需要缴纳一定的加盟费给县域合伙人。各乡镇网点通过整合本县域所有的商品及淘实惠平台上的全国县域的商品，通过触摸式的电子货架屏让农村消费者互动式挑选商品，进行商品销售从而获得收益。

这种运营模式是真正的合伙人制度，将平台操作控制权限全方位下放至合伙人，各个县域就是一个相对独立自主的地方平台。对本地经济发展有较大的贡献，县域政府关心的国内生产总值（gross domestic product，GDP）、人才、数据、税收都留在县域当地。

2）自主经营型

以农村淘宝为例介绍自主经营型。由淘宝自主经营，总部直接派人到各个县域成立县级运营中心。县级运营中心负责运营管理、物流和村级服务站的建设。村级服务站采取的是小卖部兼营的方式，即选择村里地理位置好、思维灵活、有较强服务和宣传意识、熟悉互联网和网购的本地人，作为专业化的农村淘宝合伙人，通过帮助村民代买商品、代卖副产品的淘宝客分佣体系获得提成。

这种运营模式对本地经济的贡献不大，县域政府关心的 GDP、人才、数据、税收都留在淘宝总部。

3）混合型

以京东农村电子商务为例介绍混合型。京东农村电子商务有以下两种发展模式。

（1）京东帮：在4～6线县级城市及农村消费者集中的市场招募商户。商户必须具备大家电营销、配送、安装和维修四位一体的功能，并提供2万～5万元保证金。商户与京东之间属于合作关系，承载的是京东的自营家电业务，利润来自销售的返点。

（2）县级运营中心：由京东自主经营，总部直接派人到各个县域成立县级运营中心。除了为客户提供代下单、配送、展示等服务外，服务中心的主要职责还包括招募培训乡村推广员（乡村合作站）。乡村合作站需要指导村民网购，推广京东品牌，并协助运营中心搞活动。推广人员合同签订后，在系统中录入名录，接受各类业务链接，通过将此链接发给客户，在客户购买后获得佣金。

京东农村电子商务的两种发展模式对本地经济发展的贡献也不大，GDP、人才、数据、税收都留在京东总部。

2. 农村电子商务产业模式

1）“综合服务商＋网商＋传统产业”模式

以浙江遂昌为例介绍“综合服务商＋网商＋传统产业”模式。该模式以本地化综合服务商为驱动，带动县域电子商务发展，促进地方传统产业，尤其是农业及农产品加工业的发展。

该模式的核心是“综合服务商”，如遂昌网店协会下属的网店服务中心，其主要职能为制定并推行农林产品的产销标准；统一制作商品的数据包（图片、描述等）用于支撑网上分销商选货和网销；统一仓储，为网络分销商的订单统一发货并提供售后服务。

网店服务中心在农产品电子商务化的过程中起着非常重要的作用，通过“统一采购、统一仓储、统一配送、统一物流、统一包装”等零成本开店的运营服务，使看似无序的农产品商品化，并降低网商的技术和资金门槛，使网商实现零库存经营。

2）“区域电商服务中心＋青年网商”模式

以浙江丽水为例介绍“区域电商服务中心＋青年网商”模式。该模式鼓励农村青年互联网创业，构建电子商务集聚区，建立区域电商服务中心，建设市、县两级电子商务创业园；在资金方面通过中国共产主义青年团城市委员会向部分行政村整村授信，给信用村发放贷款，主要用于解决农村电子商务发展的资金瓶颈。

该模式为“政府投入、企业运营、公益为主、市场为辅”，通过政府服务与市场的有效结合，吸引了大量人才和电子商务主体回流并取得成功。

3）“生产方＋电商公司”模式

以吉林通榆为例介绍“生产方＋电商公司”模式。该模式为在地方政府的支持和参与下，由社会力量投资成立电商公司，其主要职能就是整合生产方（农户、生产基地、合作社或农产品加工企业等）的各类农产品，经淘宝平台销售，并由公司注册统一的品牌，统一包装、销售和服务。

政府整合当地农产品资源，系统性委托给具有实力的大企业，进行包装、营销和线上运营，地方政府、农户、电子商务企业、消费者及平台共同创造并分享价值，既满足了各方的价值需求，又带动了县域经济的发展。

4）“专业市场 + 电子商务”模式

以河北清河为例介绍“专业市场 + 电子商务”模式。清河模式的成功发展与专业市场的带动密不可分，是我国电子商务集群发展的一种典型模式。该地通过建成新百丰羊绒（电子）交易中心，吸引了国内近 200 家企业进行羊绒电子交易；建立 B2C（business to consumer，企业对顾客电子商务）模式的“清河羊绒”网、O2O 模式的“百绒汇”网，100 多家商户在此平台设立网上店铺；并通过实施品牌战略，目前已有 12 个品牌获中国服装成长型品牌，8 个品牌获得河北省著名商标，24 家羊绒企业跻身“中国羊绒行业百强”。

由于有强大的传统产业和专业市场作支撑，清河羊绒电子商务的商品价格低、供应链效率高、行业竞争力强。

5）“集散地 + 电子商务”模式

以陕西武功为例介绍“集散地 + 电子商务”模式。该模式以园区为载体，大力吸纳外地电子商务到当地注册经营。园区通过搭建电子商务孵化中心、产品检测中心、数据保障中心、农产品健康指导实验室等技术平台，实施免费注册、免费提供办公场所、免费提供货源信息及个体网店免费上传产品、免费培训人员、在县城免费提供 Wi-Fi 等优惠政策，不仅聚集了农产品生产、加工、仓储、物流和销售等各类企业，还聚集了西北五省 30 多类 300 多种特色农产品。

该地政府对电子商务的物流、供应链等方面提供了很强的支撑，搭建了各项平台，并给予各种扶持政策，使农村电子商务得到较好发展。

6）“农产品供应商 + 联盟 + 采购企业”模式

以“货通天下农商产业联盟”为例介绍“农产品供应商 + 联盟 + 采购企业”模式，该模式属于 B2B（business to business，企业对企业电子商务）经营模式。联盟主要为采、供双方提供以交易为核心的多种服务，通过组织会员，实现销售型“大企业”和生产型“小农户”的产销对接，并提供运营管理，有效匹配农产品需求和供给，为供需双方提供订单撮合、拍卖销售、委托采购、支付结算等交易服务，还根据销售方需求建立了一套农产品的品质标准和质量检验、缺陷折扣的交易流程。联盟通过提供社会化服务，整合生产、加工、销售产业链。例如，定向为会员企业提供农产品信息、种养技术、加工技术、农资保障、管理咨询服务等。联盟从达成的交易中收取 1%～3%的服务费。

农商产业联盟模式在整合农业产业链，降低市场交易成本和推动农业生产的规模化、产业化、专业化和服务的社会化等方面具有积极意义。

3. 农村电子商务产业治理模式

我国农村电子商务产业集群根据领导者的差异，治理模式主要分为农户自组织型、地方政府主导型和创新平台型。

1）农户自组织型治理模式

该模式以数量众多的农户家庭为主，农户通过口碑相传及亲友邻里帮带开设网店，并自主管理内部事务，开展平等互惠的竞争与合作。市场自治起到主导作用，社会规范也起到一定的辅助作用，而层级控制的治理机制则表现较弱甚至缺失。集群内部关系结构不稳定，当越来越多的农户参与经营，便会发生恶意压价、创意抄袭、商业模式僵化、人才掠夺等突破现有制度约束的过度竞争行为。

例如，苏北沙集镇的家具网络销售产业，其具有典型的农户自治的治理特点。集群成员多数是以家庭为单位的农户，农户们在共同利益的驱使下分工合作，借助淘宝等第三方平台，形成了围绕家具生产、加工、网络营销、配送、售后等产业活动的全过程产业链。但很快沙集镇模式被周边县镇快速复制，同质化竞争日趋激烈，也暴露了同平台竞争力不足、销售渠道狭窄等问题。

2）地方政府主导型治理模式

地方政府通过出台政策、建立机制、培育网商、寻找资源、设计载体、搭建平台等工作，主导当地农村电子商务的生成与发展，因此比较容易拥有更多的资源，可在短时间内形成规模、凸显成绩。该模式以层级控制的治理机制为主，社会规范和市场自治的治理机制相对弱化，其治理过程有可能会受制于政府的能力水平，或出现治理边际模糊的问题，阻碍企业和网商的主观能动性和创新能力的发展。

浙江桐庐属于该模式，通过省市的“电商换市”战略部署，对桐庐县发展县域农村电子商务进行顶层设计，规划并实施了“启蒙”“初步发展”“提升发展”三阶段任务，形成了清晰的桐庐电子商务生态体系。

3）创新平台型治理模式

创新平台是指在农村电子商务集群内部为电子商务经营者实现创新和价值链提升提供服务的组织。这类组织的核心成员可能是第三方行业协会、合作社、专业市场或者领军企业等。创新平台是一种组织化的私人秩序团体，政府直接干预的作用较弱，既具有社会性，也具有一定的经济性。“遂昌模式”是典型的创新平台型治理模式。协会、合作社作为平台组织者控制了产品价值链的核心环节，而将其他次要和辅助环节通过层层外包分配给农户、网商及其他机构。该模式以社区规范的治理机制为主，层级控制和市场自治的治理机制为辅，有效控制了农村电子商务集群内部的过度竞争，有序协调了各个参与者之间的关系，提高了管理效率和生产效率，但是参与者的主观能动性和灵活创新性也可能受到抑制。

10.1.3　我国农村电子商务发展的特点

近年来，全国农村电子商务持续呈现出快速增长的态势，农村市场需求旺盛，中央和地方政府纷纷出台政策给予扶持，各大电子商务企业不断布局，涉农电子商务的融资总额也快速增长，为农村电子商务的发展提供了强有力的支撑。我国农村电子商务发展呈现出以下几个特点。

1）农村实物型行业销售居前

2018 年，全国农村实物类产品网络零售额达 10 900 亿元，占农村网络零售总额的

79.6%，其中排名前三的产品行业分别为服装鞋帽针织品、日用品、粮油食品及饮料烟酒。以江浙为代表的农村地区依托较强的县域产业基础，形成了家装家饰、家具用品产业优势；食品保健是中西部农村的支柱行业，其中特色农产品、食品再加工、中药材保健品是其优势产业。

2）农产品电子商务增长态势稳定

2019 年，农产品上行规模保持较高速增长，全国农产品网络零售额达 3975 亿元，比 2016 年增长了 1.5 倍。其中，销售额排名前三的零售行业为休闲食品、茶叶、滋补食品，占比分别为 24.2%、12.5%、12.0%。以天猫生鲜、京东生鲜为代表的平台电子商务，以易果生鲜、每日优鲜为代表的垂直电子商务，以盒马鲜生、永辉超级物种为代表的新型零售电子商务，以百果园、多点为代表的线下企业转型电子商务等，继续推动生鲜电子商务市场拓展。

3）农村电子商务消费新生性

消费者通过网络零售消费的 100 元中，约 61 元是替代性消费，即从线下转移到线上的消费；但是另外的 39 元则是因网络购物的刺激而产生的消费增量。在三四线的县域地区，网络新增消费更是高达 57 元，拉动消费作用明显。目前好多东西农民想买却买不到，进城买又不经济，存在很大的消费潜能。像淘宝这样的商业平台，提供给广大村民的最大价值是买那些买不到的，而不是买便宜的。一些地方已经出现了专门为村民代理网络购物的淘宝代购客，也从侧面证明了这一点。

4）农村电子商务主体年轻化

一方面，30 岁以下的网民中，农村网民所占比例高。2015 年，20～29 岁的农村网民占农村消费群体的 26.7%，是网络消费的主力军。随着新的一代人在农村的消费的呈现，该主力消费人群在农村市场的消费潜力更为巨大。另一方面，青年是最活跃的创业群体，大批青年返乡从事电子商务创业，已经成为农村电子商务的最大活力。以年轻人为主体的农村电子商务创业群体必将在今后几年中蓬勃发展，形成一批影响农村经济方式的现代电子商务企业。

5）农村电子商务产业生态化发展

电子商务在农村的发展不仅渗透到传统产业之中，而且深刻地影响与再造，甚至是催生农村新的产业。产业园的聚集，以及快递公司、电子商务公司、摄影摄像、图片处理、网店装修代运营、策划运营、培训公司、金融服务机构、政府支持机构各种组织的出现，构筑了农村电子商务发展的生态系统。越来越多的区域出现了生态化发展方式，与电子商务相关的服务机构聚集在一起，共生共赢、协同发展，形成了完整的产业生态圈。

6）政策引领特点鲜明

对于农村而言，电子商务普惠的势头正在展开。一个比较突出的表现就是政策对于农村电子商务的发展给予了极大的支持，各级政府纷纷出台了促进本地域电子商务发展的相关政策扶持措施，以期加快推动本地域电子商务的发展。全国各地探索出了多种方式，有的立足山区，有的扎根边疆，有的探索农旅结合，有的尝试消费引领，为更多贫困地区的消贫致富提供了宝贵的经验。可以说，各级政府出台的农村电子商务扶持政策是电子商务在农村发展的首要助推力。

10.2 农村电子商务的兴起

10.2.1 我国农村电子商务兴起的背景

我国农村电子商务的迅速发展，渊源于我国经济社会发展和变革的整体趋势，是时代的选择，也是发展的必然趋势。

1. 国内信息技术的迅猛发展提供了技术基础

农村电子商务的发展首先要归功于信息技术的普及应用。我国从 1999 年实行村村通工程，作为一个系统工程，主要“通”的工程包括公路、电力、生活和饮用水、电话网、有线电视网、互联网等，到 2005 年基本实现了预期目标。根据工业和信息化部的统计，截至 2015 年 3 月，我国 93.5%的行政村已经开通宽带，农村光缆到村、光纤入户快速推进。农村网络通信状况的改变，为电子商务的持续增长奠定了坚实的基础。

工业和信息化部启动了“宽带中国”2015 专项行动，明确提出城市提速升级与农村普遍服务同步推进，努力推动缩小城乡“数字鸿沟”。2015 年，农村及偏远地区宽带建设得到了专项资金的支持。

2017 年 1 月，一个覆盖全国 60 万农村、社区的“互联网 + 农村”惠民工程，即“全国村网通工程”已经正式实施和上线运营。该工程为全国每一个农村、社区都免费建设了一个门户网站，还对接了农村电子商务系统。从此，全国的每个农村都有了自己的门户网站，都可以轻松搭建自己的网上店铺，我国农村从此结束了没有网站的历史[5]，这对于我国农村电子商务的发展提供了有力的技术保障。

2. 电子商务服务业的崛起提供了新的商业业态

营销、广告、征信、反馈及支付等手段的网上运营，改变了传统的交易理念和交易方式，电子商务形成了一种新的业态，电子商务服务业也逐步形成了新型的产业。在整个服务体系中，电子商务网络服务平台居于核心地位。截止到 2016 年 3 月，全国电子商务园区数量达 1122 家，同比增长约 120%（图 10-2），且全国电子商务园区建设热潮仍在持续。浙江、广东和江苏是全国电子商务园区最多的省份。

3. 网络购物交易规模稳健增长

2017 年，我国网络购物市场交易规模达 6.1 万亿元，较去年增长 29.8%（图 10-3）。网络购物日益成熟，购物需求逐渐多元化，稳定发展的网络购物迎来新的发展活力。各家电子商务企业除了继续不断扩充品类、优化物流及售后服务外，也在积极发展跨境网购、下沉渠道发展农村电子商务。

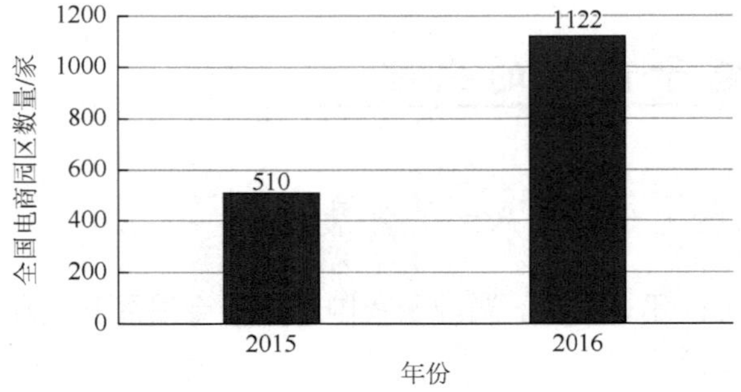

图 10-2　2015～2016 年全国电子商务园区数量

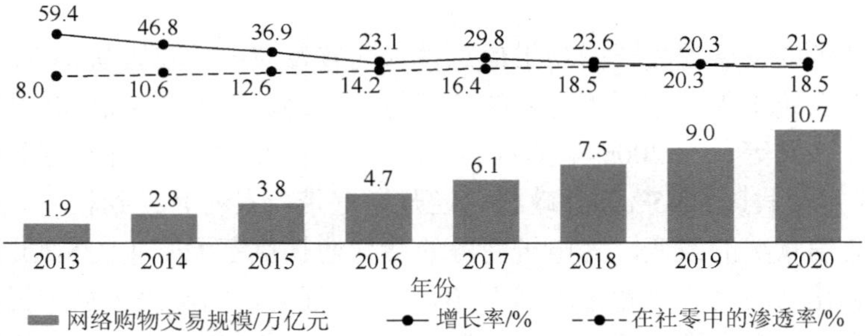

图 10-3　2013～2020 年我国网络购物市场交易规模

注：图中 2020 年对应数值为预测值

4. 农村网民的增长颇具潜力

根据中国互联网络信息中心发布的历次《中国互联网络发展状况统计报告》，截至 2013 年，我国农村网民的数量为 1.77 亿人，在全国网民规模中占比 28.60%。截至 2019 年 6 月，我国农村网民的数量为 2.25 亿人，占全国网民的 26.30%（图 10-4）。虽然近年来农村网民的人数在不断增长，但其增长的速度不及城市网民的增速，从另一角度也可以看出，其增长的潜力并未得到真正的发掘，未来的增长空间值得期待。

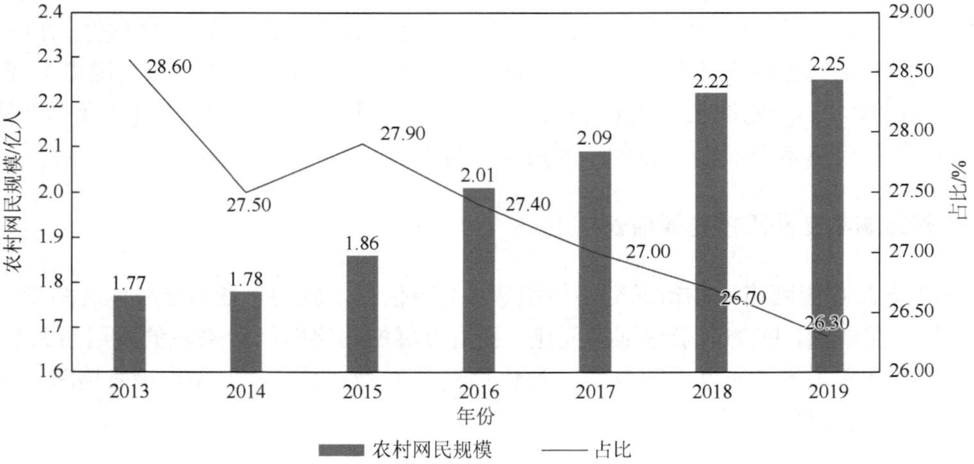

图 10-4　2013～2019 年全国农村网民增长情况

5. 农村网购市场规模不断扩大

国内农村网购市场的交易规模在逐年扩大。2014 年，网络零售额达 1800 亿元，同比增长 60.00%，农村居民对网购接受程度达到了 84.41%。到 2017 年，农村网络零售额首次突破万亿大关，达到 12 448.8 亿元，同比增长 39.10%。2018 年上半年，农村地区网络零售规模依旧不断扩大，全国农村网络零售额达到 6322.8 亿元，同比增长 34.40%，占全国网上零售额的比重为 15.5%，增速高于全国水平 4.3 个百分点（图 10-5）。农村网购市场交易规模的扩大为农村电子商务的发展开拓了广阔的市场前景。

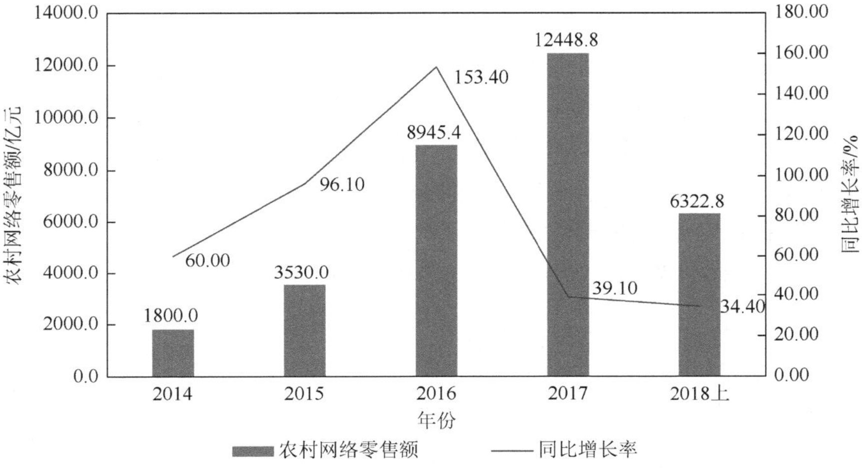

图 10-5　全国农村网络零售额

6. 政府政策支持力度不断加大

中央高度重视农产品电子商务的发展，出台了很多支持政策。2012 年，中央一号文件提出了“充分利用现代信息技术手段，发展农产品电子商务等现代交易方式”①。此后，2014 年中央一号文件明确部署了“加强农产品电子商务平台建设”②，2015 年中央一号文件提出了“支持电商、物流、商贸、金融等企业参与涉农电子商务平台建设。开展电子商务进农村综合示范。”③商务部把农产品电子商务发展作为重点工程，鼓励传统农产品流通企业创新转型。

2015 年以来，农村电子商务迎来诸多政策红利，而且非常密集，国家对农村电子商务领域的支持不断加码。《关于协同推进农村物流健康发展、加快服务农业现代化的若干意见》《关于大力发展电子商务加快培育经济新动力的意见》《“互联网＋流通”行动计划》

① 中共中央国务院印发《关于加快推进农业科技创新持续增强农产品供给保障能力的若干意见》. 2012. http://www.moa.gov.cn/ztzl/yhwj/zywj/201202/t20120215_2481552.htm. [2012-02-02]。

② 中共中央国务院印发《关于全面深化农村改革加快推进农业现代化的若干意见》. 2014. http://www.gov.cn/gongbao/content/2014/content_2574736.htm. [2014-01-19]。

③ 中共中央、国务院近日印发了《关于加大改革创新力度加快农业现代化建设的若干意见》. 2015. http://jiuban.moa.gov.cn/zwllm/zcfg/flfg/201502/t20150201_4378321.htm. [2015-02-02]。

等重磅文件相继发布。8 月 21 日，由商务部牵头，19 个部门联合发布了《关于加快发展农村电子商务的意见》，专门就农村电子商务做出部署。这是首个全面部署农村电子商务的文件，从物流、市场、电子商务扶贫、平台建设等多环节全面给予了扶持政策，并加大了对社会资本的开放力度，明确指出“支持电商、物流、商贸、金融、邮政、快递等各类社会资本加强合作”。11 月 9 日，国务院办公厅正式发布《关于促进农村电子商务加快发展的指导意见》（下文简称《意见》），此次《意见》的出台，是将此前商务部等 19 个部门对农村电子商务的意见和要求予以确认，并使之从部门层面提升到国家层面。《意见》指出，到 2020 年，初步建成统一开放、竞争有序、诚信守法、安全可靠、绿色环保的农村电子商务市场体系，农村电子商务与农村一二三产业深度融合，在推动农民创业就业、开拓农村消费市场、带动农村扶贫开发等方面取得明显成效。

2017～2018 年，国家对农村电子商务的政策支持力度持续加大。2018 年，中央一号文件《中共中央 国务院关于实施乡村振兴战略的意见》提出“必须鼓励支持各类市场主体创新发展基于互联网的新型农业产业模式，深入实施电子商务进农村综合示范，加快推进农村流通现代化”①。近年来，国务院、商务部等部委围绕农产品电子商务、物流配送、电子商务扶贫等农村电子商务重要领域提出一系列促进农村电子商务发展的政策措施，累计已下发相关文件超过 120 件，农村电子商务政策体系日趋完善。

10.2.2 我国农村电子商务的发展

1. 三大发展阶段

我国涉农电子商务起步于 20 世纪 90 年代中期，政府与企业在这一时期均开始关注电子商务这一新兴交易模式，并逐步付诸实践，至今已走过 20 多年的历程，期间农村电子商务经历了多次重大变局。总体上，我国农村电子商务的发展可以分为政府主导发展期、多元主体驱动期和市场体系整合期三大发展阶段（图 10-6）。

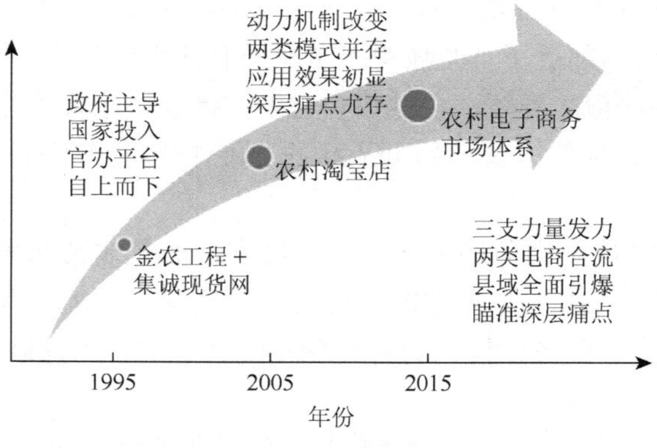

图 10-6 农村电子商务发展阶段

① 中共中央 国务院关于实施乡村振兴战略的意见. 2018. http://www.moa.gov.cn/ztzl/yhwj2018/zyyhwj/201802/t20180205_6136410.htm. [2018-02-05]。

1）第一阶段：政府主导发展期（1995～2005 年）

1995 年 12 月 12 日，在国家正式启动“金农工程”的基础上，郑州商品交易所成立了集诚现货网，开始探索粮食在网上销售。以此为标志，我国农村电子商务的序幕就此拉开。随着 1999 年全国棉花交易市场的成立，中国电子商务市场出现了 G2C（government to citizen，政府对公众）的销售模式。2000 年，集诚现货网正式更名为中华粮网，2005 年开始经营中央储备粮的销售。可以说，在 1995～2005 年中，农村电子商务开始破冰，艰难前行。至 2005 年，全国共有农村电子商务网站 2000 多个，涉农网站 6000 多个。

这一时期的总体特征是，政府主导、国家投入、官办平台、自上而下。国家的大量投入主要用于农村信息化、电子商务的能力建设，除了一些大宗交易，如粮食、棉花可以实现在线之外，绝大多数农村，尤其以农民为主体的交易行为并未在线上完成。当时农村电子商务的业务内容主要还是信息服务，而不是在线交易。农村电子商务的发展总体上较为缓慢。

2）第二阶段：多元主体驱动期（2006～2014 年）

2005 年开始，国内衍生了小众市场的生鲜农产品营销电子商务，如专注做有机食品的和乐康及沱沱工社等，生鲜电子商务营销模式开始流行。同时，农村开始出现农民自己开办的网店。2006 年前后，在我国东部沿海一些农村中，最早的一批草根农民率先尝试，在淘宝网上开网店并实现增收。农村草根网商的成功，不仅让他们自己变身为专职的网商，而且形成示范效应，带动周围乡亲们纷纷效仿。2009 年开始出现的淘宝村，成了农村新的市场生态最典型的呈现，成了聚集网商、服务商、制造商等各类市场生态元素的载体。2012 年以后，手机终端电子商务平台的经营模式开启，农村电子商务竞争十分激烈。

这一阶段，电子商务在农村迅速崛起，通过网络平台覆盖农村的生产、销售、供应等各个环节，为农村提供信息、交易、结算、运输等全程电子商务服务。多种类型的主体开始参与其中，不同类型的网商成为主要力量，在农村电子商务领域开展了积极的探索，在线交易的电子商务模式普遍流行。农村电子商务的动力机制，从原来主要是政府主导转变为政府与市场并存的多元主体驱动。总体上，这是市场驱动、市场主体自主投资、利用市场化电子商务平台、自下而上发展的农村电子商务，也是中国农村电子商务快速发展的时期。

但是，这一时期的农村电子商务存在政府和市场各自平行发展的趋势，中间鲜有交集，政府对市场型的农村电子商务的政策倾斜力度不大，基层农村电子商务所覆盖的范围远远不够。虽然出现了淘宝村等亮点，但就农村整体来看，电子商务接入、物流、人才、资金等困难仍然严重制约其发展，农村电子商务本地化服务体系仍然十分缺乏，符合农村电子商务发展所需的市场环境亟待改善。

3）第三阶段：市场体系整合期（2015 年至今）

2015 年是农村电子商务发展的政策扶持红利年，是深入推进农村电子商务的一年，也是农村电子商务发展格局变化显著的一年。

（1）优惠政策密集落地。2015 年，国务院及各部委纷纷出台利好政策，提升了农村电子商务的产业地位，有力地推动了农村电子商务的发展。地方政府也结合自己的具体情况，针对农村电子商务的基础设施、发展环境和公共服务的需求提供帮助。

（2）推进力度加大。商务部主导的电子商务进农村示范县工作强力推进，农业部信息进村入户也树立了一批农村电子商务新标杆。2015 年，县域电子商务全面引爆，农村电子商务开始全面采取“整县推进”的方式，从而大大加快了农村电子商务的覆盖速度。阿里巴巴、京东等平台推出了专门面向农村的战略和平台政策；农村电子商务运营者发展迅速，出现了一大批新秀。

（3）政企正式合作。2015 年，政府与市场主体间的合作机制开始形成。商务部正式委托遂昌网店协会，根据他们在基层开展农村电子商务的实践经验，为全国农村电子商务制定《农村电子商务工作指南》和《农村电子商务服务规范》两项标准。京东、阿里巴巴等电子商务巨头纷纷与政府部门合作，并签署农村电子商务合作协议。2016 年 2 月 17 日，国家发展与改革委员会与阿里巴巴在京签署“结合返乡创业试点发展农村电子商务战略合作协议”。未来三年，双方将共同支持 300 余试点县（市、区）结合返乡创业试点发展农村电子商务。

（4）经营模式不断创新。无论是第三方平台“村级站 + 县级中心 + 支线物流”的农村电子商务落地模式、服务商“园区 + 平台 + 培训 + 体系”的合作模式，还是自营电子商务“渠道拓展 + 聚合需求 + 对接品牌 + 集中促销”的交易模式，新变局下的农村电子商务实践，都开始瞄准和真正触及农村电子商务的深层痛点发力，不断创新经营模式，推动农村电子商务的实质性进展。

（5）兼并重组频繁。农村电子商务从前一时期的多种融资组合发展到资本的兼并重组，阿里巴巴持股苏宁云商集团股份有限公司、京东入股永辉超市股份有限公司（以下简称永辉超市）等都说明农村电子商务领域进入深层次整合阶段。

这一时期，政府主导的自上而下式农村电子商务和市场驱动的自下而上式农村电子商务已经开始合为一体，是典型的农村电子商务市场体系整合和形成时期。

2. 发展趋势

当前，我国农村电子商务已进入蓬勃“发展期”，在未来很长一段时间，我国农村电子商务仍具有十分广阔的市场前景，未来我国农村电子商务将呈现四大发展趋势。

1）农村电子商务保持快速发展势头

随着“三网融合”、物联网、大数据、云计算等创新技术的广泛使用，涉农电子商务规模将向多样化发展，与智能农业、智能流通、智能消费连接成一个有机的整体，涉农电子商务服务环境日趋改善。同时，我国每年有 1900 亿美元的农产品进出口业务，农产品跨境电子交易将发挥越来越重要的作用。跨境电子商务将从沿海向内地拓展，从城市向农村渗透，国际化将成为更多农村电子商务的重要选择。

2）农村电子商务服务环境日趋改善

各类专业服务商开始进入农村，提供货源供给、仓储、摄影摄像、网店装修代运营、融资理财、品牌推广与管理咨询、人才培训等一系列服务，各类主流电子商务模式如 B2B、B2C、C2C（consumer to consumer，顾客对顾客电子商务）、C2B（consumer to business，顾客对企业电子商务）、O2O 及微电子商务、本地生活、跨境电子商务等在涉农电子商务领域全面涌现。

3）农村电子商务产业链不断延伸

为了避免同质化竞争，一些涉农电子商务企业开始拓展产业链，从零售商转为分销商，从单纯的渠道商转为品牌商，从原材料采购到设计，寻找生产厂家代工，最后将货品分销给其他小型网商，逐步建立以品牌商、批发商、零售商为主体的电子商务纵向产业链层级。同时，农村电子商务的交易类型开始从单一的网络零售向复合模式转变。

4）农村电子商务线上线下不断融合

产品批发市场将发挥线下实体店的物流、服务、体验等优势，推动实体与网络市场融合发展，实现线下实体市场的转型。电子商务平台也通过实体店的建设和经营，参与线下市场的活动，为消费者营造更好的购物体验。

10.3 农村淘宝双向物流对“三农”的影响

10.3.1 双向物流概述

1. 双向物流

农村物流是指为农村居民的生产、生活及其他经济活动提供运输、储存、装卸、搬运、包装、配送、流通加工和信息处理等相关活动的总称。

对比农业物流，农村物流是一个与城市物流相对应的区域物流概念。农业物流是一个相对于工业物流和商业物流等而言的行业物流概念，它是农村物流的一个重要组成部分。农村物流除了包括农业物流的内容外，还包括农村居民生活需要的各种工业品在农村范围内的物流活动。

与农产品物流相比，农村物流的研究客体除了农产品之外，还包括从城市进入农村的农用生产资料和农村居民生活必需的生活资料等工业品。

因此，农村物流既包含对产自农村的物品的输出过程，也包含从城市买入各类生活生产用品的输入过程，具有双向性的特征。

2016 年 1 月，国务院办公厅印发了《关于推进农村一二三产业融合发展的指导意见》，提出加快推进“新网工程”升级提质，逐步健全以县级配送中心、乡镇物流中转站（基层社）、物流服务点（村级综合服务社）为支撑的农村物流配送体系，实现“农产品进城”和“工业品下乡”的双向流通。

双向物流是指城市与农村互为供给方与消费方所进行的物品流动过程，城市作为发达的工业体系一方所进行“工业品下乡”的活动，农村作为农业发展的一方进行“农产品或农副产品进城”的活动。

2. 双向物流体系

双向物流体系是指与农产品销售物流、农村生产资料物流及消费品供应物流等相关的各个要素相互作用、相互联系而构成的一个有机整体。构建双向物流体系的目的在于，使农民能方便地购买到需要的日常用品及农资产品；也使农产品能方便快捷地以合理的价格销售出去，并且尽量减少农产品在流通过程中的浪费。农产品销售物流是从农村流向城市，是农产品获得市场价值的过程；而农业生产资料供应物流则是从城市流向农村，是农民获得生产资料，实现生产的过程（图 10-7）。二者方向相反，物流渠道和物流主体各具特点。

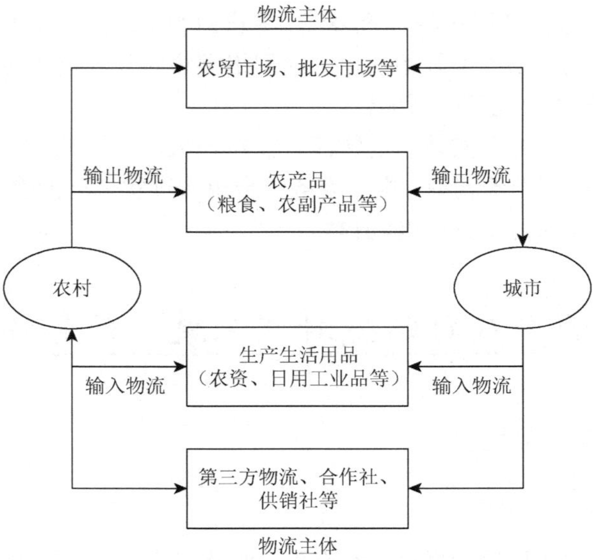

图 10-7　双向物流体系

双向物流体系主要由物流主体、物流渠道和物流功能三部分构成。

物流主体就是物流活动的主要参与者和相关事务的实施者，包括供应链两端的农民和农业生产资料提供商及供应链中间的物流功能服务提供商、各类零售终端和农村合作经济组织、专业运销户等。在农村和城市这两个不同体系中扮演重要角色的就是各种物流主体，他们根据农产品的特点和农业生产资料性质及一些必须考虑的因素，如时效性等，选择不同的通道来完成物资的运输，这些便形成了具体的物流活动。

物流渠道是实施农产品物流过程中物流主体选择的不同路径，它关系到农产品运输的效率、安全等，对于成功实施农产品物流至关重要。

物流功能主要存在于各类物流通道的各个环节。其中，农产品经农贸市场、批发市场等组织配送到城市市场，而农业生产资料经第三方物流、供销社等组织配送给农户。

这三者形成了整个模型的基本框架，在具体实施的城乡物流系统运作中发挥着重要的作用。

3. 国内双向物流现状

1）城乡物流体系分割，农村物流渠道不畅

长期以来，由于农村与城市经济的分割，广大农村的市场与物流比较落后和封闭。大部分地区农村居民居住分散，人口密度低，家庭分散经营，没有形成规模的生产模式。从农村向内物流的角度分析，分散的居住环境不利于物流网点的合理设置，会增加城市产品向农村运送的成本投入；从农村向外物流的角度分析，家庭分散经营种植缺乏规模性，使得农产品的统一收购及农产品简单加工点的设立投入更多的人力、物力和财力，由此导致农村物流渠道不畅、物流成本过高、农民增收不快、消费市场混乱等问题。

2）农村物流基础设施、信息技术落后

在农村地区，电子商务的信息流、管理和控制技术没有很好地应用到农村电子商务物流的发展中来。在一些边远地区，交通不便仍阻碍着农村发展，通信设施的落后也成为农村电子商务物流发展的障碍。由于农村物流基础建设落后，城乡双向流通过程中长期存在商品进不来、出不去的“围城”现象。例如，物流费用占国内生鲜产品总成本的比重高达70%，水果、蔬菜等农副产品在运输储存等流通环节上的损失率高达 25%～30%，而发达国家则控制在 5%以下。物流专业化、市场化、现代化、信息化和社会化水平低，虽然总体数量庞大，但农村物流服务个体规模小，工作效率低，仓储设施落后，服务质量满足不了农产品流通的服务要求。

3）农村物流配送交通体系不健全，政策不完善

目前，我国农村电子商务物流发展还处于起步阶段，大部分物流公司的配送网络只能覆盖到县级地区，无法触及镇、乡、村。村民通过网络进行贸易往来只能依赖第三方物流公司的配送追踪体系，由于成本等原因，很多物流公司都不提供偏远地区配送服务，因此造成了农村的电子商务物流发展落后等一系列问题。

相关的制度和政策还有待进一步的健全。融资制度、人事制度、社会保障制度等远远满足不了物流企业发展的需求，有些企业虽然提高了其物流效率，但在内部和外部双重压力下，制度和政策的缺陷制约了物流资源的再分配。

4）农村消费环境差，信誉低

农民对市场的信任度不高主要是由于市场监管力度不够、政府层面不重视及不作为、假冒伪劣产品大量存在，这些因素致使农民的利益受损，农民消费指数和信心被制约。同时，农村区域对电子商务普遍认识不足，对电子商务支付的机制不够了解，认为把钱预支付给第三方不安全。意识和理念的差距直接阻碍着农村双向物流的发展。

5）物流人才匮乏，资源整合效率低

广大农村区域专业物流人才的缺乏导致了物流信息等资源整合的效率极其低下，严重阻碍了农村电子商务物流的发展。农民和从业者不能利用信息化的渠道获得一手的市场信息，不会充分利用电子商务资源外推自家的农产品以扩大销路，难以准确把握农产品营销的最佳时机进而实现利润的最大化。同时，也就不能很好地利用网络资源进行生活和生产物资的采买，只能依赖于高价的当地市场和销售点店铺，导致生活和生产成本偏高。

10.3.2　农村淘宝双向物流

农村淘宝是阿里巴巴的战略项目。为了服务农民，创新农业，让农村变得更美好，阿里巴巴联合各地政府，推出“千县万村计划”，期望在未来 3～5 年内，投资 100 亿元，建立 1000 个县级运营中心和 10 万个村级服务站，普及村民对电子商务的认知和理解，突破信息、物流、金融的瓶颈，解决农村买难卖难问题，加快实现“网货下乡”和“农产品进城”的双向流通功能（图 10-8）。

农村淘宝双向物流体系的建设，目的在于打通到村的物流和信息渠道，用互联网的方式推动城乡一体的进程，让农民在家中零成本地享受和城市居民一样的生活便利性，足不出户就可以通过电子商务平台买到价廉物美的日用品、农资产品等。

2015 年，阿里巴巴已经建设了超过 200 个县级运营中心，约 10 000 个村合作点，引

入村淘合作物流企业 30 余家，合作伙伴配送能力覆盖全国 2800 个区县，实现 50 万个村子送货进村，使得更多的农村居民可以享受到与城市居民同等的消费权利。

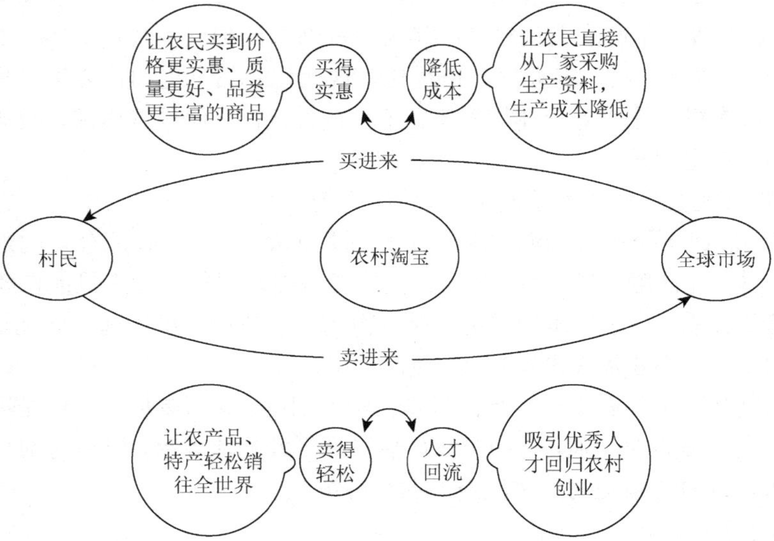

图 10-8 农村淘宝双向物流体系

目前，农村电子商务物流已不仅限于工业品下乡，在农村产品上行方面也有新的发展，淘宝村数量已经超过 1000 个，一些淘宝村升级为淘宝镇，农村淘宝双向物流结构初见端倪。

2017 年 6 月 1 日，阿里巴巴农村淘宝再次升级，网站和手机 APP（application，应用程序）与淘宝、天猫实现商品通、系统通、服务通，实施农村淘宝“三通”项目。

“商品通”实行后，村民能够选择的产品数量将增加到近一个亿。农村淘宝和淘宝、天猫统一盘货，三方全面打通商品库，让优质商品更全面地下沉覆盖农村，并通过高度定制服务、大数据算法等手段，精准挖掘村民最喜爱的大小家电、日百快消等商品，让村民买得放心、用得安心。

此外，农村淘宝 APP 在“系统通”正式实行后，与手机淘宝合二为一。手机淘宝将针对农村市场增设“家乡版”。村民可根据所在地区进行页面切换，在所属地区的商品库中淘到自己心仪的产品。

“服务通”则要让农村同样实现优质商品快速“触达”。农村淘宝将联合菜鸟网络科技有限公司承接商家下农村的物流需求，通过省级、县级物流仓的能力，快速打通县到镇到村的二段物流体系。

10.3.3 农村淘宝双向物流对“三农”的影响

1）激发国内需求潜力

世界经济发展的一般经验表明，完善的城乡双向物流体系是发展中国家过渡为发达国家的必然要求，因为双向物流体系不仅能够检验商品是否适销，也能将生产、供求的各种信息反馈出来，从而促进经济的良性发展。我国长期以来存在城乡二元经济结构，即体系完整的城市市场体系及体系欠缺的农村市场体系，社会总需求也被划分为城市需求与农村需求。由于城乡物流体系在衔接上存在着诸多障碍，农村需求总体上呈现出提升空间广阔，但提升速度缓慢的态势，这严重地影响了社会的整体需求，也阻碍了经济的良性发展。城乡双向物流体系的构建有助于生产要素的优化配置和城乡市场的对口衔接，从而有效扩大内需。

2）提高农民收入水平

目前，我国城乡居民在收入上的差异仍然较为显著。据国家统计局 2018 年的最新数据显示，2018 年，农村居民人均可支配收入为 14 617 元，城镇居民可支配收入为 39 251 元。其中，农业生产资料难买及农产品难卖无疑是城乡居民收入差异最为重要的因素。长期的市场分割及物流体系不通畅一方面使得农民难以及时地更新农业生产资料，制约了其生产能力；另一方面又阻碍了农产品的运输与销售，限制了其营收水准。双向物流体系的构建有助于缓解农产品难卖的问题，确保农产品顺畅流通，从而逐步提升农民的消费水平与生活水平。根据阿里研究院《中国淘宝村研究报告（2018）》显示，全国约 1/5 淘宝村分布在贫困县，在这些贫困地区的淘宝村，一批村民通过电子商务创业就业，增加收入，脱贫致富。

3）统筹城乡协调发展

城乡一体化建设则是缩小城乡差距、统筹城乡发展的必然途径，它需要政府从我国现有的二元经济结构出发，逐步加大公共财政支农力度，并不断完善乡村公共基础设施建设，提供优质高效的公共服务，从而有计划、有步骤地改变“三农”在我国资源配置及国民收入分配中的不利地位。在城乡一体化建设中，城乡市场一体化是重要内容，而完善的城乡双向物流体系则是衡量城乡市场一体化建设水平的重要标志，构建城乡双向物流体系有助于以工促农、以城带乡，协调发展。

4）提高农民的生活质量

农村向内物流的发展使得农村的生产资料及各种生活品的消费变得更加便利，随着科技的进步及网络等电子商务的普及和推广，农村的网络预订及购物为商业的发展提供了良好的时机，同时打破了农村和城市消费的地域，缩小了农村与城市的消费差距，促进了社会公平和经济的合理发展。

5）增加农村就业机会

2018 年，全国淘宝村 66 万多家活跃网店带动就业的机会达到 180 万个，而农村双向物流业网点的服务、网点间的运输、物流的联系等也必然给广大农村提供了最有利的劳动就业机会和条件。建立和发展农村物流体系，一方面直接开辟了农民新的就业渠道，另一方面通过物流产业发展带动的城镇化消费需求的增加与改善直接和间接促成了其他第三产业的兴起，使农村的剩余劳动力直接分散就地消化吸收。

6）加快农村城镇化建设

农村物流业的发展带动了农村城镇化的脚步。一方面，物流业的发展提高了农产品对外运输中的竞争力，吸引了更多的城内资金或者村内集体资金投向农产品加工业及其他服务业，壮大了农村经济实力，从而促进了农村的城镇化建设。另一方面，随着物流业及经济的不断发展，农村的服务业也会不断产生和提升，运输的道路服务、餐饮服务、居住服务等都将带动农村的城镇化进程。

7）促进农村经济整体发展

一方面，农村输出物流发展能够有效降低农产品的储存成本和流通成本，从而降低农产品生产中的供应及销售成本，起到改善农业外部环境的作用，提高农产品的质量从而提高竞争力。另一方面，输入物流的发展使得农用生产资料和其他城市物品的运送成本降低，从而降低农产品的生产成本。农村双向物流的发展既提高了农产品的竞争力，又通过成本的降低、产品收益的提高带动了农村经济的发展。

复习思考题

1. 我国农村电子商务的发展具有什么特点？
2. 为什么近年来我国农村电子商务发展迅猛？
3. 常见的农村电子商务平台有哪些？有什么特点？
4. 农村电子商务产业集群治理模式有哪些类型？
5. 什么是淘宝村？怎样界定淘宝村？
6. 请简述目前国内淘宝村的发展现状。
7. 淘宝村产业集群兴起的主要原因有哪些？
8. 从未来趋势的角度，淘宝村的发展存在哪些制约因素？
9. 农村物流与农产品物流、农业物流有什么区别？
10. 请简述农村双向物流的基本含义。
11. 农村淘宝双向物流的含义是什么？
12. 农村淘宝的发展对“三农”问题有哪些影响？

阅读与思考

阅读与思考

第11章

国内外农产品物流案例

11.1 案例1 雨润集团建设农副产品冷链物流中心项目

雨润集团是一家集食品、地产、商业、物流、旅游、金融和建筑七大产业于一体的民营企业集团，总部位于江苏南京，员工总数近13万人，下属子（分）公司300多家，遍布全国30个省直区市。

2013年12月20日～21日，由中国冷链物流联盟主办的第六届中国冷链物流行业年会在北京召开，来自全国各地600多位企业家参会。年会公布，2013年雨润冷链物流在全国排前三名，雨润农产品集团总裁被评为中国冷链十大杰出贡献人物。

国务院于2009年制定了《物流业调整和振兴规划》。作为物流产业综合性应对措施的行动方案，其主要任务之一是优化物流业发展的区域布局，其中以西安、兰州、乌鲁木齐为中心形成西北物流区域。西安也是国家规定的21个全国性物流节点城市之一，具有重要的物流发展战略地位。

雨润集团在西安规划建设农副产品冷链物流中心迎合了这一趋势，将在政策、经济、技术等方面得到政府的支持。同时，雨润农副产品全球采购中心的规划建设也应达到国家对物流产业的更高要求，建立新型信息化、高效率、高水平的物流中心。

雨润西安农副产品全球采购中心的主要环节工程方案如下所述。

11.1.1 配送流程方案

雨润西安农副产品全球采购中心终端服务配送对象包括农产品零售门店和消费团体两个层面。其中，农产品零售门店指大型综合超市、便利店、农贸超市、电子购物网站等零售终端；消费团体指企业、机关、院校、部队、宾馆、饭店等团体消费单位。

配送品种包括本项目的肉类、果品、蔬菜及豆制品、淡水产品及家禽加工等加工品种，以及客户委托配送的其他农副产品。在配送作业时，根据产品特点，按照专业分工原则，配送作业流程（图 11-1）采用闭环式体系，实行流水式作业、全过程监控。

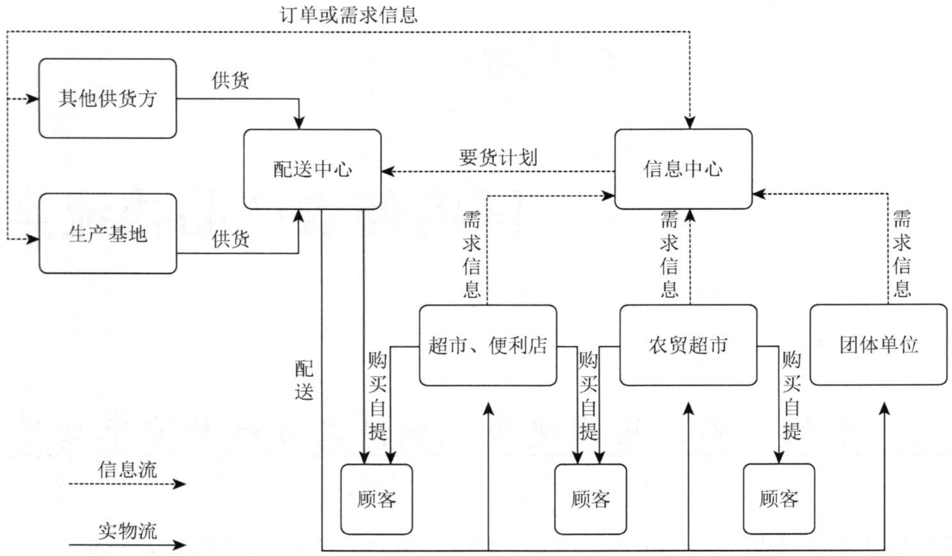

图 11-1　农副产品配送流程示意图

资料来源：雨润西安农副产品全球采购中心项目文件

11.1.2　产品加工方案

结合本项目的目标定位，对肉类、果品、蔬菜和水产四类产品的工艺流程规划如下。

1. 肉类加工

本项目的肉类加工线主要指分割肉加工线，工艺流程如图 11-2 所示。

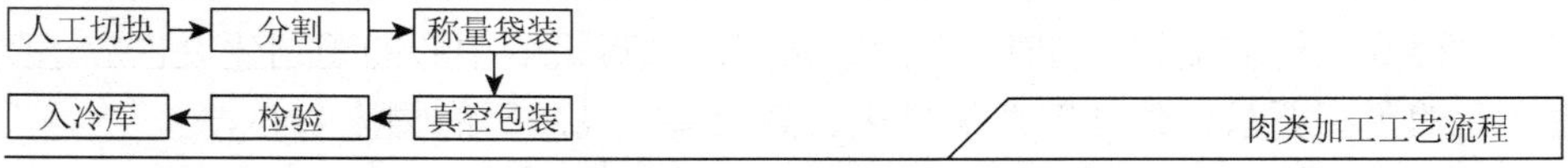

图 11-2　肉类加工工艺流程示意图

资料来源：雨润西安农副产品全球采购中心项目文件

2. 果品加工

本项目的果品类加工生产线包括果品打蜡生产线、即食甘蔗生产线、即食板栗生产线、即食玉米生产线、果汁加工生产线，工艺流程如图 11-3 所示。

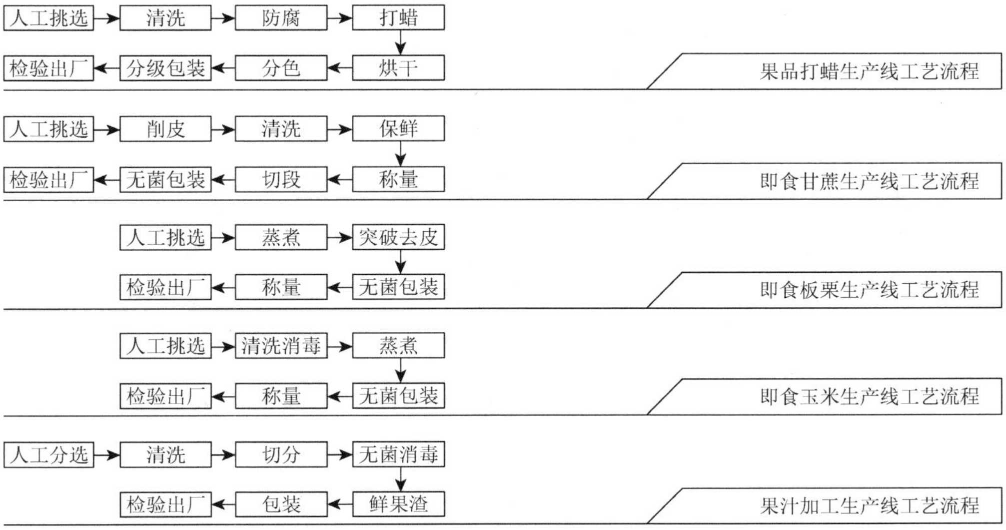

图 11-3　果品加工工艺流程示意图

资料来源：雨润西安农副产品全球采购中心项目文件

3. 蔬菜加工

本项目的蔬菜类加工生产线主要包括蔬菜加工生产线和豆制品加工生产线，其中蔬菜加工工艺流程包括净菜加工和切割菜加工。考虑到绿色蔬菜的生产要求及当地劳动力的情况，本项目净菜加工拟采用半机械化方式进行生产。工艺流程如图 11-4 所示。

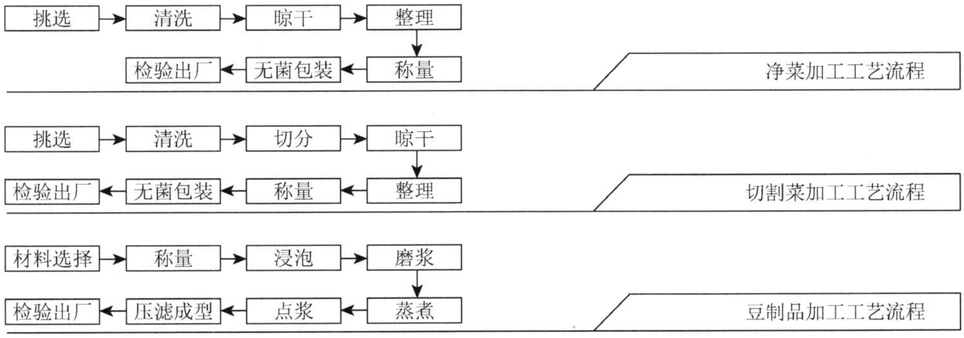

图 11-4　蔬菜加工工艺流程示意图

资料来源：雨润西安农副产品全球采购中心项目文件

4. 水产加工

本项目的水产加工线主要指淡水产品加工线，包括速冻水产品加工、生鲜水产品加工和鱼糜制品加工三种生产线，工艺流程如图 11-5 所示。

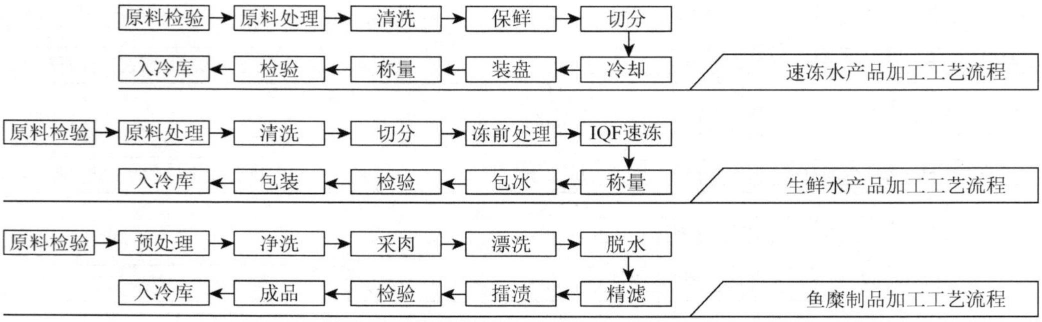

图 11-5　水产加工工艺流程示意图

资料来源：雨润西安农副产品全球采购中心项目文件；IQF 是 individual quick freezing 的简写，表示单位速冻

11.1.3　信息系统方案

现代物流以“信息化”为重要标志。本项目拟建立农副产品物流配送管理信息系统（图 11-6），从而实现西安地区及陕西省乃至全国、全球区域咨询互通、信息共享，保证农副产品的快速周转，有效降低库存，增强物流控制能力。

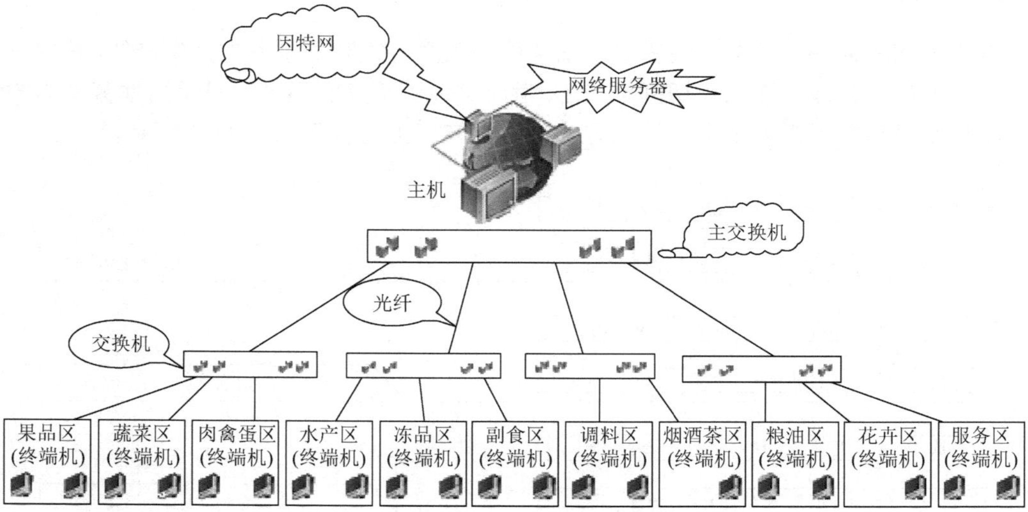

图 11-6　信息系统网络示意图

资料来源：雨润西安农副产品全球采购中心项目文件

本项目信息系统为商务计算机管理系统。数据库服务器管理中心的所有数据均可由各部门客户端进行存取。同时，中心的管理层可实时查看所需数据，各部门间的数据可以共享，以信息系统中心一体化确保中心内部数据的实时性、一致性和完整性。

11.1.4　检验检测方案

采用农产品质量安全市场准入机制，加强市场质量管理建设，维护品牌形象，建立稳定的产销合作关系；对项目的连锁超市、社区加工配送或直供服务的产品生产进行质量控制，实现“从农田到餐桌”的全程质量安全控制。

检验中心分五个部分：一是办公，二是样品保存，三是样品处理，四是理化检测，五是微生物检测。样品保存主要考虑保存物品所需的外部环境符合相关物品保存要求，要配置空调、除湿器及冰箱等设备；理化检测主要包括常规分析与有害元素、物质分析。农副产品无公害检测流程示意图见图 11-7。

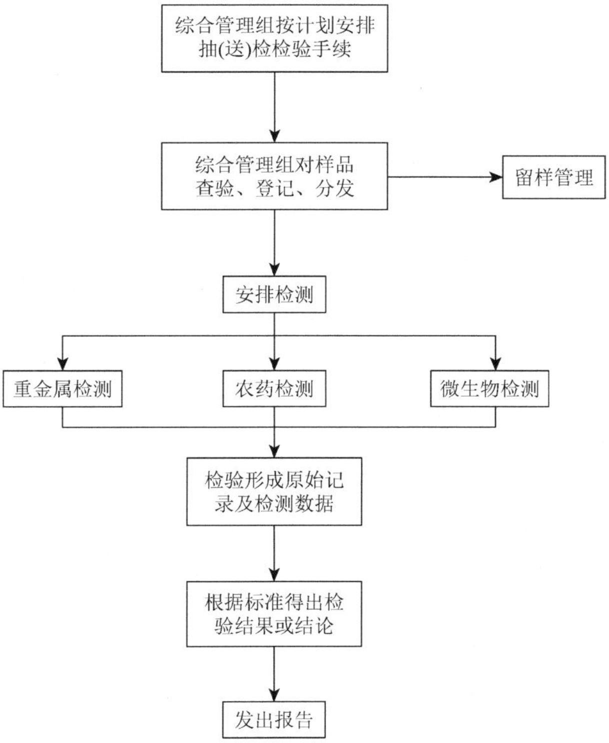

图 11-7　农副产品无公害检测流程示意图

资料来源：雨润西安农副产品全球采购中心项目文件

资料来源：卢尚贤. 2015. 农副产品冷链物流中心规划设计研究[D]. 西安：西安建筑科技大学.

案例思考

1. 结合所学物流知识，概括雨润集团冷链物流中心建设项目有哪些亮点？
2. 雨润集团该建设项目可能面临的问题有哪些？

11.2 案例 2 Webvan 之败，亚马孙成功

美国生鲜 O2O 一直不见起色，做了 20 年的 Webvan 失败了，做了不到 10 年的亚马孙成功了，这两个案例验证了“做农业要做减法”的核心观点，涉水这一领域，要把自己的市场集中在某个城市或者某个片区，甚至是极端的某个社区，集中拿订单才能压低服务成本。

11.2.1 20 年前就开始做生鲜 O2O 的 Webvan：把行业带入了深渊

比起生鲜 O2O 在中国如火如荼地发展，美国的生鲜 O2O 一直不见起色。其实，美国的生鲜 O2O 可以向前追溯到 1996 年。但是我们都会疑惑，美国 20 年前就有生鲜 O2O 了，可为什么落后于中国？究其原因，必须从一家名叫 Webvan 的公司说起。

Webvan 创办于 1996 年，是一家概念非常超前的生鲜果蔬公司，线上交易，线下运输，有自己的仓储、分销系统，配送的是新鲜的杂货。今天看来没什么特别的，但是 20 多年前，这是难以想象的。

我们来看一下这家公司的发展。这家公司 1996 年 12 月成立，成立 2 个月之后，VC（venture capital，风险投资）跟进，1997 年 VC 投入第一笔钱，经过两年的研发，第一个仓储系统全面上线，上线一个月之后，开始接受第一笔订单，真正跟用户第一次亲密接触。

Webvan 的仓储系统 1999 年建成，位于旧金山，可以覆盖整个旧金山 61 英里（1 英里≈1.61 公里）半径的范围，仓储系统的建设包含了非常复杂的算法，即使放在现在，某些方面也很先进。我们可以从两个基本数据看到这个仓储系统花费了怎样的心血——投入 4000 万美元，仅仅是各种线路就花费了 500 万美元。

同样在 1999 年，Webvan 签订了一份 10 亿美元合约，把仓储系统在全美复制。签约之后一个月，1999 年 8 月的 IPO（initial public offering，首次公开募股），这家公司备受追捧，在最高点时市值达到了 80 亿美元。但是这家公司最终的命运是在运行了两年之后，也就是 2001 年 7 月，宣告破产。

如果把它的订单数和消耗的资金做一个对比，可以发现，Webvan 每接受一笔订单，消耗的资金是 130 美元。另外，这家公司的破产不仅把自己带入深渊，最重要的是把整个产业带入了深渊。

因为这家公司的惨败，导致很长一段时间所有的 VC 都不敢踏入这个行业，直到 2011 年才又有 VC 开始进入。这就是为什么美国生鲜行业 O2O 在 20 年前就开始了，现在却落后于中国。

我们想一下，在旧金山用 4000 万美元建一个仓库，要让这个仓库实现盈利平衡，关键的指标是什么？是订单数。而这家公司没有一个仓库达到了盈利平衡点，没有一个仓库吸引的订单数能够接近这个平衡点，每一个仓库的订单数都远远落后于这个平衡点。

这家公司在没有达到盈利平衡点之前，就已经覆盖到 33 个城市，这就是公司破产的原因。这个例子引发了美国 VC 界对这种“传统火箭发射式”创业逻辑的反思。

11.2.2　Webvan 带给硅谷的启示："火箭式发射"创业是不行的

从 Webvan 这个例子可以看到，美国硅谷从 20 世纪 70 年代一直到 2000 年，走的都是"火箭式发射"的创业逻辑。这里必须解释一下什么是"火箭式发射"。

这种创业逻辑的起点是以创业者自我为中心。"火箭式发射"创业的创新往往开始于天才人物的天才构思，他们认为创业环境是高度可控的，创业的各种参数是高度确定的，未来是可以高度准确地预测和分析的。另外，用户需求基本是已知的，解决方案也是非常确定的。打个比方，就等于起点固定，终点固定，赛道也固定，创业团队要做的就是不断计划、执行和优化。

但是 Webvan 的失败，以及互联网泡沫的破灭，让硅谷开始反思"火箭式发射"的创业逻辑。这个反思就是把创业者从一个高度可控的环境中，推到一个高度不可控的环境中，这就是 2015 年硅谷掀起的"精益创业"运动。

"精益创业"模式和"火箭式发射"模式最大的区别是，精益创业不是"以创业者自我为中心"开始创业，而是真正聚焦于"以用户为起点"的创业模式，然后通过和用户互动来完成创业的过程。

在"火箭式发射"方式下，用户的痛点和解决方案可以计划，可以预测。而"精益创业"方式下，无论再仔细的计划和预测，用户的痛点都是不可知的，也不知道真实有效的解决方案是什么。

如果做一个图解，我们可以看到，创业者自己想象的用户痛点和真实的用户痛点之间有着巨大的鸿沟，无论做多么仔细的计划，用户痛点和解决方案总是存在一个鸿沟。而这个鸿沟的缩小，可以通过精益创业的方式尽量弥补。

11.2.3　亚马孙如何在生鲜 O2O 领域精益创业

我们可以用一个小例子来表现"精益创业"模式和"火箭式发射"模式的本质区别。这个案例和 Webvan 有一些相似之处。

Webvan 破产 6 年之后的 2007 年，有一家公司悄悄进入了在线生鲜果蔬销售行列，这就是亚马孙公司。亚马孙公司成立了一个在线销售生鲜果蔬的部门 Fresh，但是 Fresh 采用的不是"火箭式发射"的方式，而是"精益创业"的方式。

亚马孙分布全球，但是 2007 年亚马孙进入这个行业时只选取了单一的城市——西雅图。为什么选择西雅图？因为西雅图对新鲜事物的接受度排名第一位。Fresh 也不是覆盖整个城市，而是选择了西雅图的几个小区，选择的小区也有自己的特点。

中国的生鲜 O2O 从外面学到了很多，如聚焦收入较高、居住密度较高的小区。居住密度在中国不是问题，一个小区就是 1000 户左右，但是在美国这是一个很大的问题。当时亚马孙聚焦的小区有两个特点，一个是居民收入相对较高，另一个是居住密度较高。

这个模式测试 5 年之后，即 2012 年，亚马孙才开始进入第二个城市——洛杉矶。此次亚马孙同样不是进入整个城市，而是只覆盖几个小区。几年过去了，亚马孙还在不断测试。8 年之后的今天，这家公司还没有进入第三个城市，还是只在西雅图和洛杉矶。

亚马孙的模式是“精益创业”模式，对 Fresh 的分析可以发现以下两个关键信息。第一个关键信息是，使用亚马孙服务的必须是高级会员，而且必须另外付 299 美元，可见精益创业是一个做减法的态度，做加法之前先滤掉不相关的用户。299 美元说明这批人有两个重要特征：第一，这批人的痛点是如此痛，以至于对解决方案高度苛求，能够容忍初始解决方案的不完美；第二，一旦解决方案对其有作用，其将有很强的传播力。

第二个关键信息是，同样的商业模式，同样的创业热情，当有不同的创业方法论时，可能有截然不同的结果。

“精益创业”五大原则为：

①用户导向：以用户为中心，不以自我为中心；②行动导向：行动优先于认知；③科学试错：通过科学试错深化认知；④目标可移：在实施的过程中不断修整创业路径；⑤快速迭代：用最低的成本、最快的速度迭代。

资料来源：微信公众号“电子商务观察与研究”

案例思考

1. 从农产品物流配送和仓储方面对比分析以上两家农产品电子商务创业要解决的核心问题。

2. 在中国冷链物流发展还不健全的时候，如何用创新创业思维来解决农产品配送问题？

11.3　案例 3 英国 Tesco 食品供应链中第二代托盘的使用

Tesco 创始于 1919 年，是英国最大的零售商，也是全球三大零售企业之一。Tesco 在全球拥有的门店数量超过 2800 家，分布于 13 个国家，在《财富》的“2008 年全球 500 强企业”排名中名列第 51 位。

中国的乐购最早是由台湾顶新国际集团于 1997 年在上海创立的连锁超市品牌，2004 年 7 月和 2006 年 12 月，英国的零售商 Tesco 先后分两次共计购入乐购 90%的股份，取得对乐购的绝对控股地位，随后将乐购改名为 Tesco 乐购。截至 2008 年 10 月，Tesco 乐购在华东、华北和华南三个区域的 22 个城市拥有 58 家大卖场，卖场面积达 48 万多平方米，员工数达 17 600 名。

自 2006 年 12 月取得对乐购的绝对控股地位以后，Tesco 中国区建立起与英国总部垂直对应的管理架构，成立 4 人董事会，下设由各个主要部门的十几个负责人组成的执行委员会，统筹相关工作。Tesco 中国区被分为华北、东北、华东、华南 4 个大区，分别在北京、沈阳、上海、广州设立 4 个分公司，各门店隶属于分公司管理。随后，公司启动一项被称为 TOM（Tesco operation model，Tesco 运营模式）的系统。

作为处于世界领先地位的食品零售商之一的 Tesco，很多研究人员都对这个领军者进行过分析，其中对其分销模式变革进行的研究尤其多，在此背景下，该案例研究得到了进一步发展。读者如果想要了解更多有关 Tesco 分销系统的信息，可以参考 Smith 和 Sparks 的研究，以及他们研究中涉及的参考文献。

本案例是关于可循环利用包装技术的国家战略迅速实施的一个例子，主要探讨 Tesco 通过促进物流中包装环节的变化和供应链管理方式的变革来改善物流现状。

11.3.1　Tesco 供应链中第二代托盘的产生背景和开发过程

众所周知，生鲜食品的销售方式已经有了变化。可以明确地说，在生鲜食品销售方面有了巨大的变革。这种变革在欧洲非常明显，且同时发生在食品零售方式及商超内食品摆放和销售的技巧上。在许多国家，销售结构的巨大变革同时也改变了供应系统，销售上通过增加主动权逐渐控制了生产者、加工商和批发商。其中一些物流变化是由法律上对健康安全的食品供应的要求引起的。另外一些变化则与由消费者需求的变化及加工商和销售商开发新产品有关。

与此同时，对于供应链特别是生鲜食品供应链可以通过简化和再造从而获得更高效率的认识，也导致了物流的巨大变化。

尤其是改善包装后，物流产生了更加及时并适当的处理和供应解决方案。产品的包装、处理和转移已成为零售商和供应商，包括生产商、制造商、物流服务供应商、处理系统的供应商关注的重点。这些问题和所涉及的解决方案可以从生产点通过供应链的角度，甚至购买消费被感知。

20 世纪 90 年代初，欧盟立法部门制定的关于可回收包装计划的法规被实施，该法律要求零售商和供应商对其零售商品去除次级包装，违者将处以罚款。在现行包装体系下，次级包装的处理方法一般有两种：直接扔掉或者以极其繁杂的方式再回收。作为食品零售商的领军者，Tesco 决定快速做出反应，走在法律前面，争取在该项法规正式实施以前在其商店和供应商里普及一种全新的包装方法。

在正式介绍 Tesco 案例前，我们先来了解一下 Tesco 供应链发展的背景。在 Tesco 的商品销售范围中，冷藏生鲜食品的种类和数量占很大比重，且日益大幅度上升。供应链物流进程的加速节约了时间，使得生鲜食品可以在消费者的家里贮藏更长的时间。而生鲜食品从供应商到零售货物架的快速运转，也使得整条供应链存货数量大为降低，因为在途运输时间是商品货架周期的一部分（现在在途运输时间短了，存货周转就快了，存货数量也就降低了）。另外，零售店还需要对货物上架所需劳动力成本进行检测，当时已经研究出新的方法提高检测效率。以上这些趋势和现象正是 Tesco 发展第二代塑料托盘和建立全国回收服务单元网络的背景。

Tesco 供应链变化的各项计划受到严格的时间限制，因为它必须在法案正式实施以前完成转变，最终 Tesco 通过“三部曲”完成了转型。第一阶段，1990～1992 年，董事会做出决策并着手准备；第二阶段，1992～1994 年，全国第二代塑料托盘回收利用网络的建立；第三阶段，1994～1997 年，不断推进应用塑料托盘的环保型商业经营。

第一阶段：1990～1992 年。董事会做出决策并着手开发一种零售店去除次级包装的全新方法，即建立专业化回收服务单元来负责回收塑料、硬纸板和清洗体积越来越庞大的塑料托盘，这样供应商可以重复利用这些托盘。这项战略对欧盟即将实施的关于包装要求的法律进行了重新定位，把威胁转变成了商机。董事会的决策是基于收益-成本分析制定的，成本主要包括为免受欧盟法律惩罚而进行的各种转变的实施成本，而收益则是多方共享并贯穿了整个商业活动，包括零售、商业、物流、供应商和环境收益。对于零售店来说，使用这种塑料托盘来陈列商品，尤其是果蔬产品，可以提高工作效率；对于商业经营来说，主管部门可以按照使用塑料托盘代替瓦楞纸次级包装得到的成本节约对不同产品进行排序，然后有步骤地推广使用，提高利润；对于物流来说，使用塑料托盘可以加速物料搬运、装卸和堆积；对于供应商来说，塑料托盘的循环利用为他们减少了包装成本；而就环境收益来说，使用塑料托盘在改善环境的同时，也提升了 Tesco 公司的“良好公民”形象。

第二阶段：1992～1994 年。该阶段是决策后的实施阶段，也是一个与法律实施的“最终期限”赛跑的紧张阶段。回收服务单元的国内网络系统要建立在综合配送中心附近，所有生鲜系列商品都在此进行装卸。不管是以前通过商店垃圾压缩机处理的纸板、塑料包装还是最新应用的塑料托盘，由综合运货汽车运送至仓库后立即被回收，并载回原厂家。于是产品运送至配送中心后，供应商可以立即回收所需托盘。不过，供应商要是想通过应用最佳实务来分享收益，则必须与 Tesco 公司签订关于可回收服务单元的合同，这也是 Tesco 战略的一部分。合同要求所有回收单位都要符合统一的设计标准。为了尽可能地降低土地和建筑成本，设计时要考虑回收单位的运作能力和所需空间问题，其中一个影响空间大小的因素是塑料托盘所需闲置空间的配套比例。关于这个比例，第一代托盘是 2∶1，第二代托盘的目标是 4∶1，但这在当时可不是一个简单的任务，不过托盘制造商最后还是实现了这一目标。商业主管部门负责对哪些商品将使用塑料托盘进行规划并向相应的供应商说明合作原则。经过不懈努力，乐购战略的实施终于“击败”了法律实施的最终期限，第一个回收服务单元于 1995 年正式建成，并邀请农业部长 John Gummer 参与落成剪彩仪式，部长称赞这个项目为英联邦环保日程的首创之举，为同行树立了表率。

第三阶段：1994～1997 年。这一阶段是应用塑料托盘的产品数量不断上升的时期，年营业额增至 1 亿英镑。使用塑料托盘的单位成本的大小与使用这种回收服务单元网络的商品总量有关。第一批适用商品是新鲜果蔬，这是因为以前用于次级包装的高质量瓦楞纸成本太高；第二批商品是生鲜肉类和家禽，这是因为当时它们已经形成集中化生产体系，加工成形的肉类、禽类可以直接放入塑料托盘，再通过物流供应链快速进入零售店，在综合配送中心根本没有存货剩余，而且生产数量是由预期零售量决定的，在供应链中不留保险储备。在按照材料订单进行搬运和集装配送的过程中，塑料托盘可以充分保护商品。第三批商品比前两批轻，瓦楞纸包装成本也较低，因此在使用塑料托盘时也要求更低的成本，这样才能保证经济效益，否则就得不偿失了。现在这是可行的了，因为销售总量上升到了更高的水平，意味着成本的降低。在选择下一批（第三批）商品时，商业、零售、供应链和物流成本的节约收益要进行加总，来综合评价得失，最后选出了专业烘焙产品，如新月形面酥和酥皮糕点。到 2004 年，Tesco 已将塑料托盘业务发展到 750 亿盘的库存量，年处理能力达到 200 亿盘。包括所有供应商在内的这项计划的一个重要组成部分是在一个服务单元内举办的“供应商日”。一些供应商和来自商业、技术、供应链、物流和零售的代表相聚在此来探讨托盘应用时的产品最优配置，并总结供应链变化的启示。这项活动得到了参与这项变革的广大供应商的积极参与，而且对他们的生产和包装技术具有重要意义。在此阶段，更多的反馈性评价是来自供应商，他们集中讨论了服务于零售者的批发行业。讨论结果达成了这样一个共识——所有零售商从过去使用各自的特殊标准改为统一的设计标准，从而使供应商避免了复杂的成本。

11.3.2　回收服务单元运作和第二代塑料托盘的出现

使用回收服务单元（recovery support unit，RSU）的目的就是通过回收再利用和尽可能多次地重复利用，使将来要被扔进垃圾堆的次级包装的数量最小化。瓦楞纸板和塑料包装材料会被再回收到工业生产中；塑料托盘在供应链中被多次重复使用，最后被压碎成制造塑料托盘或货板的工业原料。

对于不同种类的纸板、塑料包装和塑料托盘，它们在回收服务单元经历的处理程序是各不相同的，因此把它们从商店运到 RSU 各个部门之后就立即进行分类，然后将其再回收或者直接清洗。塑料包装和纸板被放进不同的垃圾压实机，然后生成可再回收的垃圾捆，再把它们按照国家合同卖给市场，合同价比以往各个商店分别谈判后的出售价更高。

现在零售供应链里的瓦楞板次级包装仍然占据相当大的比例。零售店里的员工把空的硬纸盒压平，再用翻滚护架运回 RSU，在那里瓦楞纸板被压缩成碾磨机大小的重 600kg 的大包，并按照合同规定将其运到回收再利用的造纸厂。从 RSU 到造纸厂的运输过程进行着循环运作，空的挂车停在 RSU，被装满后就离开，然后另一个空车又紧接着上来装货。Tesco 商店产生的可回收材料总量大约有 100 000t，是一个中等规模造纸厂的生产量。塑料包装的处理过程与此相似。空塑料托盘在零售店按大小分类，再送到 RSU 进行清洗，最后再分发给供应商。

RSU 的地面面积是设计方案的一个关键部分，因为用在这个商业单元上的土地和建筑成本是严格限定的。最终设计方案是 75 000ft^2（约合 7000m^2），并分成各个部分加以利用：瓦楞纸堆、塑料堆、清洗托盘的设备、洁净盘存储及分发托盘的空间，这样做的直接原因就是第二代托盘被改进成了需要 4∶1 的配套使用空间。由于第一代塑料托盘所需配套空间的效率是第二代的一半（2∶1），因此若是使用第一代托盘，就会增加物理空间，需要 RSU 占地面积为 100 000 ft^2——增加的空间用于储存待洗和洗净的托盘。在这个商业单元里，RSU 的占地面积是一个需要严格控制的影响成本的关键因素。这就激励着第二代托盘的开发，即内部空间大小不变，但是配套占地空间的比例为 4∶1。

使用塑料托盘销售的产品总量是总销售量的 15%。在每个 RSU 里有 4 个托盘清洗用机器，这不仅保证了自身的处理能力，而且提供了对外服务的能力。RSU 的废水会被再回收，技术专家检测水质和托盘的清洁度以确保它们符合卫生标准，这样才能使其在受到高度重视的食品生产环境下被重复使用。处理完的托盘会被堆码到货板上，堆放高度和数量都符合统一标准，于是供应商通过计数货板的数量就能确定是否回收了正确数量的托盘。洗净的托盘的存储和发放一直在循环进行，供应商可以通过一个 36h 营业的窗口（a

36-hour window）来随时收集洁净托盘。另外，供应商还可以选择从离他们的加工设备较近的当地 RSU 来回收洁净托盘，这样就可以降低运输成本，也为他们提供了将洁净托盘储存在合理营运水平的灵活性。

第二代塑料托盘大小为 600mm×400mm，同时还有 300mm×400mm 大小的半托盘，它们都适合欧洲式货板和英国式货板，且带有可折叠和可调整的把手，因此可以根据产品类型调整成不同高度，这就提高了空间的利用效率。空间利用效率太低正是第一代托盘相比于瓦楞次级包装的一个缺点，因为瓦楞包装都是根据产品特性而设计的（因此会很好地互相匹配）。为了找到可行的解决方案，既保持塑料托盘系统的显著优势——快速搬运和保护产品，同时又把空间利用的低效率损失降至最低，公司在设计阶段做出了相当大的研发努力。最后的设计方案就是可调整高度的把手，该方案由于塑料材料的改进变得可行。

第二代 600mm×400mm 的塑料托盘被设计成一个模块系统，在从供应商到零售店这一供应链里的搬运和运输过程中，它可以与其他设备一起高效工作。由于托盘既适合欧洲式货板又适合英国式货板，当时这一模块系统的进一步发展就是手推车的诞生。这是一个轮子上的塑料基地，可以放 50 个托盘，分两排，每排 25 个，顶上有一个弹夹用来固定托盘的位置。手推车的应用提高了零售店搬运、仓库搬运和运输模块的效率。在零售店和仓库里，手推车是很受欢迎的，因为它们移动起来比较方便，不用的时候又可以堆码起来，从而节省了空间。手推车的应用使运输模块更高效了，一个 13m 标准长度的拖车可以运载 60 个手推车，相对来看，只能运 45 个翻滚护架。手推车的优势来源于其占地面积比翻滚护架小，因为后者带有保护产品安全的侧面挡板。一个手推车的设备成本也比翻滚护架低。整个第二代托盘和手推车系统设计方案的发展提高了供应链、物流、零售的生产和运用效率，这些都是 Tesco 公司引导的这项变革的重要收益，从最初的静态仓储到现代的动态、快速移动、定制化产品服务的变化实现了供应链“零库存”（除了在供应商、配送商和零售商之间的运输）。

Tesco 公司食品供应链中第二代托盘的使用计划不仅给零售端、物流和供应链运作带来了好处，也给消费者和环境带来了益处。这些利益再加上 Tesco 公司日益上升的实力和零售业领军者的地位，使得 Tesco 牢牢地抓住了这次新的再回收利用法案带来的挑战和机遇，把它转化成了商业优势。

资料来源：Gustafsson K，Jönson G，Smith D，et al. 2009. Retailing Logistics and Fresh Food Packaging：Managing Change in the Supply Chain Paperback.

TESCO. https://www.tesco.com.

本案例编者：周洁红和李亚男

案例思考

1. 从 Tesco 公司已有的供应链管理技术、零售供应从静态存储到供应链各方快速运转的环境变化、超市供应链整体效率（搬运成本和零售店产品陈列的成本驱动）、与供应商合作等多角度剖析该项目成功的原因和前提条件。

2. 从供应链整体效率角度，分析当前环境下本土超市实施这一战略的可行性。

11.4　案例 4 永辉超市生鲜产业链的整合

永辉超市创办于 1998 年，是中国大陆第一家将生鲜农产品引进现代超市的流通企业，经过十多年的发展，已成为以零售业为龙头，以现代物流为支撑，以食品工业和现代农业为两翼，以实业开发为基础的大型企业集团，是福建省“商业流通及农业产业化”的双龙头企业。截至 2009 年，永辉超市拥有连锁超市门店达 129 家（未含便利店），连锁经营面积超过 60 万 m^2，2009 年公司年销售总额超过 100 亿元，位列中国连锁百强企业 45 强。

永辉超市过去数年间也遭遇过大型超市带来的威胁，但依靠比大型超市更便宜的生鲜价格，并从毛利率通常不过百分之几的超市生鲜业务中挤出 16%的毛利率，永辉超市不仅活了下来，还成为福建最大的连锁超市。

11.4.1　经营生鲜的背景

与全国其他省会城市一样，福州超市业态成熟，早在 1999 年，沃尔玛和麦德龙股份公司（以下简称麦德龙）就已经进驻，家乐福也随后跟进，国内实力雄厚的卖场也纷纷开业。资金和规模都非常有限的永辉超市，在开业之初就深入考察了超市业态的特点和竞争对手的优劣势。永辉超市决策者发现，在超市零售行业，沃尔玛、家乐福等巨头在资金实力、业态规模、信息化管理等方面都有很大优势，本土超市在较长一段时间内都难以望其项背。但“大鳄”虽然“吓人”，却都有一个软肋，那就是在生鲜经营上力不从心。在大型超市中，生鲜通常只占小小一角，种类也有限，即便是在顾客生鲜需求更旺盛的社区超市中，生鲜食品所占的面积也通常不超过 1/4。超市把生鲜当作软肋自有其原因：中国的农业产业化程度低，饮食习惯复杂多样，国内没有标准化的农产品，缺乏完整的冷链供应，更没有深加工冷链食品的消费方式和消费市场。所以进货时，超市不能像其他产品一样只需和少数几个厂家谈妥，而是需要面对难以计数的农户，超市很难派出足够多、足够可靠的人员前去采购。超市的通行做法是向大的蔬果批发商、大型屠宰厂采买。可是，中间任何一级批发商都有可能违背合约、私调价格，中间任何一级仓储方都有可能以次充好、以少充多。且这类商品不易存储，动辄发蔫儿腐坏，损耗过大。曾任华堂等超市经理的宗杰向《第一财经周刊》表示，通常生鲜类产品的毛利率只有 7%左右，远低于日用品等产品至少达 20%的毛利。虽然居民区的消费者总得买菜做饭，生鲜类产品是消费最频繁、最能带动客流量的产品，但超市通常都把它看作软肋。

作为初创企业，竞争对手的软肋就是自己的机会，永辉超市要想在超市行业立足，只能挖空心思啃生鲜经营这块“硬骨头”。国内生鲜产品主要是农贸市场零散经营，且农贸市场“杂、乱、脏”有目共睹，管理不善、秩序不好、质量无保证等问题突出，各地政府都在着力对其进行整顿。永辉超市开业不久正好赶上福州市政府全力推行“农改超”，永辉超市的经营模式受到肯定，政府的政策对永辉超市早期成长起到了很大的驱动作用。就这样，永辉超市以经营生鲜切入超市零售行业，奠定了后发优势的基础。

11.4.2 供应链创新

为了求生而忍受 7%的低毛利显然不是什么好办法，但生鲜由于购买频繁，顾客对产品质量、品种和价格非常敏感，要解决这些问题，永辉超市的对策是抛弃掉层层加价的大小批发商，做费时费力的直接采购，建立自己的供应链网络。

1. 永辉超市庞大的生鲜采购队伍

在全国各地具备价格和质量比较优势的几十个生鲜产品原产地里，永辉超市有一支超过 300 人的采购团队寻找货源，在国内有 20 多个采购基地驻扎采购员常年蹲点以保证最低的价格和足额供应。这些采购员一直上溯到最源头的农田、果园、养殖场、渔船。而且永辉超市给采购部门的支持非常大，随着永辉超市店面数量的增加，这批采购员的手笔也越来越大，在觉得某个果园的果子不错后，他们就会谈全部包销的买卖。另有一批配合前端采购员的员工怀揣现金，一旦生意谈妥，他们立刻付账。如东北的大米、绿豆，山东的家禽，广东佛山的水果等都直接去农户家采购。为了运输海鲜鱼类等活物，永辉超市自己买了价格不菲的专业运输车直接接应。

2. 永辉超市采购的多种合作模式

为了降低采购成本，确保多品类的生鲜产品供应，永辉超市在 2003 年时自建了蔬菜、养殖基地和粮食加工厂，逐渐强化了自身的产品供应保障能力，确立了超市经营生鲜的品种优势和在空间及时间上主动调配市场的能力，增加了对采购基地的谈判砝码，通过向上整合进一步赢得了利润空间。目前，永辉超市在长三角、珠三角直至黑龙江、山东、云南等地发展了 17 000 多亩不同品种的果蔬和养殖基地，通过自建基地、协议基地及基地合同购销等多种合作模式将自己的供应链终端延伸到田间地头。例如，采购鲜活商品时，永辉超市把采购船直接开进海中向渔船采购；在水果采购中，永辉超市常把整个果园包下，自己进行水果分级分拣，低等级的放进卖场做促销。虽然自产产品占永辉超市总销量的比例不多，但却使得这家公司更清楚生鲜的成本几何、如何辨别产品优劣，谈价时更有优势。

宗杰称，“拿到别人拿不到的货，是直采的另一个价值”。除了能以此吸引顾客外，还能抬高利润空间。在尚有寒意的 4 月初，这家超市已经有本该夏天才有的嫩玉米出售；多数超市没有的鲜竹笋，永辉超市却有三个品种；在它的鱼缸内，则游弋着海鳗等 40 多种活海鲜。

永辉超市通过“产地—超市采购员”的二元渠道进行统一采购的自营模式，提供了比其他超市更便宜的生鲜产品。在挂着大幅“新鲜你的生活”生鲜产品海报的卜蜂莲花六里桥店中，很多蔬果的价格其实与永辉超市相同，但是永辉超市的部分品种还是价格更低。永辉超市附近的水果摊大杧果卖 6 元一斤，而永辉超市卖 4 元多。

3. 永辉超市升级的“农超对接”

仅靠直接采购，还不足以维持永辉超市保持生鲜低价的优势，特别是当国内外超市逐渐开始复制永辉超市的“农超对接”的模式时，永辉超市则和农民建立起了更为紧密的合作关系。当沃尔玛、家乐福等超市通过农业基地只针对优势产品进行大面积运作时，永辉超市则根据当地人的生活习性和喜好特色，合理分散产地规划种植，以强大的灵活性将本土优势充分发挥出来。为了避免采购量过大造成浪费，确保采购量的精确性及生鲜产品的品质和品类，永辉超市不仅免费给农民提供种子，确定种植面积、品种、标准，按协议价格收购，同时还建立了专业的管理咨询团队，为合作基地和农民提供生产加工、包装、物流及市场运作等全方位专业培训与咨询。永辉超市的这种做法在农产品新品、特色品种引进和反季节种植等方面取得巨大成效，不仅扩充了特色生鲜品种，而且最大限度地减少了采购浪费，获得成本优势。

由于是和农民打交道，以及生鲜经营“短、平、快”的特点，当其他超市和供应商、批发商由于付款摩擦而“面和心不和”时，永辉超市以其“自主资金链模式”形成了良好的客户口碑。永辉超市在付款方式上建立了定时结算制度，农副产品大多实行当天结算，由于生产产品没有账期，在永辉超市不会出现拖欠货款的现象，有时候为了预订一些产品，还会预付一些货款。

11.4.3　向损耗要利润

这个难题也是在以往菜市场和超市生鲜部的对决中，菜市场通常能够胜出的原因之一。菜市场的小菜贩的货源通常也不是直接采购而来，同样经过了新发地这样的蔬菜批发商，而且由于拿货量少，进货价甚至比超市更高，但他们通常却价格更便宜，菜品更新鲜。究其秘诀，是小菜摊老板的菜品损耗量更低。他们通常会赶早市，直接拿到新鲜货品，而超市可能在仓储时就已经有损耗；对作为自己生计来源的生鲜，小菜贩在运输途中会留心避免磕碰，超市配送时则未必小心；摆放时的手法也会影响损耗，手稍重一点，苹果之类的东西就可能被磕出疤痕；加上小菜贩每天只需照看眼前的一摊菜，喷水、打理得更为勤快，通常菜贩卖的菜看上去更新鲜、品相好，因此形成良性循环，卖得快、损耗少。而一般超市的生鲜损耗率却高达 20%。

永辉超市降低损耗的办法，本质上与小菜贩类似。它要求送货者在开店前数小时到达，尽量缩短生鲜躺在货架上等待顾客的时间。像鱼的配送，从捕捞到门店销售，全程供氧，鱼基本不出水面，大大降低了鱼类的损耗。为保证生鲜配送时尽量缩短货架时间，永辉超市通过规模庞大的保鲜库，将需要保鲜的产品放进保鲜库储存。另外，永辉超市生鲜区的理货人员数量在全国商超中是最多的，在门店扩张过程中，非常注重理货员的培训，采用资深理货员师傅带徒弟式的管理。例如，永辉超市在北京开张时，专门从福建调来了几名资深理货员来培训北京的新店员，他们教授的主要技能就是怎么处理生鲜，例如，规定粗茎芹菜应该每棵都扎一圈胶带，以减少顾客翻捡时的磕碰；铺冰货架上摆的鱼只放一排，随缺随补，以延长保鲜期。在永辉超市的货架上，像韭菜、菠菜等叶菜，都被扎成很小的捆，并码放得非常整齐，而像洋葱、青椒等，也被两两包装在一起，大大减少顾客的翻捡。猪排骨一次就摆放 5 块左右，根据销售状况，现卖现补。精细的理货，使永辉超市的生鲜陈列与其他卖场有着明显的不同。永辉超市的陈列不追求数量，无论是蔬菜还是水果，都是平摊式的薄薄一层，最多两层，而且在这些很少量的蔬菜水果中，几乎找不到次品，让顾客根本用不着左挑右选。需要补充的蔬菜和水果就在货架下面，理货员随时可以补货。据称，永辉超市的生鲜损耗率仅为3%。低成本加上低损耗，永辉超市的生鲜毛利率得以超过同行7%的水准，达到16%。

资料来源：永辉超市. http://www.yonghui.com.cn.

永辉超市：超低价生鲜产品赢下生存空间.（2010-04-13）[2018-12-10]. https://finance.qq.com/a/20100414/000048.htm.

潘东燕. 2009. 永辉如何重塑产业链. 北大商业评论，(12)：84-90.

本案例编者：周洁红

案例思考

1. 从产业链整合的角度，剖析永辉超市生鲜经营成功的原因及现有模式存在的前提。

2. 随着国家土地流转政策的推出，未来中国生鲜流通企业的发展趋势如何？在这个趋势中永辉超市的机遇和挑战是什么？

11.5　案例5 金忠食品的猪肉供应链管理

11.5.1　导论

四川金忠食品股份有限公司（以下简称金忠公司）位于四川省首府成都下属邛崃市，是我国西南地区猪肉生产加工企业中的龙头企业。

在2005年6月一个炎热的早晨，邛崃市畜牧局副局长侯明军赶到金忠公司总书记刘翔的办公室说："老刘你知道了吗，在离我们不远的地方一些流行性疾病正在蔓延，我担心这些病会很快传播到我们的县。我们得共同努力才能预防这些疾病啊，你看我们怎么办？"刘翔回答说："首先，政府需要鼓励农民使用疫苗接种疫苗，这样他们的农场就不会受到影响。其次，我们可以创建一个组织，使偏远的农民组织起来，这样我们就可以更好地了解他们的生猪的生产过程，同时我们可以大规模地对他们进行培训，降低农场在未来发生疾病的概率。"刘翔接着补充说道："建立一个这样的组织对我们公司也是有好处的，因为我们可以同农民签订合同让他们把猪卖给我们。这样我们会获得更稳定、更优质的猪肉供应。""那么，我们要建立一个什么样的组织，怎么去建立呢？"刘翔的话让他们思考。

这次会面，侯明军又跟刘翔进行了几轮讨论。侯明军发现水果蔬菜行业有合作社，认为建立由金忠公司主导的合作社是个好主意。刘翔也觉得这个想法很棒，于是在2005年8月，他们决定在金忠公司、邛崃市政府和当地小农户的支持下，组建一个名为"金利"的合作社。这是我国猪肉行业的第一个合作社。2005～2015年的十年间，邛崃市金利猪业合作社为金忠公司和当地养猪户带来了好处。邛崃市金利猪业合作社为小规模的养猪户提供指导和培训，帮助他们提高生产能力。通过与当地农民签约，金忠公司的生猪来源更稳定，生猪的质量也得到了保障。

然而，在同邛崃市金利猪业合作社协作的过程中，金忠公司也遇到了一些问题。由于我国猪肉市场价格波动巨大，合作社里的小规模养猪户违反合作协议的情况时有发生；除此之外，金忠公司不可能完全控制小规模农户的养猪质量，因为金忠公司不能监督农民的整个生产过程，这给公司带来了潜在的质量风险。对于刘翔来说，保障食品质量安全和优质、稳定的猪肉来源是他议程上的首要任务。本案例将说明金忠公司如何通过邛崃市金利猪业合作社管理自身的供应链，并介绍邛崃市金利猪业合作社成立近十年来带来的利益和问题，从而引导读者帮助刘翔做出决定：在金忠公司未来的发展中，是否要将合作社这种运营方式边缘化甚至逐步摆脱合作社这种运营方式呢？

11.5.2　我国的猪肉供应链

猪肉供应链中有许多的参与者，其中包括饲料供应商、生猪养殖户、屠宰企业、猪肉加工企业、各种猪肉经销商和猪肉消费者等（图 11-8）。猪肉供应链中生猪繁育企业繁育良种，售卖仔猪。为了生产优质的仔猪，他们选择具有最佳繁殖特性和生物特性的品种。国内三大著名优质品种为长白、太湖和荣昌，分别产于我国东北、扬子地区和重庆。在过去的三十年里，我国进口了许多外国品种，如杜洛克和约克夏（大白猪），用于与我国猪种杂交。

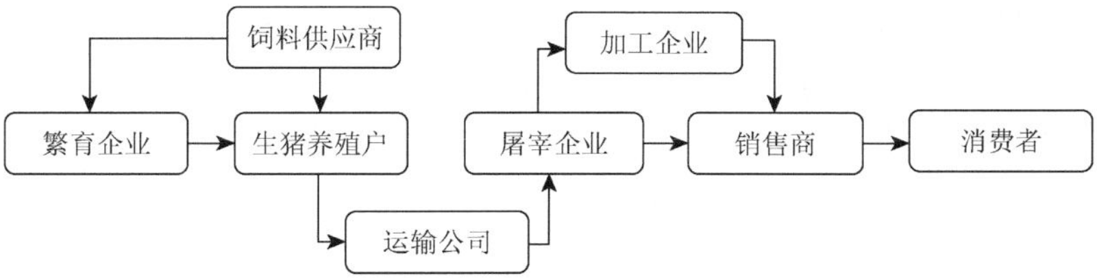

图 11-8　一种典型的猪肉供应链

资料来源：Trienekens J H，Petersen B，Wognum N，et al. European pork chains：diversity and quality challenges in consumer-oriented production and distribution[J]. The American Naturalist，2009

饲料供应商是为牲畜和（或）水产养殖业生产饲料的公司。由于过度生产的情况存在，我国的饲料行业市场几乎接近饱和状态，竞争集中在价格上。生猪养殖户是育肥仔猪，并将其卖给屠宰企业的农民。屠宰企业是屠宰活猪，并将其切割为肉制品的公司。在我国，想要涉足猪肉屠宰业的公司必须拿到很难获得的屠宰许可证。加工企业将肉类转化成最终产品，如香肠和培根。屠宰企业和加工企业是我国猪肉供应链中的中心企业（在供应链中发挥核心作用），一方面，他们与供应链上游的养殖户合作，确保生猪的供应和安全；另一方面，他们同供应链下游的零售商合作，开展品牌建设和营销活动。我国是世界范围内的猪肉消费大国。

在农村，生猪运输的情况仍然普遍存在，运输条件的不卫生使得健康的猪可能在运输过程中从病猪处染上猪病，这也被认为是猪病传播的一个原因。新鲜猪肉通常由配备专业冷藏车的屠宰、加工企业或物流公司负责运输。

如图 11-9 所示，我国猪肉供应链的中心企业（加工企业和屠宰企业）和农民之间主要的治理结构可以分为五种类型，一家公司可以从现货市场直接购入生猪，在这种市场进行买卖不需要签订合同（如在牲畜交易市场进行交易）；从散户那里收购生猪的猪贩子处购入生猪（中间商）；与农民签订生产或销售合同；从合作社购买；整合猪农以实现生猪自给。图 11-9 中从左到右，治理结构中的垂直协作的程度越来越高，现货市场是最为松散的类型，整合猪农是集成程度最高的类型。中心企业可能同时采用多种治理结构来处理与农户之间的关系。一般来说，由于可追溯性和质量问题，中心企业往往不会从现货市场购买。

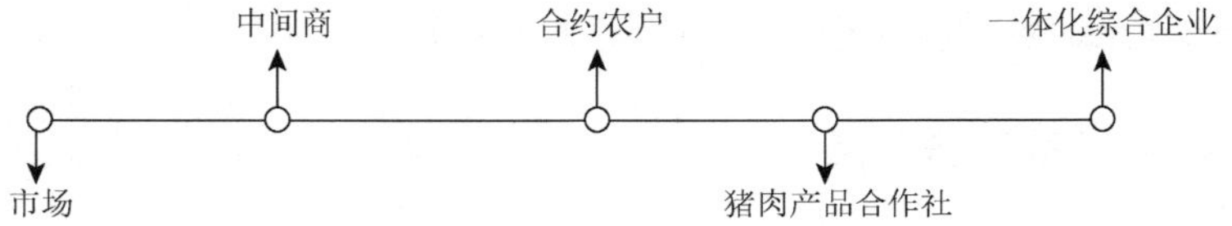

图 11-9　我国猪养殖户与屠宰企业的关系演进

11.5.3　我国养猪业面临的挑战

我国的养猪行业面临诸多挑战，如食品质量安全问题，生猪、猪肉价格波动，环境压力和生猪养殖多为零散经营的现状。其中，食品质量安全问题是首要问题。流行性猪病对于养猪场来说一直是风险，近十年来，几种流行性猪病已经影响到四川地区的养猪业[①]，引起了公众的关注并造成养殖户重大的经济损失。与规模较大的养殖户相比，受到资金方面的限制，小农户抵御风险的能力较弱，遭遇风险时损失也更惨重。除此之外，生猪价格波动对四川的养殖户造成了严重危害，在 2000～2015 年尤为显著（图 11-10）。图 11-10 的横轴表示时间（一格代表半年），纵轴代表育肥猪每公斤的单价（元）。图 11-11 显示了 2014 年四川省生猪平均价格的波动。进一步来说，2015 年上半年，中等规模农场的平均损失为每头猪 300 元，而下半年的平均净利润为每头猪 200 元。

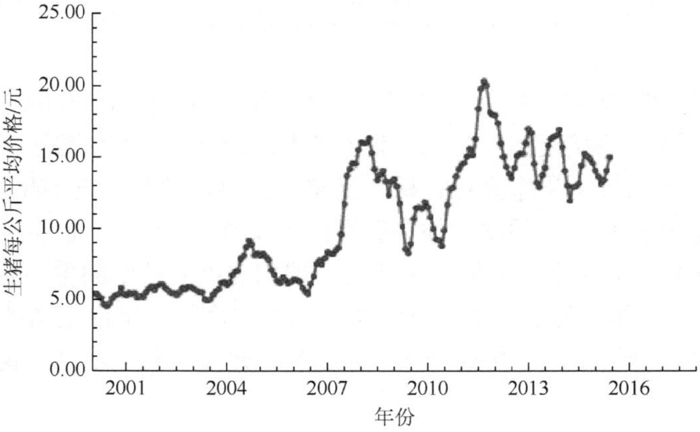

图 11-10　2000～2015 年四川省生猪平均价格

资料来源：农业部，中国畜牧业协会

① 四川地区频繁发生的流行性猪病为蓝耳病和猪链球菌病。

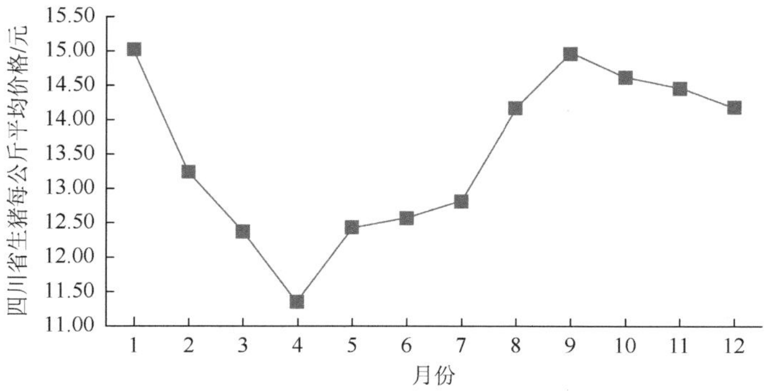

图 11-11　2014 年 1～12 月四川省生猪平均价格

资料来源：四川省农业厅

最后，养猪业造成的环境压力引起了中央和地方政府的关注。传统养猪场将废水直接排入河流造成了严重的水污染。浙江省政府开始关闭靠近河流的农场，然而，长远来看这种做法并不能真正解决环境问题，同时会减少生猪的供应量。四川省政府则利用政策杠杆激励大规模养殖户的发展，同时停止了对中小农场的补贴，这为小规模养殖户带来了新的问题——是改而生产其他产品（这意味着养猪将不再是这些农户的主要经济来源）还是成为大规模农场的雇工呢？养殖户和政府目前都没有找到解决水污染问题的有效途径。

11.5.4　四川和邛崃的养猪业

四川省位于中国西南部，其生猪出栏量居全国第一，占我国生猪总出栏量的 15%以上（图 11-12）。邛崃市是该省重要的生猪生产基地，其生产的生猪不仅供应四川的行政中心成都，也供应其他地区。2004～2014 年，邛崃市的生猪出栏量一直在上升（图 11-13）。邛崃市以农业发展而闻名，其主要产业包括养猪业、葡萄酒业和乳制品行业。

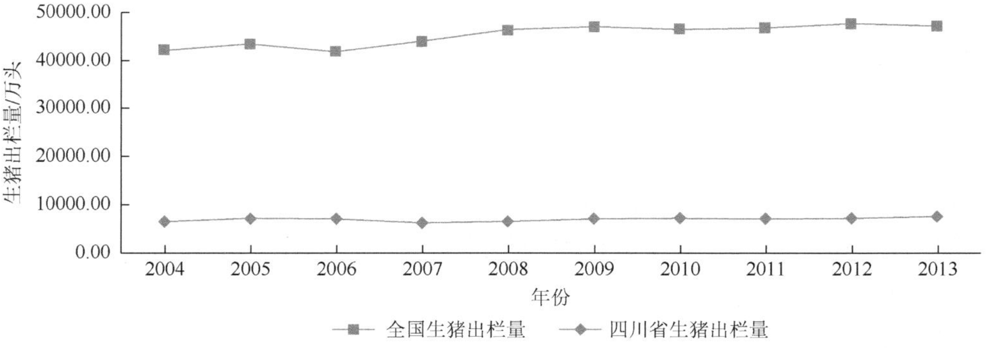

图 11-12　2004～2013 年全国和四川省生猪出栏量

资料来源：《中国统计年鉴》

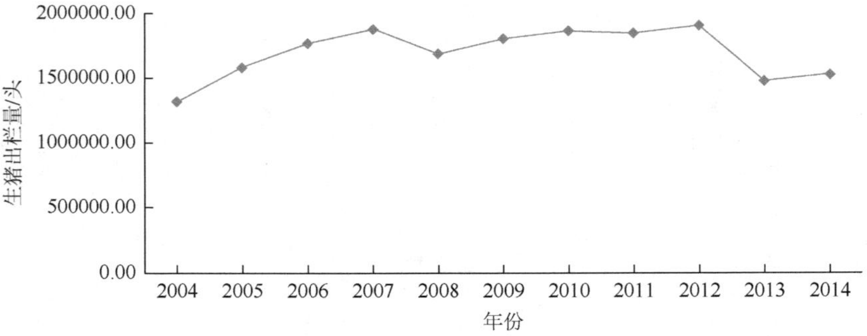

图 11-13　2004～2014 年邛崃市生猪出栏量

资料来源：邛崃市畜牧局

邛崃市的生猪生产状况充分地反映了我国的生猪生产现状，绝大多数的养猪从业者仍是小规模的养殖户或者散户。在养猪行业中，存栏量小于 50 头肥猪的养猪场被称为散户农场，50～99 头的养猪场被称为小型农场，100～499 头的养猪场被称为中型农场，存栏量大于 500 头的养猪场则被称为大型农场。

如表 11-1 所示，2014～2015 年，邛崃市从事养猪业散户的生猪出栏量和散户出栏量占该县总出栏量的百分比都呈上升趋势，这主要是因为散户的进入壁垒较低。随着生猪价格在 2014 年下半年的大涨，这些散户也在积极地试图扩大他们的养殖规模。

表 11-1　邛崃市 2014～2015 年养猪场数量及出栏量

规模	养猪场的数量/个		生猪出栏量/头		占总量百分比/%	
	2014 年	2015 年	2014 年	2015 年	2014 年	2015 年
散户（存栏量小于 50 头）	无	无	354 438	416 873	47.25	59.55
小型农场（存栏量 50～99 头）	2069	393	134 973	64 062	18.00	9.15
中型农场（存栏量 100～499 头）	1038	651	181 413	112 556	24.19	16.08
大型农场（存栏量大于 500 头）	61	62	79 176	106 509	10.56	15.22
汇总	无	无	750 000	700 000	100.00	100.00

资料来源：邛崃市畜牧局

2015 年，小型和中型养猪场不论是农场数量、生猪出栏量还是出栏量占总量的百分比都比上一年有所减少。那些存栏量在 100～499 头的，从散户发展起来的农场没办法建立标准化和现代化的农场设施，因为地方政府已经不再向中小型农场提供经济支持，转而通过经济激励鼓励大型农场的发展①。因此，虽然与 2014 年相比，2015 年生猪出栏量有所增长，但大型农场的数量基本保持不变，不过其平均生产能力呈现大幅提高的态势。

① 大型农场可以从政府获得许多好处，如基础设施扩建补贴、引进优良品种补贴、处理粪便补贴、污染防治补贴和低息贷款等。

2012～2014 年，四川省不同规模的养猪场数量如表 11-2 所示，可以看出四川省绝大多数从事养猪业的农户为散户。

表 11-2　2012～2014 年四川省不同规模养猪场数量

年份	存栏量/头								
	1～49	50～99	100～499	500～999	1000～2999	3000～4999	5000～9999	10 000～49 999	>49 999
2014	7 373 861	224 432	57 832	11 651	3583	715	371	259	4
2013	7 645 726	221 391	55 825	10 753	3626	720	370	256	4
2012	9 433 336	287 920	64 481	12 401	4063	810	457	290	6

资料来源：《中国统计年鉴》

11.5.5　金忠公司背景介绍

金忠公司成立于 1994 年，原身是一家小型屠宰加工厂（原名为邛崃市金利肉联厂），由陈乃忠先生一手创立并逐渐发展成为一个家族企业，二十多年来一直迅速发展。1999 年，陈先生将邛崃市金利肉联厂改造为一家注册公司，并将公司的名字改为金忠。

金忠公司位于邛崃市工业园区，这里聚集了许多品牌食品的加工企业，如伊利集团（中国乳业巨头之一），金六福酒业销售有限公司（中国十大白葡萄酒品牌），四川省文君茶业有限公司（中国茶叶行业百强企业）等。金忠公司现在拥有一条从 MPS[①]（肉类加工系统）进口的屠宰线，每年的屠宰量达到 200 万头。同时，金忠公司坐拥超过 2 万 t 国家储备冷冻猪肉。金忠公司的产品分为不同的系列（级别），分别通过不同的渠道出售。金忠公司的关键发展阶段如表 11-3 所示。

表 11-3　金忠公司的发展历程

时期	公司发展的里程碑
1994 年	凭借屠宰和加工业务起家（时名“邛崃市金利肉联厂”）
1999～2004 年	扩大生猪生产规模，建立了存栏量为 1000 头（能繁殖的母猪）的农场，将屠宰线产能扩大至 100 万头。主动向成都地区的品牌专卖店（特许经营或自营店）出售冷鲜肉、冷冻猪肉和加工猪肉产品
2005～2009 年	改名为金忠。邛崃市金利猪业合作社成立，其自主生产基地年出栏量为 10 万头。从荷兰引进 MPS 屠宰线，年屠宰量达到 200 万头。扩大对加工环节的投入，开发多品类肉产品，进行多元化生产
2010～2012 年	四川金莱饲料有限公司（金忠公司的子公司）成立，该公司具有年产 10 万 t 饲料的生产能力。2012 年，金忠公司在成都的品牌店数量增长到 200 家
2012～2016 年	渗透高端猪肉市场。抓住成都政府建设“天府（天堂）现代农业区”项目的机遇，通过投资增设新的加工仪器生产线，与日本高端零售商伊藤洋华堂合作，纵向整合猪肉供应链

资料来源：金忠公司文件

① MPS 集团是一家在国际上生产和销售“冷鲜肉”（0～4℃鲜肉）的肉类屠宰加工生产线（机械）的荷兰公司。它是该行业的领军公司，通过提供精确的肉类加工技术来确保肉类安全。

金忠公司的 MPS 屠宰加工生产线被认为是晋中的核心竞争力之一，这种运用现代先进的加工技术进行作业的体系，能够在整个屠宰过程中严格控制温度[①]。

金忠公司是我国猪肉行业的龙头企业[②]，在就业和扶贫方面对当地经济和可持续发展有着重大影响。其业务包括饲料生产、育种、生猪育肥、屠宰加工、冷链物流（金忠公司拥有自营物流货运车队）和零售业务。如图 11-14 所示，2015 年金忠公司的生猪供应主要来自四个渠道。

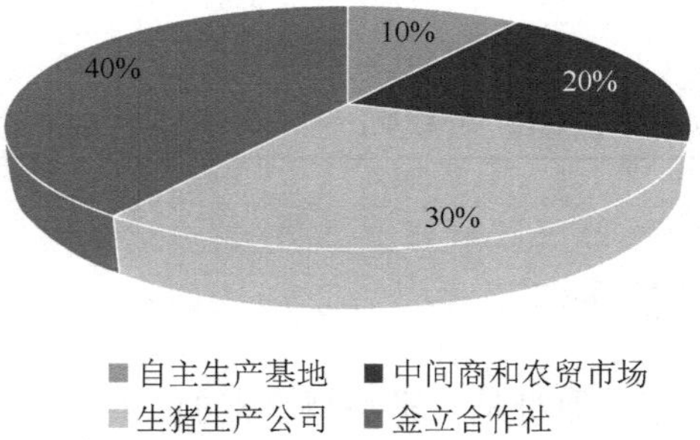

图 11-14　2015 年邛崃市金利猪业合作社

资料来源：金忠公司文件

2014 年，金忠公司开始与伊藤洋华堂超市合作，出售其旗下高端猪肉产品，同时，继续利用集团自有的分销渠道（金忠公司自营品牌店）分销高端猪肉产品。金忠公司计划利用从 2015 年开始的 5 年进一步将供应链整合延伸到下游。

11.5.6　邛崃市金利猪业合作社

1. 创立由公司主导的合作社的动机和资源

2005 年以前，金忠公司主要的供应来源是商散户，农民按照市场价把育肥猪卖给金忠公司。那时候，金忠公司不得不从所有可能的来源采购生猪，这些来源包括散户、中间商（这些中间商手中的生猪也是从散户处收购而来）、中小型养猪场和大型养猪场（表 11-4）。2005 年，四川省资阳、简阳、乐至等地区大面积暴发传染性猪链球菌感染[③]，引起了政府、行业和广大公众对食品质量安全的关注。在这种情况下，甚至连农村地区的消费者也不再从农贸市场购买猪肉，而转向了超市销售的品牌猪肉产品，以确保产品的安全和质量。超市会对其销售的产品进行质量监控，同时，店内销售的猪肉产品被保存在冷柜中，而在农贸市场，猪肉产品没有固定的质量标准，也不是所有的卖家都有冷柜。

① 温度控制对肉类安全至关重要。当猪被屠宰时，其在屠宰线上的最高温度可达 40℃，如果没有有效的冷却系统，微生物可能会快速繁殖，这会对肉类的安全和品质产生不利影响。

② 金忠被列入中国农业产业化龙头企业榜单。

③ 猪链球菌感染是由一种细菌引起的感染，它可能影响猪脑膜和通过呼吸道传播从而导致猪败血病和快速死亡。

表 11-4　2005 年和 2015 年邛崃市金利猪业合作社不同规模成员农户百分比

年份	百分比/%		
	大型成员农户（存栏量超过 500 头）	中小型成员农户（存栏量 50～499 头）	散户成员（存栏量低于 50 头）
2005	10	30	60
2015	20	50	30

资料来源：邛崃市金利猪业合作社执行经理田碧山女士提供

为了应对市场波动，金忠公司不仅要考虑如何稳定生猪的供应，还要考虑如何确保收购到的生猪的质量。但是，由于原身是屠宰场和猪肉加工企业，金忠公司没有什么生猪养殖的经验。与专业养猪企业（如温氏食品有限公司[①]）相比，金忠公司在进行大规模生猪养殖方面没有优势。

2005 年，邛崃市畜牧局副局长侯明军与那时的金忠公司总经理就关于建立由公司主导的合作社的想法进行了探讨。很快，当地政府、金忠公司和农户决定共同投资 100 万元开展合作社，根据各自的生产规模，邛崃市政府投资 40 万元，金忠公司 40 万元，农户共 20 万元（小股东每人 1 元），共筹集了人民币 100 万元，这些钱被用来开办一个保险基金以补偿农民因流行性猪病而受到的损失。金忠公司负责承担合作社的经营费用。由于当时没有关于成立合作社的相关法律法规（2007 年中国才开始施行《中华人民共和国农民专业合作社法》），邛崃市金利猪业合作社被登记为民间会社。

包括兼任金忠公司总经理的邛崃市金利猪业合作社的主任在内，邛崃市金利猪业合作社一共有 6 名工作人员，负责管理合作社成员、收集养猪业信息、提供和组织养猪培训课程、金融服务、协调物流和活猪的运输。邛崃市金利猪业合作社与金忠公司不同的部门合作，包括四川金莱饲料有限公司、金忠加工公司和金忠物流企业。邛崃市金利猪业合作社购买四川金莱饲料有限公司生产的饲料，向金忠加工公司出售生猪；由金忠物流负责运输。邛崃市金利猪业合作社的运营费用是一种交易费用，通常体现为员工所付出的时间和精力，包括选择供应商所需的成本，以金忠公司的名义同农民签约的成本，为农民提供培训的成本，解决合同履行中产生的纠纷的成本，协调农户和其他部门之间关系的成本。

2. 邛崃市金利猪业合作社的治理结构与成员关系

邛崃市金利猪业合作社的成员人数已由 6000 人（2007 年）降至 4000 人（2012 年），再降至 2000 人（2015 年）。一开始，邛崃市金利猪业合作社与不同规模的农民合作，主要是散户。后来发现许多散户具有机会主义行为倾向（不按要求养猪，不愿意按照约定将育肥的猪卖给邛崃市金利猪业合作社），所以邛崃市金利猪业合作社转而寻求同中等规模或者较大规模的养猪户合作。合作社的农场主要分布在邛崃市及周边地区的五个镇。2005 年和 2015 年，邛崃市金利猪业合作社不同规模成员农户百分比如表 11-4 所示，与 2005 年

① 温氏食品有限公司是深圳交易所上市公司（股票代码 300498）。其业务包括家禽养殖、养猪业、养鸭业、养牛业以及饲料和兽药生产。它在中国的 23 个省区市以“与当地农民合作”的模式养猪，利用技术和服务帮助当地农民建设养猪设施，培养养猪技能，收购农民养成的猪，卖给像金忠这样的屠宰、加工企业或者其他的中间商。其优势在于养殖的专业性。

相比，2015 年为邛崃市金利猪业合作社提供生猪的大型农场数量翻了一番（从 10%增加到 20%），而散户减少一半（从 60%减少到 30%），中小型农场数量则由 30%上升到 50%。

为了更好地进行管理，邛崃市金利猪业合作社成立了委员会、董事会和监事会。决策不采取“一人一票”的原则，而是集中在金忠公司的高级管理层①。农户成员没有真正的民主决策权。在提前通知合作社的情况下，他们有权随时退出邛崃市金利猪业合作社。但是，如果在合作中出现了不良信誉记录，邛崃市金利猪业合作社也有权中止同农户的合作关系。

邛崃市金利猪业合作社与养猪户的关系是一把双刃剑。一方面，公司和农民实现了预期效益；另一方面，存在违约等问题。虽然合作社已经减少了同散户的合作，却仍然维持着同小规模农户成员的合作关系，只是密切监督他们的行为，并帮助这些小规模的农户不断发展以满足金忠公司的需求。金忠公司不断地与他们沟通，每到年底检查这些农户生产的猪的质量，并对生猪数量的变化进行监测。

当小规模养猪户发展成为中等规模甚至更大规模时，邛崃市金利猪业合作社将转而使用能够实现长期合作的交易方式，在这种模式下，比起订单农业，与邛崃市金利猪业合作社合作意味着公司和农民都不必太担心违约问题，双方的交易成本（监督成本）也会降低。

邛崃市金利猪业合作社的会员可以预支饲料。农民在购买四川金莱饲料有限公司的饲料时，可以选择等到出售生猪的时候，再从金忠公司支付的生猪款项中将饲料的钱支付给邛崃市金利猪业合作社而不必当场以现金支付。这也意味着，如果金忠公司不履行合同（在市场不景气的情况下拒绝购买农户的猪），农民将不必偿还饲料成本，而金忠公司将承担这些损失。

同时，农民需要为每头猪支付人民币 4 元作为担保。如果他们最终按照合同规定向金忠公司出售生猪，这笔款项将会返还给农民，否则将作为罚金被没收。

3. 邛崃市金利猪业合作社的角色

金忠公司公关部经理郭宏祥对于邛崃市金利猪业合作社作用的观点是：“金忠将优质、安全作为其品牌价值。这也是客户忠于品牌的原因。邛崃市金利猪业合作社是确保产品安全和质量的手段之一。”

邛崃市金利猪业合作社执行经理田碧山女士提出了类似的观点：

“邛崃市金利猪业合作社是公司与农民之间的桥梁。帮助邛崃地区的农民从养猪业中获得更多的收益，同时，也教会了农民如何用安全、科学的方式养猪。”

邛崃市金利猪业合作社的目的不是从与农民的交易中获利。相反，它是连接金忠公司和养猪户的桥梁，同时，邛崃市金利猪业合作社也帮助协调金忠公司各部门同农户之间的关系。邛崃市金利猪业合作社从农民那里购买生猪的价格比市场价格高。

总之，邛崃市金利猪业合作社在为金忠公司和成员农户创造收益的过程中扮演着多重角色。

（1）向农民提供信息和培训，包括生猪养殖的经验，如疾病预防和治疗。教授农民如何使用相关信息技术实现现代化生猪养殖（如利用耳标记录生猪的生产信息）。

---

① 根据国际合作社联盟的定义，邛崃市金利猪业合作社并不是一个真正的合作社，因为它不遵循“一人一票”原则。

（2）作为金忠公司和农民之间的信息渠道。例如，通过邛崃市金利猪业合作社，农民的问题和要求可以有效地传递给金忠公司。

（3）在帮助金忠公司和农民建立长期关系过程中发挥重要作用，使双方共同致力于实现互利共赢。

（4）提供低价疫苗接种和兽医服务。邛崃市金利猪业合作社有一个兽医站，为成员农民提供免费的专业兽医咨询服务，只收取农民使用的药物或疫苗的费用。

（5）通过金忠公司物流，为农民提供免费交通服务。

（6）以优惠的价格提供金莱饲料，该饲料配方较好，价格比市场上同等品质的饲料便宜。当然，农民可以选择使用其他品牌（如通威）饲料。为了鼓励养猪户使用金莱饲料，邛崃市金利猪业合作社最近允许没有会员资格（非正式农户会员）的中型养殖户（存栏 100～499 头）联合正式会员，享受金莱饲料的优惠（图 11-15）。

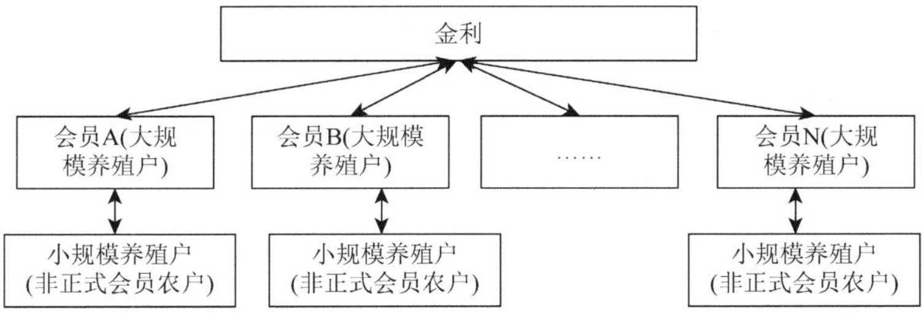

图 11-15　邛崃市金利猪业合作社联合模式

资料来源：对邛崃市金利猪业合作社会员农户的访谈

（7）邛崃市金利猪业合作社有权代表会员同金忠公司协商达成协议收购价，为会员谋求更多利润。基于市场价格，成员农户与邛崃市金利猪业合作社签订了固定的保护价。当市场价格①低于合约价格时，以合约价收购，否则以市场价收购。在这种情况下，邛崃市金利猪业合作社以每公斤高于市场价 0.1～0.5 元的价格从农民那里收购生猪。这保障了农民的收益，他们也不会选择将猪卖到农贸市场。邛崃市金利猪业合作社有两种为成员农户提供回报的方式：一是以保护价收购农民的猪；另一个是向合作社出售生猪的农民给予每头 5 元的奖金。年出栏量超过 1000 头的农民将获得额外的 0.5 元/头，超过 2000 头的农民将获得额外的 1 元/头的奖金。金忠公司通过邛崃市金利猪业合作社支付农民应得的全部回报。

4. 邛崃市金利猪业合作社为金忠公司带来的收益

稳定生猪来源，确保猪肉安全。如图 11-16 所示，2005～2015 年，金忠公司生猪来源中邛崃市金利猪业合作社供给所占的比例从 10%上升到 40%。过去十年中，邛崃市金利猪业合作社与会员建立了稳定的关系，他们习惯于与邛崃市金利猪业合作社合作，向金忠公司出售生猪，这确保了金忠公司生猪的供应。与 2005 年相比，金忠公司通过市场购买的生猪数量减少了，这意味着金忠公司受不确定性和供应商机会主义行为的影响降低。同

① 市场价格指农民与合作社交易时间点邛崃市的活猪平均价格。合作社每天向农民通报畜牧局发布的市场平均价格。

时，金忠公司扩张了自己的生猪生产基地规模（从2004年的1万头到2014年的10万头），同时进行了更好的质量控制以保证食品安全。这又有助于生猪供应链的稳定。除此之外，凭借自身生产基地的经验和合作生产量的上升，金忠公司更加了解了生猪生产过程，能够更好地控制食品安全。金忠公司猪肉供应链从未发生过重大食品安全事件。金忠公司一贯以来的质量控制和不断进步的品牌管理使其品牌形象成功地同高品质和安全的产品联系在一起，从而提高了客户忠诚度。

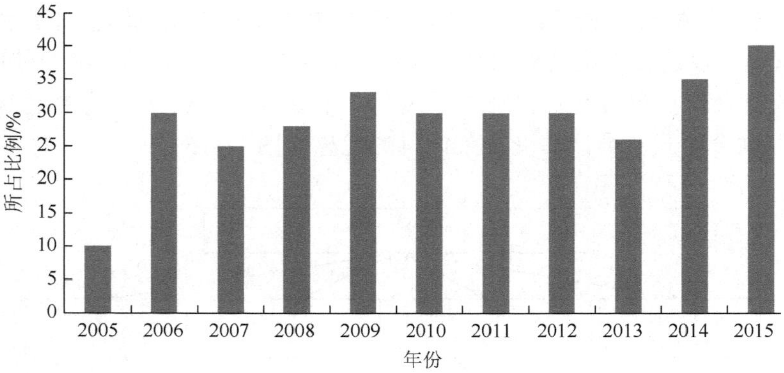

图 11-16　金忠公司生猪来源中邛崃市金利猪业合作社供给所占的比例（2005～2015年）

资料来源：金忠公司文件

5. 金忠公司的未来展望

正如邛崃市金利猪业合作社的负责人田碧山女士所言，“虽然邛崃市金利猪业合作社有助于稳定生猪来源，但农民没有向金忠公司出售育肥猪的义务。生猪收购价非常不稳定。当生猪市场行情好（如2015年下半年）时，农民倾向于向中间商出售猪肉，因为价格可能比金忠公司高。目前，对于金忠公司来说，从温氏食品有限公司这样的养猪企业采购生猪更容易，因为这些交易是简单而轻松的。所以我们不知道我们是否应该制定一个新的机制来应对邛崃市金利猪业合作社的成员，还是说，转而寻求其他的渠道来保障生猪供给。”

对于金忠公司的管理层来说这是一个关键性的决策：是继续维持同合作社的合作还是转向其他的供应模式呢？

资料来源：Ji C，Jia F，Trienekens J. 2016. Managing the pork supply chain through a co-operative：the case of Jinzhong Food Co. Ltd. The International Food and Agribusiness Management Review，20（3）：316-358.

案例思考

1. 金忠公司和中国养猪业最初面临的挑战是什么？

2. 邛崃市金利猪业合作社建立的动机是什么？邛崃市金利猪业合作社的管理方式是怎样的？

3. 生猪的供应商有哪些？在2005～2015年，生猪的供应结构发生了怎样的变化？

4. 合作社扮演了怎样的角色？合作社为金忠公司和养殖户带来了哪些好处？

5. 你如何看待邛崃市金利猪业合作社？如果你是金忠公司的老板，你会继续同邛崃市金利猪业合作社合作吗？为什么？

案例分析

邛崃市金利猪业合作社的职能及其同金忠公司其他部门之间的关系见图 11-17，金忠公司的产品种类、范例和分销渠道以及系列产品和范例图片分别见表 11-5 和图 11-18。

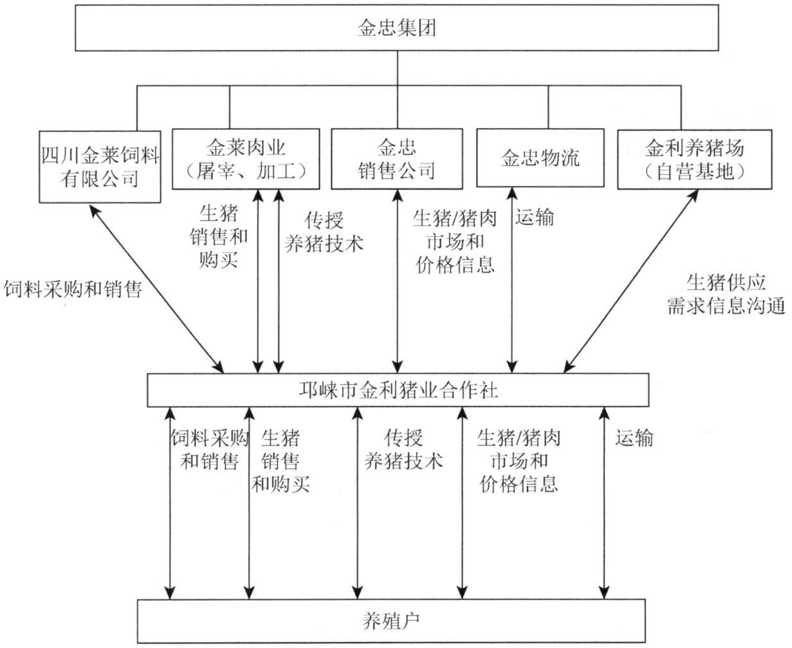

图 11-17　邛崃市金利猪业合作社的职能及其同金忠公司其他部门之间的关系

资料来源：作者根据访谈数据整理

表 11-5　金忠公司的产品种类、范例和分销渠道

品类	品牌名称	范例产品	分销渠道
冷鲜肉	金忠	五花肉、猪腿肉和猪颈肉等	金忠品牌店
冷鲜肉（来自自营牧场）	金忠、伊藤洋华堂	五花肉、猪腿肉和猪颈肉等	伊藤洋华堂超市、欧尚超市
骨类（冷冻产品）	金忠	各种部位的带骨肉	金忠品牌店
腌腊制品（中式风味）	市井人家	香肠、猪尾、猪嘴等	金忠品牌店、超市
烟熏制品（西式风味）	魔法妈妈	培根、香肠、肉饼等	金忠品牌店、超市
冻品	金忠	脂肪含量较高的肉	金忠品牌店
气调精装类	金忠	切好的盒装肉	金忠品牌店、超市
副产品	金忠	内脏和猪脚等	金忠品牌店

资料来源：金忠食品网站 http://www.jzfoods.cn/

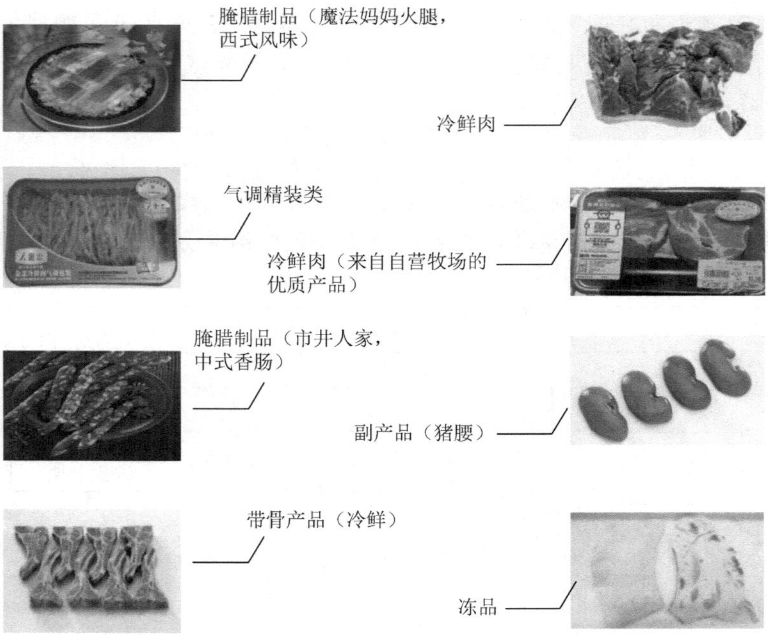

图 11-18　金忠公司系列产品和范例图片

金忠公司的财务状况见表 11-6。金忠公司的销售收入在 2007～2014 年整体上涨，但税后利润自 2007 年以来波动不断。金忠公司的销售经理杨女士解释说，税后利润变动与猪肉市场的不稳定有关。近年来，许多猪肉加工企业受到影响，其中一些猪肉加工企业受到资金限制，已经在市场萧条时不得已选择退出这个行业。

表 11-6　金忠公司 2007～2014 年销售收入　　（单位：万元）

年份	2007	2008	2009	2010	2011	2012	2013	2014
税后	31 025.00	41 209.00	38 640.00	41 383.00	50 853.00	50 538.00	63 480.00	57 179.37
利润	432.00	440.00	832.90	136.50	342.30	5.80	3149.00	2357.00

资料来源：金忠公司文件

成都地区品牌店铺数量及销售收入变化情况见表 11-7。在冷冻肉市场中，金忠品牌店数量在 2008～2011 年稳步上升，2012 年以后稳定在 200 家；2014 年连锁店的销售收入比 2008 年翻了一番。

表 11-7　金忠公司在成都的品牌店数量及其销售额

年份	2008	2009	2010	2011	2012	2013	2014
成都品牌店数量/个	110	130	160	180	200	200	200
成都销售额/万元	103	119	105	180	184	246	216

资料来源：金忠公司文件

如表 11-8 所示，金忠公司市场份额（成都）已从 2008 年的 3%上升至 2014 年的 5%。金忠公司无法垄断市场，这意味着四川猪肉市场饱和，竞争激烈。

表 11-8　金忠公司自 2008 年以来在成都猪肉市场的份额

年份	2008	2009	2010	2011	2012	2013	2014
市场份额/%	3	3	3	4	4	5	5

资料来源：金忠公司文件

金忠公司在 2007～2014 年的利润波动显著，2012 年达到 58 000 元，反映出猪肉/生猪市场波动较大（表 11-6）。其公关部总经理郭红祥先生证实，市场波动使得邛崃市的许多屠宰加工企业因为经济不景气而没有足够的资金来源以致破产。

11.6　案例 6 沃尔玛的农产品“新食物链”

种植面积世界第一、产量排名全球第三的江西赣南脐橙，有望无障碍地直接进入沃尔玛在中国的 200 多家超市采购系统。记者近日获悉，赣州市委员会常务委员会委员、农工部部长曾新方与沃尔玛（中国）高级采购总监黄志平、合作方深圳市鑫荣懋实业发展有限公司总经理廖懋华，日前为江西 2000 亩精选脐橙基地举行揭牌仪式。

记者从沃尔玛获悉，到 2008 年为止，沃尔玛在中国 13 个省区市建立了 27 个直接采购基地，面积将近 30 万亩。沃尔玛中国首席运营官罗世诚透露，中国约有 35%的新鲜食品因腐烂变质而失去价值，通过“农超对接”，果蔬的损耗大幅下降，超市、农民和消费者都能从中获益。

2009 年，商务部、财政部、农业部斥资 4 亿元，在全国 15 省区市进行“农超对接”。沃尔玛、家乐福等 9 家内外资企业成为首批试点企业。

11.6.1　30%流通成本如何挤出来

到目前为止，或许为“消费者节省开支”是“农超对接”给外界最直接的表现。

“公司与江西省商务厅签署了《关于共建生态农场实现农超对接备忘录》，双方将在江西进一步选择具备一定条件的农民专业合作社建立若干农产品直接采购基地。在市场需求允许的前提下，公司将扩大直接采购基地和其他农民专业合作社的采购品类和采购量，将农超对接推广到更多区县市。”沃尔玛的采访答复中相当官方地表示，这些发展举措都是帮助公司实现“为顾客节省开支，使他们生活得更好”的美好愿景。

在过去 10 年里，一只苹果或梨被农民从树上采摘下来后，首先要经过那些游荡在田间收购果品的小贩之手，转卖给有规模的批发商；这些批发商将它们分拣后送入批发市场；在批发市场，被固定与超市合作的供应商选中的水果蔬菜才有进入超市货架的资格。4 个以上的中间商使得采购成本至少上升了 20%～30%，至少要在物流和存储环节上浪费 4 天。

而这期间，水果蔬菜可能因为磕碰和气温变质。

而现在“农超对接”可通过农民直供采购，由农民直接配送至超市，离农民较近的超市前一天采摘的水果蔬菜第二天就可直接售卖。中间环节取消后，供应链压缩了 20%～30%的成本。据悉，沃尔玛在山东沾化直采的冬枣零售价格比市场平均价格低了 15%。2008 年 11 月，居民价格指数（consumer price index，CPI）转正也预示着通胀预期渐行渐近。在这种情况下，“农超对接”带来的农产品价格下调将在很大程度上刺激消费需求。

11.6.2 “农零关系”提高农民收入

此外，沃尔玛从农民手中直接采购的冬枣收购价每公斤提高了 1 元；山东家家悦集团股份有限公司发展的玉米直采基地平均每亩为农民增收 750 元。沃尔玛中国首席运营官罗世诚透露，中国约有 35%的新鲜食品因腐烂变质而失去价值，通过“农超对接”，果蔬的损耗大幅下降，超市、农民和消费者都能从中获益。据悉，沃尔玛在安远等郊县的脐橙基地，预计可直接和间接带动超过 30 000 户当地农户受益。

据农业部农村经济体制与经营管理司有关人士透露，目前全国已有 200 多家农村专业合作社与超市展开合作，使农产品直接进入超市销售。这一举措使农产品的流通成本下降了 20%～30%，农民收入提高了 10%～20%。原商务部副部长姜增伟认为，发展“农超对接”有助于农民在农产品生产、农业专业合作社、农产品运输仓储等环节的就业，并提高收入。

据悉，2008 年 10 月在北京召开的中国农超对接发展论坛上，沃尔玛对“农超对接”接下来的工作制订了三项计划：①建设鲜食配送中心，以保障生鲜食品的新鲜与美味及食品质量。②建设食品质量安全快速检测中心，以保障食品安全。在鲜食配送中心设立设备齐全、现代化的食品安全检测中心，首个食品质量安全快速检测中心年内在深圳投入运行。③启动“农超对接”培训师计划，以保障项目的可持续性。“我们计划今明两年培训 200 名农超对接培训师。通过商业流通专家、农业生产专家、食品安全专家对农民合作社和农产品生产企业代表的培训，使他们成为培训师去培训更多的农民，不断提高整个农超对接项目的水平。”

11.6.3 “每棵菜都可以追溯到原产地”

基于上述原因，引导大型连锁超市与农产品专业合作社对接被商务部列入扶持重点。2009 年，商务部、财政部、农业部安排了 4 亿元资金，在全国选择了 15 个条件相对成熟的省份开展“农超对接”试点。家乐福、华润万家有限公司、沃尔玛等 9 家内外资企业成为商务部和农业部选中的首批试点企业。第一批参与试点的企业在全国建立了 1000 多个农产品直采基地。

目前“超市＋专业合作社＋农户”是商务部支持发展的基本模式。此外，市场还有企业自发与农户对接的“公司＋农户”模式，有通过基地中介组织对接的“公司＋中介组织＋农户”的模式。沃尔玛此次与赣南脐橙对接，是联合深圳市鑫荣懋实业发展有限公司在江西建立脐橙直接采购基地，采用的是第三种模式。

“农超对接”与传统农产品流通模式的最大区别在于超市直接参与了农产品生产过程

的监控和管理。超市按照食品卫生和质量安全标准提出要求，农民按照超市要求进行生产，超市和专业合作社给予技术指导，并提供统一的种子、农药、化肥等生产资料，确保了农产品质量。广州楚睿商业有限公司董事长黄文杰表示，这使每棵菜都可以追溯到原产地，在直接和间接的经济收益之外，“农超对接”还发挥了社会效益，建立起农产品从生产到销售的一条身份明确的可追溯体系，它看似简单，但却是中国频现食品危机的情况下，政府和企业都试图建立的农产品流通渠道的新模式。

11.6.4 初期销售直采农产品可能略亏

为了推动“农超对接”，政府部门相继出台了一系列优惠政策，包括税收优惠、财政支持、融资支持等。但对零售业来说，“农超对接”的意义还远不止于此。

在现阶段，国内超市直采农产品的销售价格，通常是在采购价格的基础上加价 10%～12%。农产品的损耗相对较大，其直接采购规模尚未达到一定的比例，其实际利润较为微薄。另外，由于超市普遍对直采基地免收进场费和促销费，结款周期也从其他商品的 40 天以上大幅缩短至 7～15 天，短期来看，超市在销售直采农产品时可能略微亏损。

但分析人士认为，进场费一直是零售企业的主要利润来源之一，2008 年 5 月，国务院要求商务部采取切实措施，解决水产品等鲜活农产品进超市收费过高问题。“农超对接”使供应链得到优化，取消了进场费，这很可能让超市的盈利模式变为以自主经营为主，以商品周转和销售毛利为主导。同时，直采农产品以较大优惠吸引了更多客流，拉动了商场其他商品销售，从而整体拉升了商场的销售额和利润率。

基于此，为在新的市场环境下争取更多的资源，除了沃尔玛、家乐福外，Tesco、麦德龙等大型外资超市也开始在农超争夺优质资源。记者了解到，继 2008 年 7 月在京签订首个“农超对接”协议从平谷直采大桃后，Tesco 又与湖北兴山县昭君果业有限责任公司签订了纽荷尔橙直采协议。

随着鲜活农产品产地直接采购比例的增高，“农超对接”使双方形成了长期的合作伙伴关系，这不仅减少了农产品进超市的收费，而且改善了零供双方的利益关系，促使中国零售业恢复到以销售为基础的健康、可持续发展的盈利模式。

11.6.5 沃尔玛三招应对“农超对接”

沃尔玛对“农超对接”的工作制订了以下三项计划。

（1）建设鲜食配送中心，以保障生鲜食品的新鲜与美味及食品质量。

（2）建设食品质量安全快速检测中心，以保障食品安全。在鲜食配送中心设立设备齐全、现代化的食品安全检测中心，首个食品质量安全快速检测中心年内在深圳投入运行。

（3）启动“农超对接”培训师计划，以保障项目的可持续性。再用培训师去培训更多农民，不断提高整个“农超对接”项目的水平，2009 年和 2010 年计划培训 200 名培训师。

沃尔玛在中国的“农超对接”项目始于 2007 年，是沃尔玛农产品直接采购的尝试，以此帮助农民提高市场适应能力，鼓励和引导标准化和规模化生产，指导农民在生产中推进环境保护；促进产业链优化，提高食品安全水平，既可增加农民的收入，又保证了“从田间到餐桌”的食品安全，最终实现农民、超市企业、消费者和地方经济的多赢。

11.6.6 “农超对接”的“五赢”

“农超对接”产生了有利于消费者、农民、沃尔玛、地方经济、环境的“五赢”效应。

1）一赢：消费者尝到新鲜安全的食品

“农超对接”项目有效地帮助沃尔玛为消费者提供新鲜、安全、可口和实惠的农产品，将沃尔玛“从农场到餐桌”的食品安全概念落实到产品上。沃尔玛称：“这是帮助沃尔玛提高产品质量和安全的一个重要因素。”

2）二赢：农民直接受惠，收入提高

“农超对接”项目使农民受益。沃尔玛直接从农户采购农产品让他们有更多的获利空间。农民的收入通过先进的技术和有保障的销售渠道的支持得到有效的提高。仅在 2009 年内，就有 17.5 万农民受益于“农超对接”项目。

3）三赢：对环境有益

沃尔玛通过指导农民在生产过程中注重环境等周边资源的保护，包括设备、土壤、种子储备和加工处理等环节和要素，从而降低企业及消费者所购买的每件商品的综合碳排放量。

4）四赢：有利于地方经济发展

沃尔玛借助供应链规模的优势进行本地和全球采购，对中国经济带来积极的影响，同时也对政府加快发展地方经济提供了支持。

由于大力推广“农超对接”项目，开展“农超对接”培训，加强农产品质量安全监控，培育农产品品牌，摸索促进农产品流通国际交流与合作，以及带动地方经济发展所做出的突出贡献，沃尔玛获得“建国六十周年带动地方产业经济发展特殊贡献奖”。

5）五赢：沃尔玛降低采购成本

当然，最大的赢家还是沃尔玛，沃尔玛通过监控“从农场到餐桌”的过程，减少中间流通环节，直接连接农民和市场，减少运输过程中由食物腐烂而造成的经济损失，最终降低了采购成本，直接获利。

11.6.7 新食物链中的新问题

自进入中国后，沃尔玛一直在尝试绕过经销商进行产销对接的统一采购。随着“农超对接”项目的深入和规模化，新的农产品体系的建立有望帮助沃尔玛在某种程度上实现统一采购。但是，“各区域农田土地模式多样，不少沿海农民已将土地零散出租，想找一个能够规模化生产的农田耕种很难”，一家大型农产品企业的负责人表示，而食品运输损耗大，受保质期限制，各家企业的“农超对接”项目又是独立运作，所以集中采购也受到一定限制。

目前，中国食品销售仍然依靠各个省级市场分级代理制，沃尔玛进入各个区域市场不得不设立区域采购部，并依靠各级市场的代理商。分析人士认为，食品采购对区域的依赖使沃尔玛无法发挥规模优势，降低了对产品溯源性及对商品质量的控制。有业内人士表示，在中国复杂的批零渠道面前，沃尔玛很难复制其统一采购的魔力，“做得很辛苦”。

2008 年年初，沃尔玛撤掉验货部门，改由第三方的“质量与安全服务机构”进行“验厂”。记者上网搜索发现，网上自称“沃尔玛 FCCA 验厂辅导公司”的信息量相当大。一家名为“玖玖泰丰”的公司甚至声称，“只要交上 18 000 元，就能保证产品顺利进入沃尔玛超市”。

由于 2008 年内两次抽查被发现出售转基因大米，绿色和平组织近日准备向沃尔玛“开火”。转基因大米在流通市场的出现已成为行业性问题，零售企业自身采购体系的漏洞正遭遇严峻的挑战。

据绿色和平组织提供的报告显示，该组织 2008 年两次抽检到沃尔玛旗下店面有转基因大米出售。中国目前尚不允许转基因大米商业化生产。依据相关法律，目前在中国的转基因大米商业化生产和销售都属违法行为。

资料来源：沃尔玛在中国实施“农超对接”已让 20 万农民受惠.（2009-10-29）[2018-12-10]. https://business.sohu.com/20091029/n267836673.shtml.

林波. 2009. 沃尔玛：“农超对接”的“五赢”效应. WTO 经济导刊，(12)：57-58.

田爱丽. 沃尔玛三招应对农超对接　建 27 个直采基地.（2009-12-11）[2018-12-10]. http://www.yonghui.com.cn/show?Id=45129.

本案例编者：许莹

案例思考

1. 结合案例资料分析，从农产品物流管理的角度谈谈为什么“农改超”能节约流通成本，提高双方的收益?

2. 根据沃尔玛的实践，谈谈农产品物流管理中如何确保产品的质量安全。

3. 结合国内农业生产经营的实际情况，分析如何解决生产规模制约与采购规模效益的矛盾?

11.7　案例 7 日本 Hutech norin 株式会社的冷冻食品配送

日本 Hutech norin 株式会社成立于 1953 年 3 月 14 日，截至 2002 年 6 月，资本金 12.1756 亿日元，拥有冷藏仓库 44.8558 万 m^2，普通仓库 8706m^2，车辆 587 台，员工 803 人，是以冷冻、冷藏食品运输、配送为中心业务的物流企业，其特点是以不特定的多家货主为客户，共同配送冷冻食品。除日本最大的食品厂家加卜吉株式会社外，在关东圈内的其他食品厂家均委托 Hutech norin 株式会社负责冷冻食品的保管和向各零售店配送的业务。

11.7.1　关东中央分社冷冻食品配送中心系统

1. 关东中央分社的建立和要求

随着业务不断扩展的需求，Hutech norin 株式会社也着手建设位于关东圈内的分社（仓库）。关东中央分社是营业仓库，也有配送站点。营业仓库是从厂家或批发商处取得货物，以货物配送为主，通过收取保管费、分装费、运输费、配送费等取得利润。为此，在仓库的保管方面对于货物的保管量及装运方面的货物拣选、分装能力及出入库作业效率十分重视。另外，因其经营的货物为冷冻、冷藏食品，其保管场所及作业场所为超低温，对于操作人员来说是十分严酷的作业环境，为此，关东中央分社致力于谋求保管设备的自动化及出入库作业的简略化。因此，项目建设的基本方针是：对于仓库的建设要求是在一定的空间内追求最大的冷冻食品保管量，并且，因为冷冻食品的特殊性，需要确保保管和输送设备的稳定运转；同时为配合配送业务的需求，应具备出库量大并快速分辨配送地址的能力及高效率的出入库作业能力。

不同于其他的自动立体仓库项目，冷冻食品仓库有其特殊的环境，所有的设备都须克服–30～5℃严峻的作业环境，并在此条件下实现冷冻食品保管的自动化及简便的出入库作业方式。为了满足冷冻食品自动立体仓库的特殊要求，达到理想的建设效果，Hutech norin 株式会社请来日本著名的物流设备制造企业 KITO 株式会社进行整个物流系统及设备的设计、制造及库房一体式仓库的整体施工和设备安装。

2. 关东中央分社物流系统介绍

1）关东中央分社设备概要

关东中央分社分两层：一层为办公区、货物接收及作业区；二层为立体仓库。

2）操作作业区域

一层货物接收作业区设置有卡车泊位、接收及检验区域、温度设置为–30℃的冷冻移动货架区域（货位数 651 个）、拣选区及集货区（图 11-19）。

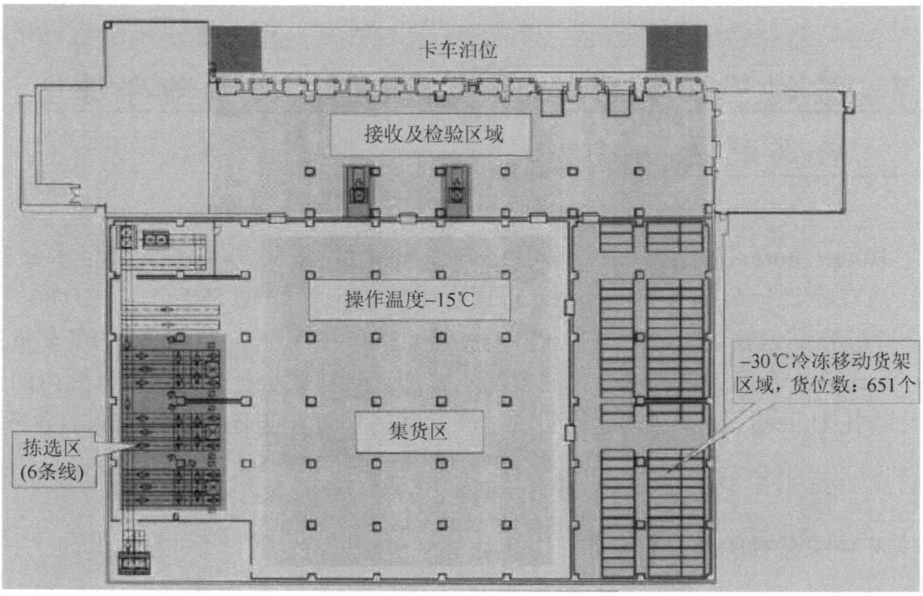

图 11-19　操作作业区布置示意图

下面根据 Hutech norin 株式会社对其关东中央分社的要求，以及 KITO 株式会社对该系统的设计理念进行说明。

（1）高保管量的实现（–30℃冷冻立体仓库）。

二层是保管温度为–30℃的立体仓库，配置有双叉双伸位式堆垛机 4 台（货位数：16 列×46 排×11 层–208 = 7888 个货位），单叉式堆垛机 4 台（货位数：8 列×46 排×16 层–36 = 5852 个货位），合计共 13 740 个货位，满足营业仓库高度重视的高保管量的要求（图 11-20）。

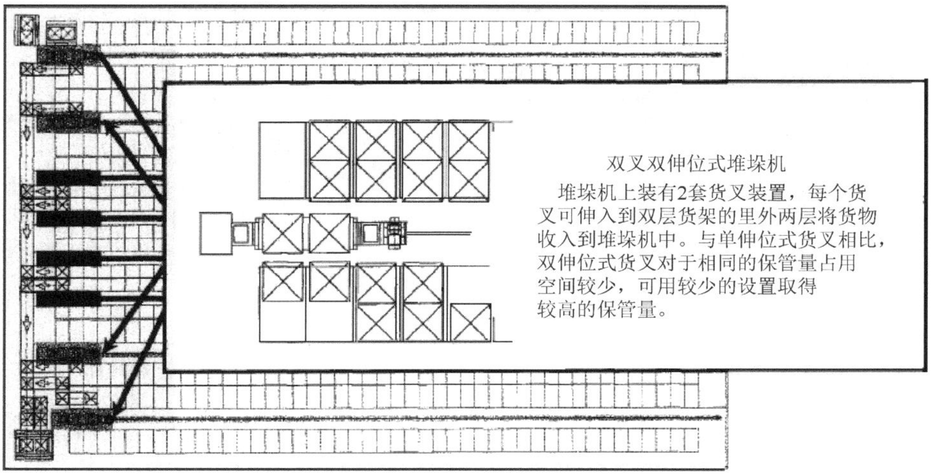

图 11-20　双叉双伸位式堆垛机工作示意图

通过双伸位与单伸位的组合，最大限度地达到了最高保管量。另外，为提高保管效率，将单伸位的货架配置了不同货高的货位，经拣选后，将小包货物放入小货位，尽可能地减少库内空间的浪费。

（2）物流系统——新产品入库。

在二层的搬运线上读取条形码，进行巷道指示。这里仅通过搬运设备对托盘编号进行读取，在堆垛机入库站口将再度提供入库指示。在堆垛机发生阻塞时，通过将分配的地址数据修正到其他堆垛机，很容易地就可以转换到其他巷道；在搬运线发生阻塞时，不需停止入库，可分至其他线路进行搬运（图 11-21）。

冷冻食品的接收方式：冷冻食品主要以冷冻集装箱/工厂或批发商的卡车运输（以箱式运输为主），所以在接到货物之后，必须将其码入货位。KITO 株式会社考虑卡车到位后，在装盘之间进行检验可减轻下一工序的作业负担，因而设计了手持式终端检验系统（图 11-22）。首先，仓库内使用的托盘全部设有编码号，并用编码标签将其贴上；然后，通过入库接收处理打印入库作业清单，并在上面打印每种货物的条形码；在装盘时盘号码与码垛信息同时处理，通过输入数量进行检验。在装盘后，通过无线终端将检验完毕的信号向系统进行传输，以决定托盘的入库地址。检验完毕，再通过读取条码，在叉车车载终端显示入库信息。操作者按照显示的入库地址搬运托盘，确定入库。以上操作实现了正确、高效、良好的检验及入库作业。

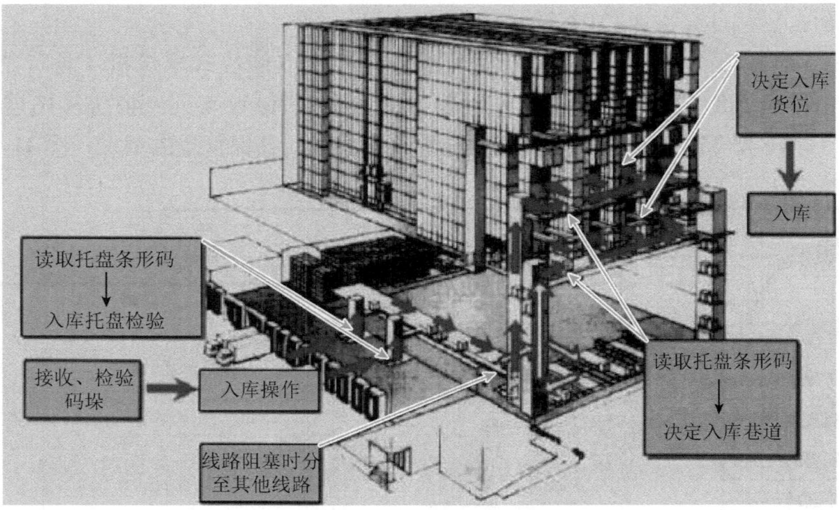

图 11-21　新品入库示意图

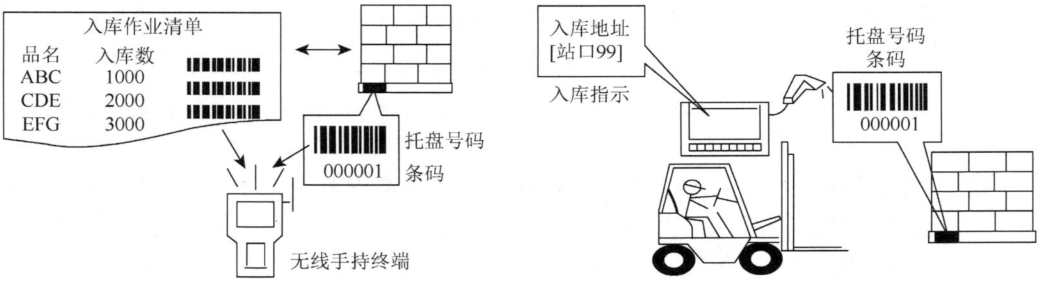

图 11-22　手持式终端检验系统

（3）物流系统——分拣站出库。

为满足对冷冻食品高频出入库的要求，设计出库能力为 250 个托盘/h，以缩短从订单下达到货物出库的时间。同时，采用双叉式堆垛机、双托盘搬运垂直输送机，并在 1 层设有 6 个拣选站口且随时提供拣选用空托盘以提高出库效率。出库作业采用总量拣选方式（同一品种的货物拣选总量，再共同配送）。拣选托盘到达出库站口时，拣选信息通过终端画面显示，并打印出库报表。

（4）物流系统——其他出入库方式。

另外，Hutech norin 株式会社中央分社的出入库方式，还有分拣完毕托盘再次入库方式和用于主要线路故障或设备检修、在库确认时的备选出库方式，见图 11-23 和图 11-24。

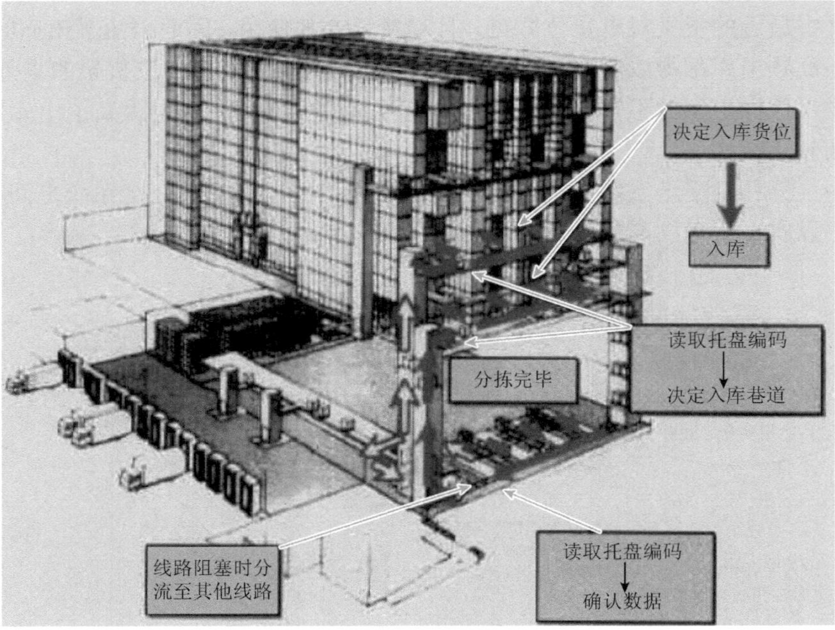

图 11-23　分拣完毕托盘再次入库流程示意图

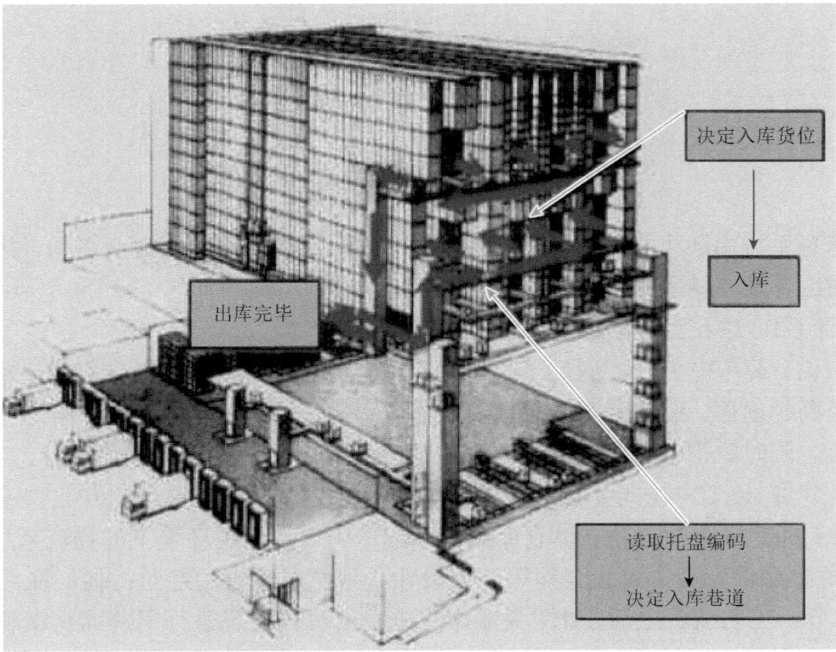

图 11-24　备选出库流程示意图

（5）双叉双伸位式堆垛机的采用。

在关东中央分社的项目中，KITO 株式会社采用了双叉双伸位式堆垛机以提高保管量。用单叉式堆垛机选取货物时，必须行驶到唯一的货叉对准货位的位置，而双叉式堆垛机只需行驶到其中最近的货叉对准货位即可，且双叉可交替使用，因而缩短了出库时间，使得高保管量与高频出库都得以实现。同时在货物拣选入库时，将双伸位货架的里外两层都放置同种货物，这样出库时不需有替换动作，这种货位的分配方式也提高了出库效率。

（6）信息系统构成。

关东中央分社的配送系统大致可分为三大系统（图 11-25），三个系统之间相互联系、相互支持，以实现正确、高效的运营。

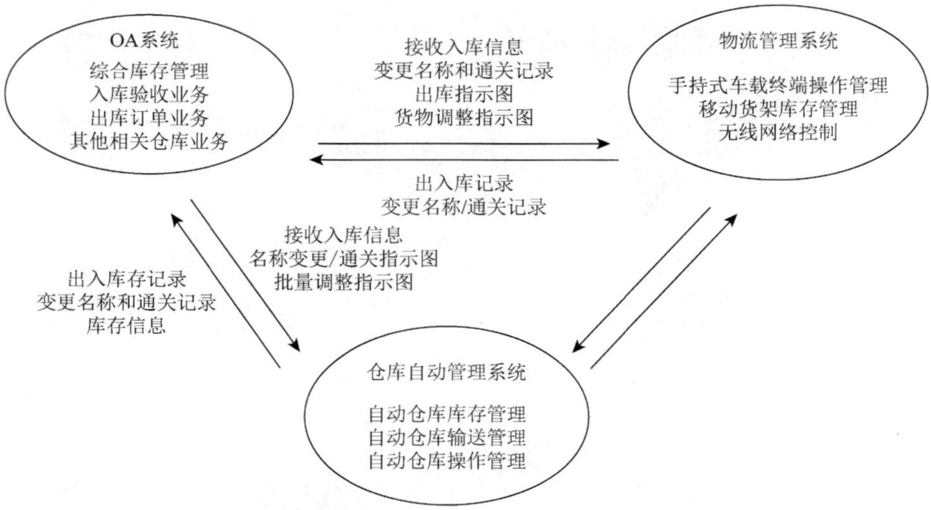

图 11-25　配送系统构成示意图

注：OA 是 office automation 的缩写，表示办公自动化

整个信息系统由各个分散的作业单位系统构成，每个系统均有硬盘备份，并与远程维护系统相对应，以支持系统稳定运转（图 11-26）。

3）物流系统实际运转情况

总体来说，关东中央分社满足了其作为冷冻食品营业仓库、配送中心的要求，实现了高保管量及高频出库，出入库的作业也实现了效率化和简单化，在严酷工作环境下设备能够正常运转。同时，严谨的信息管理系统也确保了整个物流系统的平稳运行。

项目承建商 KITO 株式会社是日本最早开始自动立体仓库生产的专业物流系统及设备生产厂家，拥有丰富的自动立体仓库系统和配送中心及特殊环境下的物流系统（如冷冻/冷藏库、危险品保管库、无尘仓库等）的设计、生产、建设的经验：他们在经过认真的现场考察、分析工艺流程之后，针对关东中央分社的具体情况进行了冷冻仓库和配送中心的设计，克服了低温环境和对食品物流的特殊要求引起的种种困难，历时一年多的时间，成功建造了整个物流配送系统。

自 1999 年关东中央分社开始运营后，整个仓库配送系统一直运行良好，每天最多可出库 8 万箱冷冻食品，分送至各零售商。从零售商接到订单至次日（24h 内），冷冻食品即可配送到。

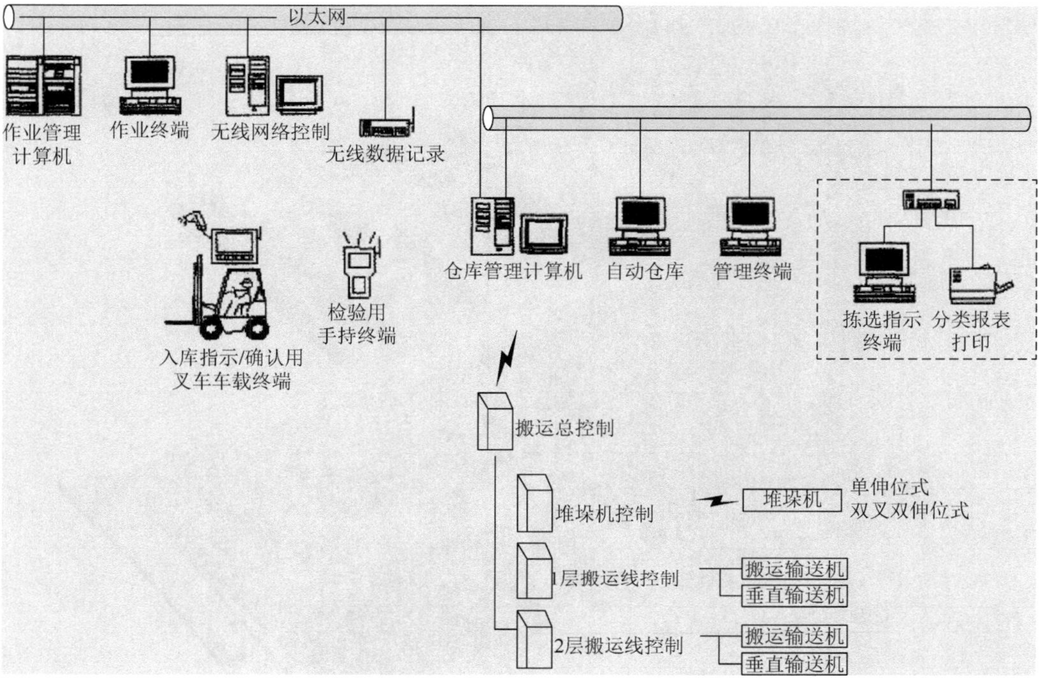

图 11-26　信息系统构成示意

2001 年，Hutech norin 株式会社在关东中央分社旁边开设了第二分社，共有自动货架货位 8512 个及移动货架货位 2300 个，配置单载货台双伸位堆垛机 4 台，单载货台单伸位堆垛机 1 台，仍由 KITO 株式会社承建。这样，两个冷冻食品仓储、配送中心每日出库量合计最多可达 12 万箱，形成了完善的配送体制，确保了 Hutech norin 株式会社在关东圈内业务的顺利开展。

11.7.2　关东第二支店低温物流中心

冷冻冷藏食品配送业务在日本有着广阔的市场。2006 年 4 月，日本 COOPNET 事业联合公司开始与 Hutech norin 株式会社开展合作。COOPNET 事业联合公司是一家食品销售商，本部位于琦玉县市南区，其销货网络覆盖东京、埒玉、千叶、茨城、枥木、群马、长野等一都六县。受 COOPNET 委托，Hutech norin 株式会社承担了日配食品（冷藏及冷冻品）的中转（通过型快速分拨中心）物流业务。在承担此项业务后，Hutech norin 株式会社在琦玉县越谷市投资 70 亿日元建设了集快速分拨中心、冷冻品储存中心、流通加工中心功能于一体的复合型低温物流中心“关东第二支店”（图 11-27）。关东第二支店占地面积 13 480m^2，建筑面积 8318m^2。

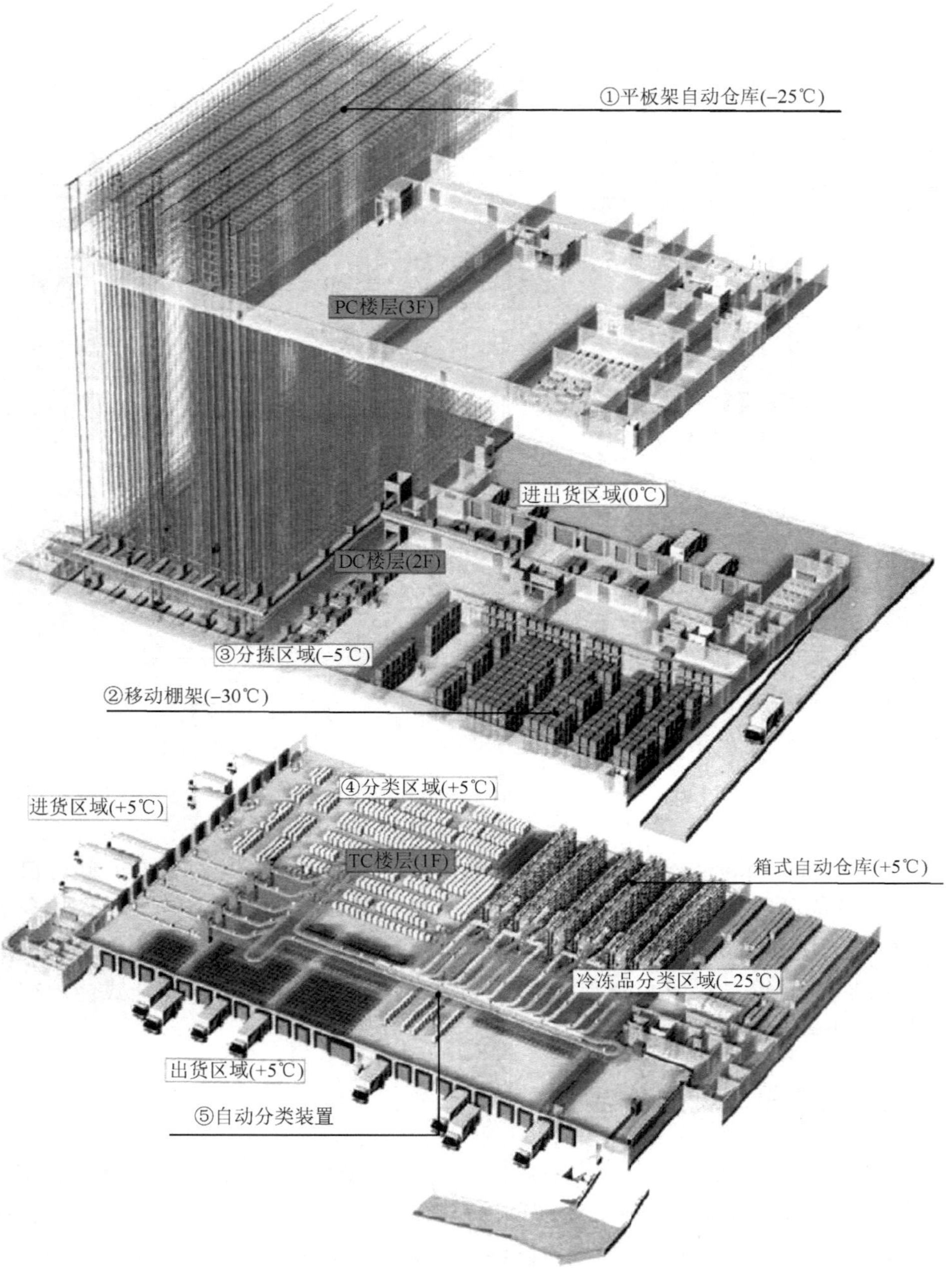

图 11-27　快速分拨中心、冷冻品储存中心和流通加工中心功能合一的立体化仓库示意

注：①库内温度为–25℃、堆垛机为 8 台、收纳数为 9216 个托盘的小型自动仓库。堆垛机上部配备了摄像头，可用来监视货物倒塌，并能在发生地震时迅速应对。②库内温度为–30℃、收纳数为 801 个托盘的移动式货架。保管的商品以季节性商品为主。③小型自动仓库的分拣区域。在装卸侧（右）也装备了显示器，提升了作业性。④日配食品（箱子）的分拣区域。用无线便携式中枢将分拣和物流台车的信息连接在一起。⑤每小时处理 3600 箱的滑块分拣机。分拣到 6 个箱式自动仓库

集此快速分拨中心、冷冻品储存中心和流通加工中心三种功能于一体，大大丰富了该物流中心的业务空间。新的物流中心为三层楼结构。各楼层的功能相对独立，一层为

COOPNET 的日配食品快速分拨中心楼层；二层为日本生活协同组合联合会（以下简称日生协）的冷冻品储存中心楼层；三层为流通加工中心楼层，进行冷冻品的拆零包装作业等。

该复合型低温物流中心整合了以前在 Hutech norin 株式会社其他支店处理的日生协冷冻品储存中心及流通加工中心的功能。通过向 COOPNET 各店铺混装配送，从而减少了卡车运输并缩短了交接商品的时间，进而降低了物流费用。而且减少配车数量可大幅削减二氧化碳的排放，因此作为环保型物流中心，该公司的设施首次被日本国土交通省认定为“特定流通设施的物流综合效率化事业”。

1. 接受 COOPNET 的物流业务委托也整合了日生协商品的保管、分拣作业

在此以前，COOPNET 在琦玉县内配置了两处物流据点，负责各店铺销售的日配食品的物流业务。但由于店铺与超市间的竞争激烈，对物流服务质量和能力的要求不断提高，这就决定了 COOPNET 不可避免地要进一步削减物流成本。怎样才能达到这样的目标呢？COOPNET 想到了物流的外包。COOPNET 首先关闭了原来旧的据点，同时将业务转交、统合到 Hutech norin 株式会社。而对于 Hutech norin 株式会社来说，企业原来就是日生协的进货点，即日生协的关东、甲信越地区的冷冻品物流以前就是由 Hutech norin 株式会社的支店负责配送的，有了与 COOPNET 的合作，原先对日生协的库存和流通加工功能也一起整合到了新的物流中心。

通过启用关东第二支店，实现了向 COOPNET 店铺混装配送冷冻、冷藏食品，缩短了在各店铺交接时所需要的时间，提高了包括店方在内的业务效率。在考察中我们了解到，关东第二支店低温物流中心与各个需要配送的店铺形成了非常好的默契关系，物流中心根据订单送货到商店后，省却了店铺的验收程序。当然，这种重要环节的节省是以双方也已形成了牢固的关系作支撑，是以双方的诚信做基础的。另外，从其他支店向旧中心补充冷冻品的卡车运输也不需要了，据有关部门测算，仅此每年便可减少 615t 二氧化碳的排放。因此，基于《关于促进流通业务综合化及效率化的法律》（简称《物流综合效率化法》，2005 年 7 月颁布），国土交通省认定该低温物流中心为模范企业。另外，由于引进了节能型冷媒设备的设施，该物流中心也得到了环境省的表彰，认为其对防止全球变暖做出了积极的贡献。

2. 快速分拨中心：每月快速准确地分拣 1800 万件商品，并将其配送到 187 家店铺

一楼快速分拨中心楼层的处理量每月约为 1800 万件，其中冷冻品约有 340 万件（约 20 万箱），配送到除长野县之外的 187 家店铺（此为 2006 年 12 月底的情况）。物流中心的运作情况大概是这样，每天的 13～20 点是从供应商那里进货的时间；冷藏品物流流程因商品、件数的不同，其专用容器或箱子也有差异。专用容器从入库区域那里开始，经高速自动分拣装置“滑块分拣机”分类后，被临时保管在自动仓库。根据出货指示按不同店铺出库。箱子则通过无线便携式中枢按店铺分类，这两类商品都是在 22 点至次日凌晨 5 点之间被装上物流台车出货。

3. 冷冻品储存中心：储存 1 万个托盘的托盘式自动仓库和移动式货架

二楼冷冻品储存中心楼层的处理数量每月约为 120 万箱。入库作业时间为每天的 8～14 点，出货作业时间为每天的 8～22 点。从厂商那里以箱子为单位进货的商品堆积在托盘上，根据特性分别收纳到托盘自动仓库“小型自动仓库”及“移动式货架”上。出库时，从托盘上分拣出被指示的个数后转移到其他托盘上。配送到 COOPNET 的商品移至 1 楼的专用分类区域，与箱子商品一样使用无线便携式中枢进行处理。配送到日生协的商品则搬运到二楼的出货区域，重新倒装到卡车后进行配送。

未来的发展空间新中心快速分拨中心楼层的处理能力为 230 家店铺，冷冻品储存中心楼层的处理能力最多能处理 180 万箱。快速分拨中心和冷冻品储存中心楼层每年的销售额共计 24 亿日元，加上流通加工中心楼层启用后预计能达到 36 亿日元左右。分拣误差率达到十万分之三以下。

资料来源：荆明. 2003. 北一大隈物料缓存配送中心及柔性线物流. 物流技术与应用，（8）：15-20.

沙丁. 2008. 大福案例：TC·DC·PC 功能合一的立体化仓库——日本株式会社 HUTECH NORIN 关东第二支店低温物流中心. 中国储运，（5）：60-63.

本案例编者：许莹

案例思考

1. 从案例资料可以看出，冷链物流与其他普通农产品物流有什么区别？
2. 先进的食品冷链物流具有什么样的社会效益？
3. 总结日本 Hutech norin 株式会社的物流中心和配送中心的建设思路，思考国内农产品冷链建设的难点和障碍有哪些？

11.8　案例 8 顺丰优选——从普通快递到生鲜食品冷链物流

2008 年，顺丰首次携手阳澄湖蟹农蟹商，尝试大闸蟹寄递。经过 8 年风雨同舟的共同陪伴与成长，大闸蟹已成为产值数百亿的产业。从 2011～2015 年，全国通过顺丰寄递的大闸蟹件量达到 1300 万单，约有 1 亿只大闸蟹通过顺丰送到全国消费者手中。一直以来，顺丰作为助力大闸蟹市场繁荣的践行者，始终专注于提升、优化大闸蟹寄递专业能力，致力于配合苏州市阳澄湖大闸蟹行业协会，广大蟹农、蟹商打造“蟹产业”。顺丰将继续锻造成为“基于大闸蟹物流的商业合作伙伴”，不仅投入内外部众多渠道资源，大力推广宣传大闸蟹品牌，顺丰的金融等多部门也将为广大蟹农、蟹商提供商业渠道拓展、运维资金支持，从而达到顺丰与客户合作共赢的目的。

11.8.1　从无到有：大闸蟹专递

罗超（顺丰 5 年的员工）：“我是罗超，2011 年进入顺丰，在苏州相城分部工作。苏州的阳澄湖大闸蟹现在家喻户晓，但是在 1998 年的时候这些小螃蟹却只能被卖到阳澄湖附近的菜市场。”

蔡燕清（苏州市金玉水产有限责任公司经理）：“我父母作为阳澄湖的第一代蟹农，他们养出来的大闸蟹，销售渠道很单一，要么是在批发市场里卖掉，或者是有一些市区的、本地的人会过来买。”

阳澄湖蟹农：“以前我们这里螃蟹产量很多的，然后就是，卖呢，基本上就是卖给苏州本地的这些人，然后卖不掉呢，我们只能看着它死掉，死掉了就扔掉。养了这么多年，养出来这么好的螃蟹卖不掉，看着它就这样死掉扔掉，心里总觉得这个是很可惜的一件事情。”

1998 年，虽然苏州已经有了顺丰速运，却还没有真正运送活体生鲜的业务。2012 年，顺丰速运正式开通了生鲜运输服务专线，成立了大闸蟹专项小组。

11.8.2　不仅是快：服务升级

罗超：“那个时候哪像现在，没有专业的包装，只是简单地往泡沫箱子里放几个冰袋，而且冰袋特别容易被蟹钳戳破，流出来的水特别容易造成螃蟹死亡，而且运输都是混合运输，不像现在这样专业，以前是特别容易把螃蟹压死的。”

2016 年，顺丰大闸蟹专递开始使用塑料膜包装，单票包装耗时从 135s 减少至 72s，包装效率提升 46.7%。

罗超：“现在方便多了，经过这几年的寄蟹经验，我们尽可能地从寄蟹人的角度去考虑如何操作，以前寄蟹的点不多，寄蟹人有些时候需要亲自送到我们的收件点，现在一个电话就搞定，不用再来回跑了，在养殖场里面等着我们就行，我们专门派人过去收，公司还在阳澄湖设立了专属的站点，针对寄件量大的客户，我们还派专人驻扎在他们的蟹厂，为其打包、收件，提供更优质的服务。”

顾敏杰，1985 年出生，是阳澄湖大闸蟹电子商务第一人。2009～2014 年，顾敏杰的大闸蟹网销额从 300 万元做到了 4000 万元。

顾敏杰（苏州市阳澄湖苏渔水产有限公司经理）：“这么多年下来，从 08 年开始到 15 年、16 年吧，顺丰也从一个，在这边只有一个小的点部发展到现在，中转场——专门针对大闸蟹的中转场也放到这边来……”

陈斌（顺丰集团速运事业群——苏州区相城分部经理）：“阳澄湖大闸蟹从最初的江浙沪，北上可送达，目前为止，我们已经能够覆盖全国 318 个城市。”

相城分部是大闸蟹主要分部之一，基本一半以上的大闸蟹都是从相城分部发出的。

蔡燕清：“顺丰在这边做得最好的地方就是它的时效可以保证得很快，目前来说肯定是最快的，也是最好的。”

陈斌：“在运输过程中，今年我们使用专门的冷藏车辆，车内有车载视频、GPS 定位，一旦车厢内温度出现异常，会有信号传输到我们的中控台，司机会立刻收到通知，对车厢内温度进行调整，同时，大家都知道目前顺丰有 43 架全货机，今年在大闸蟹的运输过程中，飞机和冷藏车都做了相应数量的配齐。”

蔡燕清：“总的来说，顺丰现在已经成长得很好很快了，跟我们的对接越来越顺利。”

陈斌：“售后服务我们也进行了进一步升级，除了传统的 95 338 理赔渠道，我们还增加了驻厂客服、微信、QQ 等理赔渠道，重点客户我们还提供逐票追踪服务，特别是大闸蟹保价，能够最大化地保证我们蟹商的利益收益。”

“鲜”和“成就客户”是 2016 年大闸蟹寄递的两个关键词。

顾敏杰：“找到了顺丰，找到了这个稳定的渠道之后呢，我那个网上的生意也是越做越好，越做越大。”

2012 年入驻顺丰商业，至 2015 年，顾敏杰在顺丰商业的大闸蟹销售额已突破 3000 万元。

对于罗超来说，每一次的运输都直接影响着顺丰这个品牌在客户心中的影响力。

罗超：“我拉的是活螃蟹，为了趁鲜送达客户手中，不能够多停顿一秒，做好最后一环，是我们顺丰快递人最重要的使命。”

11.8.3 背靠大树好乘凉：顺丰优选的“全程冷链”

1993 年，顺丰诞生于广东顺德。自成立以来，顺丰始终专注于服务质量的提升，持续加强基础建设，积极研发和引进具有高科技含量的信息技术与设备以提升作业自动化水平，在国内外建立了庞大的信息采集、市场开发、物流配送、快件收派等速运业务机构及服务网络。在持续强化速运业务的基础上，顺丰坚持以客户需求为核心，积极拓展多元化业务，针对电子商务、食品、医药、汽配、电子等不同类型客户开发出一站式供应链解决方案，并提供支付、融资、理财、保价等综合性的金融服务。如今，顺丰速运已经是快递行业的翘楚，顺丰优选也正是依托顺丰速运的物流基础建立和发展起来的。

顺丰速运对生鲜产品实行“全程冷链”，其运作模式分为以下两种。

（1）第一种模式：入库的生鲜通过温控设施进行保鲜，在低温环境下完成分拣和包装，之后放入温控箱运输，收派员将商品装入保温袋上门派件。所使用的温控设施设备包括冷库、冷藏箱、冷冻箱、冰盒、冰袋、保温袋等，可有效保证商品在运输途中的质量，减少损耗。全品类生鲜（如水果、蔬菜、肉类、水产等冷藏、冷冻品等）的配送范围是 105 个城市，由此，顺丰优选成为国内第一家能够走出北上广深，将生鲜配送拓展至二线城市的垂直食品电子商务。

（2）第二种模式：产地直供生鲜（如地方特色水果、C2B 预售生鲜食品等）的配送范围是全国。顺丰优选的产地直供水果从原产地发货时，会采取在包裹中加入冰袋等温控措施。产地直供商品通过顺丰航空等快速物流体系，可以 24h 直达消费者手中。为了保证新鲜度，如果碰到天气不好等外界因素，则会对生鲜商品推迟采摘，避免在物流过程中延误。

以特产水果北京配送为例，北京顾客当日在网上提交订单给顺丰优选，产地水果供应商收到订单信息，于当日下午完成水果采摘，当晚由顺丰速运接货承运至顺丰速运航空转运中心，再由顺丰航空夜航航班空运至北京转运中心，顺丰速运再将水果配送到顺丰优选北京分拨中心库房，次日完成出库、“到门”配送服务，且物流全程都是在冷链形式下按标准进行。

此外，顺丰优选拥有整套保障食品品质的措施。顺丰优选现有北京、嘉兴、广州 3 个仓库，每个仓库分为 5 个温控区，包括常温区 0～30℃、冷藏区 0～8℃、冷藏区 8～10℃、冷冻区–18℃、恒温恒湿区 8～15℃，并配有–60℃冷冻柜。这些先进的仓库拥有跨度达 90℃的温控区间，可以满足全品类食品的存储要求。运输、配送在途所使用的温控设备，如冷藏箱、冷冻箱、冰盒、冰袋、保温袋等，在设计时就充分考虑了食品的保温需求及可能产生的挤压碰撞等损耗问题。这些装备和设计，为顺丰优选生鲜冷冻食品的全程冷链解决方案奠定了基础。

以一箱从新西兰空运来的奇异果入库为例。卸货之前首先要进行检疫检查和温度抽样检查，然后进行入库质量挑拣，工作人员会通过品样检查、软硬度评估，筛选掉因运输损坏的个样后，存放进智能升温调节的冷藏库。库存状态中，工作人员要根据本箱奇异果的入库信息，监控对应的存放时间，并实时查看保鲜情况。另外，顺丰优选还成立了“质量与食品安全部”，该部门通过一系列的标准、流程，像“监察大队”一样负责食品质量的监察与控制。

资料来源：顺丰优选的生鲜电商之道.（2015-10-14）[2018-12-10]. http://blog.sina.com.cn/s/blog_14c48a5030102vyqs.html.

蟹闯天下　顺丰领鲜. [2018-12-10]. https://www.sf-express.com/cn/sc/case_share/detail/Freshest-Crabs-SF-Taking-the-Lead/.

本案例编者：黄好

案例思考

1. 结合案例中的内容，谈谈发展农产品冷链物流的必要性和重要性。

2. 总结顺丰在冷链物流建设中的成功经验，并谈谈其发展之路对我国其他物流企业涉足冷链物流领域是否有所启示？

11.9　案例 9 宋小菜——生鲜 B2B 服务商的供应链数字化变革

2018 年 1 月 22 日，生鲜 B2B 供应链服务商“宋小菜”获得了由世界物流巨头普洛斯领投的 2.3 亿元投资，并与普洛斯签订了战略合作协议。合作的达成令宋小菜的创始人及 CEO（chief executive officer，首席执行官）余玲兵十分激动：普洛斯的现代物流资源将补齐宋小菜在冷链运输方面的短板。然而欣慰之余，余玲兵不由审视起自身业务，他坚信宋小菜的核心特色——以销定产的生鲜反向供应链会让这个双赢更漂亮，但他更清楚，在潮水般的赞誉下，需要深耕细作的内容还有很多。生鲜市场的竞争越来越激烈，是应该把力量集中在引入新用户和扩大市场规模上，还是继续埋头于夯实数字化的供应链能力？

11.9.1　宋小菜背景介绍

宋小菜是目前全国最大的蔬菜 B2B 垂直电子商务平台，它通过以销定产反向供应链的订单模式，为下游农贸市场的菜贩和生鲜店等中小零售商提供采货配送和售后服务，同时也为上游服务产地的生产组织者，如农户，提供持续的订单并指导其生产。经过 4 年的运营，宋小菜上游已覆盖山东、云南、甘肃、内蒙古等十大蔬菜核心产区，下游触达北京、上海、广州、武汉、杭州等 45 座消费城市，公司业务逐渐从 B2B 电子商务撮合拓展到物流、仓储、加工、数据、金融等供应链相关服务。

阿里巴巴出身的余玲兵曾是淘宝农业电子商务、淘宝特色中国馆的创始人。经营涉农业务多年，余玲兵始终相信，在“食”这个大品类中，涉及一日三餐的生鲜食材具有巨大的发展空间。同时，对农业有丰富经验的他也认为，传统农产品供应链有两大痛点。第一，产销两地的信息严重不对称。下游的需求无法被上游精准获取，客户通常找不到质量和价格都稳定的货源；上游的生产者经常出现盲目生产的情况，在不确定消费者需求的情况下，只能依靠过去的经验做生产预测，或跟风进行生产决策，面临的风险大、收益低。第二，传统供应链中，农产品从农户到销地要经过大小众多的中间环节，包括农民经纪人、批发商、运输方等，中间环节越多，交易成本、人力成本也就越高。

整个农产品流通的 4 万亿元市场怎么切入？农业的互联网渗透率不到 3%，处于极其传统和低效的运行状态，怎么才能通过互联网和数据来改变农业，降本增效？一个偶然的机会，余玲兵看到关于农贸市场菜贩的报道：这个群体承担着城市 80%的蔬菜流通，为了拿到最优性价比的货源，每天起早贪黑去批发市场进货，辛苦钱赚得非常不易。由于蔬菜的产品标准化程度较差，菜贩通常还要承担产品分拣加工、运输分流等多项劳动。

为什么不从改善菜贩的业务流程开始呢？余玲兵开始思考：如果能够从精确收集菜贩的需求开始，倒逼生产，如时下许多行业所流行的 C2M（customer to manufacturing，用户直连制造）定制模式，不是可以解决农产品供应链上下游信息不对称的问题吗？如果同时做成一个网络平台，一端连接菜贩，一端连接农产品生产者，不是也就解决了传统供应链中间环节过多、效率低下的问题了吗？

11.9.2　宋小菜发展介绍

1. 第一阶段：基本商业模式的打造

2014 年 12 月，余玲兵与他的团队[①]成立了杭州小农网络科技有限公司，决定从改善菜贩的业务现状入手，借助移动互联网应用这一途径，搭建以销定产的农产品 B2B 电子商务平台“宋小菜”。

① 原淘宝农业电子商务、淘宝特色中国馆创始人余玲兵任首席执行官，原阿里花名天舒。原淘宝网产品技术及开放平台创始成员、500mi 云超市创始人严德红任产品技术总监，原阿里花名展堂。阿里钉钉创始成员张琦任产业服务部门总经理，原阿里花名银古。其他成员有来自传统蔬菜配送公司创始人、海尔服务总监、糯米团浙江大区经理、玛氏箭牌华东渠道经理、西安杨森山东大区经理、阿里中供、阿里产品运营等销售骨干。

当宋小菜这个创业想法还只是个雏形时，就获得了阿里巴巴十八罗汉之一吴咏铭的天使轮融资 3000 万元，随后又拿到了 IDG 资本（IDG capital）资本领投，杭州元璟投资管理有限公司（简称元璟资本）、浙江普华天勤股权投资管理有限公司（普华资本）跟投的 1.04 亿元 A 轮融资。宋小菜如此受资本青睐，可见资本和行业对于变革传统农产品供应链的渴望之急切，然而，这一想法如何才能踏踏实实落地，一步一个脚印地开展起来？

1）生鲜商品库的建立

余玲兵和他的团队开展的首要任务是蔬菜非标产品的标准化。不仅是为了让菜贩在手机上便利地下单采购，产品的标准化工作也是 ICT 技术发挥作用的第一步，更是其他更高阶技术应用的基础。

这项工作的核心是对蔬菜产品进行分类、贴标签。宋小菜将所有产品划分了三大属性，包括自然属性、商品属性和服务属性。自然属性明确了蔬菜的品种、产地、外观、内部质地等。商品属性将不同的蔬菜分为特级品、高级品、常规品等不同规格，建立了一个可量化的分级体系，例如，“特级”土豆具有四条评判依据：单个土豆重量需达到 4 两（1 两 = 50g）以上；每个土豆必须套有泡沫网套；外包装需要使用瓦楞纸箱；需要有特定的保鲜材料包装。而服务属性则是指宋小菜通过残次率把控、退换货处理为菜贩商户提供品控服务。最终，宋小菜建立了一套等级森严、分类细致、排列高效的生鲜商品库，包含 80 多个蔬菜品类，3700 多个库存量单位（stock keeping unit，SKU）。

2）菜贩和农户工作流程重塑

菜贩成为宋小菜的第一类用户。他们通过宋小菜 APP 浏览可选择的商品，通过点击操作下单。随后，有专门的物流人员送货上门。在进货环节，菜贩不再需要披星戴月去批发市场进货、花很长的时间拣货，也无须承担物流环节工作，风里来雨里去。菜贩的工作环境和工作效率得以显著改善和提高。产品的性价比也随着供应链信息透明度的提升而提升。除了享受互联网技术带来的下单便利之外，菜贩还可以享受售后保障服务，如果采购来的蔬菜与订单不符，可以要求宋小菜或上游生产商退货或者赔偿。

对于产地供应商——宋小菜的第二类用户来说，也不再需要盲目组织生产，而是可以提前获得明确的订单需求，直接按照客户的要求进行备货、分拣、包装。卖货的速度加快、数量更准，消化订单的效率明显提高。同时，除了解不同地区客户的需求偏好外，上游的生产商还可以用这些订单数据指导下一季度的生产，计划种植，降低盲目性，最终实现以销定产的供应模式。

3）减少中间环节

通过宋小菜需求端和生产端信息的打通和平台的直接连接，蔬菜产品不再需要像传统的方式那样经过多次流通和装卸，而是可以通过宋小菜的第三方干线物流直接从产地集贸市场或蔬菜基地运输到菜贩的手上，大幅减少了蔬菜流通中的库存费、市场交易费、中介费、人力费、运输费等流通成本，并有效降低了蔬菜的损耗率。在宋小菜的数字供应链模式下，宋小菜可以将蔬菜供应的损耗率控制在 0.2%以下，而目前行业平均的损耗在 10%～40%，可见数字供应链在提高蔬菜供应效益时的显著优势。

4）基本商业模式的落地

总的来说，宋小菜建立了一个以需求为导向、以订单为基础的平台（图 11-28）：农贸市场的菜贩通过宋小菜手机 APP 提前下单，宋小菜收集完订单后，将这些明确、规模、稳定的订单信息（蔬菜的品种、品类、等级、价格、数量、时间、产地等信息）反馈给上游生产端，生产者根据订单需求备货，再通过宋小菜的第三方冷链物流和相关配套服务直接送达到离农贸市场不远的站点区域虚拟仓，通知菜贩取货。

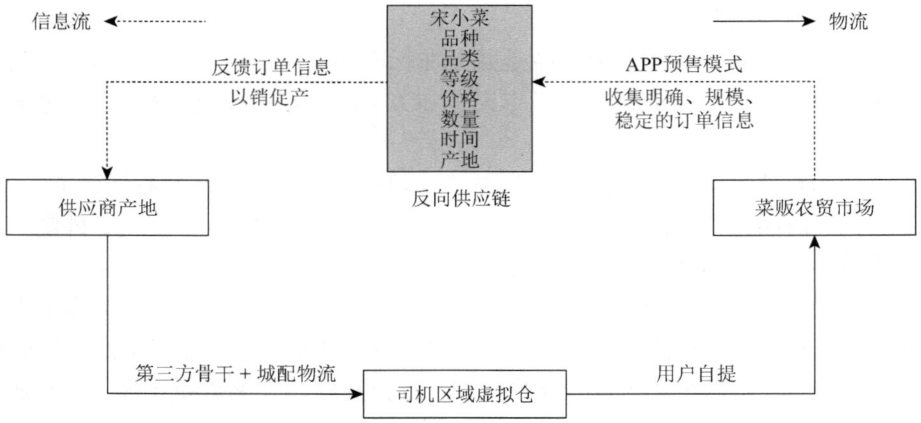

图 11-28　宋小菜反向供应链下生产者、司机、菜贩的参与方式

2. 第二阶段：打造技术驱动的反向供应链

基于基本的商业模式，宋小菜又继续快马加鞭，集中主要精力打造数据驱动的反向供应链能力。

1）技术系统的搭建

宋小菜的技术团队在 4 年里搭建了一个功能强大而稳固的分层式系统架构，先后开发了六个移动终端应用层 APP（名为“宋小菜”“宋小菜供应商”“采秘”“宋小菜司机”“宋大仓”“宋小福”），打造了宋小菜 B2B 平台系统层的八大核心模块（交易平台、营销平台、供应链管理平台、WMS①/TMS②平台、价格行情平台、金融服务平台、CRM③平台、数据分析平台），并沉淀了农产品的数据层六大核心数据库（买家库、卖家库、司机库、冷库、商品库、价格库）。

在应用层层面，宋小菜的六个前端移动 APP 分别针对企业内外部的不同用户提供数字化服务。对外，菜贩可以线上下单进货，生产者可以根据实时交易的订单信息供货，物流司机可以通过线上接单；对内，销售部门能够进行线上销售管理和客户关系管理，采购部门能够线上整理订单、向供应商采购，物流部门能够线上进行物流调度和蔬菜运输位置监控。

① WMS 是仓库管理系统（warehouse management system）的缩写，是通过入库业务、出库业务、仓库调拨、库存调拨和虚仓管理等功能，综合批次管理、物料对应、库存盘点、质检管理、虚仓管理和即时库存管理等功能综合运用的管理系统。

② TMS 是运输管理系统（transportation management system）的缩写，是一种“供应链”分组下的（基于网络的）操作软件，它能通过多种方法和其他相关的操作一起提高物流的管理能力。

③ CRM 是客户关系管理（customer relationship management）的缩写，通常指用计算机自动化分析销售、市场营销、客户服务及应用等流程的软件系统。它的目标是通过提高客户的价值、满意度、赢利性和忠实度来缩减销售周期和销售成本、增加收入、寻找扩展业务所需的新的市场和渠道。

在系统层层面，宋小菜 B2B 平台的八大核心模块是一个逐渐完善的过程，并支持着前端移动 APP 对用户提供的各项服务。其中，交易平台包括全国第一套生鲜商品的商品库、智能定价系统、会员系统、订单系统、支付系统（可对应菜贩下单的“宋小菜”APP）；营销平台支持满减、代金券、红包、充值送、团购等多种营销方式（可对应菜贩下单的“宋小菜”APP）；供应链管理平台包括采购管理、供应商订单管理、结算管理（可对应采购部门使用的“采秘”APP 与供应商使用的“宋小菜供应商”APP）；WMS/TMS 平台是物流仓储、调度平台，包括仓库仓内操作的 WMS 和线路调度的 TMS（可对应物流部门使用的“宋大仓”APP）；价格行情平台包括蔬菜产地从销地的价格行情数据库，为交易、金融、行业从业者提供行情支持（可对应 2018 年 8 月新上线的微信小程序“卖大蔬”）；CRM 平台包括客户管理、销售过程管理、客户服务平台等（可对应销售部门使用的“宋小福”APP）；金融服务平台包括征信、风控管理、抵押物管理及变现、资金管理、金融机构数据对接等金融产品（对应供应链金融研发的技术产品，尚在测试中）；数据分析平台，负责从品类、用户、城市、供应商等多种维度对经营成本、利润进行分析和计算、业务决策[对应内部移动端/PC（personal computer，个人计算机）端技术数据分析产品]。

在数据层层面，通过以上八大模块，宋小菜沉淀了农产品 B2B 的核心数据库。买家库是买家的实名数据库，包括买家档案信息、售卖品类、交易信息及资金信息；卖家库是卖家的实名数据库，包括卖家的档案信息、供应品类/周期、供应规模和能力、交易信息及征信信息等；司机库包含司机的联系方式、车辆信息、线路信息、运输及在途信息等；冷库包括供应链上游冷库地理位置、存储品类、冷库容量等信息；商品库明确定义了农产品的自然属性、等级及商品属性、服务规则，包括商品的类目录、属性库、SPU①库、SKU②等；价格库包括从原料到商品、从产地到销地的价格行情库。

三个层面的技术产品和技术平台共同搭建起宋小菜将数字化技术应用到蔬菜供应链运营中的技术架构，通过数字供应链将相应信息反馈给菜贩或上游供应商，让菜贩可以通过手机轻松下单，供应商明确订单轻松卖货，实现了供应链各个环节的无缝对接，提高了透明度和协调性，有效控制了风险，并提高了蔬菜流通效益。

2）数字化供应链的价值共创

数字化供应链对于传统的蔬菜供应链而言，还有一个优势在于，数字技术的应用可以将传统的供应“链”转变成供应“网”，形成一个内外互通、相互协作的供应链生态圈（图 11-29）。例如，宋小菜公司内部的供应链参与者采购部门、销售部门和物流部门通过技术产品对外部参与者供应商、菜贩和物流司机提供信息服务时，外部的参与者在接受服务的同时也将自身的个人信息、交易信息、行情价格信息、物流调度信息等回馈到公司内部中，这些信息最终又流向技术部门进行检测分析，可用于技术产品的更新、改善，为公司决策提供数据支持，为内外部供应链参与者提供更完备的服务，最终协调供应链的各个环节。

① SPU 是标准化产品单元（standard product unit）的缩写，是商品信息聚合的最小单位，是一组可复用、易检索的标准化信息的集合。该集合描述了一个产品的特性。通俗点讲，属性值、特性相同的商品就可以称为一个 SPU。

② SKU 是库存量单位（stock keeping unit）的缩写，可以以件、盒、托盘等为单位。针对电子商务而言，SKU 可以指一款商品，每款商品都有各自的 SKU，有颜色、尺码等具体信息，便于识别商品。

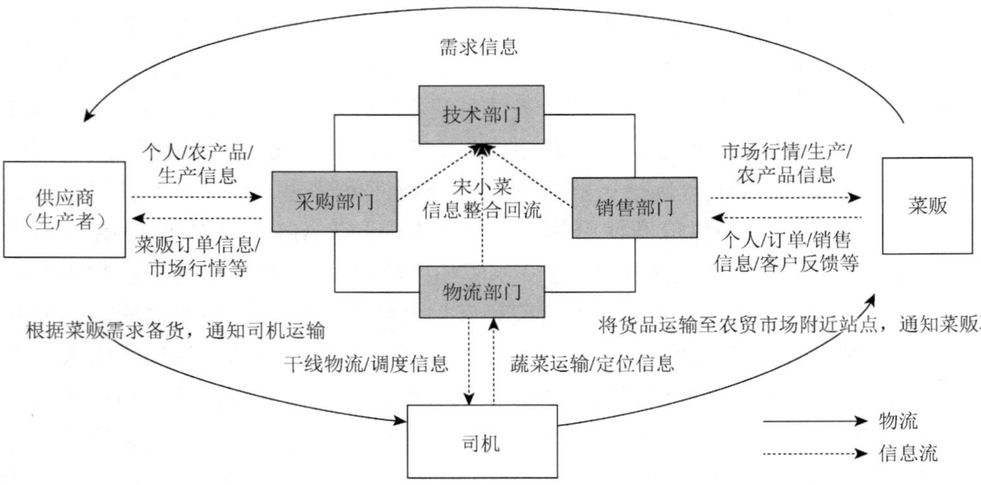

图 11-29　数字供应链的价值共创

3. 第三阶段：数字供应链的深耕细作

宋小菜模式在推广初期的 2015～2016 年，由于业务量相对较少，收集完社区农贸市场菜贩的订单需求后，宋小菜一般是从当地的一级农贸市场进行集单采购。例如，杭州某社区农贸市场的菜贩通过宋小菜的 APP 下单，那时的订单量较少，宋小菜的采购人员就会去杭州勾庄农副产品物流中心①进行采购，采购完毕后通过公司自营的物流运输到宋小菜设置的社区服务站点②，再通知附近的菜贩进站提货。随着宋小菜知名度的提高，公司业务量渐渐壮大，产品技术越发成熟，宋小菜数字供应链也在趋于完善的过程中发生了一些变化。

1）供应链进销的变化

宋小菜供应商首先发生变化。从 2017 年起，由于菜贩用户的增多、采购量的壮大，宋小菜发现当地的一级农贸市场开始承载不了宋小菜销地客户的订单需求了。为了稳定货源，获取更多的集单优势，宋小菜开始选择供应链更上游的地方，也就是去蔬菜供应基地进行进货。宋小菜的采购部门有专门的基地采购人员，他们负责寻找产区的供应商，推广由于业务拓展而相继开发的“宋小菜供应商”和“采秘”APP③，议价并寻求合作。宋小菜选择供应商通常有三种方式：①通过询问菜贩原先传统的进货渠道追踪溯源；②基地采购人员主动在产地寻求潜在的供应合作伙伴；③随着宋小菜知名度的提高，一些供应商主动找上门寻求合作。

除了供应商的变化，宋小菜的菜贩客户群体也有了变化。一开始，宋小菜销售部门的地推人员④只是在一些二级或社区农贸市场进行宋小菜 APP 的推广。自从宋小菜的供应商摸索到更上游时，由于产地直发的集单优势，销地一级的批发商也开始成为宋小菜数字供应链下游的客户。一个城市 80%的蔬菜基本从一级农批市场流通出去，宋小菜的

① 浙江最大的一级农贸批发市场。

② 宋小菜采取的基地直发物流配送方式，一个农贸市场往往有一辆车的货物订单量，宋小菜在农贸市场旁边设置了一个虚拟的服务站，货物运输到站点后便通知菜贩提货。

③ 宋小菜的技术产品是逐步开发与推广的，一开始只有针对菜贩的“宋小菜”APP。

④ 每入驻一个新的城市或农贸市场，宋小菜都有一个市场推广人员去农贸市场进行宣传，并教会菜贩如何使用“宋小菜”APP。

客户量和采购量剧增，对宋小菜技术产品的要求也越来越高，为了提升对菜贩的服务，“宋小福”一款移动 CRM 也被研发出来用于更好地管理和维护客户关系。

2）外包非核心环节

“我们在运营初期实际上有自己的直营车队，但后来发现通过信息化手段管理外包性价比更高。这也让我们确定了宋小菜的一条经营理念，就是只做供应链环节中的服务，将配送、切配等非核心环节外包，让专业的人去做专业的事。”宋小菜创始人之一张琦，现为宋小菜产业服务部门总经理，在发现自营物流带来的高成本后，这样认为。取消物流自营后，宋小菜通过引入业内知名的专业冷链物流服务商，借助其专业化、规模化的仓储和物流服务，降低了多项运输成本。由于物流外包，技术部门还开发了“宋小菜司机”APP，这样注册成功的货运司机就能够接受从产区发来的蔬菜运输订单，线上核对装卸单，并为宋小菜实时提供物流信息。

3）All in 上游项目

宋小菜发端于 B2B 电子商务平台，但未止步于此。2018 年年初，宋小菜启动了 All in 上游项目，拓展物流、仓储、数据、金融等供应链相关服务，不断赋能上游。例如，在以宋小菜为核心，与上游的囤货商、冷库运营商的三方合作中，利用大数据对蔬菜品类、需求量进行分析，宋小菜能够为囤货方提供储存管理和经营管理的指导，为冷库运营商提供下游渠道和行情信息，让冷库运营商能够更准确地评估储备需求。通过宋小菜提供的服务，冷库方和囤货商的需求匹配、农产品收储效率得以大幅提升。又如，众所周知，银行贷款需要不动产抵押或者信用记录，对于农户来说，往往两者都无，因此农户想要实现农产品的规模化生产通常会面临资金问题。现有金融体系缺少适合农村业态的评估模型，从根源上则是缺少评估风险所需要的原始数据。宋小菜积累的实时交易信息，可以作为农户的“信用证明”，沉淀的价格数据库也能够将难以定价的农产品的价值量化，同时可以提供销售渠道，将农产品变成可以明确估值且容易变现的抵押物。近期，宋小菜也开始与一些银行金融机构洽谈金融服务的合作，为生产经营者提供数据、抵押物的数据化和监管服务，为金融机构提供客户、监管管理、处置等服务，赋能双方。

11.9.3　面临的挑战

1. 挑剔的菜贩

生鲜蔬菜的 B2B 电子商务平台五花八门，有针对餐饮企业的生鲜独角兽美菜网、针对中小餐馆的链农等，而宋小菜偏偏选择的是对菜品要求最多、对价格最敏感的农贸市场菜贩。不同的菜贩对一个品类有不同品级的需求，这就意味着宋小菜要去寻找更多不同等级能力的供应商，如果相较于菜贩原先进货的一级批发市场，宋小菜不能始终保持优质的服务、稳定的货源及价格优势，就很容易导致菜贩用户的流失。

2. 菜品缺乏多样性

宋小菜数字供应链主要流通着十几个核心品类，其主要分两大类，一类是不易腐烂的根茎类蔬菜或干货蔬菜，如土豆、大蒜、生姜、干辣椒等；还有一类是容易标准化运输的菜叶类蔬菜，如生菜、包菜等。然而，对农贸市场的菜贩来说，宋小菜能够提供的菜品是远远不够的。客户不光是能享受核心品类的服务，也希望得到一站式购齐的多品类的体验。想要更多的菜贩接受宋小菜的数字供应链模式，宋小菜需要尽可能提高蔬菜的品类，吸引更多农贸市场的菜贩，培养他们从线下转到线上的进货习惯。然而，品类越全，同样也意味着成本的增高，如何平衡“大而全”和“小而美”之间的关系，也是宋小菜需要思考的问题。

3. 供应链人才紧缺

“如果问到我们面临的挑战，我个人认为就是人才的紧缺。生鲜电子商务行业里，既懂互联网又懂农业的人才实在是太稀缺了！”宋小菜 CEO 余玲兵在某大学课堂活动上，面对学员的提问，如是表示。随着宋小菜业务的不断拓展，公司对人才的要求越来越高，例如，宋小菜最近重点发力的供应链金融，就需要既了解农产品又对金融信息有很强敏感度的多功能型人才。人才是一个企业的核心竞争力之一，如何培养和吸引懂农业、懂供应链的员工，宋小菜也正在解决之中。

4. 激烈的生鲜电子商务市场

艾瑞咨询集团发布的《2018 年中国生鲜电商行业消费洞察报告》显示，中国生鲜电子商务市场平均每年保持 50%以上的增长率，增长迅猛，然而竞争也同样激烈，对比数据可以看出，2015 年成立的生鲜平台有 260 余家，而 2017 年仅为 9 家。生鲜电子商务业态的竞争也逐渐演变成巨头之间的游戏，2018 年，阿里巴巴旗下杭州云象网络技术有限公司开始发力，基于易果生鲜、天猫生鲜、苏宁生鲜、阿里巴巴新零售等全渠道集采优势，为上游生鲜供应链提供包括全渠道销售、冷链配送服务、商品品牌共建计划、大数据支持等中国市场全方位解决方案。宋小菜想要继续角逐在生鲜电子商务中，除了规模化扩张之外，未来的生产和发展也需要有一套长效的有切实盈利的商业模式。

5. 未来展望

2015 年 1 月，宋小菜成立初期，余玲兵带着他的团队们穿梭在农贸市场里，面对着对手机软件一窍不通的菜贩，依旧满怀激情地讲解宋小菜的进货模式和创新理念，教他们如何通过手机下单。截至 2017 年年底，宋小菜已经覆盖了包括一线到四线的 45 个城市，年交易量高达 20 万 t，核心品类年交易过万吨，核心品类渗透率以上海市场为例，土豆占总量的 10%～20%、洋葱占 20%、蒜头占 30%～40%。

2018 年 11 月 30 日，余玲兵又带着他的创业团队和普洛斯的合作伙伴来到了中国大蒜核心产区山东金乡，与当地的农业局政府、大蒜生产商、加工企业等进行洽谈协商，寻求合作机会，试图与金乡大蒜供应链上游共同打造一套全智能的仓储物流管理体系。

2019 年，宋小菜拓展了三个业务中心：渠道分销中心，基于原有交易模式的产销对接，满足更多客户类型、更多品类、更多品级的要求；产业服务中心，基于产业链仓储管理、存储、物流、监管、金融等综合服务的赋能平台；数据服务中心，基于业务沉淀的各类数据，提供专业化的数据产品 APP，服务行业各类从业者。

回想这一路创业的艰辛，余玲兵坚信，谁掌握了供应链的核心价值，谁就掌握了未来，利用订单数据优势建设上游的数字供应链网络是大势所趋，然而如何把握住现在的农贸市场、吸引更多的流量也是当务之急。当下的路该怎么走？前方路还有多远？“宋小菜”还有许多选择要做，许多事情要去琢磨……

资料来源：姚燕飞，付文慧，郭红东，等. 宋小菜：生鲜 B2B 服务商的供应链数字化变革.（2019-06-30）[2019-07-10]. http://www.chinacases.org/sys/ftsearch/ceibs/search_ceibs.jsp?lang=zh-CN#queryString=%E5%AE%8B%E5%B0%8F%E8%8F%9C&newLUI=true&modelName=com.landray.kmss.km.doc.model.KmDocKnowledge.

案例思考

1. 宋小菜的反向供应链有哪些特点？
2. 试探讨宋小菜面临的挑战如何解决。

案例分析

传统生鲜农产品供应链运作模式如图 11-30 所示。

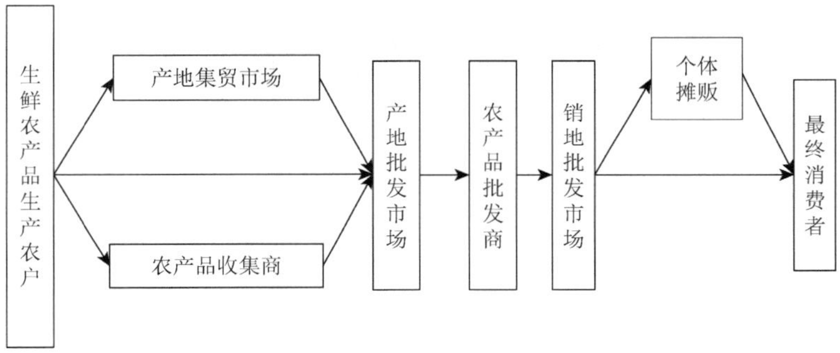

图 11-30　传统生鲜农产品供应链运作模式

资料来源：房丽娜. 2013. 农产品供应链信息管理[M]. 北京：中国农业科学技术出版社

传统蔬菜供应链中各环节流通成本如图 11-31 所示。

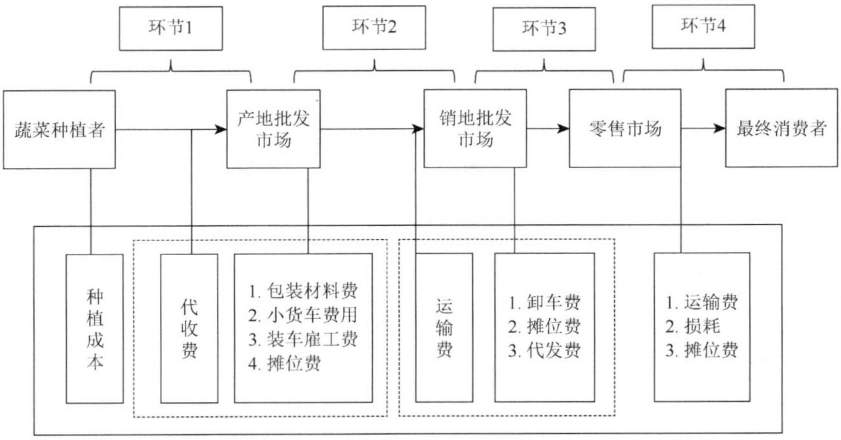

图 11-31　传统蔬菜供应链中各环节流通成本

资料来源：李崇光，肖小勇，张有望. 2015. 蔬菜流通不同模式及其价格形成的比较——山东寿光至北京的蔬菜流通跟踪考察[J]. 中国农村经济，（8）：53-66

宋小菜的技术产品预览如图 11-32 所示。

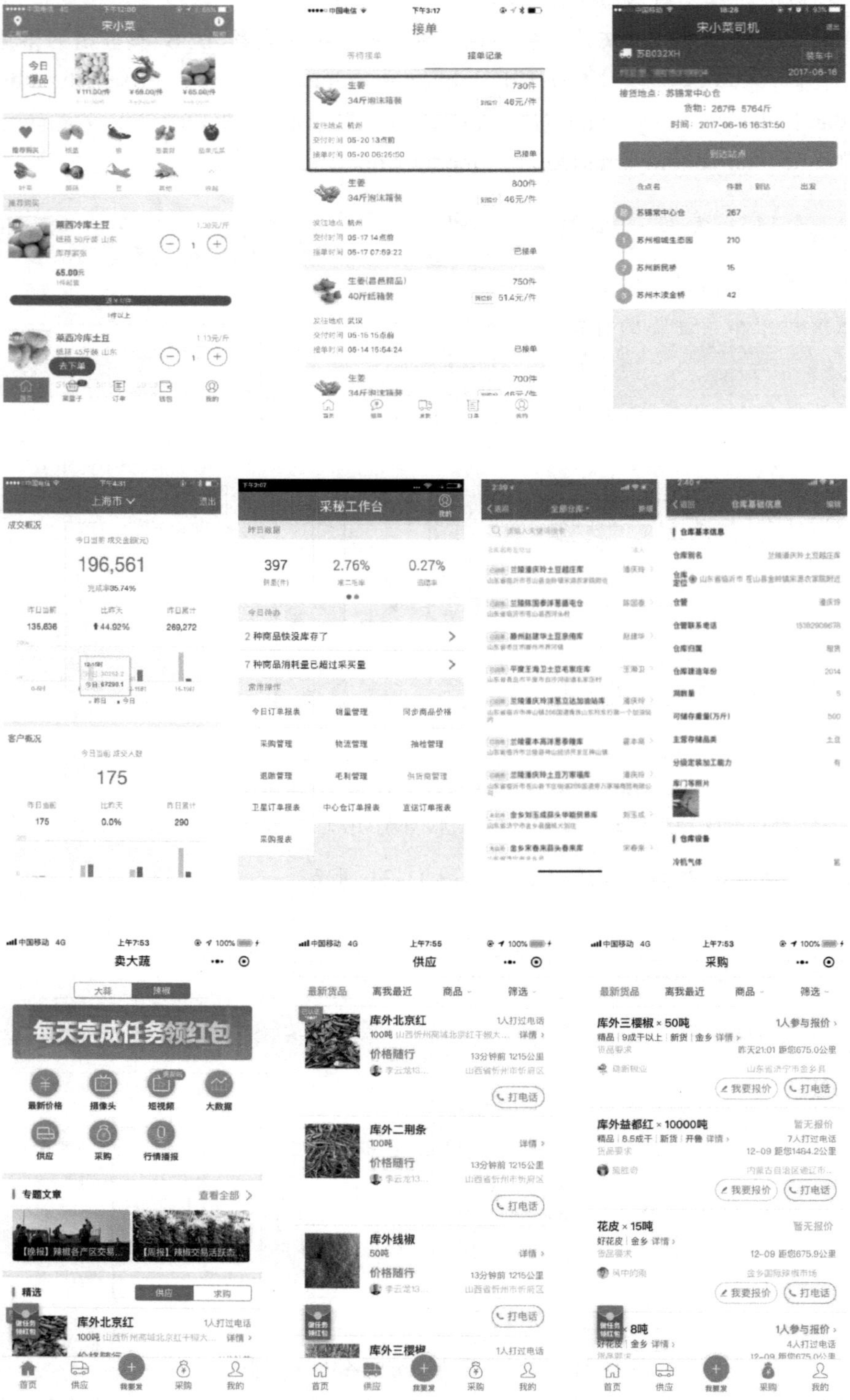

图 11-32　宋小菜的技术产品预览

宋小菜的反向供应链如图 11-33 所示。

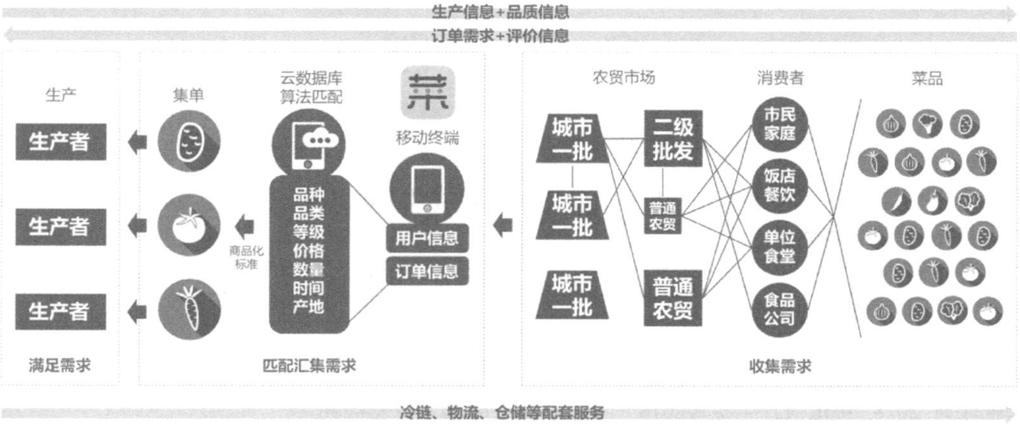

图 11-33　宋小菜的反向供应链

宋小菜数字供应链的技术框架如图 11-34 所示。

图 11-34　宋小菜数字供应链的技术框架

资料来源：调研企业提供

参 考 文 献

艾瑞咨询. 2018. 2018 年中国生鲜电商行业消费洞察报告[EB/OL]. [2018-01-07]. http://www.199it.com/archives/672306.html.

艾瑞咨询. 2018. 2018 年中国网络经济年度洞察报告[EB/OL]. [2018-11-05]. http://www.199it.com/archives/791160.html.

丁丽芳. 2013. 农产品供应链[M]. 北京：中国林业出版社.

杜永红. 2015. 农产品智能供应链体系构建研究[J]. 经济纵横，(6)：75-78.

国家统计局. 2018. 中国统计年鉴（2018）[M]. 北京：中国统计出版社.

洪鹏志，章超桦. 2005. 水产品安全生产与品质控制[M]. 北京：化学工业出版社.

洪涛，张伟林. 2015. 2014～2015 年我国农产品电子商务发展报告[J]. 中国商论（Z1）：44-54.

侯召华，曾庆升，宁浩然，等. 2015. 冷却肉储藏保鲜技术研究进展[J]. 保鲜与加工，(1)：64-68.

黄宗智. 2016. 中国的隐性农业革命（1980—2010）[J]. 开放时代，(2)：11-35.

黄宗智. 2018. 怎样推进中国农产品纵向一体化物流的发展？——美国、中国和“东亚模式”的比较[J]. 开放时代，277（1)：9-10，153-167.

季永青. 2000. 运输管理实务[M]. 北京：高等教育出版社.

罗必良，王玉蓉，王京安. 2000. 农产品流通组织制度的效率决定：一个分析框架[J]. 农业经济问题，(8)：26-31.

马增俊. 2014. 中国农产品批发市场发展现状及热点问题[J]. 中国流通经济，(9)：8-12.

戚英伟，田建文，王春良. 2014. 水果气调贮藏保鲜研究进展[J]. 保鲜与加工，14（4)：53-58.

钱廷仙. 2009. 现代物流管理[M]. 北京：高等教育出版社.

汪之和，张饮江，李勇军. 2001. 水产品保活运输技术[J]. 渔业现代化，(2)：31-34，37.

王新利. 2005. 中国农村物流[M]. 北京：中国农业出版社.

王运浩. 2017. 我国绿色食品及有机农产品权威性和影响力提升策略[J]. 农产品质量与安全，(2)：15-18.

文丹枫，周鹏辉. 2019. 智慧供应链：智能化时代的供应链管理与变革[M]. 北京：电子工业出版社.

吴清一. 2003. 物流实务[M]. 北京：中国物资出版社.

吴绒. 2018. 农产品绿色供应链协同模式研究[M]. 北京：科学出版社.

谢如鹤，叶德春. 1996. “冷藏链”与“保鲜链”及其实现的条件[J]. 冷藏技术，(2)：4-8.

徐峰. 2015. 基于契约优化的供应链风险研究：以农产品供应链为例[M]. 北京：社会科学文献出版社.

许军. 2013. 我国农产品流通面临的突出问题与应对思路[J]. 经济纵横，(3)：92-95，99.

薛楠，姜溪. 2015. 基于互联网＋的京津冀一体化农产品智慧供应链构建[J]. 中国流通经济，(7)：82-87.

薛选登. 2012. 日本农产品物流发展经验及对河南的启示[J]. 林业经济，(5)：125-128.

颜波，石平. 2015. 物联网时代农产品供应链协调优化与风险控制[M]. 北京：电子工业出版社.

燕鹏飞. 2016. 智能物流：链接“互联网＋”时代亿万商业梦想[M]. 北京：人民邮电出版社.

张晟义，龚海涛. 2003. 涉农供应链的特点[J]. 经济论坛，(11)：30-31.

赵晋府. 2009. 食品技术原理[M]. 北京：中国轻工业出版社.

赵敏. 2007. 农产品物流[M]. 北京：中国物资出版社.

赵琦轩. 2015. 生鲜农产品冷链物流的发展现状与对策研究[J]. 物流技术，(16)：27-29.

赵晓飞，李崇光. 2012. 农产品流通渠道变革：演进规律、动力机制与发展趋势[J]. 管理世界，(3)：81-95.

赵一夫. 2008. 中国生鲜蔬果物流体系发展模式研究[M]. 北京：中国农业出版社.

中国电子商务研究中心. 2010. 电子商务中现代物流发展现状与趋势[EB/OL]. [2010-08-16]. https://www.jinchutou. com/p-45227525. html.

中国互联网络信息中心. 中国互联网络发展状况统计报告（2013～2018）[EB/OL]. [2017-05-12]. http://www.cnnic.net.cn/.

中国国际电子商务中心. 2018. 中国农村电子商务发展报告（2017—2018）[EB/OL]. [2018-12-10]. http://www.100ec.cn/detail--6485615. html.

中国物流与采购联合会冷链物流专业委员会，国家农产品现代物流工程技术研究中心. 2018. 中国冷链物流发展报告（2018）. 北京：中国财富出版社.

Bosele D. 2002.Business case description：TOPS supply chain project，Thailand[R]. Agrichain Competence Center，Den Bosch，KLLCT International Agri-Supply Chain Development Program.

Chopra S，Meindl P. 2001. 供应链管理——战略、规划与运作（影印版）[M]. 北京：清华大学出版社.

Golan E，Krissoff B，Kuchler F. 2002. Traceability for Food Marketing and Food Safety：What's the Next Step?[J]. Agricultural Outlook：21-25.

USDA（United States Department of Agriculture）. 2000. Understanding cooperatives：agricultural marketing cooperatives[EB/OL]. [2018-12-10]. Cooperative Information Report 45， Section 15. https://www.rd.usda.gov/files/ CIR45-15.pdf.